200 QUESTIONS CONCOURS DE BIBLIOTHÈQUES

Nouvelle édition revue et corrigée

Valérie SCHIETECATTE

Ouvrage dirigé par Laurence BRUNEL

GROUPE Studyrama

Le groupe Studyrama, partenaire de votre avenir.

En tant qu'acteur référent du monde de l'orientation et de l'aide à la réussite aux examens et aux concours, notre vocation est de vous accompagner et de vous conseiller tout au long de votre parcours étudiant et professionnel.

Convaincus que la formation est la clé de votre employabilité, nous avons créé un écosystème pertinent pour vous aider dans les décisions déterminantes pour votre avenir.

- Chaque année, nos 140 salons permettent à plus de 500 000 jeunes de trouver la formation et l'établissement qui les mèneront vers la réussite.
- 4,5 millions de lycéens, étudiants et professionnels trouvent chaque mois, sur nos sites web et applis, les réponses à leurs questions grâce à des contenus d'experts sur l'orientation, la formation, les révisions, l'évolution de carrière, l'efficacité professionnelle...
- Nos ouvrages, rédigés par les meilleurs spécialistes, facilitent le choix d'orientation de nos lecteurs et apportent un soutien efficace dans la préparation des concours et des examens.
- Le service d'accompagnement sur-mesure de notre réseau de conseillers d'orientation tonavenir.net guide des milliers de jeunes afin qu'ils trouvent la voie du succès.

Notre démarche est fondée sur trois objectifs majeurs : fournir une information de qualité et actualisée, créer les rencontres décisives pour votre évolution et vous offrir les meilleurs conseils d'experts et services personnalisés.

Et comme c'est ensemble que nous avançons, nous sommes à votre écoute permanente pour optimiser nos produits et nos offres, afin d'être le partenaire de votre avenir à chaque étape de votre vie !

Pour découvrir l'univers de Studyrama :
Le site référent de l'orientation : studyrama.com
L'agenda de nos 140 salons : studyrama.com/salons
Nos conseillers d'orientation dans toute la France : tonavenir.net
Nos maisons d'édition : librairie.studyrama.com

Pour nous contacter : info@studyrama.com

SOMMAIRE

SOMMAIRE

PRÉAMBULE

Travailler en bibliothèque est un privilège, c'est un métier de culture, de convictions et de persévérance. C'est un environnement sans cesse en mouvement, en évolution que l'on se doit de suivre pour pouvoir satisfaire nos usagers tant au niveau des collections que des services. C'est un métier riche en connaissances professionnelles, environnementales et administratives. C'est un métier qui dépasse notre culture professionnelle de base. Un bibliothécaire doit être à la fois un bibliothécaire, un informaticien, un catalogueur, un formateur, un pédagogue, un médiateur, un animateur, un technicien assurant la maintenance des appareils de reprographie, un secouriste, un relieur, un déménageur, un diplomate, un communicant, un architecte décorateur, un manager, c'est un peu une liste à la Prévert... qui incarne notre métier, qui incarne nos métiers. Ce sont des métiers passionnants pratiqués dans des lieux aussi différents et riches qu'il en existe. S'enrichir professionnellement, c'est se former, lire la documentation professionnelle, visiter, échanger avec nos tutelles, des professionnels et nos usagers. C'est aussi se remettre en question, s'ouvrir sur de nouvelles pratiques et sur de nouveaux usages, qui peuvent entraîner moult débats, riches échanges, qui construisent les bibliothèques d'aujourd'hui et de demain. Travailler en bibliothèque n'est pas travailler pour soi, mais pour et avec les autres, la bibliothèque a un rôle social, éducatif, culturel, informationnel. Nous, bibliothécaires, sommes les médiateurs, les liens entre nos usagers et ces rôles qui nous sont attribués, et ce ne sont pas des moindres.

Pour accéder à un des emplois qui vous ouvrira la porte de ces lieux magiques et exigeants, il faut décrocher un concours. Pour cela, il faut un grand investissement personnel, un travail de fond, des lectures, des visites, des échanges avec des professionnels, des contrats de travail, si possible, aussi. Réussir un concours, c'est le préparer. Un concours se réussit uniquement en le travaillant, en persévérant, en comprenant, en faisant preuve de réflexion et, quelquefois, en apprenant scolairement des notions. Un concours ne se réussit pas toujours dès le premier essai, mais au bout de plusieurs. Le poste idéal n'est pas toujours le premier, il se construit au fur et à mesure du parcours professionnel, de la connaissance et pratique des structures dans lesquelles nous avons travaillé. Le métier de bibliothécaire n'est pas un long fleuve tranquille, mais c'est un fleuve plein de surprises, de tourbillons de cultures, de rencontres passionnées et passionnantes qui nous permettent de prendre de jolis affluents, mais aussi d'affronter quelques rapides et trous d'eau qui nous rendent plus fiers du métier que nous défendons et que nous portons. Deux maîtres mots définissent notre métier : convictions et persévérance.

Cet ouvrage a pour but de vous présenter, de vous préparer aux concours et examens professionnels des bibliothèques, qu'ils soient de la fonction publique territoriale ou d'État. Les uns comme les autres demandent une organisation de travail ainsi qu'une préparation sérieuse et rigoureuse.

PRÉAMBULE

Cet ouvrage vous présente dans un premier temps les concours et examens professionnels par catégorie et par fonction publique en y incluant les retours des jurys de concours. Ensuite, les épreuves d'admissibilité et d'admission sont listées et une méthodologie, pour chaque type d'épreuve, est suggérée. 200 questions, couvrant l'ensemble des concours, tentent de répondre aux programmes, excepté aux actualités économiques, sociales et culturelles. 200 questions auxquelles vous devrez tenter de répondre, 200 questions dont vous devrez connaître les réponses pour réussir votre concours ou examen professionnel.

En annexe sont mis les textes fondateurs de l'essence de notre métier, ce sont nos guides spirituels à nous, bibliothécaires, à lire et relire afin de ne pas oublier pourquoi nous avons choisi ce métier, ces métiers.
Le 22 décembre 2021 est parue au *Journal officiel* la première loi relative aux bibliothèques et au développement de la lecture publique, la loi dite « Robert », nom de la sénatrice Sylvie Robert qui a rédigé la proposition de loi. Cette loi définit ce qu'est une bibliothèque municipale ou intercommunale, et en précise les missions. Le texte de loi dans son intégralité est consultable en annexe de cet ouvrage.
Il va sans dire que l'ensemble des documents ou extraits de documents sont utilisés avec l'aval des auteurs ou sont libres de droit.

Bonne lecture, travail, révision et réussite au concours !

Valérie Schietecatte
Twitter : @ValSchietecatte

Les URL des notes de bas de page sont suivis d'une date de consultation comme : www.legifrance.gouv.fr/affichTexte.do?cidTexte=JORFTEXT000000693095 (consulté le 04/11/2022). Cette date permet de fixer dans le temps une information. Si vous consultez le site cité et que l'information mentionnée ne correspond plus avec les écrits de cet ouvrage, c'est qu'une mise à jour a été faite depuis cette date. Et pour information, cette façon de citer une ressource numérique correspond aussi à nos normes de citation pour les bibliographies.

1 | PRÉSENTATION DES CONCOURS ET EXAMENS PROFESSIONNELS DES BIBLIOTHÈQUES, FONCTION PUBLIQUE D'ÉTAT ET TERRITORIALE (CAT. C, B ET A)

LES CONCOURS DE RECRUTEMENT, LES EXAMENS PROFESSIONNELS D'AVANCEMENT ET LES EXAMENS PROFESSIONNALISÉS RÉSERVÉS, DES PERSONNELS DES BIBLIOTHÈQUES D'ÉTAT

Les concours d'État des bibliothèques sont des concours de recrutement. Cela signifie que le candidat lauréat sera affecté après avoir formulé des vœux à un poste sur un établissement national.

Les examens professionnels d'avancement ont pour but de favoriser la promotion interne et ne concernent que les personnels appartenant déjà à l'administration, sous certaines conditions fixées dans les statuts particuliers de chaque corps concerné. Les examens professionnels d'avancement sont au nombre de trois : bibliothécaire hors classe, bibliothécaire assistant spécialisé de classe supérieure et bibliothécaire assistant spécialisé de classe exceptionnelle.

Pour les examens professionnels réservés, en application de l'article 3 de la loi du 12 mars 2012, ce dispositif des recrutements réservés est prolongé jusqu'au 31 décembre 2020, pour une certaine catégorie d'agents non titulaires. Les recrutements réservés de la session 2020 concernent exclusivement les agents recrutés en CDD et CDI avant le 31 mars 2016 sur des fonctions permanentes au titre de l'alinéa 2° de l'article 3 de la loi n° 84-16 du 11 janvier 1984 et dont les postes ne font plus l'objet d'une dérogation à l'emploi de fonctionnaires titulaires (décret n° 2017-41 du 17 janvier 2017). Ce dispositif ne concerne que quelques établissements publics (musée du Quai-Branly, centre Georges-Pompidou, etc.) pour des agents exerçant des fonctions dans une bibliothèque de ces établissements. Il faut noter que les agents éligibles au dispositif ne peuvent se présenter qu'à un seul recrutement réservé au titre d'une même session. En revanche, ils peuvent dans le même temps se présenter aux concours internes ou externes de droit commun.

Les corps et grades des personnels de la filière des bibliothèques ouverts aux recrutements réservés sont les conservateurs, bibliothécaires, bibliothécaire assistant spécialisé de classe normale, magasinier principal de 2e classe et magasinier des bibliothèques. L'éligibilité des candidats aux recrutements réservés de personnels des bibliothèques se définit soit du fait qu'un candidat bénéficie à la date du 31 mars 2016, d'un CDI sur le fondement du 2° de l'article 3 de la loi du 11 janvier 1984, soit du fait qu'il bénéficie à la date du 31 mars 2016, d'un CDD pour répondre à un besoin permanent de l'administration sur le fondement du 2° de l'article 3 de la loi du 11 janvier 1984 (quatre années de services publics effectifs en équivalent temps plein doivent avoir été accomplies soit au cours des six ans précédant le 31 mars 2016, soit à la date de clôture des inscriptions dont au moins deux années dans les quatre ans précédant le 31 mars 2016).

Concours et examen professionnalisé réservé de magasinier principal de 2e classe : missions, épreuves, programme

Lieux d'exercice et missions

Le corps, de catégorie C, des magasiniers des bibliothèques est à vocation interministérielle relevant du ministre chargé de l'Enseignement supérieur. Le corps des magasiniers comporte trois grades : le corps des magasiniers des bibliothèques, le corps des magasiniers des bibliothèques principaux de 2e classe et le corps des magasiniers des bibliothèques principaux de 1re classe.

Selon le décret n° 88-646 du 6 mai 1988 relatif aux dispositions statutaires applicables au corps des magasiniers des bibliothèques[1], « *ils exercent leurs fonctions dans les bibliothèques, services ou établissements publics relevant du ministère chargé de l'Enseignement supérieur, du ministre chargé de la Culture ou d'autres départements ministériels* ».

Les missions des magasiniers évoluent selon le grade sont les suivantes :
- accueil, information et orientation du public ;
- participation au classement et à la conservation des collections de toute nature en vue de leur consultation sur place et à distance ;
- équipement et l'entretien matériel des collections ainsi que celui des rayonnages ;
- veille à la sécurité des personnes ainsi qu'à la sauvegarde et à la diffusion des documents ;
- les tâches de manutention nécessaires à l'exécution du service.

« *Les magasiniers principaux et, à titre exceptionnel, les magasiniers peuvent être responsables d'une équipe de magasiniers. Dans cette situation, ils organisent le travail de l'équipe ; ils participent à l'exécution des tâches qui sont confiées aux membres de l'équipe et en suivent la réalisation* » comme mentionné dans le même décret.

Seul le recrutement des magasiniers des bibliothèques principaux 2e classe fait l'objet d'un recrutement par voie de concours.

1. www.legifrance.gouv.fr/affichTexte.do?cidTexte=JORFTEXT000000693095 (consulté le 04/11/2022).

Les recrutements directs de magasiniers et magasinières du premier grade, ainsi que les recrutements Pacte (parcours d'accès aux carrières de la fonction publique territoriale, hospitalière et d'État), sont des recrutements dont la procédure est déconcentrée au niveau des établissements.

Le recrutement direct sans concours s'effectue par la voie de commissions de sélection. Il permet d'accéder directement au corps de magasinier des bibliothèques. Les inscriptions se font directement auprès des services organisateurs. Le dossier comporte un curriculum vitæ détaillé indiquant le niveau d'études ainsi que, le cas échéant, le contenu et la durée des formations suivies et des emplois occupés et une lettre de candidature. Les dossiers sont examinés et sélectionnés par une commission puis les candidats retenus sont auditionnés.

Le recrutement par la voie du Pacte (parcours d'accès aux carrières de la fonction publique territoriale, hospitalière et d'État) permet d'être recruté sur des emplois de catégorie C dans la fonction publique. Si des personnes répondent aux conditions suivantes, elles pourront avoir accès au recrutement par cette voie :

- jeunes âgés de 28 ans au plus sans diplôme, ni qualification professionnelle ou dont le niveau de qualification est inférieur au bac. Les titulaires d'un BEP ou d'un CAP sont donc éligibles au dispositif ;
- personnes en situation de chômage de longue durée, âgées de 45 ans et plus, et bénéficiaires du revenu de solidarité active (RSA), de l'allocation spécifique de solidarité (ASS) ou de l'allocation aux adultes handicapés (AAH) et pour les départements d'outre-mer et les collectivités de Saint-Barthélemy, Saint-Martin et Saint-Pierre-et-Miquelon, du revenu minimum d'insertion (RMI) ou de l'allocation de parent isolé (API) ;
- de nationalité française ou en cours de naturalisation ou relever d'un État membre de l'Union européenne ou de l'Espace économique européen, d'Andorre, de Monaco ou de la Suisse.

Le Pacte est un contrat d'une durée de 12 à 24 mois à temps plein contenant une période d'essai de deux mois. Le lauréat intègre une formation en alternance en vue d'acquérir une qualification en lien avec l'emploi exercé, à l'issue de ce parcours de professionnalisation, le Pacte permet d'être titularisé dans le corps ou le cadre d'emplois visé, à l'échéance du contrat et après vérification de ses aptitudes par une commission.

Les inscriptions se font *via* Pôle emploi. La sélection se fait par dossier puis par audition.

Épreuves et attentes du jury

Les concours externe et interne

Tous les sujets de concours sont disponibles sur la page web du ministère de l'Enseignement supérieur : www.enseignementsup-recherche.gouv.fr/cid55666/sujets-des-concours-de-bibliotheques.html (consultée le 04/11/2022).

Pour le concours de magasinier des bibliothèques principal de 2e classe, la totalité des épreuves est mentionnée sur l'arrêté du 23 juillet 2007[2], modifié le 7 mars 2018, fixant les modalités d'organisation du concours externe et du concours interne de recrutement de magasiniers des bibliothèques principaux de 2e classe.

Les épreuves d'admissibilité sont au nombre de deux :

- la rédaction, à partir de données communiquées au candidat, d'une note sur la résolution d'un problème pratique relatif à une situation à laquelle un magasinier des bibliothèques principal de 2e classe peut être confronté, d'une durée de deux heures et d'un coefficient trois ;
- un questionnaire portant sur l'organisation et le fonctionnement des bibliothèques, l'informatique appliquée aux bibliothèques, la gestion, la communication et la conservation des collections. Cet écrit est d'une durée d'une heure et d'un coefficient deux. Il consiste en « *[...] une série de 8 à 10 questions à réponse courte* » (Rapport de jury 2019).

Deux épreuves d'admission sont notifiées :

- une épreuve destinée à apprécier l'aptitude du candidat à effectuer des opérations de classement, d'une durée de vingt minutes et d'un coefficient un ;
- un entretien avec le jury permettant d'apprécier les connaissances du candidat et son aptitude à exercer les fonctions de magasinier des bibliothèques principal de 2e classe, d'une durée de vingt minutes et d'un coefficient quatre.

Le jury mentionne à propos de la note : « *D'une manière générale, le jury recommande aux candidats de consacrer du temps à lire le sujet avec une attention soutenue, qu'il s'agisse des données factuelles à prendre en compte ou de la nature exacte des questions posées. Le jury est également soucieux de la qualité de la rédaction de la note ; la plupart des copies ne comportaient*

2. www.legifrance.gouv.fr/affichTexte.do?cidTexte=JORFTEXT000000274444&fastPos=3&fastReqId=1097856523&categorieLien=cid&oldAction=rechTexte (consulté le 04/11/2022).

d'ailleurs, du point de vue de la syntaxe ou de l'orthographe, que des fautes vénielles. Enfin, la note doit traduire la capacité du candidat à situer son action au sein d'un service, d'une équipe, d'une hiérarchie » (Rapport IGB, 2019).

Il note également pour le questionnaire : « *Si les questions ne comportent pas de chausse-trappe, savoir y répondre suppose des connaissances professionnelles précises ou, pour les candidats n'ayant pas d'expérience en bibliothèque, un apprentissage solide de l'ensemble des notions énumérées dans le programme actualisé du concours.* »

Pour les épreuves d'admission, le même rapport souligne : « *La plupart des candidats ont globalement réussi cette épreuve, qui requiert une réelle capacité de concentration ; certains ont buté sur les deux ou trois formes les moins habituelles de cotes ou de titres.* »

L'examen professionnalisé réservé : une épreuve orale unique

L'examen professionnalisé réservé pour l'accès au grade de magasinier des bibliothèques principal de 2e classe est constitué d'une épreuve orale unique permettant la reconnaissance des acquis de l'expérience professionnelle.

L'épreuve orale consiste en un entretien avec le jury visant à apprécier la personnalité du candidat, sa motivation, ses capacités à exercer les fonctions normalement dévolues aux magasiniers des bibliothèques principaux de 2e classe et les compétences acquises lors de son parcours professionnel.

L'épreuve, d'une durée de vingt minutes débute par un exposé du candidat, d'une durée de cinq minutes au plus, présentant son dossier de reconnaissance des acquis de l'expérience professionnelle et se poursuit par un échange avec le jury portant sur les compétences et aptitudes professionnelles acquises par le candidat. Le cas échéant, le jury peut demander au candidat son avis sur un cas pratique ou une problématique en lien avec la vie professionnelle. Cette épreuve est notée de 0 à 20.

Pour conduire cet entretien, le jury dispose du dossier établi par le candidat, le dossier de reconnaissance des acquis de l'expérience professionnelle (RAEP). L'absence de dossier entraîne l'élimination du candidat.

PRÉAMBULE

Programme

Depuis la session 2019 des concours externe et interne, l'actualisation du programme officialisée par l'arrêté du 5 février 2018[3] (*JO* du 6 mars suivant) est actée. « *[...] consciente du décalage croissant entre le concours et la réalité des missions confiées aux magasiniers principaux, que soulignait déjà dans sa conclusion le rapport de jury de la session 2015, l'Inspection générale des bibliothèques a réfléchi à une évolution éventuelle de ses modalités d'organisation, en concertation avec les services de la DGRH. Il est apparu que les textes actuels étaient suffisamment souples pour permettre une possible adaptation des modalités pratiques de passation des épreuves, sans en changer la nature, mais que le programme nécessitait une modernisation : c'est désormais chose faite* » (Rapport du concours de recrutement des magasiniers principaux des bibliothèques de 2e classe, IGB, 2018).

Connaissances administratives

- Notions sur l'organisation de l'Union européenne, de l'État, des collectivités territoriales et de leurs groupements
- Notions sur les personnels de l'État et des collectivités territoriales (en particulier, ceux des bibliothèques)
- Droits et obligations des fonctionnaires

Connaissances professionnelles

- Notions sur les tutelles des bibliothèques
- Notions sur les missions et l'offre de services des différents types d'institutions documentaires :
  - Bibliothèque nationale de France
  - Bibliothèque publique d'information
  - Agence bibliographique de l'enseignement supérieur
  - Centre technique du livre de l'enseignement supérieur
  - Les bibliothèques des universités
  - Les bibliothèques des grands établissements
  - Les bibliothèques départementales, municipales et intercommunales
- Collections (dont ressources numériques) :
  - Modes d'accroissement
  - Traitement des documents
  - Conservation (désherbage, conditions de conservation selon les différents supports)
  - Conditionnement, reliure, réparations
  - Catalogues, classifications et classements

3. www.legifrance.gouv.fr/eli/arrete/2018/2/5/ESRH1803228A/jo/texte/fr (consulté le 04/11/2022).

- Services aux publics :
  - Accueil et information
  - Communication des documents, prêts
  - Sécurité des publics, des locaux et des collections
  - Recherche documentaire
- Notions sur la coopération et les réseaux :
  - Catalogues collectifs
  - Conservation partagée

Concours et examens professionnels de bibliothécaire assistant spécialisé : missions, épreuves, programme

Lieux d'exercice et missions

Le corps, de catégorie B, des bibliothécaires assistants spécialisés est à vocation interministérielle relevant du ministre chargé de l'Enseignement supérieur. Il comprend trois grades : la classe normale, la classe supérieure et la classe exceptionnelle.

Selon le décret n° 2011-1140 du 21 septembre 2011 portant statut particulier du corps des bibliothécaires assistants spécialisés[4], « *ils exercent principalement leurs missions dans les bibliothèques, services ou établissements publics relevant du ministère chargé de l'Enseignement supérieur et, le cas échéant, dans d'autres départements ministériels ou leurs établissements publics* ».

Les missions des bibliothécaires assistants spécialisés évoluent selon le grade.

Les bibliothécaires assistants spécialisés :
- effectuent des tâches spécialisées dans le domaine du traitement et de la conservation des collections de toute nature ainsi que dans celui de leur gestion documentaire ;
- mettent les ressources documentaires à la disposition du public ;
- accueillent, renseignent et informent les usagers ;
- peuvent être chargés de la gestion des magasins, des lieux accessibles au public et des matériels, notamment des matériels d'accès à l'information ;
- ont vocation à encadrer les personnels chargés du magasinage ;
- peuvent se voir confier des fonctions touchant à la sécurité des personnes, des locaux et des collections.

4. www.legifrance.gouv.fr/affichTexte.do?cidTexte=JORFTEXT000024580517 (consulté le 04/11/2022).

Les bibliothécaires assistants spécialisés de classe supérieure et ceux de classe exceptionnelle ont vocation à effectuer des tâches spécialisées exigeant une qualification professionnelle particulière. Les bibliothécaires assistants spécialisés de ces deux classes :

- peuvent notamment assurer le signalement et l'indexation des documents, effectuer des recherches bibliographiques et documentaires, coordonner les travaux techniques courants ;
- participent à l'accueil des utilisateurs, à leur formation et à la formation professionnelle dans leur domaine de compétence ;
- participent à des tâches liées à l'action culturelle et à la valorisation des fonds ;
- participent à l'accueil du public.

■ Épreuves et attentes du jury

Les concours externe et interne

Tous les sujets de concours sont disponibles sur la page web du ministère de l'Enseignement supérieur : www.enseignementsup-recherche.gouv.fr/cid55666/sujets-des-concours-de-bibliotheques.html (consultée le 04/11/2022).

Deux concours existent pour accéder aux corps de bibliothécaires assistants spécialisés, l'un pour la classe normale, l'autre pour la classe supérieure. L'accès à la classe exceptionnelle se fait par voie d'un examen professionnel ou par voie de promotion.

Le concours de bibliothécaire assistant de classe normale

Pour le concours de bibliothécaire assistant spécialisé de classe normale, la totalité des épreuves est mentionnée sur l'arrêté du 23 mai 2012[5], consolidé le 16 octobre 2019, fixant les modalités d'organisation, le programme et la nature des épreuves des concours de recrutement dans le grade de bibliothécaire assistant spécialisé de classe normale.

Les deux concours, externe et interne, comportent une épreuve écrite d'admissibilité et une épreuve orale d'admission. Une note inférieure ou égale à 5 sur 20 est éliminatoire.

Dans son rapport 2021, le jury mentionne : « *La session 2021 des concours de recrutement de bibliothécaire assistant spécialisé de classe normale confirme le niveau d'exigence du jury à l'égard des candidats, ne serait-ce qu'en raison du nombre limité de postes à pourvoir, tant en externe qu'en interne.*

5. https://www.legifrance.gouv.fr/loda/id/JORFTEXT000026021193 (consulté le 04/11/2022).

L'épreuve écrite, résolution d'un cas pratique sous forme d'une note, requiert avant tout des candidats de se placer dans la situation d'un bibliothécaire assistant spécialisé chargé d'apporter une réponse opérationnelle à une situation concrète. À l'oral, les candidats doivent pouvoir présenter leur parcours et valoriser leurs motivations professionnelles en manifestant ouverture d'esprit et curiosité (actualité des bibliothèques, évolutions des métiers) : les lauréats devront en effet faire preuve d'adaptation au cours de leur vie professionnelle. »

Sur l'épreuve d'admissibilité aux concours, le rapport de jury 2022 souligne : « *Un malus allant jusqu'à moins deux points pouvait être appliqué dans le cas où la récurrence des fautes de syntaxe, de grammaire ou d'orthographe devenait excessive au point de gêner la compréhension ou lorsque la présentation - ajouts, ratures, gommages - entravait outre mesure la lisibilité.* »

Le concours externe est accessible à tout candidat titulaire d'un baccalauréat ou d'un titre équivalent.

• L'épreuve d'admissibilité, d'une durée de quatre heures et d'un coefficient deux, comporte deux parties :
- une épreuve de cas pratique avec une mise en situation, à partir d'un dossier de dix pages au maximum ;
- une série de quatre à six questions à réponse courte.

• L'épreuve orale d'admission consiste en un entretien avec le jury, à partir d'un texte ne pouvant excéder deux pages, portant sur les bibliothèques, leur organisation, leur fonctionnement, les services offerts aux publics. Elle comprend une préparation de vingt-cinq minutes, est d'une durée de vingt-cinq minutes dont dix minutes au plus pour le commentaire et de quinze minutes au moins pour l'entretien. Cette épreuve est dotée d'un coefficient trois.

En vue de l'épreuve d'entretien, le candidat admissible adresse une fiche individuelle de renseignement au service gestionnaire du concours à une date fixée dans l'arrêté d'ouverture du concours. Le jury dispose de cette fiche de renseignement pour la conduite de l'entretien. L'absence de fiche de renseignement ou sa transmission après la date limite (le cachet de la poste faisant foi) entraîne l'élimination du candidat qui n'est pas convoqué à l'épreuve d'admission. La fiche individuelle de renseignement est disponible sur le site internet du ministère de l'Enseignement supérieur.

Le concours interne est ouvert à tous les fonctionnaires justifiant de quatre ans de service public.

• L'épreuve d'admissibilités, d'une durée de quatre heures et d'un coefficient deux, comporte deux parties :
- une épreuve de cas pratique avec une mise en situation, à partir d'un dossier de dix pages au maximum ;
- une série de quatre à six questions à réponse courte.

• L'épreuve d'admission est un entretien avec le jury ayant pour point de départ un exposé de son parcours professionnel d'une durée de cinq minutes. Au cours de cet entretien, le candidat peut être interrogé sur les bibliothèques, leur organisation, leur fonctionnement, les services offerts aux publics. Cette épreuve est d'une durée de vingt-cinq minutes et d'un coefficient trois.

Comme pour les sessions précédentes, le jury pour la session 2022 a limité le nombre de questions à quatre. Les questions sont les mêmes pour les concours externe et externe.

Le candidat admissible à l'oral doit constituer et transmettre à une date au ministère précise un dossier de reconnaissance de l'acquis de l'expérience professionnelle (RAEP). Ce dossier est disponible sur le site du ministère.

Le jury mentionne dans son rapport 2019 à propos du dossier RAEP : « *Bien que non noté, il est révélateur de la personnalité du candidat et de son implication dans la vie du service.* »

Le concours de bibliothécaire spécialisé de classe supérieure

Pour le concours de bibliothécaire assistant spécialisé de classe supérieure, la totalité des épreuves est mentionnée sur l'arrêté du 23 mai 2012[6] fixant les modalités d'organisation, le programme et la nature des épreuves des concours de recrutement dans le grade de bibliothécaire assistant spécialisé de classe supérieure.

Le concours externe est accessible à tout candidat titulaire d'un diplôme validant deux années post-bac dans le monde du livre, des bibliothèques, de la documentation, de l'information scientifique et technique ou d'un diplôme équivalent.

6. www.legifrance.gouv.fr/affichTexte.do?cidTexte=JORFTEXT000026021214 (consulté le 04/11/2022).

• Les épreuves d'admissibilité sont :
- une composition sur un sujet relatif aux bibliothèques, services de documentation et réseaux documentaires et à leur environnement professionnel, d'une durée de trois heures et d'un coefficient deux ;
- des questions et cas pratiques portant sur l'information bibliographique, sa structure et ses accès. Deux de ces cas pratiques sont donnés et traités en langue étrangère : l'un est donné et traité en anglais uniquement ; l'autre est donné et traité en allemand, anglais, espagnol ou italien au choix du candidat qui se détermine le jour de l'épreuve. Pour cette épreuve, l'utilisation des normes officielles de catalogage et de traitement documentaire est autorisée. Cette épreuve est d'une durée de trois heures et d'un coefficient deux.

• L'épreuve d'admission est composée d'une interrogation par le jury sur un sujet portant sur la production et la diffusion des documents et sur l'organisation et le fonctionnement des bibliothèques, des services de documentation et des réseaux documentaires, suivie d'un entretien avec le jury. Cette épreuve comprend une préparation de vingt-cinq minutes et est d'une durée de vingt-cinq minutes, dont dix minutes maximum pour le sujet, et d'un coefficient quatre.

En vue de cette épreuve, le candidat admissible adresse une fiche individuelle de renseignement au service gestionnaire du concours à une date fixée dans l'arrêté d'ouverture du concours. Le jury dispose de cette fiche de renseignement pour la conduite de l'épreuve. L'absence de fiche de renseignement ou sa transmission après la date limite (le cachet de la poste faisant foi) entraîne l'élimination du candidat, qui n'est pas convoqué à l'épreuve d'admission. La fiche individuelle de renseignement est disponible sur le site internet du ministère de l'Enseignement supérieur.

Dans son rapport 2022, « *le jury rappelle que la préparation aux épreuves tant écrites qu'orales sous tous leurs aspects est indispensable : maîtrise du temps imparti, qualité de l'expression, solides connaissances en matière de catalogage – et en particulier de la transition bibliographique en cours –, maîtrise de la méthodologie de la composition (concours externe), réflexion sur le parcours professionnel pour les candidats à l'interne...* »

Sur la transition bibliographique, ce même rapport de jury 2022, souligne qu'il « *est conscient de la difficulté engendrée par la transition bibliographique et l'évolution des normes de catalogage. [...] Pour ce qui concerne le concours, les règles RDA-FR n'ont pas de caractère obligatoire tant que la nouvelle norme n'a pas été publiée. En l'absence d'un code de catalogage RDA-FR intégralement rédigé, et qui n'est de plus pas disponible sous format imprimé pour pouvoir être aisément consulté le jour de l'épreuve, le recours aux règles AFNOR de description ne saurait être pénalisé. Même si les normes AFNOR (en particulier : Z44-061, Z44-059) sont techniquement obsolètes, elles peuvent continuer à être appliquées lors du concours et font toujours partie des documents* *autorisés en salle d'examen lors de l'épreuve « Questions et cas pratiques ». Au cours des trois sessions précédentes, le jury a adopté la position suivante pour la correction des épreuves écrites : accepter les deux modes de traitement possibles à condition que le candidat applique la même logique de traitement à l'intégralité des cas traités. Toutefois, le candidat qui procèderait suivant les anciennes normes tout en intégrant les changements induits par les parties déjà rédigées de RDA-FR ne se verrait pas non plus pénalisé. Le seul critère de pénalisation est le recours incohérent, pour le même élément d'information, tantôt aux normes AFNOR, tantôt à RDA-FR (par exemple, un candidat qui indiquerait une fois toutes les fonctions d'un contributeur avant de n'en indiquer plus qu'une lors de la question suivante)* ».

Remarque : une note du 5 août 2015 est présente en annexe 4 du rapport du jury de concours 2022. Elle a pour but de faire le point sur la manière dont le jury prend en compte l'évolution en cours des règles de catalogage.

Le concours interne est ouvert à tous les fonctionnaires justifiant de quatre ans de service public.

- L'épreuve d'admissibilité est composée de questions et cas pratiques portant sur l'information bibliographique, sa structure et ses accès. Deux de ces cas pratiques sont donnés et traités en langue étrangère : l'un est donné et traité en anglais uniquement ; l'autre est donné et traité en allemand, anglais, espagnol ou italien au choix du candidat qui se détermine le jour de l'épreuve. Pour cette épreuve, l'utilisation des normes officielles de catalogage et de traitement documentaire est autorisée. Cette épreuve est d'une durée de trois heures et d'un coefficient deux.

- L'épreuve d'admission est un entretien avec le jury ayant pour point de départ un exposé de son parcours professionnel d'une durée de cinq minutes. Au cours de cet entretien, le candidat peut être interrogé sur des questions relatives à son environnement professionnel, à la production et à la diffusion des documents et sur l'organisation et le fonctionnement des bibliothèques, des services de documentation et des réseaux documentaires. Cette épreuve est d'une durée de vingt-cinq minutes et d'un coefficient trois. Le candidat admissible à l'oral doit constituer et transmettre à une date précise au ministère un dossier RAEP. Ce dossier est disponible sur le site du ministère.

Le rapport 2022 du jury souligne à propos de cette épreuve : « *Si le traitement documentaire reste présent dans les missions confiées aux bibliothécaires assistants spécialisés de classe supérieure [...] un éventail bien plus large de fonctions peuvent être confiées aux agents de ce grade. Sans renoncer à interroger les candidats sur leurs compétences techniques et leur connaissance des grands enjeux documentaires actuels, la commission d'oral attend donc d'eux, sinon une expérience dans ces fonctions élargies, du moins une véritable curiosité à l'égard, entre autres, de l'accompagnement des chercheurs, de la formation des usagers ou encore de l'action culturelle, sans oublier les questions liées à l'encadrement hiérarchique d'une équipe.* »

L'examen professionnalisé réservé de bibliothécaire assistant spécialisé de classe normale

Cet examen comporte une épreuve unique d'admission.

L'épreuve est un entretien avec le jury visant à apprécier la personnalité du candidat, sa motivation, ses capacités à exercer les fonctions normalement dévolues aux bibliothécaires assistants spécialisés de classe normale des bibliothèques et les compétences acquises lors de son parcours professionnel. L'épreuve débute par un exposé du candidat, d'une durée de dix minutes au plus, présentant son dossier de reconnaissance des acquis de l'expérience professionnelle. L'entretien se poursuit par un échange avec le jury portant sur les compétences et aptitudes professionnelles acquises par le candidat. Pour conduire cet entretien, le jury dispose du dossier RAEP constitué par le candidat, dossier qui ne sera pas noté.

L'épreuve est d'une durée de trente minutes, dont dix minutes au plus pour l'exposé.

Nul ne peut être déclaré admis s'il n'obtient pas au moins une note égale ou supérieure à 8 sur 20.

L'examen professionnel d'avancement au grade de bibliothécaire assistant spécialisé de classe supérieure et l'examen professionnel d'avancement au grade de bibliothécaire assistant spécialisé de classe exceptionnelle

« *Les présidents des deux jurys rappellent aux futurs candidats que la réussite à l'un comme à l'autre des examens professionnels ne récompense pas un parcours, pas plus qu'elle ne constitue une reconnaissance des missions exercées, mais qu'elle sanctionne la réussite à des épreuves auxquelles il est nécessaire de se préparer* » (Rapport 2022 de l'examen professionnel de bibliothécaire assistant spécialisé de classe supérieure et de classe exceptionnelle).

L'accès au grade de bibliothécaire assistant spécialisé de classe supérieure

Les candidats pouvant prendre part aux épreuves sont les fonctionnaires qui, au plus tard le 31 décembre de l'année au titre de laquelle l'examen est organisé, justifient d'au moins un an dans le quatrième échelon du grade de bibliothécaire assistant spécialisé de classe normale et d'au moins trois années de services effectifs dans un corps civil ou un cadre d'emplois de catégorie B ou de même niveau.

PRÉAMBULE

L'examen professionnel pour l'avancement au grade de bibliothécaire assistant spécialisé de classe supérieure comporte une épreuve d'admissibilité et une épreuve d'admission :

• l'épreuve d'admissibilité consiste en l'examen du dossier de reconnaissance des acquis de l'expérience professionnelle établi par le candidat. Le jury examine le dossier qu'il note en fonction de l'expérience acquise par le candidat durant son parcours professionnel au regard de son grade d'appartenance à chaque étape de ce parcours. Ce dossier est adressé par le candidat au service organisateur avant une date limite fixée dans l'arrêté d'ouverture de l'examen professionnel. L'absence de dossier ou sa transmission après cette date (le cachet de la poste faisant foi) entraîne l'élimination du candidat. Aucune pièce complémentaire transmise après cette même date (le cachet de la poste faisant foi) n'est prise en compte. Cette épreuve est dotée d'un coefficient deux ;

• l'épreuve d'admission est un entretien avec le jury visant à apprécier les aptitudes et la motivation du candidat à exercer les fonctions d'un bibliothécaire assistant spécialisé de classe supérieure ainsi qu'à reconnaître les acquis de son expérience professionnelle. Pour conduire cet entretien, qui a pour point de départ un exposé du candidat de son expérience professionnelle d'une durée de cinq minutes au plus, le jury s'appuie sur le dossier constitué par le candidat en vue de l'épreuve d'admissibilité. Au cours de cet entretien, le candidat peut être interrogé sur des questions relatives à son environnement professionnel, à la production et la diffusion des documents et sur l'organisation et le fonctionnement des bibliothèques, des services de documentation et des réseaux documentaires. L'épreuve est d'une durée de vingt-cinq minutes, dont cinq minutes au plus pour l'exposé, et est dotée d'un coefficient trois.

L'accès au grade de bibliothécaire assistant spécialisé de classe exceptionnelle

Les candidats pouvant prendre part aux épreuves sont les fonctionnaires qui, au plus tard le 31 décembre de l'année au titre de laquelle l'examen est organisé, justifient d'au moins un an dans le cinquième échelon du grade de bibliothécaire assistant spécialisé de classe supérieure et d'au moins trois années de services effectifs dans un corps civil ou un cadre d'emplois de catégorie B ou de même niveau.

Cet examen professionnel comporte une épreuve d'admissibilité et une épreuve d'admission :
• l'épreuve d'admissibilité consiste en l'examen du dossier de reconnaissance des acquis de l'expérience professionnel établi par le candidat et envoyé préalablement à la direction générale des ressources humaines du ministère. Cette épreuve est dotée d'un coefficient deux ;
• l'épreuve d'admission consiste en un entretien avec le jury visant à apprécier les aptitudes et la motivation du candidat à exercer les fonctions d'un bibliothécaire assistant spécialisé de classe

exceptionnelle ainsi qu'à reconnaître les acquis de son expérience professionnelle. Pour conduire cet entretien, qui a pour point de départ un exposé du candidat de son expérience professionnelle d'une durée de cinq minutes au plus, le jury s'appuie sur le dossier constitué par le candidat en vue de l'épreuve d'admissibilité. Au cours de cet entretien, le candidat peut être interrogé sur des questions relatives à son environnement professionnel, à la production et la diffusion des documents et sur l'organisation et le fonctionnement des bibliothèques, des services de documentation et des réseaux documentaires. Cette épreuve dure vingt-cinq minutes, dont cinq minutes au plus pour l'exposé, et est dotée d'un coefficient trois.

Sur les dossiers RAEP, le rapport de jury 2022 souligne que : « *Les jurys ont en effet estimé, comme les années précédentes, que tous les parcours reflétaient une réelle expérience professionnelle et faisaient la démonstration d'acquis incontestables. En se fondant sur les compétences, connaissances et qualités attendues d'un bibliothécaire assistant spécialisé de classe supérieure ou de classe exceptionnelle en fonction des missions statutaires définies par les textes réglementaires, les jurys établissent une grille d'analyse des dossiers. Différents critères sont jaugés de manière à discerner les forces et faiblesses d'un dossier et à permettre par là même de lui attribuer une note.* »

Sur l'entretien professionnel et notamment les questions du jury, ce même rapport constate : « *Certaines questions ont pu surprendre les candidats qui peinent à sortir de leur service (par exemple : formations d'excellence de leur université, missions de la Bibliothèque nationale de France autres que celles de leur service d'appartenance) ou à situer l'impact des projets ou des évolutions administratives ou techniques sur leurs missions (regroupements d'établissements universitaires et politique de site, learning centers, archives ouvertes, réseaux, transition bibliographique, formation des usagers...). D'autres encore paraissent ne pas avoir songé suffisamment à leur avenir professionnel : nouveau positionnement, missions futures, accroissement des responsabilités...* »

Programme

Selon l'arrêté du 23 mai 2012 fixant les modalités d'organisation, le programme et la nature des épreuves des concours de recrutement dans le grade de bibliothécaire assistant spécialisé de classe normale, le programme des concours interne et externe est le suivant :

- administration :

- notions sur l'organisation de l'État et des collectivités territoriales,
- notions sur les fonctions publiques : principes généraux, droits et obligations des fonctionnaires,
- notions sur le fonctionnement des institutions européennes ;

• les documents :
- notions sur les différents types de documents (manuscrits, documents imprimés et graphiques ; ressources audiovisuelles et électroniques),
- notions sur la production et la diffusion des documents (édition, imprimerie, librairie, bibliothèques) ;
• les différents types de bibliothèques et services documentaires :
- notions sur leurs missions et leur organisation,
- l'offre de service des bibliothèques ;
• les publics des bibliothèques, leurs comportements et leurs attentes.

Selon l'arrêté du 23 mai 2012 fixant les modalités d'organisation, le programme et la nature des épreuves des concours de recrutement dans le grade de bibliothécaire assistant spécialisé de classe supérieure, le programme des concours interne et externe est le suivant :
• organisation administrative :
- administration de l'État et des collectivités territoriales,
- les fonctions publiques : principes généraux, statut, personnels, recrutement, droits et obligations des fonctionnaires,
- les institutions européennes ;
• bibliothèques et organismes documentaires :
- les différents types de bibliothèques et de services de documentation : organisation, missions et moyens,
- les grands organismes documentaires,
- les réseaux de coopération documentaire,
- les politiques documentaires locales et nationales ;
• économie du livre et des autres formes d'édition :
- production et diffusion des documents imprimés, graphiques et audiovisuels,
- édition électronique et multimédia,
- notions sur la production et la diffusion de l'information scientifique et technique, sur la littérature grise et les travaux de recherche ; les archives ouvertes,
- notions relatives à la propriété intellectuelle et au droit d'auteur ;
• ressources et traitement documentaires :
- types de documents, sur support ou en ligne,
- modes d'acquisition des ressources documentaires,
- formats et normes de traitement ; métadonnées ; langages d'indexation,
- catalogues collectifs,
- préservation et conservation des collections ;

• services aux usagers :
- accueil et formation des usagers,
- systèmes d'information et portails documentaires,
- méthode et outils de la recherche documentaire,
- mise en valeur des collections,
- animation et action culturelle.

Concours, examen professionnalisé réservé de bibliothécaire et examen professionnel d'avancement au grade de bibliothécaire hors classe : missions, épreuves, programme

Lieux d'exercice et missions

Le corps, de catégorie A, des bibliothécaires est à vocation interministérielle. Il relève du ministre chargé de l'Enseignement supérieur.

Les bibliothécaires peuvent exercer « *leurs fonctions dans les services techniques et les bibliothèques relevant du ministère chargé de l'Enseignement supérieur ou d'autres départements ministériels* » (décret n° 92-29 du 9 janvier 1992[7] portant statut particulier du corps des bibliothécaires).

Les missions des bibliothécaires sont les suivantes :
• participation à la constitution, à l'organisation, à l'enrichissement, à l'évaluation, à l'exploitation et à la communication au public des collections de toute nature des bibliothèques ;
• contribution aux tâches d'animation et de formation au sein de leur établissement ;
• d'assurer des tâches d'encadrement.

Le *Bulletin officiel* spécial n° 11 du 3 décembre 2020 portant sur les carrières des personnels titulaires des bibliothèques, ingénieurs, administratifs, techniques, sociaux et de santé (BIATSS) et des personnels techniques et pédagogiques (PTP) - 2021 fait mention que « *les lauréats et lauréates des concours de bibliothécaires sont [...] affectés, du 1er octobre de l'année des concours au 31 mars de l'année suivante, à l'École nationale supérieure des sciences de l'information et des bibliothèques (ENSSIB), pour y suivre une formation obligatoire, puis à compter du 1er avril dans leur établissement d'affectation* ».

7. www.legifrance.gouv.fr/affichTexte.do?cidTexte=JORFTEXT000000539406 (consulté le 04/11/2022).

Épreuves et attentes du jury

Les concours externe et interne

La totalité des épreuves est mentionnée dans l'arrêté du 11 juin 2010[8] fixant les modalités d'organisation du concours externe et du concours interne de recrutement de bibliothécaires.

Tous les sujets de concours sont disponibles sur la page web du ministère de l'Enseignement supérieur : www.enseignementsup-recherche.gouv.fr/cid55666/sujets-des-concours-de-bibliotheques.html (consultée le 04/11/2022).

Le rapport 2022 souligne : « *Les correcteurs avaient pour consigne, comme les années précédentes, de sanctionner les défauts de présentation générale (mauvaise lisibilité de l'écriture, ratures et/ou blancs en trop grand nombre) ainsi que les fautes d'orthographe et de syntaxe. En cas de cumul des défauts au titre de la présentation, de l'orthographe et de la syntaxe, la baisse de la note pouvait atteindre un maximum de 7 points sur 20.* »

Le concours externe est accessible à tout candidat titulaire d'une licence ou d'un titre équivalent.

• Les épreuves d'admissibilités sont :
- une note de synthèse établie à partir d'un dossier comportant des documents en langue française et ne pouvant excéder trente pages, d'une durée de quatre heures et d'un coefficient trois ;
- une composition sur un sujet relatif aux rôles et aux missions des bibliothèques, à l'économie du livre et de l'information et aux pratiques culturelles, d'une durée de quatre heures et d'un coefficient deux.

Une note inférieure à 5 à l'une ou l'autre de ces épreuves est éliminatoire.

• Les épreuves d'admission comportent :
- un entretien avec le jury sur la motivation professionnelle démarrant par un commentaire de texte relatif à une situation professionnelle, d'une préparation de trente minutes, d'une durée de trente minutes dont dix minutes maximum pour le commentaire et d'un coefficient quatre ;
- un entretien de culture générale avec le jury démarrant par un commentaire de texte qui porte sur les grands thèmes d'actualité intellectuelle, culturelle, économique et sociale, d'une préparation de trente minutes, d'une durée de trente minutes dont dix minutes maximum pour le commentaire et d'un coefficient trois.

8. https://www.legifrance.gouv.fr/loda/id/JORFTEXT000025917531/ (consulté le 04/11/2022).

Sur la partie motivation professionnelle, pour la session 2022, les thématiques pour le commentaire de texte furent entre autres les suivantes : la fonction publique, le management d'équipe, les modalités de travail, la reconnaissance professionnelle, la parité salariale.
Sur l'entretien, le rapport de jury de la même année souligne : « *Les candidats qui ont paru les plus en difficultés dans cet exercice sont tout d'abord ceux - comme chaque année hélas - qui n'ont pas suffisamment prêté attention aux statuts d'un bibliothécaire, ni sans doute étudié attentivement par exemple le programme de formation initiale des bibliothécaires dispensé par l'ENSSIB. La lecture de l'organisation de la formation et les intitulés des unités d'enseignements et des cours peuvent utilement offrir une bonne vision aux candidats externes du périmètre des missions qu'ils se verront confier en établissement s'ils réussissent ce concours. [...] Trop de candidats ont paru fragilisés lorsque le jury les interrogeait sur les droits et les devoirs du fonctionnaire ou sur certaines évolutions inscrites dans la Loi de transformation de la fonction publique. Une bonne connaissance du cadre juridique de la fonction publique fait partie des compétences attendues sur des fonctions de cadre de la fonction publique. [...] L'appétence pour l'accueil et le service public, l'intérêt pour les services aux chercheurs ou la formation, l'identification d'un établissement ou d'un type d'établissement dans lequel ils souhaiteraient exercer à la sortie de l'ENSSIB peuvent favoriser et orienter utilement les échanges avec le jury.* »

Un concours externe spécial est ouvert aux candidats titulaires d'un diplôme de doctorat.

- L'épreuve d'admissibilité est une note de synthèse à établir à partir d'un dossier comportant des documents en langue française et ne pouvant excéder trente pages, d'une durée de quatre heures et d'un coefficient trois. Une note inférieure à 5 à cette épreuve est éliminatoire.

- L'épreuve d'admission est un entretien avec le jury sur les motivations et aptitudes des candidats à exercer les fonctions de bibliothécaire qui démarrera par un exposé du candidat sur son parcours universitaire et professionnel d'une durée de cinq minutes et qui continuera par un entretien. La durée de l'épreuve est de trente minutes et cette dernière est dotée d'un coefficient quatre.

Le candidat déclaré admissible doit transmettre au ministère un dossier comprenant obligatoirement un exposé de ses titres et travaux, un curriculum vitæ dactylographié et une lettre de motivation.

Sur le dossier candidature, le rapport de jury 2022 mentionne plusieurs points : « *Le dossier de candidature n'est certes pas noté, mais les candidats doivent cependant y apporter le plus grand soin et orienter leur propos vers une mise en valeur de leur expérience. [...] [La lettre de motivation] doit faire le lien entre le parcours académique et les motivations du candidat pour intégrer une catégorie d'emploi et une profession dont il ne peut ignorer les grands enjeux et les caractéristiques.* »

Sur l'entretien de motivation professionnelle, ce même rapport conseille : « *Le candidat ne doit pas restituer à l'oral le curriculum vitæ dont le jury a pris connaissance, mais il doit mettre en exergue les éléments propres à convaincre le jury de son aptitude à exercer des fonctions de cadre dans une bibliothèque.* »

Un concours interne est accessible à tout candidat justifiant de quatre années d'expérience professionnelle dans la fonction publique, dont deux au sein d'un service technique ou bibliothèques relevant du ministère de l'Enseignement supérieur ou des Collectivités territoriales.

• L'épreuve d'admissibilité est une étude de cas à partir d'un dossier portant sur les aspects de la gestion d'une bibliothèque ou d'un réseau documentaire, d'une durée de quatre heures et d'un coefficient quatre. Une note inférieure à 5 à cette épreuve est éliminatoire.

• Les épreuves orales d'admission sont :
- un entretien avec le jury sur la motivation professionnelle démarrant par un commentaire de texte relatif à une situation professionnelle. Pour conduire cet entretien, le jury dispose du dossier constitué par le candidat lors de l'inscription, en vue de la reconnaissance des acquis de l'expérience professionnelle. L'épreuve comprend une préparation de trente minutes et est d'une durée de trente minutes dont dix minutes maximum pour le commentaire. Son coefficient est de quatre ;
- un entretien de culture générale débutant par un commentaire de texte qui porte sur les grands thèmes d'actualité intellectuelle, culturelle, économique et sociale, d'une préparation de trente minutes, d'une durée de trente minutes dont dix minutes maximum pour le commentaire et d'un coefficient trois.

Le candidat admissible à l'oral doit constituer et transmettre au ministère, à une date précise, un dossier RAEP. Ce dossier est disponible sur le site du ministère.

Sur l'entretien de motivation professionnelle, le rapport de jury 2021 souligne : « *S'il était appréciable que ces réponses soient enrichies par l'expérience ou une observation du terrain, elles ont en revanche souvent été incomplètes et montrant une faiblesse dans les acquis théoriques, comme pour les questions relatives aux qualités attendues d'un bon encadrant ou celles portant sur la conduite de réunions ou de projets. La réussite de cette épreuve requiert une parfaite maîtrise du vocabulaire et des concepts professionnels, ainsi qu'une bonne connaissance de l'actualité des bibliothèques. Ces deux prérequis conditionnent la capacité des candidats à formuler des réponses précises, concises et complètes. Sans ces bases théoriques qui offrent une assise solide aux apports de l'exercice professionnel, les candidats prennent le risque de ne pas parvenir à mettre suffisamment en valeur leur capacité d'adaptation et leur aptitude à assumer des responsabilités d'encadrement. "Ne pas aller à l'encontre de la volonté des agents" conduit immanquablement le jury à s'interroger sur l'efficacité ou la pertinence du style managérial du candidat...* » et le rapport 2022 complète : « *Des expressions telles que "j'impose ma décision" ou "on n'est pas au service de son équipe" sont inappropriées et soulèvent des doutes dans l'esprit du jury sur les aptitudes du candidat.* »

Les textes proposés pour la session 2022 avaient pour thématiques, entre autres : la parité et l'égalité des salaires, le management à l'ère de l'intelligence artificielle, le travail à distance, la démultiplication des réunions, les organisations matricielles, la motivation des salariés, les techniques managériales, les risques psychosociaux et la formation tout au long de la vie.

L'examen professionnalisé réservé

Cet examen professionnalisé réservé des bibliothécaires comporte une épreuve d'admissibilité et une épreuve d'admission.

• L'épreuve d'admissibilité est une série de cinq questions au maximum portant sur le programme fixé à l'annexe 1 de l'arrêté du 11 juin 2013[9] fixant les règles d'organisation générale et la nature des épreuves des recrutements réservés pour l'accès à certains corps des fonctionnaires relevant du ministre chargé de l'Enseignement supérieur. Chaque question peut être accompagnée d'un ou plusieurs documents en rapport avec la question posée qui n'excèdent pas une page au total. Elles peuvent consister en des mises en situation professionnelle. Cette épreuve est d'une durée de trois heures dotée d'un coefficient deux. Une note inférieure à 5 à cette épreuve est éliminatoire.

• L'épreuve d'admission est un entretien avec le jury visant à apprécier la personnalité du candidat, sa motivation, ses capacités à exercer les fonctions normalement dévolues aux bibliothécaires des bibliothèques et les compétences acquises lors de son parcours professionnel. L'épreuve débute par un exposé du candidat, d'une durée de dix minutes au plus, présentant son parcours professionnel et les acquis de son expérience professionnelle, notamment ses activités actuelles, les principales missions exercées et les compétences mises en œuvre ainsi que ses éventuelles fonctions d'encadrement. Il indique également les formations professionnelles dont il a bénéficié et qui lui paraissent illustrer au mieux les compétences acquises dans son parcours professionnel. L'entretien se poursuit par un échange avec le jury portant sur la valorisation des compétences et aptitudes professionnelles acquises par le candidat. Le cas échéant, le jury peut demander au candidat son avis sur un cas pratique ou une problématique en lien avec la vie professionnelle.

9. www.legifrance.gouv.fr/affichTexte.do?cidTexte=JORFTEXT000027541880 (consulté le 04/11/2022).

Pour conduire cet entretien, le jury dispose du dossier RAEP constitué par le candidat, dossier qui ne sera pas noté. L'épreuve est d'une durée de trente minutes, dont dix minutes au plus pour l'exposé, dotée d'un coefficient trois.

L'examen professionnel d'avancement au grade de bibliothécaire hors classe

Le protocole relatif aux parcours professionnels, carrières et rémunérations dans la fonction publique (PPCR) prévoit qu'un fonctionnaire puisse dérouler sa carrière sur au moins deux grades. Le corps de bibliothécaire a ainsi fait l'objet d'une restructuration avec la création d'un grade « hors classe » à compter du 1er septembre 2017. Ce nouveau grade accessible en 2017 et 2018 par tableau d'avancement, est également accessible par examen professionnel depuis 2019.

Selon le décret n° 92-29 du 9 janvier 1992[10] portant statut particulier du corps des bibliothécaires, les candidats pouvant prendre part aux épreuves sont les bibliothécaires qui, au plus tard le 31 décembre de l'année au titre de laquelle l'examen est organisé, justifient d'au moins trois ans de services effectifs dans un corps civil ou un cadre d'emplois de catégorie A ou de même niveau et ont atteint le cinquième échelon du grade de bibliothécaire.

L'arrêté du 28 mars 2019[11] fixe les règles relatives à la nature et à l'organisation de l'examen professionnel pour l'avancement au grade de bibliothécaire hors classe ainsi que la composition et le fonctionnement du jury.

Cet examen professionnel comporte une épreuve d'admissibilité et une épreuve d'admission.

L'épreuve d'admissibilité consiste à l'examen du dossier RAEP établi par le candidat dans lequel il expose notamment la méthodologie qui a été la sienne dans la conduite d'un projet ou d'une action qu'il a mené ou auquel il a contribué, les difficultés qu'il a rencontrées et les enseignements qu'il en a tirés. Le jury examine le dossier qu'il note en fonction de l'expérience acquise par le candidat durant son parcours professionnel. La note du dossier est dotée d'un coefficient un. Ce dossier est adressé par le candidat au service organisateur dans le délai et selon les modalités fixés par l'arrêté d'ouverture de l'examen professionnel. Le dossier est disponible sur le site du ministère. L'absence de dossier ou sa transmission hors délai entraîne l'élimination du candidat qui n'est pas convoqué à l'épreuve d'admission. Aucune pièce complémentaire transmise hors délai n'est prise en compte.

10. www.legifrance.gouv.fr/affichTexte.do?cidTexte=JORFTEXT000000539406&categorieLien=cid#LEGIARTI000034794490 (consulté le 04/11/2022).

11. www.legifrance.gouv.fr/affichTexte.do?cidTexte=JORFTEXT000038403843&fastPos=1&fastReqId=40149348&categorieLien=cid&oldAction=rechTexte (consulté le 04/11/2022).

Le dossier de reconnaissance des acquis de l'expérience professionnelle ainsi qu'un guide d'aide au remplissage sont disponibles sur le site internet du ministère de l'Enseignement supérieur.

L'épreuve orale d'admission consiste en un entretien avec le jury d'une durée totale de trente minutes et dotée d'un coefficient trois. L'entretien débute par un exposé de dix minutes au plus du candidat sur les différentes étapes de son parcours professionnel. Pour conduire cet entretien, le jury dispose du dossier constitué par le candidat en vue de la reconnaissance des acquis de son expérience professionnelle. L'entretien avec le jury vise à reconnaître les acquis de l'expérience professionnelle du candidat sur la base du dossier fourni par celui-ci et à apprécier ses motivations, ses aptitudes au management et ses capacités à évoluer dans son environnement professionnel. Au cours de l'entretien avec le jury, le candidat peut être interrogé sur des situations professionnelles.

Nul ne peut être déclaré admissible s'il a obtenu à l'épreuve d'admissibilité une note inférieure à 8 sur 20. Nul ne peut être inscrit sur la liste des admis s'il a obtenu une note inférieure à 10 sur 20 à l'épreuve orale.

Le rapport 2022 souligne que : « *Les épreuves sont destinées à différencier les candidats entre eux, le nombre de promotions étant par nature limité. En aucun cas, ces notes ne constituent une appréciation portée sur les qualités professionnelles des candidats au sein de leur établissement. [...] Le jury rappelle que l'évaluation de ces dossiers ne porte pas sur la nature des parcours mais sur la cohérence et la qualité de leur présentation, ainsi que sur leur capacité à souligner dans la construction et dans l'articulation des différentes rubriques entre elles les compétences acquises et mobilisées dans le cadre des missions exercées et des résultats professionnels présentés.* »
Sur l'épreuve orale d'admission, ce même rapport précise que : « *Les meilleures auditions sont celles qui se sont distinguées d'une part, dès l'étape de l'exposé, par une présentation dynamique, rythmée et originale, évitant les effets de redondance avec le rapport d'activité du dossier, par une bonne capacité de réflexion et par une qualité d'écoute et de dialogue avec les membres de la commission.* »

Pour la session 2022, les mises en situation professionnelle ont été entre autres les suivantes : conflits dans les équipes ou avec des usagers, premières actions en responsabilité de site, mise en place d'une action de formation ou d'un nouveau service, intégration dans une équipe d'un agent en situation de handicap.

PRÉAMBULE

Programme

Le programme du concours externe est :

• pour l'épreuve de la composition :
- les rôles et missions des bibliothèques,
- l'économie du livre et de l'information,
- les pratiques culturelles ;

• pour l'épreuve de l'entretien de culture générale, ce sont les grands thèmes de l'actualité intellectuelle, culturelle, économique et sociale qui seront traités.

Le programme du concours interne est :

• pour l'épreuve de l'étude de cas :
- les bibliothèques et leurs tutelles : organisation, mission et rôle,
- les politiques documentaires locales et nationales, réseaux documentaires et collections,
- le rôle des bibliothèques dans la diffusion du livre et de l'information,
- l'économie du livre et de l'information, notions sur le droit de l'information,
- les publics et services : accès des publics à l'information et aux documents, rôle des technologies de l'information et de la communication,
- les statuts et l'organisation des fonctions publiques, en particulier droits et obligations des fonctionnaires ;

• pour l'épreuve de l'entretien de culture générale, ce sont les grands thèmes de l'actualité intellectuelle, culturelle, économique et sociale qui seront traités.

Le programme pour l'examen professionnel réservé est pour l'épreuve d'admission :

• les bibliothèques et leurs tutelles : organisation, mission et rôle ;
• les politiques documentaires locales et nationales, réseaux documentaires et collections ;
• le rôle des bibliothèques dans la diffusion du livre et de l'information ;
• l'économie du livre et de l'information, notions sur le droit de l'information ;
• les publics et services : accès des publics à l'information et aux documents, rôle des technologies de l'information et de la communication.

Concours de conservateur des bibliothèques : missions, épreuves, programme

Lieux d'exercice et missions

Les corps, de catégorie A, des conservateurs ont une vocation interministérielle. Ils relèvent du ministère de l'Enseignement supérieur.

Les conservateurs et conservateurs généraux peuvent exercer des fonctions de direction et d'encadrement des bibliothèques de l'État et de ses établissements publics. Ils peuvent, par voie de détachement ou de mise à disposition, assurer ces mêmes fonctions au sein des bibliothèques municipales classées (BMC) et des bibliothèques départementales (BD).

Les missions des conservateurs sont les suivantes :
- constitution, organisation, enrichissement, évaluation, exploitation et responsabilité des collections des bibliothèques ;
- organisation de l'accès aux collections, responsabilité de l'établissement des catalogues des collections, diffusion des documents à des fins de recherche, d'information ou de culturel ;
- participation à la formation des professionnels et du public sur les thèmes des bibliothèques, de la documentation et de l'information scientifique et technique liées à ces domaines.

Le décret n° 92-26 du 9 janvier 1992[12] portant statut particulier du corps des conservateurs des bibliothèques et du corps des conservateurs généraux des bibliothèques mentionne les missions des conservateurs en chef. Elles sont liées à des responsabilités particulières « *en raison de l'importance des collections ou des missions scientifiques ou administratives qui leur sont confiées. Ils peuvent être chargés de fonctions d'encadrement et de coordination ainsi que d'études et de conseil comportant des responsabilités particulières* ».

Ils peuvent se voir confier des missions d'inspection mentionnées à l'article R. 241-17 du code de l'éducation[13].

Le *Bulletin officiel* spécial n° 11 du 3 décembre 2020 portant sur les carrières des personnels titulaires des bibliothèques, ingénieurs, administratifs, techniques, sociaux et de santé (BIATSS) et des personnels techniques et pédagogiques (PTP) - 2021 fait mention que : « *L'affectation des*

12. www.legifrance.gouv.fr/affichTexte.do?cidTexte=LEGITEXT000006078555 (consulté le 04/11/2022).

13. www.legifrance.gouv.fr/affichCodeArticle.do?cidTexte=LEGITEXT000006071191&idArticle=LEGIATI000006526335 (consulté le 04/11/2022).

conservateurs et conservatrices de bibliothèque, titularisés à l'issue de leur scolarité à l'ENSSIB est considérée comme une première affectation. Aussi, les établissements doivent-ils veiller à élaborer des fiches de poste de manière suffisamment large pour les rendre accessibles à l'ensemble des personnes sortant de l'école et à ne pas opposer un avis défavorable à la venue de l'un d'entre eux en exigeant un profil trop spécifique ou en offrant un poste d'un niveau de responsabilités peu compatible avec une première prise de fonctions. »

Épreuves et attentes du jury

Les concours externe et interne

L'ensemble des épreuves sont fixées par l'arrêté du 5 octobre 2007[14] fixant les modalités d'organisation du concours externe et du concours interne de recrutement des conservateurs stagiaires, élèves de l'École nationale supérieure des sciences de l'information et des bibliothèques.

Tous les sujets de concours sont disponibles sur la page web du ministère de l'Enseignement supérieur : www.enseignementsup-recherche.gouv.fr/cid55666/sujets-des-concours-de-bibliotheques.html (consultée le 11/11/2022).

Le concours externe est ouvert à tout titulaire d'une licence ou d'un titre équivalent.

• Les épreuves d'admissibilité sont :
- une composition de culture générale sur un sujet élaboré à partir des questions du programme permettant d'apprécier l'aptitude du candidat à analyser une question donnée et à exposer de façon claire et ordonnée une problématique, d'une durée de cinq heures et d'un coefficient trois ;
- une note de synthèse établie à partir d'un dossier comportant des documents en langue française, d'une durée de quatre heures et d'un coefficient trois.

Le rapport 2022 du jury mentionne au sujet de la composition de culture générale : « *Le jury a pu à nouveau constater que l'exercice de la composition s'avérait insuffisamment maîtrisé par un nombre non négligeable de candidats. Ce ne devrait pas être ici le lieu de rappeler qu'une composition comporte une introduction (de taille raisonnable, et non hypertrophiée), un développement structuré, articulé et équilibré et une conclusion digne de ce nom au lieu d'être parfois bâclée voire inexistante. Il ne s'agit pas que de formalisme, mais de l'expression d'une pensée cohérente, méthodique et organisée. Le jury relève des difficultés croissantes quant à l'élaboration d'une bonne introduction : celle-ci doit reprendre le sujet, en définir les termes et le*

14. www.legifrance.gouv.fr/affichTexte.do?cidTexte=LEGITEXT000022662845 (consulté le 04/11/2022).

périmètre, présenter le plan qui sera suivi et se terminer par une phrase de liaison avec la première partie du développement. [...] Il ne devrait pas être nécessaire de rappeler qu'une orthographe, une syntaxe et une expression de qualité sont indispensables pour devenir fonctionnaire d'encadrement supérieur, et qu'une écriture se doit d'être lisible sans requérir de la part des correcteurs des efforts démesurés pour le déchiffrement, au détriment de la compréhension du texte. »

Le rapport 2021 souligne sur la note de synthèse que le jury « *cherche, avant tout, à évaluer la capacité du candidat à hiérarchiser les documents et à condenser leurs idées dans un style neutre, sans apport personnel, et fluide. Cette dernière qualité constitue une difficulté à ne pas sous-estimer : elle implique de trouver la bonne distance par rapport aux textes, de se situer suffisamment près pour montrer qu'ils ont été lus et compris et suffisamment loin pour ne pas perdre de vue la problématique dégagée et, d'un point de vue stylistique, atteindre la fluidité nécessaire à la lecture de la synthèse. Cette bonne distance par rapport aux textes se traduit en particulier dans la façon de se référer à eux : ne pas mentionner systématiquement le titre des documents, mais ne pas non plus s'abstenir de toute référence, la mention du nom de l'auteur fournit souvent un bon compromis* ».

• Les épreuves d'admission comportent :

- une épreuve de langue vivante étrangère (allemand, anglais, espagnol, italien ou russe) ou de langue ancienne (grec ou latin), au choix du candidat exprimé lors de son inscription au concours qui se compose d'une traduction en français d'un texte court suivie d'un entretien avec le jury dans la langue vivante choisie ou en français pour les candidats ayant choisi une langue ancienne et portant sur le contenu du texte et ses aspects linguistiques. Le candidat dispose d'un temps de préparation de trente minutes. L'épreuve dure trente minutes dont dix minutes maximum pour la traduction et est dotée d'un coefficient trois. Il est à noter que pour la préparation, l'utilisation d'un dictionnaire unilingue est autorisée pour les langues vivantes et l'utilisation d'un dictionnaire bilingue est autorisée pour les langues anciennes. Chaque candidat ne peut être muni que d'un seul dictionnaire ;
- une conversation avec le jury sur une question de culture générale qui démarre par un commentaire de texte portant sur le programme, d'une préparation de trente minutes, d'une durée de trente minutes, dont dix minutes maximum pour le commentaire, et dotée d'un coefficient cinq ;
- un entretien avec le jury sur la motivation professionnelle débutant par un commentaire de texte relatif à une situation professionnelle, hors contexte des bibliothèques, d'une préparation de trente minutes, d'une durée de trente minutes, dont dix minutes maximum pour le commentaire et dotée d'un coefficient cinq.

À propos de l'épreuve de langue, le rapport de jury 2020 souligne : « *Le niveau des textes, quelles que soient les langues vivantes, est comparable à celui que l'on peut attendre, par exemple, d'un candidat à un concours de professeur du second degré non spécialisé en langue ou d'un candidat à un concours d'entrée dans une grande école dans une discipline non-littéraire. Les textes de langues vivantes sont majoritairement des textes de presse. Les textes de langues anciennes exigent une bonne maîtrise de la syntaxe et du vocabulaire de base.* » La lecture du texte à traduire est demandée. « *On ne soulignera jamais assez l'importance de ce moment, qui permet à la fois au candidat de s'immerger vraiment dans l'épreuve et au jury de se faire une première impression. Seul le texte en grisé (mais celui-ci en entier) est à lire, à voix intelligible, ni trop vite, ni trop lentement. Une lecture laborieuse, aux accents et à la prosodie fautifs, laissera mal augurer de la suite. La lecture est l'entrée en matière de l'épreuve : le candidat doit la soigner. [...] Pour faciliter la discussion qui suit la traduction, il est essentiel pendant la préparation de lire, au moins rapidement, l'ensemble du texte proposé, qui contextualise l'extrait à traduire et doit faciliter le commentaire qu'en fera le candidat dans la seconde partie de l'épreuve* » (Rapport de jury 2021).

Sur le commentaire de texte de culture générale, le rapport 2019 mentionne que « *le jury ne souhaite pas nécessairement que le candidat expose des connaissances faisant montre d'érudition, mais entend vérifier sa capacité à établir des liens entre des époques, des faits, des courants artistiques, etc.* »

À propos de l'entretien de motivation professionnelle, le rapport de jury 2020 souligne : « *La force de conviction, la capacité à susciter l'adhésion sont des caractéristiques très utiles à un chef d'équipe. Or, une proportion non négligeable de candidats se sont exprimés sur un ton monocorde et semblaient dépourvus de tout dynamisme. Les qualités d'expression sont aussi évaluées par le jury qui cherche à déceler une implication personnelle et une forme d'enthousiasme communicatif.* » Le rapport 2021 partage ce sentiment : « *Un manque d'aisance, un débit trop lent ou heurté, peut inspirer des doutes au jury sur la capacité d'un candidat à gérer des situations tendues.* »

Le concours externe spécial est réservé aux titulaires d'un doctorat selon le décret n° 2017-144 du 7 février 2017[15] dont les modalités d'organisation sont fixées par l'arrêté du 17 mars 2017[16].

Le candidat doit transmettre au ministère un dossier comprenant obligatoirement un exposé de ses titres et travaux, un curriculum vitæ dactylographié de deux pages au plus qui décrira son parcours universitaire et/ou professionnel et mentionnera les emplois occupés, les fonctions et responsabilités exercées, les formations suivies et les stages effectués ainsi qu'une lettre de motivation dans laquelle

15. www.legifrance.gouv.fr/affichTexte.do?cidTexte=JORFTEXT000034015164&fastPos=1&fastReqId=1681789491&categorieLien=cid&oldAction=rechTexte (consulté le 04/11/2022).

16. www.legifrance.gouv.fr/jo_pdf.do?id=JORFTEXT000034502851 (consulté le 04/11/2022).

le candidat présentera notamment les éléments qui constituent, selon lui, les acquis de son expérience professionnelle résultant de la formation à la recherche par la recherche.
Le rapport de jury 2022 pointe que : « *La lettre de motivation de plusieurs candidats s'est révélée indigente, évoquant peu ou pas ces acquis, restant plus ou moins vague sur leurs motivations pour le métier de conservateur de bibliothèques, et le cas échéant se contentant de décrire le parcours professionnel déjà effectué en bibliothèque.* »

• L'épreuve d'admissibilité est une note de synthèse établie à partir d'un dossier comportant des documents en langue française d'une durée de quatre heures et d'un coefficient trois.
Le rapport 2022 du jury souligne « *une mauvaise compréhension de l'exercice et de sa méthodologie, un problème de gestion du temps de l'épreuve, une absence de problématique, des contenus indigents, le manque de hiérarchisation des documents, par ailleurs évoqués par juxtaposition et par simples résumés, le manque de nuance ou encore, chez certains candidats, une orthographe défectueuse. Tous ces traits ne laissent pas de surprendre de la part de candidats titulaires d'un doctorat* ».

• L'épreuve d'admission est un entretien avec le jury sur les motivations et aptitudes des candidats à exercer les fonctions de conservateur qui démarre par un exposé du candidat sur son parcours universitaire et professionnel d'une durée de cinq minutes et qui continue par un entretien. La durée de l'épreuve est de trente minutes et cette dernière est dotée d'un coefficient quatre. Le jury dispose également du dossier transmis par le candidat.
« *Les premières questions du jury font le lien entre le dossier remis et l'exposé de façon à obtenir des éclaircissements ou des approfondissements sur certains éléments de nature à préciser la conception que le candidat se fait des bibliothèques et du métier de conservateur. Il est fréquent qu'un cas pratique lui soit ensuite soumis afin d'apprécier sa capacité à analyser une situation professionnelle, à en déceler les éléments critiques et à prendre une décision sur la conduite à adopter. Cette approche permet en outre d'évaluer l'aptitude à travailler en équipe, à encadrer des personnels et à piloter des projets. Le jury cherche aussi par ses questions à appréhender la connaissance de l'environnement institutionnel et la compréhension des enjeux de l'évolution des bibliothèques que les candidats se sont forgés, que ce soit en milieu universitaire ou dans un autre contexte. Enfin, étant donnée leur qualité de docteur, il est naturel de les interroger sur leur vision des liens entre la recherche et le monde des bibliothèques* » (Rapport de jury 2022).

Le concours interne est ouvert à tout fonctionnaire justifiant de quatre ans de service effectif au 1er janvier de l'année du concours. Le candidat doit être en activité, en détachement ou en congé parental.

• Les épreuves d'admissibilité comprennent :
- une composition de culture générale sur un sujet élaboré à partir des questions du programme permettant d'apprécier l'aptitude du candidat à analyser une question donnée et à exposer de façon claire et ordonnée une problématique, d'une durée de cinq heures et d'un coefficient trois ;
- une note de synthèse établie à partir d'un dossier comportant des documents en langue française, portant sur la société de l'information et de la connaissance, d'une durée de quatre heures et d'un coefficient trois.

Le rapport de jury 2022 note que : « *Le jury est toujours défavorablement impressionné par le manque de soin de certaines copies, abondamment raturées, surchargées de béquets ou de blanc correcteur, et par certaines écritures particulièrement illisibles, dont la difficulté de lecture nuit gravement à la capacité à suivre un raisonnement, a fortiori à y adhérer. Considérées comme un signe de l'indifférence de l'auteur envers la réception de son travail, les écritures indéchiffrables ont été sévèrement sanctionnées. On rappelle que le recours au plan apparent est déconseillé : un vêtement bien assemblé n'a plus besoin de ses fils de bâti.* »

• Les épreuves d'admission comportent :
- une épreuve de langue vivante étrangère (allemande, anglaise, espagnole ou italien) ou de langue ancienne (grec ou latin), au choix du candidat exprimé lors de son inscription au concours, qui se compose d'une traduction en français d'un texte court suivie d'un entretien avec le jury dans la langue vivante choisie, ou en français pour les candidats ayant choisi une langue ancienne, et portant sur le contenu du texte et ses aspects linguistiques. Le candidat dispose d'un temps de préparation de trente minutes, l'épreuve dure trente minutes dont dix minutes maximum sont dédiées à la traduction. Cette épreuve est dotée d'un coefficient deux. Il faut noter que pour la préparation, l'utilisation d'un dictionnaire unilingue est autorisée pour les langues vivantes et l'utilisation d'un dictionnaire bilingue est autorisée pour les langues anciennes. Chaque candidat ne peut être muni que d'un seul dictionnaire ;
- une conversation avec le jury sur une question de culture générale qui démarre par un commentaire de texte portant sur le programme, d'une préparation de trente minutes, d'une durée de trente minutes dont dix minutes maximum pour le commentaire et dotée d'un coefficient cinq ;
- un entretien avec le jury sur la motivation professionnelle débutant par un commentaire de texte relatif à une situation professionnelle, d'une préparation de trente minutes, d'une durée de trente minutes dont dix minutes maximum pour le commentaire et dotée d'un coefficient cinq. Le jury s'appuiera également sur le dossier de reconnaissance des acquis de l'expérience professionnelle fourni par le candidat.

À noter : le candidat admissible à l'oral doit constituer et transmettre à une date au ministère précise un dossier RAEP. Ce dossier est disponible sur le site du ministère.

Sur l'entretien avec le jury sur la motivation professionnelle, le rapport de jury 2022 souligne que : « *Beaucoup [de candidats] ne savent pas exposer la différence entre un management de proximité et un management stratégique. Le jury relève également que les sujets relatifs à l'organisation institutionnelle et administrative, au statut des fonctionnaires ou aux politiques publiques sont insuffisamment connus des candidats. Le jury cherche enfin à percevoir la représentation que le candidat se fait de l'univers dans lequel il souhaite entrer et des défis auxquels les bibliothèques sont confrontées, que ce soit dans l'enseignement supérieur et la recherche, dans les grands établissements ou dans les collectivités territoriales ; or, beaucoup n'ont pas une vision claire de ces enjeux. [...] Les qualités d'expression sont aussi évaluées par le jury qui apprécie la force de conviction et la capacité à susciter l'adhésion que manifestent les meilleurs candidats. Un manque d'aisance, un débit trop lent ou heurté, peuvent inspirer des doutes au jury sur la capacité d'un candidat à gérer des situations tendues. Les facilités relationnelles ainsi que la capacité à s'affirmer sont également appréciées.* »

Le concours réservé aux élèves et anciens élèves de l'École nationale des chartes est ouvert à toute personne ayant accompli sa troisième année au sein de l'école.

L'arrêté du 18 février 1992[17] fixe les modalités d'organisation de ce concours.

Le candidat doit transmettre au ministère un dossier comprenant obligatoirement un exposé de ses titres et travaux, un curriculum vitæ dactylographié de deux pages au plus qui décrira son parcours universitaire et/ou professionnel et mentionnera les emplois occupés, les fonctions et responsabilités exercées, les formations suivies et les stages effectués ainsi qu'une lettre de motivation.

Les épreuves pour ce concours réservé sont :

- une conversation avec le jury qui démarre par un commentaire de texte, cette épreuve permet au jury d'apprécier les capacités de réflexion et d'analyse du candidat, sa culture générale et son attention au monde contemporain d'une préparation de trente minutes, d'une durée de trente minutes, dont dix minutes maximum pour le commentaire et d'un coefficient trois ;
- un entretien avec le candidat sur ses motivations et aptitudes à exercer les fonctions de conservateur, qui démarre par un exposé du candidat sur son parcours universitaire et professionnel d'une durée de cinq minutes et qui continue par un entretien. La durée de l'épreuve est de trente minutes et est dotée d'un coefficient quatre.

17. www.legifrance.gouv.fr/affichTexte.do?cidTexte=JORFTEXT000000161714 (consulté le 04/11/2022).

Les remarques du jury sur leurs rapports, disponibles en ligne sur le site du ministère, portent sur :

- la présentation et le contenu du dossier sur lequel il recommande de soigner la présentation. « *Même si le candidat n'a que peu de publications scientifiques à son actif, il a au moins composé un mémoire de master ou une thèse de l'École nationale des chartes, et doit non seulement le signaler, mais aussi décrire le contexte, la méthode suivie et les principaux axes de travail. La lettre de motivation doit également être suffisamment développée et rédigée avec soin. Il n'est pas tolérable qu'elle comporte des fautes d'orthographe. Les candidats admis à concourir dans cette voie sont exempts d'épreuve écrite ; ce dossier n'est pas noté, mais il doit au moins ne pas instiller de doute sur les capacités rédactionnelles du candidat, capacités ô combien indispensables à un conservateur* » (Rapport de jury 2021) ;
- sur l'exposé du parcours universitaire et professionnel, ce même rapport souligne que « *[le candidat] est supposé avoir préparé et mémorisé cet exposé, si ce n'est à la virgule près, au moins dans ses grandes lignes. Si l'apprentissage par cœur de cette présentation est à proscrire, on relève que de plus en plus de candidats se présentent avec des notes rédigées qu'ils lisent devant le jury. Cette pratique n'est pas interdite par les textes et peut rassurer certains candidats. Toutefois, elle est également vivement déconseillée parce qu'elle tourne le plus souvent en défaveur du candidat. En effet, elle indispose sérieusement le jury quand le candidat garde les yeux rivés sur son document pendant toute la durée de son exposé, ne s'adresse pas aux personnes devant lui, mais se contente de lire son texte, ce qui va à l'encontre de l'esprit de cette épreuve de motivation professionnelle qui doit laisser place à une part de spontanéité. Cette impression défavorable entre en compte dans la notation finale* » ;
- « *Au cours des vingt-cinq minutes qui suivent, les membres de la commission cherchent à discerner si la personne assise en face d'eux réunit les qualités et les aptitudes requises pour devenir conservateur au terme de la formation de dix-huit mois dispensée par l'ENSSIB. Ils évaluent donc, en particulier, si le candidat peut devenir un encadrant opérationnel dans ce délai, ce qu'ils perçoivent à travers l'approche humaine du candidat, sa capacité à donner du sens et son ouverture d'esprit* » (Rapport de jury 2021).

L'examen professionnalisé réservé

Cet examen professionnalisé réservé des conservateurs comporte une épreuve d'admissibilité et une épreuve d'admission.

- L'épreuve d'admissibilité est une note de synthèse à établir à partir d'un dossier comportant des documents en langue française portant sur les bibliothèques et la documentation dans la société de l'information : politiques publiques de la culture et de l'éducation ; information et communication ; conservation et diffusion ; évolutions scientifiques et techniques ; enjeux politiques, sociaux et économiques. Les documents fournis peuvent concerner un cas ou une situation susceptibles d'être rencontrés dans le cadre des missions exercées par les conservateurs des bibliothèques. L'épreuve est d'une durée de quatre heures dotée d'un coefficient deux.

• L'épreuve d'admission est un entretien avec le jury visant à apprécier la personnalité du candidat, sa motivation, ses capacités à exercer les fonctions normalement dévolues aux conservateurs des bibliothèques et les compétences acquises lors de son parcours professionnel. L'épreuve débute par un exposé du candidat, d'une durée de dix minutes au plus, présentant son parcours professionnel et les acquis de son expérience professionnelle, notamment ses activités actuelles, les principales missions exercées et les compétences mises en œuvre ainsi que ses éventuelles fonctions d'encadrement. Il indique également les formations professionnelles dont il a bénéficié et qui lui paraissent illustrer au mieux les compétences acquises dans son parcours professionnel. L'entretien se poursuit par un échange avec le jury portant sur la valorisation des compétences et aptitudes professionnelles acquises par le candidat. Le cas échéant, le jury peut demander au candidat son avis sur un cas pratique ou une problématique en lien avec la vie professionnelle. Pour conduire cet entretien, le jury dispose du dossier RAEP constitué par le candidat, dossier qui ne sera pas noté. L'épreuve est d'une durée de trente minutes, dont dix minutes au plus pour l'exposé, dotée d'un coefficient trois.

Programme

Le concours externe et le concours interne

Le programme est mentionné dans l'arrêté du 5 octobre 2007[18] modifié par l'arrêté du 17 mars 2017[19] fixant les modalités d'organisation du concours externe et du concours interne de recrutement des conservateurs stagiaires, élèves de l'École nationale supérieure des sciences de l'information et des bibliothèques. La note de service du MESRI du 14 juin 2021[20] fixe, à compter de la session 2022, le programme de culture générale des épreuves écrites de composition de culture générale et orale d'entretien avec le jury des concours externe et interne de recrutement des conservateurs des bibliothèques. Cette même note inclut une bibliographie à jour relative aux quatre thématiques.

• Culture et société depuis le XIXe siècle en Europe
- Les grandes évolutions de la société.
- Les courants littéraires, philosophiques et artistiques.

18. https://www.legifrance.gouv.fr/loda/id/JORFTEXT000000652771/?isSuggest=true (consulté le 04/11/2022).

19. https://www.legifrance.gouv.fr/jorf/id/JORFTEXT000034502851?init=true&page=1&query=Arr%C3%AAt%C3%A9+du+17+mars+2017+concours+conservateur&searchField=ALL&tab_selection=all (consulté le 04/11/2022).

20. https://www.education.gouv.fr/bo/21/Hebdo28/ESRS2113986N.htm (consulté le 04/11/2022).

- Les transformations techniques et esthétiques des moyens d'expression audiovisuels.
- Notions sur les principales théories économiques.
- L'évolution des sciences et des techniques.
- L'éducation. École et société : les défis de l'enseignement de masse. Famille, école et société aujourd'hui.
- L'enseignement supérieur et la recherche.
- Économie, sociologie et droit de la culture.

• La France dans le monde contemporain
- La France dans le monde contemporain. Évolution politique, économique et sociale du monde depuis la révolution industrielle.
- Équilibres géostratégiques et conflits.
- Formes et développements de la démocratie dans le monde : socialisme et société. Les expériences totalitaires. Colonisation et décolonisation.
- Les institutions internationales spécialisées. Les différents aspects de la mondialisation.

• Organisations politiques et territoriales
- L'Union européenne. Les institutions. Étapes de la construction européenne : aspects institutionnels de l'Union économique et monétaire. Le fonctionnement et les processus décisionnels. Les politiques communes.
- Le régime politique français. L'État. La Constitution. Les collectivités territoriales.
- Fonction publique d'État, fonction publique territoriale, fonction publique hospitalière.
- Statut général des fonctionnaires de l'État.
- Administrations centrales et services à compétence nationale, services déconcentrés, les établissements publics. Administration et ressources des collectivités territoriales.
- Politique régionale et aménagement du territoire.
- La libre circulation des marchandises, des personnes, des services et des capitaux.
- L'administration et les nouveaux types de relations avec les administrés.
- Les grands principes du management.

• Thématiques spécialisées
- La diffusion des connaissances.
- La société de l'information. Information et communication.
- Notions sur l'histoire des médias en général : histoire du livre, de la presse, de l'audiovisuel, de l'édition.
- Notions sur l'histoire des bibliothèques.
- Histoire et actualité de la propriété intellectuelle.
- Industries culturelles et technologies de l'information et de la communication.

Le concours réservé aux élèves de l'École des chartes

Pour le programme et le commentaire de texte on peut lire sur l'arrêté du 18 février 1992[21] fixant les modalités d'organisation du concours de recrutement des conservateurs stagiaires réservé aux élèves et anciens élèves de l'École nationale des chartes qui fixe les modalités d'organisation du concours que « *cette épreuve permet au jury d'apprécier les capacités de réflexion et d'analyse du candidat, sa culture générale et son attention au monde contemporain* » et que l'entretien évalue « *les motivations et les aptitudes du candidat à exercer les fonctions dévolues à un conservateur des bibliothèques* ».

Le concours réservé aux titulaires d'un doctorat

Sur le programme, nous pouvons lire sur l'arrêté du 17 mars 2017[22] fixant les modalités d'organisation du concours externe spécial de recrutement de conservateurs stagiaires que l'entretien avec le jury portera « *sur les motivations et les aptitudes du candidat à exercer les fonctions dévolues à un conservateur des bibliothèques* ».

LES CONCOURS ET EXAMENS PROFESSIONNELS DES PERSONNELS DES BIBLIOTHÈQUES TERRITORIALES

Les cadres d'emploi des concours territoriaux des bibliothèques relèvent de la filière culturelle.

Examen professionnel d'adjoint du patrimoine de 1re classe et le concours d'adjoint territorial du patrimoine principal de 2e classe et l'examen professionnel d'adjoint du patrimoine principal de 2e classe : missions, épreuves, programme

Lieux d'exercice et missions

Le cadre d'emploi, de catégorie C, des adjoints territoriaux du patrimoine comportent trois grades : adjoint territorial du patrimoine de 2e classe, adjoint territorial du patrimoine de 1re classe, adjoint territorial du patrimoine principal de 2e classe.

Selon le décret n° 2006-1692 du 22 décembre 2006[23] portant statut particulier du cadre d'emplois des adjoints territoriaux du patrimoine, les adjoints territoriaux du patrimoine peuvent occuper les

21. https://www.legifrance.gouv.fr/loda/id/LEGIARTI000025334233/2021-10-24/?isSuggest=true (consulté le 04/11/2022).
22. www.legifrance.gouv.fr/jo_pdf.do?id=JORFTEXT000034502851 (consulté le 04/11/2022).
23. www.legifrance.gouv.fr/affichTexte.do?cidTexte=JORFTEXT000000270492&categorieLien=id (consulté le 04/11/2022).

emplois suivants : magasinier des bibliothèques, magasinier d'archives, surveillant de musée et de monuments historiques, surveillant des établissements d'enseignement culturel et surveillant de parcs et jardins.

Les missions des adjoints territoriaux de 2e classe en tant que magasinier des bibliothèques sont :
- la participation à la mise en place et au classement des collections et d'assurer leur équipement, leur entretien matériel ainsi que celui des rayonnages ;
- la réalisation des tâches de manutention nécessaires à l'exécution du service ;
- la veille sur la sécurité des personnes.

Les missions des adjoints territoriaux du patrimoine de 1re classe sont :
- l'encadrement des adjoints du patrimoine de 2e classe placés sous leur autorité ;
- en charge de tâches qui nécessitent une pratique et une dextérité particulières ;
- en charge de fonctions d'aide à l'animation, d'accueil du public et notamment des enfants ;
- la promotion de la lecture publique ;
- la participation à la sauvegarde, à la mise en place et à la diffusion des documents ;
- la réalisation des travaux administratifs courants.

Les adjoints territoriaux du patrimoine principaux de 2e classe assurent le contrôle hiérarchique et technique des adjoints territoriaux du patrimoine de 2e classe et de 1re classe. Des missions particulières peuvent leur être confiées. Ils peuvent être chargés de tâches d'une haute technicité. Les adjoints territoriaux du patrimoine principaux de 1re classe assurent le contrôle hiérarchique et technique des adjoints territoriaux principaux du patrimoine de 2e classe et des adjoints territoriaux du patrimoine de 2e et 1re classe. Des missions particulières peuvent leur être confiées. Ils peuvent être chargés de tâches d'une haute technicité.

Épreuves et attentes du jury

Les adjoints territoriaux du patrimoine sont recrutés sans concours dans le grade d'adjoint territorial du patrimoine de 2e classe.

L'examen professionnel d'adjoint du patrimoine de 1re classe

L'examen professionnel d'adjoint du patrimoine de 1re classe est ouvert aux adjoints territoriaux du patrimoine de 2e classe ayant atteint le quatrième échelon et comptant au moins trois ans de services effectifs dans ce grade. Ces examens sont organisés par les centres de gestion (CDG) ou les collectivités non affiliées. À l'issue des épreuves, le jury arrête, par ordre alphabétique, la liste des candidats admis aux examens. Seuls les agents reçus à l'examen et inscrits sur le tableau d'avancement de grade, après avis de la commission administrative paritaire, pourront être nommés en qualité d'adjoint du patrimoine de 1re classe, à la discrétion de l'autorité territoriale et en fonction du ratio promu/promouvable fixé par la collectivité.

Cet examen professionnel comporte une épreuve d'admissibilité et une épreuve d'admission.

- L'épreuve d'admissibilité est une épreuve écrite à caractère professionnel, portant sur les missions incombant aux membres du cadre d'emplois. Cette épreuve consiste, à partir de documents succincts remis au candidat, en trois à cinq questions appelant des réponses brèves ou sous forme de tableaux et destinées à vérifier les capacités de compréhension du candidat et son aptitude à retranscrire les idées principales des documents. Cette épreuve est d'une durée d'une heure trente et est dotée d'un coefficient deux. Sont autorisés à se présenter à l'épreuve orale les candidats ayant obtenu une note égale ou supérieure à 5/20 à l'épreuve écrite.

- L'épreuve d'admission est un entretien destiné à permettre d'apprécier l'expérience professionnelle du candidat, sa motivation et son aptitude à exercer les missions qui lui seront confiées. Cet entretien débute par une présentation par le candidat de son expérience professionnelle sur la base d'un document retraçant son parcours professionnel et suivie d'une conversation. Ce document, établi conformément à un modèle, est fourni par le candidat au moment de son inscription et remis au jury préalablement à cette épreuve. L'épreuve est d'une durée de quinze minutes, dont cinq minutes au plus d'exposé et est dotée d'un coefficient trois. Un candidat ne peut être déclaré admis si la moyenne de ses notes est inférieure à 10/20.

Le concours et l'examen professionnel d'adjoint territorial du patrimoine principal de 2e classe

Pour le concours d'adjoint territorial du patrimoine principal de 2e classe, la totalité des épreuves est mentionnée sur le décret n° 2007-110 du 29 janvier 2007[24] fixant les modalités d'organisation des concours pour le recrutement des adjoints territoriaux du patrimoine principal de 2e classe.

Le CNFPT n'effectue pas de bilan de concours des adjoints territoriaux du patrimoine principal de 2e classe. Cependant il met à disposition des candidats des lettres de cadrage qui sont réalisées par les membres d'une cellule pédagogique nationale associant des représentants des centres de

24. www.legifrance.gouv.fr/affichTexte.do?cidTexte=JORFTEXT000000466089&categorieLien=id (consulté le 04/11/2022).

gestion de la fonction publique territoriale. Ces lettres de cadrage ne constituent pas des textes réglementaires. Ce sont des documents indicatifs destinés à éclairer les membres du jury, les correcteurs, les formateurs et les candidats.

À noter : Conformément aux dispositions du décret n° 2022-529 du 12 avril 2022[25] portant adaptation temporaire d'épreuves de certains concours de la fonction publique territoriale en application de l'article 7 de l'ordonnance n° 2020-1694 du 24 décembre 2020[26] modifiée relative à l'organisation des examens et concours pendant la crise sanitaire née de l'épidémie de Covid-19, notamment son article 3, l'épreuve écrite facultative d'admission de langue et l'épreuve facultative de traitement automatisé de l'information des concours externe et interne sont suspendues.
Article 4 du décret n° 2022-529 du 12 avril 2022 : l'application des dispositions relatives aux épreuves facultatives d'admission du concours externe, du concours interne et du troisième concours pour le recrutement des adjoints administratifs territoriaux principaux de 2e classe, prévues au 3e du B de l'article 3 du décret n° 2007-109 du 29 janvier 2007[27] susvisé, est suspendue.

Le concours externe d'adjoint du patrimoine principal de 2e classe est ouvert à tous les candidats titulaires d'un BEP, d'un CAP ou d'un diplôme équivalent.

- Les épreuves d'admissibilité sont au nombre de deux :

– résolution écrite d'un cas pratique, à partir des données communiquées au candidat, relatif à une situation à laquelle un adjoint territorial du patrimoine de 1re classe peut être confronté dans l'exercice de ses fonctions, d'une durée de deux heures et d'un coefficient quatre ;
– un questionnaire appelant des réponses brèves portant sur les domaines suivants relatifs au fonctionnement des services dans lesquels un adjoint territorial du patrimoine de 1re classe peut être appelé à servir : accueil du public, animation, sécurité des personnes et des bâtiments ; d'une durée d'une heure et d'un coefficient deux.

- Les épreuves d'admission sont au nombre de deux :

– un entretien à partir d'un texte de portée générale, tiré au sort, de manière à permettre d'apprécier les qualités de réflexion et les connaissances du candidat, y compris la façon dont il envisage son métier ; d'une durée de vingt minutes et de vingt minutes de préparation et d'un coefficient quatre ;
– une épreuve facultative choisie par le candidat au moment de son inscription parmi les épreuves suivantes :

25. https://www.legifrance.gouv.fr/loda/id/JORFTEXT000045551097 (consulté le 20/11/2022).
26. https://www.legifrance.gouv.fr/loda/article_lc/LEGIARTI000042750479 (consulté le 20/11/2022).
27. https://www.legifrance.gouv.fr/loda/article_lc/LEGIARTI000045563180 (consulté le 20/11/2022).

1) une épreuve écrite de langue vivante étrangère, à choisir parmi les langues suivantes : allemand, anglais, espagnol, italien, portugais, grec moderne, néerlandais, russe ou arabe moderne, d'une durée d'une heure ;
2) une épreuve orale portant sur le traitement automatisé de l'information, d'une durée de vingt minutes et de vingt minutes de préparation.
Seuls les points excédant la note de 10 s'ajoutent à la note finale.

Rappel : L'épreuve facultative est suspendue à la date de la rédaction de cet ouvrage (voir textes réglementaires cités p. 50).

Le concours interne d'adjoint du patrimoine principal de 2e classe est ouvert à tous les fonctionnaires ou agents publics justifiant de quatre années de services publics.

• L'épreuve d'admissibilité consiste en la résolution écrite d'un cas pratique, à partir des données communiquées au candidat, relatif à une situation à laquelle un adjoint territorial du patrimoine de 1re classe peut être confronté dans l'exercice de ses fonctions, d'une durée de deux heures et d'un coefficient quatre.

• Les épreuves d'admission sont au nombre de deux :
- un entretien débutant par une présentation par le candidat de son expérience professionnelle. Il est suivi par un commentaire oral à partir d'un dossier succinct remis au candidat, après un choix préalablement précisé lors de son inscription au concours, et portant :
1) soit sur des questions de sécurité et d'accueil du public, de communication et d'animation,
2) soit sur des questions portant sur la présentation des collections et le renseignement aux usagers dans une bibliothèque,
3) soit sur des questions touchant à la conservation du patrimoine écrit ; d'une durée de trente minutes, dont cinq minutes au maximum pour la présentation par le candidat de son expérience professionnelle et d'une préparation de trente minutes et d'un coefficient trois ;
- une épreuve facultative choisie par le candidat au moment de son inscription parmi les épreuves suivantes :
1) une épreuve écrite de langue vivante étrangère, à choisir parmi les langues suivantes : allemand, anglais, espagnol, italien, portugais, grec moderne, néerlandais, russe ou arabe moderne ; d'une durée d'une heure,
2) une épreuve orale portant sur le traitement automatisé de l'information d'une durée de vingt minutes et vingt minutes de préparation de même durée.

Rappel : L'épreuve facultative est suspendue à la date de la rédaction de cet ouvrage (voir textes réglementaires cités p. 50).

PRÉAMBULE

Le 3e concours d'adjoint du patrimoine principal de 2e classe est ouvert « *aux candidats qui justifient de l'exercice pendant une durée de quatre ans au moins, soit d'activités professionnelles correspondant à la réalisation de tâches liées à la mise en œuvre d'activités de développement culturel ou relatives au patrimoine, soit de mandats en qualité de membre d'une assemblée délibérante d'une collectivité territoriale, soit d'activités accomplies en qualité de responsable d'une association* ».

• Les épreuves d'admissibilité sont au nombre de deux :
- la résolution écrite d'un cas pratique, à partir des données communiquées au candidat, relatif à une situation à laquelle un adjoint territorial du patrimoine de 1re classe peut être confronté dans l'exercice de ses fonctions, d'une durée de deux heures et d'un coefficient quatre ;
- un questionnaire appelant des réponses brèves portant sur les domaines suivants relatifs au fonctionnement des services dans lesquels un adjoint territorial du patrimoine de 1re classe peut être appelé à servir :
1) accueil du public,
2) animation,
3) sécurité des personnes et des bâtiments.
D'une durée d'une heure et d'un coefficient deux.

• Les épreuves d'admission sont au nombre de deux :
- un entretien ayant pour point de départ un exposé du candidat sur son expérience, destiné à permettre d'apprécier les qualités d'analyse et de réflexion du candidat ainsi que sa motivation à exercer les missions dévolues au cadre d'emplois d'une durée de vingt minutes, dont cinq minutes au plus d'exposé et d'un coefficient quatre ;
- une épreuve facultative choisie par le candidat au moment de son inscription parmi les épreuves suivantes :
1) une épreuve écrite de langue vivante étrangère, à choisir parmi les langues suivantes : allemand, anglais, espagnol, italien, portugais, grec moderne, néerlandais, russe ou arabe moderne ; d'une durée d'une heure ;
2) une épreuve orale portant sur le traitement automatisé de l'information ; d'une durée de vingt minutes, avec une préparation de même durée.
Seuls les points excédant la note de 10 s'ajoutent à la note finale.

Rappel : L'épreuve facultative est suspendue à la date de la rédaction de cet ouvrage (voir textes réglementaires cités p. 50).

L'examen professionnel est ouvert aux adjoints territoriaux du patrimoine ayant atteint le 4e échelon et comptant au moins 3 ans de services effectifs dans ce grade ou dans un grade d'un autre corps ou cadre d'emplois de catégorie C doté de la même échelle de rémunération, ou dans un grade équivalent si le corps ou cadre d'emplois d'origine est situé dans une échelle de rémunération différente ou n'est pas classé en catégorie C.

L'épreuve d'admissibilité est une épreuve à caractère professionnel, à partir de documents succincts remis au candidat, en trois à cinq questions appelant des réponses brèves ou sous forme de tableaux et destinées à vérifier les capacités de compréhension du candidat et son aptitude à retranscrire les idées principales des documents, d'une durée d'une heure trente et d'un coefficient deux.

L'épreuve d'admission est un entretien destiné à permettre d'apprécier l'expérience professionnelle du candidat, sa motivation et son aptitude à exercer les missions qui lui seront confiées. Cet entretien débute par une présentation par le candidat de son expérience professionnelle sur la base d'un document retraçant son parcours professionnel, suivie d'une conversation. Ce document, établi conformément au modèle fixé par arrêté du ministre chargé des Collectivités locales, est fourni par le candidat au moment de son inscription et remis au jury préalablement à cette épreuve, d'une durée de quinze minutes, dont cinq minutes au plus d'exposé et d'un coefficient trois.

■ Programme

Pour les trois concours et selon les lettres de cadrage de décembre 2018, « *cette épreuve ne comporte pas de programme réglementaire. [...] Il convient donc de se référer au descriptif réglementaire des missions des adjoints territoriaux du patrimoine principal de 2e classe. [...] avec pour principaux axes la sécurité et la protection des personnes et des biens, la surveillance et l'entretien des locaux et des collections. Y manque toutefois leur participation à des actions d'animation généralement incluse dans les missions liées à chacun des différents emplois* ».

Les consignes notifiées sur les lettres de cadrage mentionnent à propos de l'épreuve facultative de langues : « *La traduction d'un texte d'une langue dans une autre requiert une bonne connaissance non seulement du lexique dans les deux langues, mais aussi des tournures idiomatiques propres à chacune des langues. Une bonne maîtrise de la grammaire des deux langues est également nécessaire pour bien traduire un texte. Enfin, une juste perception, au-delà des mots, de l'esprit même du texte, est indispensable à une bonne traduction.* »

Sur l'épreuve du cas pratique, il est mentionné qu'il doit se fonder sur une situation concrète que peut rencontrer un adjoint territorial du patrimoine principal de 2e classe, soit un incident survenu dans le service ou l'établissement, soit le déroulement d'une animation, soit la réalisation de tâches techniques ou bien la mise en œuvre d'un projet. Les sujets proposés pourront alors faire appel à des notions de :

- gestion d'équipe ;
- gestion des emplois du temps ;
- organisation de plannings ;
- sauvegarde des documents ;
- préparation de matériel avant réalisation d'événements.

Le traitement du cas peut requérir des calculs de base, nécessitant la maîtrise des notions suivantes :

- les quatre opérations : nombres entiers, décimaux et fractions ;
- longueurs, volumes courants, surfaces, capacités et poids, densité ;
- règle de trois, pourcentages, partages proportionnels ;
- échelles, intervalles ;
- conversion entre unités de mesure.

Sur l'épreuve d'admissibilité ayant trait au questionnaire, les thèmes peuvent porter sur :

- l'accueil du public ;
- l'animation ;
- la sécurité des personnes ;
- la sécurité des bâtiments.

L'épreuve orale d'entretien

- Le concours externe comporte un commentaire de texte qui peut porter sur :

- les missions générales d'un établissement culturel (bibliothèque, musée...) ;
- la connaissance et l'appréciation d'œuvres ;
- l'avenir du livre ;
- la gratuité, le financement de la culture ;
- les produits dérivés ;
- la culture de masse, l'élitisme ;
- la fréquentation des lieux culturels ;
- le lien entre culture et animation ;
- l'enseignement des arts à l'école ;
- la culture dans les lieux de vie.

• Le concours interne comporte l'analyse d'un dossier succinct qui peut porter sur :
- les questions de sécurité et d'accueil du public, de communication et d'animation ;
- la présentation d'une visite guidée d'un monument historique ou d'un musée ;
- la présentation des collections et renseignement aux usagers dans une bibliothèque ;
- les questions touchant à la conservation du patrimoine écrit.

• Le 3e concours doit faire appel aux notions précises sur :
- les relations avec la hiérarchie ;
- le positionnement en tant que force de proposition ;
- le travail en équipe ;
- l'encadrement ;
- la responsabilité ;
- les principales recettes et dépenses d'un établissement culturel ;
- les moyens de s'informer et de se former ;
- la transmission de l'information au sein d'une équipe ;
- la déontologie de la profession ;
- l'accueil du public, l'adaptation à chaque personne accueillie ;
- le secret professionnel, la discrétion professionnelle ;
- l'information du public, l'élaboration du livret d'accueil ;
- le public empêché ;
- l'illettrisme ;
- les règles de sécurité (sécurité du public, des documents et œuvres, etc.) ;
- l'évaluation du service.
- les nouvelles technologies de l'information et de la communication ;
- le classement des documents ;
- la diffusion des documents ;
- la protection des documents et du patrimoine ;
- l'animation ;
- les partenaires institutionnels au sein de la collectivité (autres services, associations...) ;
- les partenaires institutionnels en dehors de la collectivité (État, établissements publics...) ;
- les principaux acteurs de la politique culturelle.

Des notions générales sont aussi attendues sur :
- la décentralisation et la déconcentration ;
- la décentralisation et la déconcentration en matière culturelle ;
- les collectivités territoriales et leurs établissements publics : leurs organes, leur organisation et leurs principales compétences ;

- les principales compétences des collectivités territoriales en matière culturelle ;
- l'intercommunalité ;
- la notion de service public ;
- les fonctions publiques ;
- les droits et obligations des fonctionnaires ;
- les instances du dialogue social.

Rappel : L'épreuve facultative de langues et celle portant sur le traitement de l'information sont suspendues à la date de la rédaction de cet ouvrage (voir textes réglementaires cités p. 50).

L'épreuve facultative d'admission de langues peut porter sur des problèmes de société, sur l'actualité politique, économique, sociale, culturelle, extraits d'articles de presse généraliste. Les textes ne contiendront pas d'informations périmées.

Le programme de l'épreuve facultative portant sur le traitement automatisé de l'information est mentionné dans l'arrêté du 21 juin 2007[28].

• Les aspects techniques : notions générales :
- notions générales sur les différents types de réseaux, les principales fonctions des ordinateurs, les terminaux et les périphériques ;
- les logiciels : notions générales sur les systèmes d'exploitation et les différents types de logiciels : logiciels propriétaires, logiciels libres ; les fichiers ;
- l'Internet : notions générales et principales fonctionnalités.

• Notions générales relatives à l'informatique et aux technologies de la communication dans la fonction publique :
- informatique et relations du travail ;
- informatique et organisation des services ;
- informatique et communication interne ;
- informatique et relation avec les usagers et le public.

• La société de l'information :
- propriété intellectuelle ;
- informatique et libertés.

La lettre de cadrage, actualisée en février 2019, mentionne : « *Dans ce cadre, les thèmes abordés peuvent notamment être les suivants :*
• *la CNIL (organisation, missions, modalités de déclaration, obligations des entreprises...) ;*
• *la circulation de l'information (Internet, intranet, extranet...) ;*

28. www.legifrance.gouv.fr/affichTexte.do?cidTexte=JORFTEXT000000468857&categorieLien=id (consulté le 04/11/2022).

- *les fournisseurs d'accès et les règles de sécurité sur Internet ;*
- *la dématérialisation ;*
- *les téléprocédures (exemples, intérêt...) ;*
- *les supports de sauvegarde.* »

Concours d'assistant territorial de conservation et d'assistant territorial de conservation principal de 2e classe et examens professionnels d'assistant de conservation principal de 2e et de 1re classe : missions, épreuves, programme

Lieux d'exercice et missions

Le cadre d'emploi, de catégorie B, des assistants territoriaux de conservation du patrimoine et des bibliothèques comportent trois grades : assistant de conservation, assistant de conservation principal de 2e classe et assistant de conservation principal de 1re classe. Les deux premiers grades sont recrutés *via* des concours externe, interne et de 3e concours. Le grade d'assistant de conservation principal de 1re classe est accessible par voie interne qui consiste en un examen professionnel d'avancement de grade.

Selon le décret n° 2011-1642 du 23 novembre 2011[29] portant statut particulier du cadre d'emplois des assistants territoriaux de conservation du patrimoine et des bibliothèques, les assistants territoriaux de conservation du patrimoine et des bibliothèques sont affectés, en fonction de leur formation, dans un service ou établissement correspondant à l'une des spécialités suivantes : musées, bibliothèques, archives ou documentation.

Les missions des assistants territoriaux de conservation du patrimoine et des bibliothèques sont :

- la contribution au développement d'actions culturelles et éducatives ;
- la participation, sous l'autorité d'un supérieur hiérarchique, aux responsabilités dans le traitement, la mise en valeur, la conservation des collections et la recherche documentaire ;
- la possibilité d'être chargés du contrôle et de la bonne exécution des travaux confiés aux fonctionnaires appartenant aux cadres d'emplois de la catégorie C ainsi que de l'encadrement de leurs équipes ;
- lorsqu'ils sont affectés dans les bibliothèques, ils participent à la promotion de la lecture publique.

« *Les titulaires des grades d'assistant de conservation principal de 2e classe et d'assistant de conservation principal de 1re classe ont vocation à occuper des emplois qui, relevant des spécialités mentionnées [...], correspondent à un niveau particulier d'expertise.* » Leurs missions peuvent être :

29. www.legifrance.gouv.fr/affichTexte.do?cidTexte=JORFTEXT000024846671&categorieLien=id (consulté le 04/11/2022).

• la participation à la conception, au développement et à la mise en œuvre des projets culturels du service ou de l'établissement ;
• la direction des services ou des établissements lorsque la direction de ces derniers par un agent de catégorie A n'apparaît pas nécessaire ;
• dans les services ou établissements dirigés par des personnels de catégorie A, ils ont vocation à être adjoints au responsable du service ou de l'établissement et à participer à des activités de coordination.

Épreuves et attentes du jury

Pour le concours d'assistant territorial de conservation du patrimoine et des bibliothèques et le concours d'assistant territorial de conservation du patrimoine et des bibliothèques principal de 2e classe, la totalité des épreuves est mentionnée sur le décret n° 2011-1882 du 14 décembre 2011[30] fixant les modalités d'organisation des concours pour le recrutement des assistants territoriaux de conservation du patrimoine et des bibliothèques.

Le CNFPT n'effectue pas de bilan de concours des assistants territoriaux de conservation du patrimoine et des bibliothèques. Cependant il met à disposition des candidats des lettres de cadrage qui sont réalisées par les membres d'une cellule pédagogique nationale associant des représentants des centres de gestion de la fonction publique territoriale. Ces lettres de cadrage ne constituent pas des textes réglementaires. Ce sont des documents indicatifs destinés à éclairer les membres du jury, les correcteurs, les formateurs et les candidats.

Le concours d'assistant de conservation du patrimoine et des bibliothèques

Les voies d'accès et les épreuves attachées à chaque voie sont les suivantes.

Il est à noter que toute note inférieure à 5 sur 20 à l'une des épreuves obligatoires d'admissibilité ou d'admission entraîne l'élimination du candidat. Seuls les candidats déclarés admissibles par le jury sont autorisés à se présenter aux épreuves d'admission.

À noter : Conformément aux dispositions du décret n° 2022-529 du 12 avril 2022 portant adaptation temporaire d'épreuves de certains concours de la fonction publique territoriale en application de l'article 7 de l'ordonnance n° 2020-1694 du 24 décembre 2020 modifiée relative à l'organisation des examens et concours pendant la crise sanitaire née de l'épidémie de Covid-19, notamment son

30. www.legifrance.gouv.fr/eli/decret/2011/12/14/IOCB1125432D/jo/texte (consulté le 04/11/2022).

article 3, l'épreuve écrite facultative d'admission de langue et l'épreuve facultative de traitement automatisé de l'information des concours externe et interne sont suspendues.
Article 8 du décret n° 2022-529 du 12 avril 2022 : l'application des dispositions relatives aux épreuves facultatives d'admission des concours externe, des concours internes et des troisièmes concours pour le recrutement des assistants territoriaux de conservation du patrimoine et des bibliothèques, prévues aux articles 5 et 9 du décret du 14 décembre 2011 susvisé, est suspendue.

Le concours externe est ouvert à tous les candidats titulaires du baccalauréat ou d'un diplôme équivalent.

• Les épreuves d'admissibilité sont au nombre de deux :
- la rédaction d'une note à l'aide des éléments d'un dossier portant sur la spécialité choisie par le candidat au moment de l'inscription, d'une durée de trois heures et d'un coefficient trois ;
- un questionnaire de trois à cinq questions destinées à vérifier les connaissances du candidat dans la spécialité choisie au moment de l'inscription, de son intérêt pour les questions d'actualité en lien avec cette spécialité, sa capacité à rendre compte de ses connaissances de manière cohérente et ses qualités rédactionnelles, d'une durée de trois heures et d'un coefficient trois.

• L'épreuve d'admission se compose d'un entretien ayant pour point de départ un exposé du candidat sur sa formation et son projet professionnel permettant au jury d'apprécier ses motivations et son aptitude à exercer les missions dévolues aux membres du cadre d'emplois, notamment dans la spécialité choisie par le candidat, d'une durée de vingt minutes, dont cinq minutes au plus d'exposé et d'un coefficient trois.

Le concours interne est ouvert à tous les fonctionnaires ou agents publics justifiant d'au moins quatre années de services publics.

• L'épreuve d'admissibilité consiste en la rédaction d'une note à l'aide des éléments d'un dossier portant sur la spécialité choisie par le candidat au moment de l'inscription, d'une durée de trois heures et d'un coefficient trois.

• L'épreuve d'admission consiste en un entretien ayant pour point de départ un exposé du candidat sur les acquis de son expérience permettant au jury d'apprécier ses motivations et son aptitude à exercer les missions dévolues aux membres du cadre d'emplois, notamment dans la spécialité choisie par le candidat d'une durée de vingt minutes, dont cinq minutes au plus d'exposé et d'un coefficient trois.

Le 3e concours est ouvert à tous les candidats justifiant de l'exercice pendant quatre années au moins d'une ou plusieurs activités professionnelles exercées dans les domaines correspondant aux missions dévolues aux fonctionnaires du cadre d'emploi concerné.

• L'épreuve d'admissibilité consiste en la rédaction d'une note à l'aide des éléments d'un dossier portant sur la spécialité choisie par le candidat au moment de l'inscription, d'une durée de trois heures et d'un coefficient trois.

• L'épreuve d'admission se compose d'un entretien ayant pour point de départ un exposé du candidat sur les acquis de son expérience permettant au jury d'apprécier ses connaissances, son aptitude à exercer les missions dévolues aux membres du cadre d'emplois ainsi que sa capacité à s'intégrer dans l'environnement professionnel, d'une durée de vingt minutes, dont cinq minutes au plus d'exposé et d'un coefficient trois.

Le concours d'assistant de conservation du patrimoine et des bibliothèques principal de 2e classe

Les voies d'accès et les épreuves attachées à chaque voie sont les suivantes.

Il est à noter que toute note inférieure à 5 sur 20 à l'une des épreuves obligatoires d'admissibilité ou d'admission entraîne l'élimination du candidat. Seuls les candidats déclarés admissibles par le jury sont autorisés à se présenter aux épreuves d'admission.

Le concours externe est ouvert à tous les candidats titulaires d'un diplôme sanctionnant deux années de formation technico-professionnelle après le baccalauréat.

• L'épreuve d'admissibilité consiste en la rédaction d'une note à l'aide des éléments d'un dossier portant sur la spécialité choisie par le candidat au moment de l'inscription, d'une durée de trois heures et d'un coefficient trois.

• L'épreuve d'admission consiste en un entretien ayant pour point de départ un exposé du candidat sur son parcours de formation et son projet professionnel permettant au jury d'apprécier ses motivations et son aptitude à exercer les missions dévolues aux membres du cadre d'emplois, notamment dans la spécialité choisie par le candidat d'une durée de vingt minutes, dont cinq minutes au plus d'exposé et d'un coefficient trois.

Le concours interne est ouvert à tous les fonctionnaires ou agents publics justifiant d'au moins quatre années de services publics au 1er janvier de l'année du concours.

- Les épreuves d'admissibilité sont au nombre de deux :

- la rédaction d'une note à l'aide des éléments d'un dossier portant sur la spécialité choisie par le candidat au moment de l'inscription, d'une durée de trois heures et d'un coefficient trois ;
- un questionnaire de trois à cinq questions destinées à vérifier les connaissances du candidat dans la spécialité choisie au moment de l'inscription, d'une durée de trois heures et d'un coefficient trois.

- L'épreuve d'admission consiste à un entretien ayant pour point de départ un exposé du candidat sur les acquis de son expérience et comportant des questions sur la spécialité au titre de laquelle le candidat concourt d'une durée de vingt minutes, dont cinq minutes au plus d'exposé et d'un coefficient deux.

Le 3e concours est ouvert à tous les candidats justifiant de l'exercice pendant quatre années au moins d'une ou plusieurs activités professionnelles exercées dans les domaines correspondant aux missions dévolues aux fonctionnaires du cadre d'emploi concerné.

- Les épreuves d'admissibilité sont au nombre de deux :

- la rédaction d'une note à l'aide des éléments d'un dossier portant sur la spécialité choisie par le candidat au moment de l'inscription, d'une durée de trois heures et d'un coefficient trois ;
- un questionnaire de trois à cinq questions destinées à vérifier les connaissances du candidat dans la spécialité choisie au moment de l'inscription, d'une durée de trois heures et d'un coefficient deux.

- L'épreuve d'admission se compose d'un entretien ayant pour point de départ un exposé du candidat sur les acquis de son expérience et comportant des questions sur la spécialité au titre de laquelle le candidat concourt d'une durée de vingt minutes, dont cinq minutes au plus d'exposé et d'un coefficient trois.

Les épreuves facultatives d'admission communes aux deux concours

Rappel : L'épreuve facultative de langues et celle portant sur le traitement de l'information sont suspendues à la date de la rédaction de cet ouvrage (voir textes réglementaires cités p. 58-59).

De plus, les candidats admissibles aux concours des deux grades peuvent demander à subir une épreuve facultative. Cela peut être soit :

• une épreuve écrite de langue, d'une durée de deux heures et d'un coefficient un, dans la langue choisie par le candidat au moment de son inscription au concours, comportant la traduction en français :
- soit, sans dictionnaire, d'un texte dans l'une des langues étrangères suivantes : anglais, allemand, italien, espagnol, grec, portugais, néerlandais, russe ou arabe moderne,
- soit, avec dictionnaire, d'un texte dans l'une des langues anciennes suivantes : latin, grec ;
• une épreuve orale d'informatique portant sur les multimédias d'une durée de vingt minutes, avec préparation de même durée et d'un coefficient un.
Seuls les points excédant la note de 10 s'ajoutent à la note finale.

Sur l'épreuve orale d'informatique, la lettre de cadrage de juillet 2017 mentionne : « *[...] on peut indiquer aux candidats qu'ils doivent répondre à des questions sur l'informatique et les multimédias, mais aussi éventuellement traiter des mises en situation professionnelles faisant référence à des problèmes relatifs à l'informatique et aux multimédias qu'un fonctionnaire du cadre d'emplois des assistants territoriaux de conservation.* »

Les examens professionnels

Ils sont de l'ordre de trois.

En application de l'article 16 du décret n° 2013-593 du 5 juillet 2013, les candidats peuvent subir les épreuves d'un concours ou d'un examen professionnel prévu aux articles 39 et 79 de la loi du 26 janvier 1984 susvisée au plus tôt un an avant la date à laquelle ils doivent remplir les conditions d'inscription au tableau d'avancement ou sur la liste d'aptitude au grade ou au cadre d'emploi d'accueil fixé par le statut particulier.

L'article 21 du même décret fixe le 1er janvier de l'année en cours comme étant la date à laquelle s'apprécient les conditions d'inscription sur une liste d'aptitude par voie de promotion interne. En conséquence, la combinaison de ces dispositions permet aux candidats de se présenter à une session de cet examen s'ils remplissent les conditions d'accès au plus tard le 1er janvier de l'année qui suit cette session d'examen.

L'examen professionnel d'avancement de grade d'assistant territorial de conservation du patrimoine et des bibliothèques principal de 2e classe par promotion interne

Les candidats qui peuvent s'inscrire à cet examen doivent remplir des conditions énumérées au deuxième alinéa de l'article 11 du décret n° 2011-1642 du 23 novembre 2011, modifié, portant statut particulier du cadre d'emplois des animateurs territoriaux :

• être titulaire du grade d'adjoint territorial du patrimoine principal de 1re classe ou d'adjoint territorial du patrimoine principal de 2e classe ;
• et compter au moins douze années de services publics effectifs dont cinq années au moins en qualité de fonctionnaire territorial dans un cadre d'emplois à caractère culturel en position d'activité ou de détachement.

Le décret n° 2011-1879 du 14 décembre 2011 fixe les modalités d'organisation de l'examen professionnel d'assistant territorial de conservation principal de 2e classe - promotion interne. Celui-ci comporte deux épreuves d'admissibilité et une épreuve d'admission :
• les deux épreuves écrites d'admissibilité sont :
- la rédaction d'une note, à l'aide des éléments contenus dans un dossier portant sur la spécialité dans laquelle le candidat se présente. L'épreuve est d'une durée de trois heures et est dotée d'un coefficient deux ;
- un questionnaire de trois à cinq questions destinées à vérifier les connaissances du candidat dans la spécialité choisie au moment de l'inscription. L'épreuve est d'une durée de trois heures et est dotée d'un coefficient un ;
• l'épreuve orale d'admission est un entretien ayant pour point de départ un exposé du candidat portant sur son expérience professionnelle et comportant des questions visant à permettre d'apprécier les facultés d'analyse et de réflexion du candidat ainsi que son aptitude et sa motivation à exercer les missions incombant au cadre d'emplois. L'épreuve est d'une durée de vingt minutes, dont cinq minutes au plus d'exposé et est dotée d'un coefficient deux.

Toute note inférieure à 5 sur 20 à l'une des épreuves obligatoires d'admissibilité ou d'admission entraîne l'élimination du candidat. Un candidat ne peut être déclaré admis si la moyenne des notes obtenues est inférieure à 10 sur 20 après application des coefficients correspondants.

L'examen professionnel d'avancement de grade d'assistant territorial de conservation du patrimoine et des bibliothèques principal de 2e classe par avancement de grade

Les candidats qui peuvent s'inscrire à cet examen doivent remplir les conditions suivantes :
• avoir au moins 1 an d'ancienneté dans le 4e échelon du grade d'assistant de conservation ;
• justifier de 3 années de services effectifs dans un corps, cadre d'emplois ou emploi de catégorie B ou de même niveau.

Cet examen comporte une épreuve d'admissibilité et une épreuve d'amission :
• L'épreuve d'admissibilité consiste en la rédaction d'une note à l'aide des éléments contenus dans un dossier portant sur la spécialité dans laquelle le candidat se présente. L'épreuve est d'une durée de trois heures et est dotée d'un coefficient un.

• L'épreuve d'admission est un entretien ayant pour point de départ un exposé du candidat portant sur son expérience professionnelle et comportant des questions techniques, notamment dans la spécialité au titre de laquelle le candidat concourt. L'épreuve est d'une durée de vingt minutes et est dotée d'un coefficient un.

Toute note inférieure à 5 sur 20 à l'une des épreuves obligatoires d'admissibilité ou d'admission entraîne l'élimination du candidat. Un candidat ne peut être déclaré admis si la moyenne des notes obtenues est inférieure à 10 sur 20 après application des coefficients correspondants.

L'examen professionnel d'avancement de grade d'assistant territorial de conservation du patrimoine et des bibliothèques principal de 1re classe

Les candidats qui peuvent s'inscrire à l'examen professionnel d'accès par avancement de grade d'assistant territorial de conservation du patrimoine et des bibliothèques principal de 1re classe doivent remplir les conditions énumérées au II. 1° de l'article 25 du décret n° 2010-329 du 22 mars 2010, modifié, portant dispositions statutaires communes à divers cadres d'emplois de fonctionnaires de la catégorie B de la fonction publique territoriale.

Cet examen professionnel est ouvert aux fonctionnaires remplissant les conditions suivantes :
• avoir atteint le sixième échelon du grade d'assistant territorial de conservation et des bibliothèques principal de 2e classe ;
• et justifier d'au moins trois années de services effectifs dans un corps, cadre d'emplois ou emploi de catégorie B ou de même niveau.

Toutefois, en application de l'article 16 du décret n° 2013-593 du 5 juillet 2013, « *[...] les candidats peuvent subir les épreuves d'un examen professionnel prévu aux articles 39 et 79 de la loi du 26 janvier 1984 modifiée portant dispositions statutaires relatives à la fonction publique territoriale, au plus tôt un an avant la date à laquelle ils doivent remplir les conditions d'inscription au tableau d'avancement ou sur la liste d'aptitude au grade d'accueil ou au cadre d'emplois d'accueil fixées par le statut particulier* ».

En conséquence, la combinaison de ces dispositions permet aux candidats de se présenter à une session de cet examen s'ils remplissent les conditions d'accès au plus tard le 31 décembre de l'année qui suit cette session d'examen.

Le décret n° 2011-1881 du 14 décembre 2011 fixe les modalités d'organisation de l'examen professionnel d'accès par avancement de grade d'assistant territorial de conservation du patrimoine et des bibliothèques principal de 1re classe. Celui-ci comporte une épreuve d'admissibilité et une épreuve d'admission :

- l'épreuve d'admissibilité consiste en la rédaction d'une note, à l'aide des éléments d'un dossier portant sur la spécialité au titre de laquelle le candidat concourt. L'épreuve est d'une durée de trois heures et est dotée d'un coefficient un ;
- l'épreuve d'admission est un entretien ayant pour point de départ un exposé du candidat portant sur son expérience professionnelle et comportant des questions visant à permettre d'apprécier les facultés d'analyse et de réflexion du candidat, ses connaissances techniques ainsi que sa motivation et son aptitude à exercer les missions du cadre d'emplois et à encadrer une équipe. L'épreuve est d'une durée de vingt minutes, dont cinq minutes au plus pour l'exposé et est dotée d'un coefficient deux.

Ne sont admis à participer à l'épreuve orale que les candidats ayant obtenu une note au moins égale à 5 sur 20 à l'épreuve écrite. Toute note inférieure à 5 sur 20 à l'une des épreuves entraîne l'élimination du candidat.

Un candidat ne peut être déclaré admis si la moyenne des notes obtenues est inférieure à 10 sur 20 après application des coefficients correspondants.

Programme

Pour les trois concours, auxquels les examens professionnels peuvent être rattachés, et selon les lettres de cadrage d'août 2021, dans lesquelles est précisé : « *En l'absence de programme réglementaire, l'intitulé réglementaire de l'épreuve ainsi que les missions du cadre d'emplois permettent de prendre la mesure des thématiques possibles.* »

À titre indicatif, pour la **note** sont fournies les annales des années précédentes qui peuvent donner des indications :

Pour le concours d'assistant territorial de conservation du patrimoine et des bibliothèques :

- session 2021 : « *Vous êtes assistant territorial de conservation du patrimoine et des bibliothèques au sein de la médiathèque de Cultureville (35 000 habitants). Lors d'un échange avec le directeur de la médiathèque, le maire-adjoint délégué à la Culture a évoqué la volonté de la ville de développer son action dans le domaine de l'éducation aux médias et à l'information. Dans ce contexte, votre directeur vous demande de rédiger à son attention, exclusivement à l'aide des documents joints, une note sur le rôle des bibliothèques dans l'éducation aux médias et à l'information.* »

• session 2019 : « *Vous êtes assistant territorial de conservation du patrimoine et des bibliothèques, en poste en qualité d'adjoint au directeur de la médiathèque de Cultureville (20 000 habitants). Lors d'une réunion entre votre responsable et l'élu chargé de la culture, la question de l'éducation artistique et culturelle a été évoquée. Désireux de déterminer la place que la médiathèque pourrait tenir dans cette dynamique, votre directeur vous demande de rédiger à son attention, exclusivement à l'aide des documents du dossier joint, une note sur l'éducation artistique et culturelle en bibliothèque.* »
« *Vous êtes assistant territorial de conservation du patrimoine et des bibliothèques principal de 2e classe, responsable du pôle multimédia de la médiathèque de Cultureville (16 000 habitants). Lors d'un échange récent, l'élu chargé de la culture a évoqué la question de l'inclusion numérique avec votre responsable et la volonté de la ville de développer son action dans ce sens. Désireux de développer la place que la médiathèque pourrait tenir dans cette dynamique, votre responsable vous demande de rédiger à son attention, exclusivement à l'aide des documents du dossier joint, une note sur le rôle des bibliothèques dans la médiation numérique.* »
• session 2016 : « *Vous êtes assistant territorial de conservation du patrimoine et des bibliothèques à la médiathèque de Cultureville. Votre responsable vous demande de rédiger à son attention exclusivement à l'aide des documents joints, une note sur les partenariats à mettre en place ou à renforcer dans le cadre des activités de la médiathèque.* »

Pour le concours d'assistant territorial de conservation du patrimoine et des bibliothèques principal de 2e classe :
À noter : « *Le niveau particulier d'expertise requis des titulaires du grade d'assistant de conservation principal de 2e classe, leur participation à la conduite de projets et leur vocation à coordonner des établissements ou services fondent les jurys à choisir des sujets d'un niveau de difficulté plus élevé pour l'épreuve des concours d'accès au deuxième grade que pour celle permettant l'accès au premier grade* » (Lettre de cadrage, août 2021).

• session 2021 : « *Vous êtes assistant territorial de conservation du patrimoine et des bibliothèques principal de 2e classe, responsable d'une médiathèque au sein de la communauté de communes de Culturecom. Désireux de développer une stratégie partenariale à l'échelle locale, le directeur des affaires culturelles de Culturecom vous demande de rédiger à son attention, exclusivement à l'aide des documents joints, une note sur les bibliothèques départementales.* »
• session 2019 : « *Vous êtes assistant territorial de conservation du patrimoine et des bibliothèques principal de 2e classe, responsable du pôle multimédia de la médiathèque de Cultureville, 16 000 habitants. Lors d'un échange récent, l'élu chargé de la culture a évoqué la question de l'inclusion numérique avec votre responsable et la volonté de la ville de développer son action dans ce sens. Désireux de déterminer la place que la médiathèque pourrait tenir dans cette dynamique, votre*

responsable vous demande de rédiger à son attention, exclusivement à l'aide des documents joints, une note sur le rôle des bibliothèques dans la médiation numérique. »

• session 2016 : « *Vous êtes assistant territorial de conservation du patrimoine et des bibliothèques principal de 2e classe à la médiathèque de la commune de Cultureville. Votre directrice vous demande de rédiger à son attention, exclusivement à l'aide des documents joints, une note sur la valorisation des sciences et techniques en bibliothèque-médiathèque.* »

Pour le **questionnaire** : « *En outre, à titre purement indicatif et sans qu'il constitue un programme réglementaire dont le candidat pourrait se prévaloir, on peut très utilement se référer au référentiel d'une épreuve de même nature de l'ancien concours d'assistant qualifié de conservation du patrimoine et des bibliothèques* » (Lettre de cadrage, août 2021).

• Les bibliothèques
- Missions et rôles
- Environnement administratif et culturel
- Typologie des bibliothèques
- Histoire des bibliothèques

• Les politiques en direction des publics
- Sociologie des publics
- Accueil
- Politique du développement de la lecture
- Mise en valeur des fonds
- Médiation
- Formation des usagers
- Communication sur l'activité du service
- Évaluation

• Organisation et gestion (financière, humaine, etc.)
- Réglementation relative à l'environnement professionnel
- Évaluation des coûts et des services

• Les collections
- Typologie des supports et des médias
- Production et diffusion des différents médias

- Circuit interne des documents
- Acquisition
- Stockage et conservation
- Communication et prêt
- Reproduction
- Gestion d'un fonds et élimination

- Traitement de l'information
- Description bibliographique et accès à cette description
- Normes et formats
- Analyse de l'information
- Indexation
- Informatique documentaire

- Recherches et diffusion de l'information
- Sources et méthodologie
- Bibliographie générale
- Pratique de la recherche documentaire manuelle et informatisée
- Les grands réservoirs bibliographiques

- Partenariat et coopération

Rappel : L'épreuve facultative de langues et celle portant sur le traitement de l'information sont suspendues à la date de la rédaction de cet ouvrage (voir textes réglementaires cités p. 58-59).

À propos de l'épreuve facultative de **langues** : « *Le niveau d'exigence est relativement élevé : on peut estimer, en l'absence de tout programme réglementaire, que le niveau de langue requis est celui attendu à l'issue des études secondaires pour la langue vivante 1 (LV1) au baccalauréat (niveau B2 du CERCL - cadre européen commun de référence pour les langues)* » (Lettre de cadrage, octobre 2016).

Pour l'épreuve facultative d'**informatique**, « *En l'absence de programme réglementaire, on peut utilement se référer au programme de l'épreuve de traitement automatisé de* ***l'information*** *du concours de bibliothécaire (arrêté du 25 janvier 2002). Ce programme ne constitue cependant pas un texte réglementaire dont les candidats pourraient se prévaloir* » (Lettre de cadrage, octobre 2016).

• Les aspects techniques, notions générales
- Notions générales sur les différents types de réseaux, les principales fonctions des ordinateurs, les terminaux et les périphériques
- Les logiciels : notions générales sur les systèmes d'exploitation et les différents types de logiciels : logiciels propriétaires, logiciels libres ; les fichiers
- L'Internet : notions générales et principales fonctionnalités

• L'informatique et les nouvelles technologies de la communication appliquées, selon la spécialité choisie, soit aux bibliothèques, soit aux services ou aux centres de documentation
- Informatique et relations du travail
- Informatique et organisation des services
- Informatique et communication interne
- Informatique et relation avec les usagers et le public

• Le droit du traitement et de la communication de l'informatique
- Les principes généraux du droit du logiciel
- L'informatique et les libertés

• L'accès aux documents administratifs

Concours de bibliothécaire territorial et l'examen professionnel d'avancement de grade de bibliothécaire territorial principal : missions, épreuves, programme

Lieux d'exercice et missions

Le cadre d'emploi, de catégorie A, des bibliothécaires territoriaux comporte deux grades : celui de bibliothécaire et celui de bibliothécaire principal.

Selon le décret n° 91-845 du 2 septembre 1991[31] portant statut particulier du cadre d'emplois des bibliothécaires territoriaux, les bibliothécaires territoriaux sont affectés, en fonction de leur formation, dans un service ou établissement correspondant à l'une des spécialités suivantes : bibliothèques ou documentation.

31. www.legifrance.gouv.fr/affichTexte.do?cidTexte=JORFTEXT000000174330&dateTexte= (consulté le 04/11/2022).

PRÉAMBULE

Les missions des bibliothécaires territoriaux sont :
- la participation à la constitution, l'organisation, l'enrichissement, l'évaluation et l'exploitation des collections de toute nature des bibliothèques, à la communication de ces dernières au public ainsi qu'au développement de la lecture publique ;
- la participation aux tâches d'animation au sein des établissements où ils sont affectés ;
- la réalisation de la recherche, la constitution, le classement, la conservation, l'élaboration, l'exploitation et la diffusion de la documentation nécessaire aux missions des collectivités territoriales et de leurs établissements publics ;
- la possibilité d'être nommés aux emplois de direction des services de documentation et des établissements contrôlés ;
- la possibilité de remplir les fonctions d'adjoint du conservateur de bibliothèques ou à diriger l'un des secteurs d'activité de l'établissement, dans les services ou établissements dirigés par un conservateur de bibliothèques.

Épreuves et attentes du jury

Les concours

Pour le concours de bibliothécaire territorial, la totalité des épreuves est mentionnée sur le décret n° 92-900 du 2 septembre 1992[32] fixant les conditions d'accès et les modalités d'organisation des concours pour le recrutement des bibliothécaires territoriaux.

Le CNFPT n'effectue pas de bilan de concours des bibliothécaires territoriaux. Cependant il met à disposition des candidats des lettres de cadrage qui sont réalisées par les membres d'une cellule pédagogique nationale associant des représentants des centres de gestion de la fonction publique territoriale. Ces lettres de cadrage ne constituent pas des textes réglementaires. Ce sont des documents indicatifs destinés à éclairer les membres du jury, les correcteurs, les formateurs et les candidats.

Il est à noter que toute note inférieure à 5 sur 20 à l'une des épreuves obligatoires d'admissibilité ou d'admission entraîne l'élimination du candidat. Les candidats déclarés admissibles par le jury sont seuls à être autorisés à se présenter aux épreuves d'admission.

À noter : Conformément aux dispositions du décret n° 2022-529 du 12 avril 2022 portant adaptation temporaire d'épreuves de certains concours de la fonction publique territoriale en application de l'article 7 de l'ordonnance n° 2020-1694 du 24 décembre 2020 modifiée relative à l'organisation

32. www.legifrance.gouv.fr/affichTexte.do?cidTexte=LEGITEXT000006079848 (consulté le 04/11/2022).

des examens et concours pendant la crise sanitaire née de l'épidémie de Covid-19, notamment son article 3, l'épreuve écrite facultative d'admission de langue et l'épreuve facultative de traitement automatisé de l'information des concours externe et interne sont suspendues.
Article 3 du décret n° 2022-529 du 12 avril 2022 : l'application des dispositions relatives à l'épreuve facultative d'admission des concours externe et interne pour le recrutement des bibliothécaires territoriaux, prévue à l'article 8 du décret n° 92-900 du 2 septembre 1992[33] susvisé, est suspendue.

Le concours externe est accessible aux candidats titulaires d'un diplôme de bac + 3 ou équivalent.

• Les épreuves d'admissibilité sont au nombre de deux :
- une composition portant sur l'organisation des bibliothèques, la bibliothéconomie, l'économie du livre, la sociologie des pratiques culturelles, d'une durée de trois heures et d'un coefficient deux. Le sujet est présenté sous la forme d'une ou plusieurs phrases, pouvant inclure une citation. Aucun document n'est fourni.
- une note de synthèse, à établir à partir d'un dossier portant au choix du candidat exprimé au moment de l'inscription soit sur les lettres et les sciences humaines, soit sur les sciences exactes et naturelles et les techniques, soit sur les sciences juridiques, politiques et économiques. L'épreuve est d'une durée de quatre heures et d'un coefficient deux.

• L'épreuve orale d'admission est une conversation permettant d'apprécier les motivations du candidat et débutant par le commentaire d'un texte, tiré au sort au début de l'épreuve, portant sur les grands thèmes de l'actualité (intellectuelle, culturelle, économique et sociale), les relations des bibliothèques avec leur environnement, les principes généraux de l'organisation administrative de l'État et des collectivités territoriales, ainsi que de la fonction publique territoriale. L'épreuve comprend une préparation de trente minutes et est d'une durée de trente minutes dont dix minutes maximum pour le commentaire de texte et d'un coefficient trois.

Le concours interne est ouvert aux fonctionnaires justifiant de quatre années de services publics.

• Les épreuves d'admissibilité sont au nombre de deux :
- une note de synthèse à établir à partir d'un dossier portant, au choix du candidat, soit sur les lettres et les sciences humaines et sociales, soit sur les sciences exactes et naturelles et les techniques, soit sur les sciences juridiques, politiques ou économiques, d'une durée de trois heures et d'un coefficient deux ;
- une étude de cas portant sur les aspects de la gestion d'une bibliothèque, d'une durée de quatre heures et d'un coefficient trois.

33. https://www.legifrance.gouv.fr/loda/article_lc/LEGIARTI000006376082 (consulté le 20/11/2022).

PRÉAMBULE

• L'épreuve d'admission est une conversation permettant d'apprécier les motivations du candidat et débutant par le commentaire d'un texte, tiré au sort au début de l'épreuve, portant sur les grands thèmes de l'actualité (intellectuelle, culturelle, économique et sociale), les relations des bibliothèques avec leur environnement, les principes généraux de l'organisation administrative de l'État et des collectivités territoriales, ainsi que de la fonction publique territoriale. L'épreuve comprend une préparation de trente minutes et est d'une durée de trente minutes dont dix minutes maximum pour le commentaire de texte et d'un coefficient trois.

Selon la lettre de cadrage d'août 2021 relative à l'étude de cas, il est mentionné : « *Le libellé de l'épreuve ne précise en rien la manière dont le sujet écrit d'étude de cas sera présenté au candidat : une présentation sous forme d'un dossier (composé d'un ou plusieurs documents) au sein duquel le candidat ira chercher des éléments nécessaires à l'étude du cas est possible, de même que le simple exposé du cas sans documents joints. Si le sujet comprend un dossier, celui-ci pourra être constitué d'environ cinq pages. [...] le dossier est mis au service du candidat afin qu'il y trouve des éléments utiles à l'étude du cas qui lui est soumis. Le dossier peut contenir des documents de nature diverse, textes juridiques, articles de presse, tableaux, plans, schémas, organigrammes, fiches techniques, statistiques, graphiques, documents photographiques, etc.* ».
Il est souligné également : « *Un candidat qui inventerait son propre scénario sans rapport avec la situation pour proposer des solutions qui lui seraient familières serait évidemment pénalisé, puisqu'il lui sera proposé le traitement d'une étude de cas suffisamment précise dans son libellé et riche sur le fond.* »

Rappel : L'épreuve facultative de langues et celle portant sur le traitement de l'information sont suspendues à la date de la rédaction de cet ouvrage (voir textes réglementaires cités p. 70-71).

De plus les candidats admissibles peuvent demander à subir une épreuve facultative. Cela peut être soit :
• une épreuve facultative de langue comportant une traduction avec au choix, sans dictionnaire d'un texte dans l'une des langues étrangères suivantes au choix du candidat : anglais, allemand, italien, espagnol, grec, portugais, néerlandais, russe ou arabe moderne ou avec dictionnaire, d'un texte dans l'une des langues anciennes suivantes : latin, grec. Cette épreuve est d'une durée de deux heures et est dotée d'un coefficient un ;
• une épreuve orale de traitement automatisé de l'information, d'une préparation de vingt minutes et d'une durée de vingt minutes, dotée d'un coefficient un.
Seuls les points excédant la note de 10 s'ajoutent à la note finale.

La lettre de cadrage du 1er juillet 2017 mentionne, pour l'épreuve facultative de langue, « *une juste perception, au-delà des mots, de l'esprit même du texte, est indispensable à une traduction pertinente* ». Elle note aussi au niveau de l'épreuve orale de traitement automatisé de l'information : « *Si le jury évalue avant tout les connaissances du candidat, la manière dont celui-ci se comporte pendant l'épreuve – notamment sa juste appréciation des obligations que lui impose sa qualité de candidat face à un jury souverain – joue un rôle non négligeable.* »

L'examen professionnel d'avancement de grade de bibliothécaire territorial principal

Les bibliothécaires qui justifient, au 1er janvier de l'année au titre de laquelle est établi le tableau d'avancement, d'une durée de trois ans de services effectifs dans un cadre d'emplois, corps ou emploi de catégorie A ou de même niveau et qui ont atteint le cinquième échelon du grade de bibliothécaire, peuvent se présenter à l'examen professionnel.

Le décret n° 2019-847 du 19 août 2019[34] fixe les modalités d'organisation de l'examen professionnel d'accès au grade de bibliothécaire principal.

L'examen professionnel prévu à l'article 19 du décret du 2 septembre 1991 portant sur le statut particulier au cadre d'emploi des bibliothécaires territoriaux, comprend :

- une épreuve d'admissibilité qui consiste en un examen du dossier de chaque candidat. Cet examen doit permettre d'apprécier le parcours professionnel du candidat et son aptitude à accéder au grade de bibliothécaire principal. Ce dossier est noté et est doté d'un coefficient un.
- une épreuve d'admission qui est un entretien avec le jury destiné à apprécier les motivations du candidat, son expérience professionnelle ainsi que son aptitude à exercer les missions et les responsabilités dévolues aux bibliothécaires principaux.

Cet entretien commence par un exposé du candidat de dix minutes au plus qui doit permettre au jury d'apprécier les acquis de l'expérience professionnelle du candidat. Il se poursuit par un échange avec le jury lui permettant d'apprécier son expertise technique, ses aptitudes et sa motivation en matière de conduite de projets culturels et d'encadrement et enfin, sa connaissance des collectivités territoriales et de leur action en matière de culture. La durée de l'entretien est de trente-cinq minutes dont vingt-cinq minutes d'échange. L'épreuve est dotée d'un coefficient deux.

Toute note inférieure à 5 sur 20 à l'une des épreuves obligatoires d'admissibilité ou d'admission entraîne l'élimination du candidat. Un candidat ne peut être admis si la moyenne de ses notes aux épreuves est inférieure à 10 sur 20 après application des coefficients correspondants.

34. www.legifrance.gouv.fr/affichTexte.do?cidTexte=JORFTEXT000038937850&categorieLien=id (consulté le 04/11/2022).

PRÉAMBULE

Programme

Selon l'arrêté du 25 janvier 2002[35] fixant les programmes des épreuves des concours pour le recrutement des bibliothécaires territoriaux et qu'il faut noter que ce même arrêté ne prend pas en compte la modification réglementaire du concours introduite par le décret du 8 septembre 2005, les programmes sont :

Pour l'épreuve de composition au concours externe :
• organisation des bibliothèques :
- organisation administrative des bibliothèques, des grands organismes nationaux et internationaux intéressant les bibliothèques,
- typologie des bibliothèques,
- fonctionnement des bibliothèques dans la collectivité ou l'organisme dont elles font partie,
- articulation fonctionnelle et coopération entre les différentes bibliothèques,
- politiques publiques en matière de lecture et de bibliothèques : compétences des différentes collectivités françaises ; les programmes européens de soutien aux entreprises culturelles ;
• bibliothéconomie :
- organisation des ressources d'information et de lecture et de leur accès pour le public : catalogues, principes d'indexation, notions de classement, notions sur l'usage de l'informatique en bibliothèques, constitution et gestion des collections,
- notions sur l'informatique documentaire : la numérisation, les systèmes d'information, la production et la gestion de documents électroniques,
- notions générales sur le contexte technique et juridique de la diffusion électronique de l'information,
- organisation des services aux publics : services d'animation et de diffusion ;
• économie du livre et des autres formes d'édition :
- production, distribution du livre, des périodiques et des autres supports imprimés,
- notions élémentaires d'histoire du livre et de l'édition, éléments historiques et juridiques concernant la fonction patrimoniale des bibliothèques,
- économie des supports non textuels présents en bibliothèques (musique, image),
- économie de l'édition électronique et du multimédia,
- notions sur la législation et la réglementation appliquées à la création et à l'édition ;
• sociologie des pratiques culturelles :
- pratiques culturelles des Français,
- typologie des publics des différentes bibliothèques,
- sociologie des pratiques de lecture.

35. www.legifrance.gouv.fr/affichTexte.do?cidTexte=JORFTEXT000000226771&dateTexte=20180809 (consulté le 04/11/2022).

Pour l'épreuve de l'étude de cas du concours interne :

- bibliothèques : organisation, mission, rôle, environnement culturel et administratif ;
- la lecture et son développement : problèmes, politiques et enjeux actuels, rôle des bibliothèques dans la diffusion du livre et de l'information, édition et vie littéraire et scientifique ;
- économie du livre et des autres formes d'édition ;
- publics et services culturels : aspects sociologiques et évolution, accès des publics à l'information et aux documents ;
- partenaires culturels : la bibliothèque dans la cité, réseaux et coopération ;
- vie et politiques culturelles (régionale, nationale ou internationale) ;
- notions élémentaires du droit de la fonction publique : statuts des fonctions publiques de l'État et des collectivités territoriales, organisation de la fonction publique, statut général, en particulier droits et obligations des fonctionnaires ;
- connaissance des principes généraux de l'organisation administrative et des structures administratives de l'État et des collectivités territoriales.

Rappel : L'épreuve facultative de langues et celle portant sur le traitement de l'information sont suspendues à la date de la rédaction de cet ouvrage (voir textes réglementaires cités p. 70-71).

Pour l'épreuve orale facultative d'admission sur le traitement automatisé de l'information commun aux deux concours externe et interne :

- les aspects techniques : notions générales :

- notions générales sur les différents types de réseaux, les principales fonctions des ordinateurs, les terminaux et les périphériques,
- les logiciels : notions générales sur les systèmes d'exploitation et les différents types de logiciels : logiciels propriétaires, logiciels libres ; les fichiers,
- l'Internet : notions générales et principales fonctionnalités ;

- l'informatique et les nouvelles technologies de la communication appliquées aux bibliothèques :

- informatique et relations du travail,
- informatique et organisation des services,
- informatique et communication interne,
- informatique et relations avec les usagers et le public ;

- le droit du traitement et de la communication de l'informatique :

- les principes généraux du droit du logiciel,
- l'informatique et les libertés,
- l'accès aux documents administratifs.

Concours de conservateur territorial des bibliothèques : missions, épreuves, programme

■ Lieux d'exercice et missions

Le cadre d'emploi, de catégorie A, des conservateurs territoriaux comporte deux grades : celui de conservateur et celui de conservateur en chef.

Selon le décret n° 91-841 du 2 septembre 1991[36] portant statut particulier du cadre d'emplois des conservateurs territoriaux de bibliothèques, « *ils exercent leurs fonctions dans les bibliothèques municipales classées et les bibliothèques départementales de prêt. Ils peuvent également exercer leurs fonctions dans les bibliothèques contrôlées ou services en dépendant qui remplissent la condition d'être implantés dans une commune de plus de 20 000 habitants ou dans un établissement public local assimilé à une commune de plus de 20 000 habitants* ».

« *Les conservateurs en chef assument des responsabilités particulières en raison de l'importance des collections ou des missions scientifiques ou administratives qui leur sont confiées. Ils exercent leurs fonctions dans les bibliothèques implantées dans une commune de plus de 40 000 habitants ou un établissement public local assimilé à une commune de plus de 40 000 habitants [...]. Ils peuvent en outre exercer leurs fonctions dans les autres communes ou établissements, sous réserve que la bibliothèque soit inscrite, en raison de la richesse de son fonds patrimonial, sur une liste établie par le préfet de région.* »

Leurs missions sont :

- constituer, organiser, enrichir, évaluer et exploiter les collections de toute nature des bibliothèques ;
- responsabilité de ce patrimoine et du développement de la lecture publique ;
- organisation l'accès du public aux collections et la diffusion des documents à des fins de recherche, d'information ou de culture ;
- responsable de l'établissement des catalogues de collections ;
- possibilité de participer à la formation de professionnels et du public dans le domaine des bibliothèques, de la documentation et de l'information scientifique et technique ;
- possibilité d'exercer des fonctions de direction dans les bibliothèques contrôlées ou services en dépendant dans les autres communes ou établissements, sous réserve que la bibliothèque soit inscrite, en raison de la richesse de son fonds patrimonial, sur une liste établie par le préfet de région.

36. https://www.legifrance.gouv.fr/affichTexte.do?cidTexte=JORFTEXT000000721089 (consulté 04/11/2022).

Épreuves et attentes du jury

Pour le concours de conservateur territorial des bibliothèques, la totalité des épreuves est mentionnée sur le décret n° 92-899 du 2 septembre 1992[37] fixant les conditions d'accès et les modalités d'organisation des concours pour le recrutement des conservateurs territoriaux de bibliothèques.

Le concours externe est ouvert aux candidats titulaires d'une licence ou équivalent.

• Les épreuves écrites d'admissibilité sont au nombre de deux :
- une composition de culture générale sur un sujet, d'une durée de cinq heures et d'un coefficient trois ;
- une note de synthèse à établir à partir d'un dossier comportant des documents en langue française, d'une durée de quatre heures et d'un coefficient trois.

• Les trois épreuves d'admission sont :
- une épreuve de langues, notée sur vingt points et d'un coefficient trois, en deux parties :
1) la première partie, comptant pour douze points et d'une durée de trois heures, est, au choix du candidat, exprimé lors de son inscription au concours. Il s'agit soit d'une traduction écrite en français d'un texte en langue ancienne (latin ou grec), soit d'une traduction orale en français d'un texte en langue vivante étrangère (allemand, anglais, espagnol, italien, portugais ou russe), suivie d'un entretien avec le jury dans la langue choisie sur des questions relatives au vocabulaire, à la grammaire et au contenu du texte. Cette partie de l'épreuve est d'une durée de trente minutes, dont dix minutes de traduction et vingt minutes d'entretien ; la durée de la préparation est d'une heure. L'utilisation d'un dictionnaire bilingue est autorisée pour les langues anciennes et l'utilisation d'un dictionnaire unilingue est autorisée pour les langues modernes. Chaque candidat ne peut être muni que d'un seul dictionnaire,
2) la deuxième partie, comptant pour huit points, consiste en la traduction orale en français d'un texte court dans une langue vivante étrangère (allemand, anglais, espagnol, italien, portugais ou russe, selon le choix exprimé par le candidat lors de son inscription au concours) différente de celle choisie pour la première partie de l'épreuve, suivie d'un entretien avec le jury dans cette même langue portant sur le contenu du texte. Cette partie de l'épreuve a une préparation de trente minutes et une présentation d'une durée de trente minutes, dont dix minutes de traduction et vingt minutes d'entretien. L'utilisation d'un dictionnaire n'est pas autorisée pour cette partie de l'épreuve ;
- une conversation avec le jury sur une question de culture générale débutant par le commentaire d'un texte portant sur le programme, d'une préparation de trente minutes, d'une durée de trente minutes dont dix maximum pour le commentaire et dotée d'un coefficient cinq ;

37. www.legifrance.gouv.fr/affichTexte.do?cidTexte=JORFTEXT000000540678 (consulté le 04/11/2022).

- un entretien avec le jury sur la motivation professionnelle du candidat débutant par le commentaire d'un texte relatif à une situation professionnelle, hors contexte des bibliothèques, d'une préparation de trente minutes, d'une durée de trente minutes dont dix minutes maximum pour le commentaire et d'un coefficient quatre.

Le concours externe est ouvert **aux élèves de l'École nationale des chartes** ayant satisfait aux obligations de scolarité de la troisième année de cette école ou équivalent.

Un dossier est remis par le candidat dans le délai et selon les modalités fixés dans l'arrêté d'ouverture du concours. Ce dossier comporte obligatoirement les pièces suivantes :
• un exposé de ses titres et travaux ;
• un curriculum vitæ dactylographié de deux pages au plus, décrivant son parcours universitaire et, le cas échéant, professionnel avec mention des emplois occupés, des fonctions et responsabilités exercées, les formations suivies et les stages effectués ;
• une lettre de motivation.

Deux épreuves sont mentionnées pour ce concours :
• une conversation avec le jury débutant par un commentaire de texte. Cette épreuve permet au jury d'apprécier les capacités de réflexion et d'analyse du candidat, sa culture générale et son attention au monde contemporain, d'une préparation de trente minutes, d'une durée de trente minutes dont dix minutes maximum pour le commentaire et d'un coefficient trois ;
• un entretien avec le jury sur les motivations et les aptitudes du candidat à exercer les fonctions dévolues à un conservateur territorial des bibliothèques. Pour conduire cet entretien qui a pour point de départ un exposé du candidat, d'une durée de cinq minutes au maximum, sur son parcours universitaire et professionnel, le jury dispose d'un dossier constitué par le candidat. Cette épreuve a une durée totale de trente minutes et est affectée d'un coefficient quatre.

Le concours interne est ouvert aux fonctionnaires justifiant de sept ans de services publics.

• Les épreuves écrites d'admissibilité sont au nombre de deux :
- une composition de culture générale sur un sujet, d'une durée de cinq heures et d'un coefficient trois ;
- une note de synthèse à établir à partir d'un dossier comportant des documents en langue française portant sur les bibliothèques et la documentation dans la société de l'information : politiques publiques de la culture et de l'éducation ; information et communication ; conservation et diffusion ; évolutions scientifiques et techniques ; enjeux politiques, sociaux et économiques. La durée de cette épreuve est de quatre heures et elle est dotée d'un coefficient trois.

- Les trois épreuves orales d'admission sont :

- une épreuve orale de langue vivante étrangère (allemand, anglais, espagnol, italien, portugais), au choix du candidat, exprimé lors de l'inscription au concours, comportant la traduction d'un texte court suivie d'un entretien en français avec le jury, d'une préparation de trente minutes, d'une durée de trente minutes dont dix minutes maximum pour la traduction et d'un coefficient trois. L'utilisation d'un dictionnaire unilingue est autorisée pour la préparation ; chaque candidat ne peut être muni que d'un seul dictionnaire ;
- une conversation avec le jury sur une question de culture générale débutant par le commentaire d'un texte portant sur le programme, d'une préparation de trente minutes, d'une durée de trente minutes dont dix minutes maximum pour le commentaire et d'un coefficient cinq ;
- un entretien avec le jury sur la motivation professionnelle, débutant par le commentaire d'un texte relatif à une situation professionnelle. Le jury s'appuiera également sur le dossier fourni par le candidat lors de l'inscription, pour la reconnaissance des acquis de l'expérience professionnelle antérieure, d'une préparation de trente minutes, d'une durée de trente minutes, dont dix minutes maximum pour le commentaire et d'un coefficient quatre.

En vue de cette épreuve, le candidat établit un document retraçant son expérience professionnelle, conformément à l'article 5-1, alinéa 2, du décret du 2 septembre 1992 modifié, qu'il remet au service organisateur à une date fixée dans l'arrêté d'ouverture du concours. Le dossier est transmis au jury par le service gestionnaire du concours après l'établissement de la liste d'admissibilité.

Il faut noter que les épreuves des concours sont similaires à celles fixées pour les concours d'accès au corps de conservateurs des bibliothèques de l'État.

Les bilans[38] des concours de conservateur territorial des bibliothèques sont consultables sur le site du Centre national de la fonction publique territoriale, le CNFPT.

Le bilan 2020 note plusieurs points importants sur la composition de culture générale pour les concours externe et interne : « *[...] Globalement, le sujet a été bien perçu par les candidats mais son traitement a souvent été traité de façon trop scolaire, de type préparation de concours donnant lieu à de nombreuses copies où l'on retrouve les mêmes accroches, les mêmes références mais aussi les mêmes faiblesses (absence de problématisation, proposition de plans simpliste...). [...] Rares ont été les copies qui ont témoigné d'une véritable culture personnelle, de la maîtrise d'un domaine particulier de la connaissance, d'une passion intellectuelle ou artistique (cinéphilie, histoire des arts, références approfondies en littérature ou philosophie). Beaucoup ne purent*

38. https://www.cnfpt.fr/evoluer/preparation-aux-concours-concours-examens-professionnels/decouvrir-concours-examens-professionnels/national#conservateur_conservatrice_territoriale_bibliotheque (consulté le 04/11/2022).

non plus mettre en place une réelle démarche argumentative soutenue d'idées illustrées par des exemples précis. [...] Pour tous les correcteurs, il s'agit d'une épreuve essentielle à un concours tel que celui-ci et qui a du sens pour le futur métier visé par les candidats. L'épreuve de composition de culture générale permet de déterminer le degré de réflexion et d'engagement des candidats mais aussi leur curiosité et ouverture d'esprit. Il est ainsi aisé d'appréhender leur motivation et de vérifier leur capacité à argumenter sans embrasser une posture morale, l'étendue de leur culture personnelle (politique, arts et idées), l'attention portée à l'actualité et à la capacité à déceler les problématiques de fond derrière le traitement médiatique qui en est fait et l'emballement des réseaux sociaux. À travers cette épreuve, les correcteurs estiment qu'ils ont l'occasion d'apprécier une rigueur intellectuelle, une capacité à s'intéresser et à comprendre la société contemporaine ainsi que l'aptitude à formuler un raisonnement structuré. À rebours d'une appréhension intuitive ou d'idées convenues, elle est ainsi efficace pour évaluer et apprécier des qualités professionnelles fondamentales. Il importe que les candidats s'exercent à la méthode de la composition : il est fréquent que l'introduction ne comporte guère d'analyse des termes du sujet et les développements soient descriptifs. Une succession de remarques ou d'exemples ne vaut pas une argumentation structurée. Il importe de démontrer et pas seulement d'affirmer. »

De plus, pour l'épreuve de note de synthèse du concours externe, le bilan 2021 mentionne : « *Il s'agit d'une épreuve qui demande organisation, méthode, rigueur et qui repose sur une bonne compréhension du dossier et sur une exploitation et une hiérarchisation des documents, le tout au service d'une problématique qui soit claire et argumentée. Aussi, les candidats doivent s'appuyer davantage sur les éléments issus du dossier et apprendre à mieux gérer le temps imparti afin de ne pas rendre une note incomplète. Il leur est également conseillé de faire apparaître clairement leur plan dans la présentation de la copie, de soigner la présentation de la note et veiller à l'orthographe. Il faut aussi s'entraîner à rédiger des écrits argumentés au service d'une problématique qui articule des points de vue divergents pour démontrer une thèse unique.* » Il souligne pour l'épreuve du concours interne : « *Il faut que les notes soient bien structurées avec une introduction qui soit pertinente et qui pose à la fois le sujet et la problématique qui en ressort. Les plans binaires sont à éviter afin de pouvoir traiter toutes les nuances du dossier. Les candidats doivent être vigilants quant à la hiérarchisation des informations.* »

Programme

Les programmes sont fixés par arrêté du ministre chargé des Collectivités territoriales.

Le programme de culture générale des épreuves écrites de composition de culture générale et orales de conversation figure à l'article annexe de l'arrêté du 5 octobre 2007 modifié fixant les modalités d'organisation du concours externe et interne de recrutement des conservateurs stagiaires, élèves de l'École nationale supérieure des sciences de l'information et des bibliothèques. Il est le suivant :

• Culture et société depuis le XIXe siècle en Europe
- Les grandes évolutions de la société.
- Les courants littéraires, philosophiques et artistiques.
- Les transformations techniques et esthétiques des moyens d'expression audiovisuels.
- Notions sur les principales théories économiques.
- L'évolution des sciences et des techniques.
- L'éducation. École et société : les défis de l'enseignement de masse. Famille, école et société aujourd'hui. L'enseignement supérieur et la recherche.
- Économie, sociologie et droit de la culture.

• La France dans le monde contemporain
- La France dans le monde contemporain. Évolution politique, économique et sociale du monde depuis la révolution industrielle.
- Équilibres géostratégiques et conflits.
- Formes et développements de la démocratie dans le monde : socialisme et société. Les expériences totalitaires. Colonisation et décolonisation.
Les institutions internationales spécialisées. Les différents aspects de la mondialisation.

• Organisations politiques et territoriales
- L'Union européenne. Les institutions. Étapes de la construction européenne : aspects institutionnels de l'Union économique et monétaire. Le fonctionnement et les processus décisionnels. Les politiques communes.
- Le régime politique français. L'État. La Constitution. Les collectivités territoriales.
- Fonction publique d'État, fonction publique territoriale, fonction publique hospitalière.
- Statut général des fonctionnaires de l'État.
- Administrations centrales et services à compétence nationale, services déconcentrés, les établissements publics. Administration et ressources des collectivités territoriales.
- Politique régionale et aménagement du territoire.
- La libre circulation des marchandises, des personnes, des services et des capitaux.
- L'administration et les nouveaux types de relations avec les administrés.

• Thématiques spécialisées
- La diffusion des connaissances.
- La société de l'information. Information et communication.

PRÉAMBULE

- Notions sur l'histoire des médias en général : histoire du livre, de la presse, de l'audiovisuel, de l'édition.
- Notions sur l'histoire des bibliothèques.
- Histoire et actualité de la propriété intellectuelle.
- Industries culturelles et technologies de l'information et de la communication.

2| MÉTHODOLOGIE DES ÉPREUVES

Un concours de bibliothèques, comme tous les concours, ne peut se réussir sans travail, sans veille professionnelle, sans révision du programme et sans entraînement aux épreuves au préalable. Plusieurs essais sont parfois nécessaires à un candidat avant d'obtenir le concours. Toutes les notions, les concepts, l'esprit du métier appris une année serviront lors des épreuves du concours de l'année suivante. La mémoire engrange, les connaissances ont besoin de rappel pour se réactiver. Aussi, il ne faut en aucun cas qu'un candidat se démobilise si sa première tentative à réussir un concours ne se transforme pas en succès. Rares sont les candidats réussissant dès la première fois.

La consultation attentive par les candidats des sites du ministère de la Culture, du ministère de l'Enseignement supérieur, de la Recherche et de l'Innovation et la lecture régulière de la presse, spécialisée et généraliste, devraient leur fournir également des éléments susceptibles de bien nourrir un devoir.

Chaque épreuve, qu'elle soit d'admissibilité ou d'admission, est abordée dans cette partie de l'ouvrage.

Un découpage des phases de chacune des méthodologies est proposé. Chaque candidat l'adaptera à sa personnalité, à son savoir-être et à son savoir-faire. Il est conseillé au candidat de noter en début d'épreuve, les heures auxquelles chaque phase doit être terminée, par exemple si l'épreuve démarre à 9 heures, la lecture et l'analyse du sujet doivent être terminées à 9 h 15, etc. Ce repère dans le temps ainsi inscrit sera précieux durant toute la durée de l'épreuve. La gestion du temps fait partie intégrante de l'épreuve.

La notification des défauts relevés par des jurys est volontairement abrupte. Ils sont indiqués comme tels, la plupart du temps dans les retours du jury et sont donc conformes à la réalité brute.

Les épreuves d'admissibilité présentes sur les différents concours sont au nombre de quatre : la composition, la note de synthèse, la note administrative liée à la résolution d'un cas pratique et le questionnaire.

Le dossier RAEP est présenté à mi-chemin entre les épreuves d'admissibilité et celles d'admission. En effet, chaque candidat ayant réussi l'épreuve ou les épreuves d'admissibilité d'un concours des bibliothèques en interne de la fonction publique d'État doit envoyer à la direction générale des ressources humaines du ministère de l'Enseignement supérieur, de la Recherche et de l'Innovation un dossier RAEP rempli avec soin avant la date de son épreuve d'admissibilité. Les délais et conditions d'envoi sont notés sur le site du ministère. De plus, ce dossier RAEP constitue l'épreuve d'admissibilité pour les examens professionnels d'avancement pour l'accès à des grades tels que bibliothécaire hors classe, bibliothécaire assistant spécialisé de classe supérieure et de bibliothécaire assistant spécialisé de classe exceptionnelle.

Les contenus des épreuves d'admission présentés sont au nombre de six : le commentaire de texte, l'épreuve de conversation avec le jury sur un sujet de culture générale débutant par un commentaire de texte, l'entretien avec le jury sur la motivation professionnelle débutant par un commentaire de texte, la présentation de son parcours professionnel, les questions du jury et les mises en situation professionnelle.

LES ÉPREUVES D'ADMISSIBILITÉ

La composition

L'épreuve de composition soumise aux candidats préparant les concours des bibliothèques est de deux sortes : celle dite de culture générale et celle dite de culture professionnelle.

L'épreuve de composition dite de culture générale s'adresse aux candidats du concours de conservateur, qu'il soit d'État ou territorial. La durée de l'épreuve est de cinq heures, dotée d'un coefficient trois.

L'épreuve de composition dite de culture professionnelle est réalisée dans le cadre du concours externe de bibliothécaire d'État ou territorial ainsi que du concours externe de bibliothécaire assistant spécialisé de classe supérieure. Pour le concours externe de bibliothécaire d'État, la durée de l'épreuve est de quatre heures dotée d'un coefficient de deux ; pour les concours externes de bibliothécaire territorial et de bibliothécaire assistant spécialisé de classe supérieure, la durée de l'épreuve est de trois heures, dotée d'un coefficient de deux.

Les deux styles de composition sont abordés afin que chaque candidat puisse clairement identifier et s'approprier son contenu. La durée des différentes phases de la méthodologie est adaptée, elle aussi, en fonction du concours préparé.

La composition de culture générale

Les objectifs

Les épreuves de culture générale ont pour but d'évaluer les connaissances et les centres d'intérêt des candidats en dehors du monde des bibliothèques. La qualité générale de l'approche, la logique du plan et la clarté dans l'exposé de la problématique sont évaluées en priorité.

Le bilan réalisé en 2021 du concours de conservateur territorial mentionne l'un des buts de cette épreuve : « *L'un des buts de cet exercice est de démontrer aux correcteurs un esprit d'analyse critique et une capacité de mise en perspective des enjeux. Qu'ils n'hésitent pas à confronter leurs références culturelles et historiques à la réalité du contexte territorial : il faut garder à l'esprit qu'il s'agit d'un concours de la fonction publique territoriale.* »
Le rapport de jury 2018 du concours externe d'État souligne que « *le jury cherche d'abord à déceler chez le candidat sa capacité à envisager de manière complète une question bien davantage que des connaissances ponctuelles [...]* ».

Les exigences et les qualités attendues par le jury

« *Comme l'an passé, on rappellera aux candidats qu'il convient de privilégier une forme de composition courte mais fortement charpentée, ce qui permet d'éviter des digressions. Capacité à embrasser de manière complète une question, clarté de l'exposé et de l'argumentaire, prise de position personnelle et de distance par rapport au sujet, précision, rigueur de l'analyse (et donc de l'expression) sont les qualités que le jury aime à déceler dans les copies qui lui sont proposées* » (Rapport de jury, concours de conservateur d'État, 2019).

Une analyse et une prise de recul du sujet sont primordiales. Il faut que le candidat arrive à penser le sujet tant d'un point de vue conceptuel que d'un point de vue historique et sociologique. Le sens critique, la curiosité intellectuelle, la connaissance de l'actualité, sa compréhension et sa mise en perspective doivent faire partie intégrante de la copie. L'élégance de l'expression et donc de la pensée est fortement souhaitée.

Pour cela, il est attendu que le candidat rassemble ses connaissances pour construire un raisonnement structuré en faisant appel à des références maîtrisées. Il doit faire ressortir tant des qualités techniques que des qualités de fond. Pour cela il doit utiliser un vocabulaire précis ; une expression, une syntaxe, une orthographe de qualité ; de même qu'un plan bien rigoureux, sans oublier l'usage des majuscules et de la ponctuation sur sa copie.

PRÉAMBULE

« [...] le jury est toujours défavorablement impressionné par le manque de soin de certaines copies, abondamment raturées, surchargées de béquets ou de blanc correcteur, et par certaines écritures particulièrement illisibles, dont la difficulté de lecture nuit gravement à la capacité à suivre un raisonnement, a fortiori *à y adhérer. Considérées comme un signe de l'indifférence de l'auteur envers la réception de son travail, les écritures indéchiffrables ont été sévèrement sanctionnées »* (Rapport de jury 2022, concours de conservateur d'État).

La méthodologie

À chaque phase sera attribuée une durée de réalisation. Chaque candidat adaptera celle-ci selon les pratiques qu'il aura eues lors de ses entraînements à cette épreuve.

Lecture du sujet et analyse du sujet (20 minutes)

- Le candidat réalisera une première lecture attentive du sujet puis lors d'une deuxième lecture répondra au brouillon aux questions « qui quand quoi où comment pourquoi » (QQQOCP) afin de bien contextualiser le sujet, ce qui ouvrira ainsi de nouvelles pistes de réflexion/de propositions.

- Le candidat définira l'ensemble des termes clés du sujet, les liera à d'autres notions clés, à des contraires et à des exemples.

- Suite à ce travail d'analyse, le candidat formulera une problématique. Celle-ci sera sous forme de question en soulignant et contextualisant les thèmes principaux abordés dans le sujet et en exprimant un axe pertinent de travail.

Recherche des idées (1 h 30)

- Au brouillon, le candidat notera ce que chaque pan du QQQOCP mobilise comme connaissances personnelles en amenant des définitions, idées, notions, déductions, arguments et exemples. Le sujet sera ainsi élargi. L'utilisation de techniques telle que la carte mentale peut être utile pour construire un cheminement de pensée. Le candidat veillera à prendre le recul nécessaire afin de balayer globalement le sujet notamment sur un sujet abordant une actualité. Une réflexion personnelle avec des exemples originaux est attendue. Ces exemples doivent être variés, riches et pertinents.

- Chacun de ces axes sera développé sur le recto d'une feuille de brouillon. Cette organisation gagnera en efficacité lors de la rédaction sur la copie. Si l'un des axes demande plusieurs feuilles, uniquement le recto de celles-ci sera utilisé tout en numérotant les pages et y inscrivant sur chacun le thème abordé.

Élaboration du plan détaillé (30 minutes)

• Le candidat définira la problématique du sujet en le reformulant, en le contextualisant et en y trouvant des axes de réflexion sur une question pertinente. Suite à l'analyse du sujet et la recherche d'idées, le plan doit se dessiner clairement et être clairement hiérarchisé.

• Le candidat élaborera le plan détaillé de manière à ce que les parties et les sous-parties soient équilibrées tout au long de la composition. Plus le plan sera rigoureux et précis, plus le candidat gagnera en efficacité lors de la rédaction sur sa copie. Les titres des parties et sous-parties ne seront pas indiqués clairement sur la copie. Leurs contenus seront amenés par des phrases de transition que le candidat veillera à rédiger clairement. Il faut que le plan suive la logique de la réflexion du candidat et qu'il y ait une progression dans le raisonnement.

Rédaction de l'introduction et de la conclusion (20 minutes)

• Le candidat veillera à rédiger au brouillon l'intégralité de l'introduction et de la conclusion.

• L'introduction doit comporter une phrase d'accroche qui suscitera l'intérêt du correcteur, ensuite sera notifiée la présentation du sujet qui peut être reformulé, puis l'exposé de la problématique sera clairement présenté et enfin le plan sera annoncé.

• La conclusion clôt le raisonnement par le résumé des réponses, des notions, arguments apportés sur chacune des parties rédigées. Elle répondra de manière synthétique à la problématique et enfin elle veillera aussi à ouvrir le sujet vers un contexte, une problématique liée au sujet traité sous forme interrogative ou affirmative selon le choix du candidat.

Rédaction (2 heures)

• Le candidat veillera à suivre le plan annoncé dans l'introduction, à formuler des transitions cohérentes et logiques entre chaque partie et sous-partie. Le vocabulaire utilisé sera précis et professionnel si besoin est. Les phrases seront courtes et claires. La copie sera aérée. C'est-à-dire que des lignes seront sautées entre l'introduction et la première partie, entre chaque partie et entre la dernière partie et la conclusion. Des alinéas seront utilisés pour différencier les sous-parties et des retours à la ligne identifieront les paragraphes.

• La copie devra être obligatoirement anonyme. Aucune signature ou signe distinctif ne doit être apposé sur celle-ci. Toute mention personnelle donnera une note éliminatoire à la copie.

Relecture (20 minutes)

C'est une étape tout aussi importante que les précédentes. Cette phase permet de déceler et de corriger les fautes d'étourderie tant au niveau de l'orthographe que sur la syntaxe. Le candidat n'oubliera pas d'utiliser la ponctuation correctement.

Les défauts relevés par les jurys

La composition de culture générale n'est pas un commentaire de texte ou une paraphrase de la citation. Ce n'est pas non plus une suite désordonnée d'affirmations plus ou moins subjectives ou une succession de courts paragraphes, écrits à mesure de la venue des idées. Enfin cette épreuve n'est ni une juxtaposition d'exemples, ni un collage de notions apprises dans les formations au concours et ni une présentation des généralités culturelles.

Il faut noter que le plan proposé n'est pas toujours tenu de bout en bout, qu'une introduction de deux pages sur une copie de cinq est démesurée et que la conclusion n'est pas optionnelle. Le plan ne doit pas être construit sur le modèle « thèse, antithèse, synthèse » et il ne doit pas être apparent : « *On rappelle que le recours au plan apparent est déconseillé : un vêtement bien assemblé n'a plus besoin de ses fils de bâti* » (Rapport de jury 2022, concours de conservateur d'État). Cette épreuve ne doit pas être une composition peu structurée, voire inorganisée en relevant une disparité entre les parties.

L'absence de problématique, le manque de définition des termes du sujet et le manque de réflexion nuisent à la clarté du développement. Des lacunes, des méconnaissances de références historiques, politiques sont souvent formulées. Le conformisme, des idées toutes faites, de la naïveté ou de graves contresens sont aussi relevés. « *[...] les correcteurs s'attendent à ce que les candidats soient mieux à même de définir les termes du sujet, d'élaborer un plan cohérent et de proposer une problématique pertinente puis de l'illustrer tout en rédigeant correctement (il faut se départir d'une expression trop orale et maladroite qui est pénalisante pour un tel concours)* » (Bilan de jury 2021, concours de conservateur territorial).

« *Certains candidats ont paru vouloir absolument replacer le contenu de fiches élaborées pendant la phase de préparation du concours, sans suffisamment de réflexion et d'adaptation au sujet posé. Eux ou d'autres ont parfois multiplié les digressions et les passages hors-sujet qui n'ont fait que les desservir* » (Rapport de jury 2021, concours externe de conservateur d'État).

La familiarité du style employé, voire un ton quasi oral, l'utilisation d'un style journalistique, d'expressions relevant du jargon, d'approximations, d'affirmations péremptoires, de remplissage verbeux, de préjugés, de parti pris, de prises de position parfois mal venues ou dépourvues de neutralité ne doivent pas figurer sur une copie de concours.

« *Le jury rappelle que les compétences rédactionnelles seront mobilisées quotidiennement dans la vie professionnelle des conservateurs des bibliothèques. Il s'étonne, par conséquent, d'avoir corrigé un nombre très important de copies à l'orthographe et à la grammaire si hasardeuses que le sens des phrases est souvent compromis : en outre, on ne peut comprendre que, dans un concours de catégorie A+, certaines copies soient écrites dans un style familier* » (Rapport de jury, concours interne de conservateur d'État, 2020).

La composition de culture professionnelle

Les objectifs

« *La composition spécialisée requiert une aptitude à disserter, c'est-à-dire à conduire une démonstration organisée à partir d'une problématique clairement exprimée. Le candidat doit être capable de mobiliser à cette fin des connaissances avérées en rapport avec sa spécialité* » (Lettre de cadrage relative à la composition portant sur une spécialité, août 2021, bibliothécaire territorial, concours externe).

Les exigences et les qualités attendues par le jury

- Une réflexion personnelle bien menée, une démonstration convaincante nourrie de nombreux exemples, desservant une problématique claire et pertinente doivent figurer au sein de la composition de culture professionnelle.

- Une maîtrise des connaissances et une solide culture professionnelle sont requises pour le traitement du sujet ; la réponse doit être nuancée, argumentée, nourrie d'exemples relatifs à des cas concrets et d'évocations d'enquêtes illustrant les propos. Une position personnelle avancée peut être amenée lors de la conclusion.

- Une maîtrise de la syntaxe, de l'orthographe, d'un certain niveau de langage et d'une rédaction dans un style clair et précis est attendue. Une certaine vigilance sera portée sur l'utilisation des majuscules et de la ponctuation.

PRÉAMBULE

Les critères d'évaluation sont notifiés comme tels sur la lettre de cadrage d'août 2021 pour l'épreuve de composition du concours externe de bibliothécaire territorial :
« *La copie est évaluée sur le fond et la forme, les correcteurs appréciant la capacité du candidat à rédiger une composition à la fois pertinente, claire, cohérente et bien structurée.*

Une composition devrait obtenir la moyenne ou plus, pour l'ensemble des critères réunis, lorsqu'elle :
- constitue une démonstration convaincante sous-tendue par un plan annoncé et suivi ;
- traduit la maîtrise des connaissances requises par le traitement du sujet ;
- est rédigée dans un style clair, intelligible et concis ;
- fait preuve d'une bonne maîtrise de la langue (orthographe, syntaxe, ponctuation, vocabulaire).

A contrario, *une composition ne devrait pas obtenir la moyenne, si au moins un des critères est présent, lorsqu'elle :*
- juxtapose des connaissances sans réelle volonté de démonstration ;
- expose des idées sans lien réel avec le sujet à traiter ;
- traduit des connaissances approximatives et lacunaires ;
- présente une grave incohérence entre plan annoncé et plan suivi ;
- traduit une incapacité à rédiger clairement ;
- témoigne d'une maîtrise linguistique insuffisante (trop nombreuses erreurs d'orthographe, de syntaxe, de ponctuation, de vocabulaire) ;
- présente un caractère inachevé (sous-partie(s) très insuffisamment développée(s) ou manquante(s)). »

La méthodologie

À chaque phase sera attribuée une durée (DP : durée de la phase) selon la durée totale de l'épreuve (DTE : durée totale de l'épreuve) correspondant ainsi soit à l'épreuve de quatre heures dotée d'un coefficient de deux du concours externe de bibliothécaire d'État ; pour les concours externes de bibliothécaire territorial et de bibliothécaire assistant spécialisé de classe supérieure la durée de l'épreuve est de trois heures dotée d'un coefficient de deux.

Lecture du sujet et analyse du sujet (DTE 4 h – DP 15 à 20 minutes ; DTE 3 h – DP 15 minutes)

Le candidat réalisera une première lecture attentive du sujet puis lors d'une deuxième lecture répondra au brouillon aux questions « qui quand quoi où comment pourquoi » (QQQOCP) afin de bien contextualiser le sujet, ce qui ouvrira ainsi de nouvelles pistes de réflexions/de propositions.

Le candidat définira l'ensemble des termes clés du sujet, les liera à d'autres notions clés, à des contraires et à des exemples.

À la recherche des idées (DTE 4 h – DP 1 h à 1 h 10 ; DTE 3 h – DP 45 à 50 minutes)

Au brouillon, le candidat notera ce que chaque pan du QQQOCP mobilise comme connaissances personnelles en termes de bibliothéconomie en amenant des définitions, idées, notions, déductions, arguments et exemples. Le sujet sera ainsi élargi. L'utilisation de techniques telle que la carte mentale peut être utile pour construire un cheminement de pensée. Le candidat veillera à prendre le recul nécessaire afin de balayer globalement le sujet notamment sur un sujet abordant une actualité. Une réflexion personnelle avec des exemples originaux est attendue. Ces exemples doivent être variés, riches et pertinents tant français qu'étrangers.

Chacun de ces axes sera développé sur le recto d'une feuille de brouillon. Cette organisation gagnera en efficacité lors de la rédaction sur la copie. Si l'un des axes demande plusieurs feuilles, uniquement le recto de celles-ci sera utilisé tout en numérotant les pages et y inscrivant sur chacun le thème abordé.

Suite à ce travail d'analyse, le candidat formulera une problématique. Celle-ci sera sous forme de question en soulignant et contextualisant les thèmes principaux abordés dans le sujet et en exprimant un axe pertinent de travail.

Élaboration du plan détaillé (DTE 4 h – DP 15 à 20 minutes ; DTE 3 h – DP 15 minutes)

Le candidat définira la problématique du sujet en le reformulant, en le contextualisant et en y trouvant des axes de réflexion sur une question pertinente. Suite à l'analyse du sujet et la recherche d'idées, le plan doit se dessiner clairement et être clairement hiérarchisé.

Le candidat élaborera le plan détaillé de manière à ce que les parties et les sous-parties soient équilibrées tout au long de la composition. Plus le plan sera rigoureux et précis, plus le candidat gagnera en efficacité lors de la rédaction sur sa copie. Il est attendu un plan en deux ou trois parties mettant au centre la réflexion. Leur contenu sera amené par des phrases de transition que le candidat veillera à rédiger clairement. Il faut que le plan suive la logique de la réflexion du candidat et qu'il y ait une progression dans le raisonnement. Pour le concours externe de bibliothécaire territorial, il est mentionné dans la lettre de cadrage, mise à jour en août 2021, relative à la composition portant sur la spécialité que : « *Le plan peut être matérialisé par une numérotation des parties voire des sous-parties dans l'annonce du plan, un titrage et une numérotation des titres des parties et sous-parties dans le développement. Le candidat veillera en outre à l'utilisation cohérente des sauts et retraits de ligne. La composition comporte une conclusion. La composition doit être entièrement rédigée. »*

Rédaction de l'introduction et de la conclusion (DTE 4 h - DP 15 minutes ; DTE 3 h - DP 10 minutes)

Le candidat veillera à rédiger au brouillon l'intégralité de l'introduction et de la conclusion.

L'introduction doit comporter une entrée en matière, une contextualisation du sujet, une problématique et une annonce du plan.

La conclusion clôt le raisonnement par le résumé des réponses, des notions, arguments apportés sur chacune des parties rédigées. Elle répondra de manière synthétique à la problématique et enfin elle veillera aussi à ouvrir le sujet vers un contexte, une problématique, lié au sujet traité sous forme interrogative ou affirmative selon le choix du candidat. Elle doit être rédigée en amont de l'écriture de la composition, permettant ainsi de vérifier que la structure prévue tient la route.

Rédaction (DTE 4 h - DP 1 h 30 à 1 h 40 ; DTE 3 h - DP 1 h 10 à 1 h 20)

Le candidat veillera à suivre le plan annoncé dans l'introduction, à formuler des transitions cohérentes et logiques entre chaque partie et sous-partie. Le vocabulaire utilisé sera précis et professionnel si besoin est. Les phrases seront courtes et claires. La copie sera aérée. C'est-à-dire que des lignes seront sautées entre l'introduction et la première partie, entre chaque partie et entre la dernière partie et la conclusion. Des alinéas seront utilisés pour différencier les sous-parties et des retours à la ligne identifieront les paragraphes.
La copie devra être obligatoirement anonyme. Aucune signature ou signe distinctif ne doit être apposé sur celle-ci. Toute mention personnelle donnera une note éliminatoire à la copie.

Relecture (DTE 4 h - DP 10 à 15 minutes ; DTE 3 h - DP 10 minutes)

C'est une étape tout aussi importante que les précédentes. Cette phase permet de déceler et de corriger les fautes d'étourderie tant au niveau de l'orthographe que sur la syntaxe. Le candidat n'oubliera pas d'utiliser la ponctuation correctement.

Les défauts relevés par les jurys

Les erreurs de définition, donc de traitement, sont à souligner ainsi que quelques fois l'inversion de la problématique ou à synthétiser celle-ci. La composition de culture professionnelle n'est pas un traitement de type questions de cours qui accumulerait des connaissances sans réelle volonté de démonstration, cela ne répond pas aux exigences de l'épreuve. Ce n'est pas non plus un simple catalogue d'éléments. L'incapacité à exploiter des observations citées est remarquée. Concentrer la réflexion sur le champ des bibliothèques ou du livre alors qu'elle devrait s'ouvrir à tous les autres champs de la culture et consacrer la totalité de la composition au métier de bibliothécaire, en rapport ou non, avec le sujet est inadapté. Les exemples issus de la lecture publique sont trop fréquents, à l'inverse les enjeux actuels des bibliothèques universitaires sont méconnus. Les exemples sont plus ou moins en rapport avec le sujet, ce sont quelques fois des énumérations stériles. Un manque ou une approximation de connaissances ou d'ancrage dans la réalité des pratiques est relevé.

Le plan annoncé n'est pas toujours le plan suivi, ce qui peut amener de graves incohérences. L'introduction et la conclusion sont souvent aléatoires et négligées. Les propos sont parfois trop abrupts, les opinions trop affirmées, voire polémiques. La réflexion est peu poussée ou trop abstraite. Cela donne des compositions sans relief avec des contresens, voire des hors sujets complets.

Selon la lettre de cadrage indicatif d'août 2021 relative à la composition, il est notifié : « *Un traitement de type "question de cours" qui accumulerait des connaissances sans réelle volonté de démonstration ne répondrait ainsi pas aux exigences de l'épreuve.* »

« *De nombreuses copies souffraient d'un vocabulaire très réduit. D'autres comportaient un nombre très élevé de fautes d'orthographes et de syntaxe. L'emploi de tournures familières ou de multiples "etc..." est à proscrire dans la rédaction* » (Rapport de jury, concours de bibliothécaire d'État, 2019).

L'encre très pâle, une copie sale et/ou raturée, une écriture parfois illisible sont pénalisants : « *Il est important de rappeler à ces candidats qu'un correcteur ne peut noter que ce qu'il arrive à déchiffrer : une écriture trop difficile à lire est pénalisante* » (Rapport de jury 2017, concours externe de bibliothécaire d'État). En territorial, une copie négligée (soin, calligraphie) pourra être pénalisée.

La note de synthèse

La note de synthèse est une des épreuves d'admissibilité des concours de catégorie A.

L'épreuve de la note de synthèse aux concours des bibliothèques de catégorie A				
Intitulé du concours	**Interne/ Externe**	**Durée de l'épreuve**	**Coefficient attribué**	**À partir d'un dossier**
Conservateur d'État	Externe	4 heures	3	Comportant des documents en langue française.
	Interne	4 heures	3	Comportant des documents en langue française portant sur la société de l'information et de la connaissance.
Conservateur territorial	Externe	4 heures	3	Comportant des documents en langue française de trente à cinquante pages.
	Interne	4 heures	3	Comportant des documents en langue française portant sur les bibliothèques et la documentation dans la société de l'information : politiques publiques de la culture et de l'éducation ; information et communication ; conservation et diffusion ; évolutions scientifiques et techniques ; enjeux politiques, sociaux et économiques.
Bibliothécaire d'État	Externe	4 heures	3	Comportant des documents en langue française et ne pouvant excéder trente pages.
Bibliothécaire territorial	Externe	4 heures	2	Portant au choix du candidat exprimé au moment de l'inscription : • soit sur les lettres et les sciences humaines ; • soit sur les sciences exactes et naturelles et les techniques ; • soit sur les sciences juridiques, politiques et économiques. Le dossier comporte une trentaine de pages.
	Interne	3 heures	2	Portant au choix du candidat exprimé au moment de l'inscription : • soit sur les lettres et les sciences humaines ; • soit sur les sciences exactes et naturelles et les techniques ; • soit sur les sciences juridiques, politiques et économiques. Le dossier comporte une trentaine de pages.

Les objectifs de l'épreuve

« *La note est généralement demandée par une autorité hiérarchique qui entend être efficacement et rapidement informée sur le sujet faisant l'objet de la note* » (Lettre de cadrage relative à l'épreuve, bibliothécaire territorial, août 2021).

« *Les bonnes copies sont celles qui ont réussi à respecter les attendus méthodologiques :*
- *une définition des termes du sujet et une problématique claire en introduction ;*
- *une hiérarchisation des textes pertinente ;*
- *une citation des textes par le nom de l'auteur ;*
- *un niveau d'expression conforme au niveau attendu ;*
- *une absence de plan apparent ;*
- *une progression argumentée et problématisée* » (Rapport 2021 de jury, concours externe de conservateur d'État).

Selon la lettre de cadrage du concours de conservateur territorial, « *le candidat sera évalué sur sa capacité à :*
- *comprendre le champ thématique du dossier ;*
- *comprendre, identifier et analyser l'ensemble des éléments du dossier ;*
- *définir la (les) problématique(s) à faire émerger ;*
- *sélectionner, hiérarchiser les informations contenues dans le dossier ;*
- *regrouper, organiser et ordonner ces informations ;*
- *structurer son discours à l'aide d'un plan pertinent ;*
- *exposer les idées synthétisées de manière claire et précise ;*
- *maîtriser l'expression écrite ;*
- *maîtriser les règles de la grammaire, de la syntaxe et de l'orthographe* ».

Le candidat fera alors preuve de capacité certaine à la compréhension d'argumentations complexes et de concepts abstraits ainsi que d'une bonne capacité à trier des informations dans un dossier touffu.

Les exigences et les qualités attendues par le jury

« *Le candidat n'a pas, pour traiter le sujet, à faire appel à des données (connaissances, expériences, opinions) extérieures au dossier : toutes les informations dont il a besoin sont contenues dans celui-ci. [...]. L'expression fréquemment utilisée dans la commande de la note : "exclusivement à l'aide des documents ci-joints", souligne cette exigence. Le candidat ne doit négliger aucun élément du dossier : l'omission d'une information essentielle serait très pénalisante. Si les informations peuvent être redondantes d'un document à l'autre, aucun document n'est jamais totalement inutile, le dossier ne contenant pas de "documents pièges" sans rapport avec le sujet* » (Lettre de cadrage, bibliothécaire territorial).

La note devra être intégralement rédigée, le style devra être neutre, sobre et précis. Le style sera d'autant plus efficace que le destinataire doit être rapidement et complètement informé. La note demande un travail de reformulation des différents éléments du dossier de la part des candidats. Toutefois les textes juridiques, les documents officiels, les prises de position éclairantes de personnalités qualifiées ou les réflexions de « grands auteurs » peuvent, le cas échéant, faire l'objet de citations. Le dossier se doit de disparaître en tant que tel lors de la rédaction de la note, le candidat en conserva uniquement les informations essentielles. Il ne mentionnera pas dans le corps de la note les références aux documents d'où proviennent les informations. Le plan suivi lors de la rédaction devra être le plan annoncé lors de l'introduction. La note doit être concise et pour cela cinq à six pages suffiront.

« *Une note de synthèse devrait obtenir la moyenne, ou plus, si l'ensemble des critères sont obtenus, lorsqu'elle :*
- reprend les informations essentielles des documents en les synthétisant et en les ordonnant autour d'un plan clair et structurant (timbre, introduction comprenant une annonce de plan, matérialisation des parties et sous-parties), et ;
- constitue pour son destinataire un moyen d'information fiable valorisant de manière objective les problématiques centrales du dossier, et ;
- est rédigée dans un style clair, intelligible et concis, s'appliquant à reformuler et non "copier-coller" les informations ;
- fait preuve d'une bonne maîtrise de la langue (orthographe, syntaxe, ponctuation, vocabulaire).

A contrario, *une note de synthèse ne devrait pas obtenir la moyenne, si un des critères se vérifie, lorsqu'elle :*
- ne constitue qu'une juxtaposition de résumés des documents du dossier ;
- expose de manière désordonnée et imprécise quelques éléments tirés du dossier, laissant apparaître une incapacité à discerner et valoriser l'essentiel ;
- est fondée sur des informations qui ne figurent pas dans le dossier ;
- traduit une incapacité à rédiger clairement ;
- témoigne d'une maîtrise linguistique insuffisante (trop nombreuses erreurs d'orthographe, de syntaxe, de ponctuation, de vocabulaire) ;
- présente un caractère inachevé (sous-partie(s) très insuffisamment développée(s) ou manquante(s)) » (Lettre de cadrage, août 2021, bibliothécaire territorial).

La présentation de la note pour les concours territoriaux et d'État

La note doit adopter la forme suivante et reprendre les informations que le candidat trouve en première page du sujet dans la commande et la liste signalétique des documents au dossier.

Collectivité émettrice
(Ville de...
Service...)
Remarque : aucun nom de collectivité ni de service, existant ou fictif, autre que celui indiqué dans le sujet ne doit être utilisé sous peine d'annulation de la copie.

Le *(date de l'épreuve)*
Remarque : la mention du lieu (déjà dans le timbre) n'est pas ici nécessaire. Un nom de lieu, existant ou fictif non précisé dans le sujet, pourrait constituer un motif d'annulation.

NOTE
à l'attention de Monsieur (ou Madame) le (la)... (destinataire)
Exemple : à l'attention de Monsieur le Directeur général des affaires culturelles

Objet (thème de la note)

Références : (celles des principaux textes juridiques ou officiels fondant le cas échéant de la note)

Remarque : la prudence impose l'abandon de toute mention de signature afin d'éviter une rupture d'anonymat entraînant l'annulation de la copie. De même, aucun paraphe ne devra apparaître sur la copie.

Source : note de cadrage de l'épreuve de la note de synthèse, concours externe et interne de bibliothécaire territorial, août 2021

Le rapport de jury 2022 du concours de bibliothécaire d'État souligne que la note de synthèse doit se limiter à quatre pages. En revanche, pour le concours de conservateur d'État, « *[...] faire tenir la note de synthèse en quatre pages. Ce n'est pas en soi une attente du jury. Au-delà de six pages, en revanche, on peut considérer que l'exercice de synthèse n'est pas respecté* » (Rapport de jury 2022).

La méthodologie

L'épreuve de la note de synthèse ne demande pas de connaissances professionnelles particulières. Certes un candidat maîtrisant le sujet abordé au sein du dossier pourrait se sentir plus à l'aise, mais si ce même candidat ne maîtrise pas la méthodologie de cet exercice, il ne pourra réussir ce dernier.

PRÉAMBULE

Appliquer de manière cohérente, claire et organisée, la méthode est indispensable à la réussite de cette épreuve.

À chaque phase sera attribuée une durée (DP : durée de la phase) selon la durée totale de l'épreuve (DTE : durée totale de l'épreuve) correspondant ainsi soit à l'épreuve de quatre heures des concours de conservateurs d'État et territoriaux, du concours externe de bibliothécaire d'État et territorial, soit à l'épreuve de trois heures du concours interne de bibliothécaire territorial. Un joker de dix minutes est laissé apportant ainsi une souplesse de temps durant l'épreuve.

« *Il est ainsi nécessaire de rappeler aux candidats de bien prendre, en début d'épreuve, un temps d'analyse du sujet, de bien définir les termes de celui-ci et d'appréhender la nature des différents textes qui composent le bordereau* » (Rapport de jury 2022, concours de bibliothécaire d'État).

La prise de contact avec le dossier (DTE 4 h - DP 15 minutes ; DTE 3 h - DP 15 minutes)

Elle se fait en trois temps : la lecture du sujet, l'exploitation de la liste des documents et le survol rapide des pièces du dossier.

La lecture du sujet

Le candidat veillera à trouver les réponses et donc les informations essentielles pour la rédaction de sa note de synthèse aux questions suivantes : Quel est le thème du dossier ? Quel est le contexte ? Quelle est la commande ? Quel plan doit être appliqué ?

Le thème est l'information phare de la commande. Si l'intitulé du sujet est long, le candidat veillera à le reformuler en une phrase simple et courte. Si aucune information de contexte n'est incluse dans le sujet, la liste de documents sera alors un atout précieux pour le définir. Il faut que le candidat arrive à dater la commande et à trouver le contexte de lieu. Quatre modèles de commande sont fréquents pour les notes de synthèse. Le premier modèle est celui de l'information soit « faire le point sur », la note d'information aura pour but alors de faire le point à partir du dossier de la manière la plus claire et la plus complète possible ; le deuxième est celui de la comparaison soit « dégager des évolutions » aussi il faut qu'un élément comparatif soit introduit. Le candidat se posera alors les questions « qu'est-ce qui change ? qu'est-ce qui est différent ? », il en cherchera les réponses dans le dossier. Les titres ou chapeaux des documents constitueront une aide directe ainsi que les mots-clés annonçant le changement ; le troisième modèle est la problématique soit « mettre en évidence l'ensemble des questions qui », il se reconnaîtra par des formulations comme « faites le bilan des différents problèmes » ou bien « rédigez une note dans laquelle vous montrerez les interrogations... », le candidat devra alors construire la problématique correspondante et y répondre à l'aide des documents ; enfin le quatrième et dernier modèle est celui de la proposition ou « dire quelles solutions peuvent être avancées pour », elle rassemble toutes les réponses ou solutions présentes dans les documents dont les avantages et inconvénients de chacune peuvent y être notifiés.

Il arrive que le sujet en lui-même donne des indications de plan ou pas. En leur absence, le candidat veillera, au terme du traitement des documents, à travailler à partir des idées et des arguments récoltés pour construire un plan.

L'exploitation de la liste des documents

La liste des documents apporte des informations pertinentes telles que l'auteur, la source, le titre, la date, le nombre de pages. Si toutefois la liste des documents est absente, le candidat veillera à la réaliser avec les éléments cités, car celle-ci joue le rôle essentiel de complément du sujet en apportant à ce dernier des réponses qui n'y figuraient pas, voire d'autres renseignements importants. Des éléments de contexte peuvent y figurer trouvés par exemple par la date du document le plus récent, le lieu, etc.

Le survol rapide des documents

Il faut que le candidat s'interdise de lire les documents, il doit s'arrêter uniquement aux aspérités soit les titres, les chapeaux, les sous-titres, les intertitres journalistiques, la signature, les espaces, les illustrations et leurs légendes.

Le choix du document dit d'entrée est primordial. Ce n'est pas toujours le premier mentionné sur la liste. Celui-ci ne doit pas être trop long, il doit si possible recouvrir l'ensemble de la problématique, même si à ce stade elle reste à définir, il ne doit pas être trop technique, mais il doit être relativement récent. À partir de ce document d'entrée, nommé aussi document pivot, le candidat pourra greffer les arguments tirés des autres documents, de manière à construire un ensemble cohérent.

Le bilan de la prise de contact

Le candidat doit avoir un sujet plus ou moins annoté d'où ressortent clairement un thème, des éléments de contexte et peut-être aussi une commande. La liste des documents complétée, si besoin est, et annotée est devenue une table des matières.

PRÉAMBULE

L'exploitation du dossier (DTE 4 h - DP 1 h 45 ; DTE 3 h - DP 50 minutes)

Le document d'entrée ou document pivot

Le candidat veillera à le lire entièrement et notera chaque nouvelle idée rencontrée. Sur un texte correctement rédigé, chaque paragraphe doit amener une idée centrale, le candidat fera donc l'exercice de trouver l'idée centrale de chaque paragraphe. À partir de cette liste d'idées centrales, plusieurs axes seront dégagés qui constitueront le pivot de la recherche.

Le candidat peut utiliser la technique des cartes mentales s'il la maîtrise. En effet, il peut noter ces axes au milieu de la feuille de brouillon et y accrocher les idées retenues sur les autres documents du dossier. Une idée pourra ne pas faire partie d'un axe déjà existant, le candidat créera alors un axe nouveau.

Les autres documents

Ils peuvent être de différents types :
- des documents juridiques, il est conseillé alors de ne pas lire le dernier article qui est toujours un article d'application ;
- des rapports et des articles, les titres désignent le contenu des paragraphes qu'ils précédent. Si un des titres ne correspond pas aux axes retenus, le paragraphe ne sera pas lu ;
- des documents statistiques dont le candidat veillera à bien lire les titres et les termes utilisés et sélectionnera les données les plus utiles, du plus général au particulier en gardant à l'esprit le sujet de la note. Il faudra accorder une vigilance particulière à la source et à la date des documents.

Il est conseillé au candidat de lire dans un premier temps les textes juridiques (ils disent le droit) du plus récent au plus ancien, ensuite les rapports, du général au particulier puis les articles de presse ou de revue dans le même ordre que les rapports, et enfin les documents statistiques. Des points de repère peuvent être pris lors de la lecture en notant le numéro du document, la page et en quelques mots ce qui en constitue l'intérêt. Cela facilitera lors de la rédaction, le retour à une notion importante ou à une citation à insérer dans la note.

Les idées seront notées autour des axes relevés au sein du document pivot. Le candidat pourra les inscrire soit sur une feuille unique de brouillon si son écriture est petite, soit il inscrira un axe par feuille de brouillon. Ce ou ces brouillons remplis, le candidat devra revenir *a minima* aux documents du dossier, ce dernier devrait être mis à l'écart, son exploitation étant terminée.

L'élaboration du plan (DTE 4 h – DP 30 minutes ; DTE 3 h – DP 20 minutes)

Le plan doit être pertinent c'est-à-dire qu'il doit correspondre au sujet et s'adapter au dossier proposé. Il doit également être équilibré, les parties et sous-parties doivent être de la même taille et du même intérêt. Il doit bien être articulé et enfin il doit être dynamique. Le plan en deux parties offre une unique articulation majeure facilitant l'équilibre.

Tous les éléments abordés dans le sujet doivent être inscrits dans le plan. La problématique doit souligner et contextualiser les thèmes principaux abordés dans le sujet ainsi qu'exprimer un axe pertinent de travail. Une fois formulée en affirmation, la problématique donnera le plan lui-même.

La rédaction (DTE 4 h – DP 1 h 20 ; DTE 3 h – DP 1 h 15)

Le style doit être clair en utilisant des mots simples et précis, des phrases courtes et en réalisant un texte bien lié en utilisant des mots de liaison et/ou des formules (c'est pourquoi, par ailleurs, etc.) plutôt que des retours à la ligne. Si possible, le candidat veillera à formuler la première et dernière phrase de chaque paragraphe en une mini-transition avec celui qui le précède et avec celui qui le suit. L'écrire doit être lisible et le devoir aéré par des sauts de lignes, des tirets, etc. Des citations peuvent être introduites au sein de la note, le candidat veillera à ne pas oublier d'en citer l'auteur et d'encadrer la citation de guillemets.

« *Le devoir commencera par une introduction suivie d'un développement organisé selon un plan apparent et matérialisé dans la présentation de la copie (titres, sous-titres, numérotation, sauts et retraits de lignes…). La conclusion est possible, mais elle n'est pas obligatoire* » (Lettre de cadrage, concours externe de conservateur territorial).

L'introduction et la conclusion devront être rédigées en intégralité auparavant au brouillon.

En ce qui concerne la citation des références du dossier, il est rappelé que « *dans le corps de la synthèse, une mention explicite et claire au numéro de document ou à l'auteur doit être faite. Le candidat peut user d'expressions directes (nom de l'auteur, doc., texte, etc.) et indirectes (L'auteur de, etc.). Les textes ne doivent pas être présentés individuellement dans l'introduction, mais faire l'objet d'une analyse succincte, mettant en valeur les idées fortes et la nature des documents proposés. La note pouvant être lue indépendamment du dossier, les meilleures copies intègrent de manière fluide les mentions auteur-titre dans la logique de l'argumentation* » (Rapport de jury 2022, concours de bibliothécaire d'État).

PRÉAMBULE

L'introduction

Elle comportera une vingtaine de lignes.

Si le sujet comporte une commande, l'introduction sera proche du sujet et revêtira une forme administrative, par exemple : « *Vous m'avez demandé de vous faire le point sur (reprise du sujet), la présente note s'attachera à répondre à chacune de ces questions.* »

Pour les autres sujets, elle doit être constituée d'une première phrase d'entrée en matière, d'un paragraphe introduisant le thème puis de l'annonce du plan. La première phrase est celle qui accroche le correcteur, elle doit être courte, simple, percutante, bien ancrée dans le sujet et doit donner envie de connaître la suite. Une citation courte ou un fait sorti du dossier peuvent faire parfaitement l'affaire. Le paragraphe introductif veillera à ne pas être trop long, des éléments de la problématique peuvent être introduits. L'annonce du plan se fera avec un retour à la ligne.

À noter que sur la lettre de cadrage (août 2021) de l'épreuve de la note de synthèse pour les concours externe et interne de bibliothécaire territorial, il est souligné : « *Cette annonce de plan peut faire l'objet d'une numérotation (par exemple I, II... pour les parties, A, B... pour les sous-parties) mettant en évidence l'organisation du développement en parties et en sous-parties. Ce plan est matérialisé par des titres comportant des numérotations en début des parties et sous-parties. Le plan est également rendu apparent par une utilisation cohérente des sauts et des retraits de lignes.* »

« *Formellement, le jury s'attend à commencer sa lecture par une introduction, qui, de fait, donne souvent une première mesure de la copie. Amorce, définition et courte analyse du sujet, pouvant amener à une rapide définition des termes du dossier, problématisation de celui-ci permettant dans un dernier temps de dérouler un plan. Ces éléments constituent les passages obligés de l'introduction. Le jury peut apprécier en outre une très rapide présentation du corpus ou des auteurs, par exemple pour catégoriser le nombre et la nature des textes et des auteurs le composant. Le candidat doit particulièrement veiller à la clarté dans l'expression de son plan, pour éviter au correcteur de le décoder* a posteriori *de la lecture de la copie* » (Rapport de jury 2021 du concours de bibliothécaire d'État).

« *[...] la présence de références à l'actualité est fortement conseillée dans l'amorce de l'introduction. Elle permet de contextualiser le thème du dossier et y apporte des éléments de compréhension* » (Rapport de jury 2022, concours de bibliothécaire d'État).

La conclusion

Elle se compose en trois segments : le bilan, la résolution et l'ouverture. Le bilan des deux parties est brièvement rappelé, la résolution de la problématique doit répondre à la question posée par le sujet, c'est le but de la démonstration, la clé de voûte du devoir. Enfin pour l'ouverture, il faut amener le correcteur plus loin que la résolution qui vient d'être posée, une question est résolue, mais déjà une autre s'annonce. « *L'apport des connaissances, opinions et expériences personnelles n'est normalement pas autorisé dans l'introduction et le développement, mais possible dans la conclusion qui reste facultative* » (Lettre de cadrage, concours externe conservateur territorial).

Cependant attention, sur le rapport du jury de concours de conservateur 2019 souligne : « *Certains candidats se sont dispensés d'introduction ou de conclusion, d'autres les ont rédigées en toute hâte. Or, ces deux parties ont toute leur place et leur justification dans une note de synthèse, quoi qu'en disent certains manuels. Il est donc conseillé de les préparer au brouillon avant de commencer à écrire. La conclusion, en particulier, montre à quel point le candidat a réussi à prendre un point de vue englobant sur le sujet et à le mettre en perspective.* »

Cependant, sur la lettre de cadrage (août 2021) de l'épreuve pour les concours externe et interne de bibliothécaire territorial, il est mentionné que la conclusion est facultative. Elle peut toutefois utilement souligner l'essentiel, sans jamais valoriser des informations oubliées dans le développement.

La transition principale

C'est le pivot du devoir, elle commence par un bilan de la première partie et se poursuit par l'annonce de la seconde, le tout en une seule phrase et avec une unique fonction le lien entre les deux parties.

La relecture (DTE 4 h - DP 10 minutes ; DTE 3 h - DP 10 minutes)

■ Les défauts relevés par les jurys

La note de synthèse n'est ni un résumé successif des différents documents ni un commentaire composé des documents.

Le candidat ne doit pas faire appel à des données (connaissances, expériences, opinions) extérieures au dossier, toutes les informations dont il a besoin sont contenues dans celui-ci. L'utilisation d'informations extérieures est pénalisable pour le candidat. Les informations contenues dans la note rédigée ne doivent pas être allusives, mais précises, le destinataire ne connaît pas en général le sujet abordé sur le dossier. Le candidat ne devra pas les exposer de manière désordonnée et imprécise laissant apparaître une incapacité à discerner et valoriser l'essentiel. Enfin, la copie ne doit pas révéler un caractère inachevé en ayant par exemple des sous-parties très insuffisamment développées ou manquantes.

« *La note de synthèse n'est ainsi pas une note de service : plusieurs copies contiennent encore un exergue et une adresse (Note de synthèse à destination de M., Mme...) qui n'ont pas leur place et empiètent formellement sur la longueur de la copie. [...] Un nombre encore trop important de copies expose des idées qui ne sont pas contenues dans les textes du dossier. [...] l'ajout d'arguments extérieurs au dossier relève du hors-sujet et il est à ce titre sévèrement pénalisé. [...] Les candidats ont eu des difficultés à apprécier la nature et la valeur des textes* » (Rapport de jury 2022, concours de bibliothécaire d'État).

« *Le jury a regretté que les documents soient trop souvent cités pour les informations qu'ils apportent sans considérer ni leur date, ni leur auteur et son statut, ni leur angle de traitement, ni la nature de leur source* » (Rapport de jury 2022, concours de conservateur d'État).

« *Le résultat n'en sera que meilleur si les candidats disposent d'une maîtrise de l'orthographe et de l'expression écrite à la hauteur des attentes d'un concours de la fonction publique. D'une session à l'autre, le rapport de jury n'a de cesse d'insister sur la présence de ces lacunes et sur le fait qu'elles pénalisent lourdement les candidats. D'une session à l'autre, ces recommandations ne sont pas prises en compte. Pourtant un travail sur la maîtrise de la langue permettrait à ces candidats qui ont parfois au départ une note supérieure à la barre d'admissibilité en raison de la qualité de synthèse, d'éviter de se voir ôter jusqu'à 5 points et de se retrouver ainsi recalés* » (Rapport de jury 2022, concours de bibliothécaire d'État).

À titre indicatif, le barème suivant pourrait être appliqué pour les concours territoriaux : pour une copie négligée (soin, calligraphie, présentation), un demi point est retiré et pour une copie contenant au-delà de 10 fautes d'orthographe ou de syntaxe, deux points sont retirés.

La note administrative liée à la résolution d'un cas pratique

La résolution d'un cas pratique ou l'étude de cas n'est pas amenée pareillement selon qu'elle est liée à un concours d'État ou un concours territorial. De même son traitement sera différent selon le concours préparé.

Cette mise en situation professionnelle est relative à une situation à laquelle un candidat peut être confronté dans l'exercice de ses fonctions, d'où l'importance de connaître les missions du profil du concours préparé. Cette épreuve de résolution d'un cas pratique se retrouve au concours interne de bibliothécaire d'État ou territorial (concours de catégorie A), au concours externe et interne de bibliothécaire assistant spécialisé de classe normale ainsi qu'aux concours d'assistant territorial et d'assistant principal de conservation du patrimoine et des bibliothèques de 2e classe (concours de catégorie B). Une mise en situation professionnelle est aussi l'épreuve pour les concours de catégorie C : magasinier principal des bibliothèques de 2e classe et adjoint territorial du patrimoine principal de 2e classe.

Les attentes sur la résolution d'un cas pratique sur les concours de catégorie A ne sont pas les mêmes que sur une mise en situation professionnelle des concours de catégorie C. C'est pourquoi le choix de présenter chaque spécificité des cas pratiques de ces différents concours est fait. Cependant la similitude des attentes sur l'étude de cas des concours interne de bibliothécaires d'État ou territorial et des concours de bibliothécaire assistant spécialisé de classe normale fait que celles-ci seront traitées de manière commune tout en indiquant les différences lorsqu'elles sont présentes.

L'objectif commun à l'ensemble de ces mises en situation professionnelle est de permettre au jury de mesurer l'aptitude professionnelle d'un candidat lors de la rédaction précise et claire de propositions formulées éclairant ainsi sa capacité à se faire comprendre sans ambiguïté.

Cette épreuve de mise en situation professionnelle est nommée selon le concours préparé : étude de cas, note à partir d'un dossier, résolution d'un cas pratique ou note sur la résolution d'un problème. Chacune de ces mises en situation professionnelle fera l'objet d'un traitement égal et comprendra les objectifs de l'épreuve, les exigences et qualités attendues par le jury, une méthodologie et les défauts relevés par les jurys.

La présentation de la note sera commune à tous les concours d'État comprenant une épreuve écrite de mise en situation professionnelle. Le candidat veillera à ne pas signer de son propre nom la note. Cela romprait l'anonymat de la copie entraînant directement son élimination.

« *Le jury appelle une nouvelle fois l'attention des candidats sur le fait que conformément au principe d'anonymat, la copie dans son ensemble ne doit comporter aucun signe distinctif pouvant indiquer la provenance, tel que nom, signature, origine, etc. Le fait de mentionner un lieu géographique, un nom d'établissement ou de personne entre dans la catégorie des "signes distinctifs", y compris lorsque les noms sont manifestement inventés* » (Rapport de jury 2022, bibas classe normale).

PRÉAMBULE

Voici la présentation recommandée :

Date de l'épreuve

Note à l'attention de *Madame/Monsieur le chef de service,*
le directeur de la bibliothèque, etc.

Objet :

PJ :

Le bibliothécaire,
Le bibliothécaire assistant spécialisé de classe normale,

L'étude de cas

L'épreuve est nommée ainsi pour le concours interne de bibliothécaire d'État et de bibliothécaire territorial, ainsi que pour les concours de bibliothécaire assistant spécialisé de classe normale. La durée de l'épreuve est de quatre heures pour ces concours, seul le coefficient appliqué change : quatre pour le concours de bibliothécaire d'État, trois pour le concours de bibliothécaire territorial et deux pour le concours de bibliothécaire assistant spécialisé de classe normale.

Des différences relatives à la présence d'un dossier ou pas lors de l'épreuve ainsi qu'à l'importance du dossier sont présentes sur ces différents concours. En effet, l'épreuve pour le concours interne de bibliothécaire d'État est composée de l'intitulé d'un sujet accompagné d'un dossier de vingt à vingt-cinq pages constitué de documents de diverses natures (extrait de mémoire, articles de presse générale ou spécialisée, page web d'une université ou d'un SCD, extrait de règlement, etc.). L'épreuve du concours interne de bibliothécaire territorial mentionne éventuellement la présence d'un dossier de cinq pages maximum constitué de documents de nature diverse (textes juridiques, articles de presse générale ou spécialisée, tableaux, plans, schémas, organigramme, fiches techniques, statistiques, graphiques, documents photographiques, etc.) portant sur les aspects de la gestion d'une bibliothèque en complément de l'intitulé du sujet. Le candidat à ce concours territorial peut intégrer des tableaux, schémas, croquis, organigrammes dans sa copie rédigée s'il le juge nécessaire. Enfin, pour l'épreuve du concours de bibliothécaire assistant spécialisé de classe normale, un dossier d'environ dix pages constitué de documents d'origine diverse (organigramme, articles de presse générale ou spécialisée, fiches pratiques ou documents à destination du public issus de bibliothèques, pages web d'université ou de SCD, arrêtés, décrets, lois) accompagne toujours l'intitulé du sujet.

Les objectifs

« *L'épreuve permet d'évaluer la manière dont les candidats se projettent dans la profession de bibliothécaire, leurs capacités de synthèse, d'argumentation et de gestion de projet. Exercice rédactionnel et de présentation des idées, la note administrative se fonde sur des pratiques que les bibliothécaires assistants spécialisés, cadres de catégorie B, seront appelés à utiliser dans leurs fonctions* » (Rapport de jury 2022, bibas classe normale).

« *Le sujet permet de mesurer l'aptitude du candidat :*
• *à prendre l'exacte mesure d'une situation (projet à conduire, problème à résoudre, difficultés à prévenir, etc.) ;*
• *à décider ou à éclairer des choix dans le respect des contraintes temporelles, humaines, budgétaires, techniques et des règles en vigueur ;*
• *à utiliser de manière pertinente les moyens à sa disposition* » (Lettre de cadrage d'août 2021 relative à l'épreuve de l'étude de cas du concours interne de bibliothécaire territorial).

« *Cette épreuve conduit le candidat à se mettre en situation en tant que bibliothécaire, c'est-à-dire comme cadre A de la fonction publique. Elle est le reflet de la compréhension par le candidat de la nature des structures documentaires, de l'intégration de celles-ci dans un environnement institutionnel plus large, mais aussi de la conscience du candidat des missions de son établissement et de son rôle et de ses responsabilités au sein de celui-ci* » (Rapport de jury 2022, concours de bibliothécaire interne).

L'évaluation du candidat se fera sur sa capacité à se positionner en tant que cadre au sein d'une équipe, d'un service et d'une université et de sa juste compréhension de l'étendue de ses missions et de ses responsabilités.

Enfin, c'est à la résolution d'un cas pratique que chaque candidat sera susceptible d'être confronté dans l'exercice de ces missions.

PRÉAMBULE

Les exigences et les qualités attendues par le jury

La note doit être un document de travail destiné à la hiérarchie. « *L'étude de cas doit constituer une aide à la décision pour la direction et la gouvernance, refléter une juste appréhension des enjeux et du contexte pour nourrir des propositions de méthodologie de travail efficace et poser clairement les grands choix à effectuer au vu des capacités et contraintes identifiées* » (Rapport de jury 2020 de bibliothécaire d'État). « *Le candidat doit produire une étude de cas précise et opérationnelle comprenant une introduction problématisée, suivant un plan pertinent et s'achevant par une véritable conclusion* » (Rapport de jury 2019, concours interne de bibliothécaire d'État).

Les documents du dossier ont pour objet d'aider les candidats à réunir des idées et à construire leur réflexion dans un laps de temps très contraint. Il ne s'agit ni de les synthétiser ni de s'y limiter. Les éléments mentionnés dans le dossier doivent être mis en rapport avec les connaissances et expériences personnelles du candidat. « *Le candidat ne trouvera pas dans le dossier toutes les données nécessaires à son étude. Ses connaissances, ses savoir-faire, en particulier en matière de gestion, de conduite de projet, de management, de communication, lui seront indispensables. L'épreuve vise notamment à évaluer la capacité des candidats à gérer un service dans la spécialité bibliothèque. L'étude du cas nécessitera que le candidat prenne le temps d'analyser la situation ou le problème à résoudre pour les comprendre, prenne la mesure de la nature et de l'importance relative des informations fournies par le dossier (éléments descriptifs, éléments techniques, analyse de projets déjà réalisés, problèmes restant à résoudre, etc.). Il pourra utiliser ces éléments s'il le juge nécessaire* » (Lettre de cadrage d'août 2021, concours interne de bibliothécaire territorial).

La note ne doit pas contenir d'opinion personnelle, mais des connaissances professionnelles précises transcrites dans un style neutre et impersonnel. Des solutions et des dispositions pertinentes seront proposées. La sélection des informations du dossier sera adaptée au sujet.

Le candidat fera preuve d'intelligence, de pragmatisme, de bon sens, de clarté et de concision. Il traitera le sujet dans sa globalité. La rédaction de la note doit être faite dans un style correct sous couvert d'anonymat. Des phrases courtes et précises seront utilisées de préférence.

Sur la lettre de cadrage d'août 2021 du concours interne de bibliothécaire territorial, il est mentionné les critères d'évaluation suivants :
« *La copie est évaluée sur le fond et la forme, les correcteurs appréciant la capacité du candidat à produire une étude de cas à la fois pertinente, claire, cohérente et structurée.*

Une copie devrait obtenir la moyenne ou plus, si tous les critères sont réunis, lorsqu'elle :
- est fondée sur une analyse pertinente des informations essentielles de la commande et des éléments de contexte éventuellement fournis ;
- fait preuve de connaissances professionnelles précises ;
- propose des solutions et des dispositions pertinentes pour répondre au problème posé ;
- est rédigée dans un style clair, intelligible et concis ;
- fait preuve d'une bonne maîtrise de la langue (orthographe, syntaxe, ponctuation, vocabulaire).

A contrario, *une copie ne devrait pas obtenir la moyenne lorsqu'elle a l'un des critères suivants :*
- omet des informations importantes contenues dans la commande ou les éléments de contexte éventuellement fournis ou se fonde sur des données irréalistes ;
- traduit de graves méconnaissances professionnelles ;
- présente une grave incohérence entre plan annoncé et plan suivi ;
- propose des solutions et des dispositions inadaptées pour répondre au problème posé ;
- est rédigée dans un style particulièrement incorrect ;
- témoigne d'une maîtrise linguistique insuffisante (trop nombreuses erreurs d'orthographe, de syntaxe, de ponctuation, de vocabulaire) ;
- présente un caractère inachevé (sous-partie(s) très insuffisamment développée(s) ou manquante(s)). »

La méthodologie

Si l'intitulé du sujet est accompagné d'un dossier pour les concours internes de bibliothécaires d'État et territorial

La lecture du sujet (20 minutes)

Le candidat réalisera une première lecture attentive du sujet et des documents. Lors d'une deuxième lecture, à partir du libellé du sujet, le candidat essaiera au brouillon de répondre aux questions « qui quand quoi où comment pourquoi » (QQQOCP) afin de bien contextualiser la problématique et d'ouvrir de nouvelles pistes de réflexions et de propositions. Le candidat dégagera et notera les parties principales. Le plan est en général annoncé dans le sujet.

Il veillera à prioriser la lecture des documents : les identifier et ordonner leur lecture. Les documents législatifs sont à lire en premier, ils fixent la loi, ensuite la lecture se portera sur les rapports et articles, enfin les documents mentionnant des statistiques seront vus. Des conseils de lecture des documents sont donnés : démarrer par les documents généraux puis lire ceux spécialisés, ensuite les documents internes. Le candidat identifiera les auteurs ainsi que la date à laquelle le document a été rédigé. Le document le plus récent sera lu en premier si plusieurs documents traitent de la même thématique. Un document dit pivot sera peut-être présent.

Suite à ce travail d'analyse, le candidat formulera une problématique. Celle-ci soulignera et contextualisera les thèmes principaux abordés dans le sujet et exprimera un axe pertinent de travail.

À la recherche des idées (1 h à 1 h 10)

Elle doit se réaliser au brouillon. Le candidat y notera les notions professionnelles et bibliothéconomiques, des exemples puis celles contenues dans le dossier, notions se rattachant au QQQOCP. Le candidat essaiera de hiérarchiser ses idées en sous-parties des parties principales. L'utilisation de cartes mentales peut être utile si la technique est maîtrisée.

Réaliser le plan détaillé (15 à 20 minutes)

Une partie sera notée sur une feuille de brouillon afin de mieux gérer la rédaction par la suite, si une partie est constituée de plusieurs feuilles, il faudra les numéroter. Il est conseillé d'écrire au recto uniquement, cela gagnera en rapidité lors de la rédaction sur la copie.

Rédaction de l'introduction et de la conclusion (15 minutes)

L'introduction et la conclusion sont à rédiger intégralement au brouillon.

- L'introduction doit faire entre 10 à 12 lignes. Elle doit contextualiser la situation donnée éclairée par le QQQOCP, poser la problématique et les enjeux et annoncer le plan.

- La conclusion doit être de 4 à 5 lignes. C'est une synthèse *via* les grandes étapes, des propositions et solutions proposées suivies d'une ouverture vers un autre dossier, étude, besoin, projet, loi, etc. Elle doit être rédigée en amont de l'écriture de la composition permettant ainsi de vérifier que la structure prévue tient la route.

La rédaction (1 h 30 à 1 h 40)

Les titres des parties et sous-parties ne sont pas à numéroter, ni à souligner. L'ensemble de la note sera rédigé, des phrases transitoires seront rédigées afin d'introduire les parties et sous-parties. L'ensemble sera équilibré aussi bien dans la longueur que dans son contenu.

La relecture (10 à 15 minutes)

Elle est obligatoire comme sur tout écrit de concours ou d'examen. Elle permet de corriger les fautes d'étourderie réalisées en matière d'orthographe, de syntaxe et de grammaire.

Si l'intitulé du sujet n'est pas accompagné d'un dossier, uniquement pour le concours interne de bibliothécaire territorial

La lecture du sujet (15 minutes)

Le candidat réalisera une première lecture attentive du sujet. Lors d'une deuxième lecture, à partir du libellé du sujet, le candidat essaiera au brouillon de répondre aux questions « qui quand quoi où comment pourquoi » (QQQOCP) afin de bien contextualiser la problématique et d'ouvrir de nouvelles pistes de réflexions et de propositions. Le candidat dégagera et notera les parties principales. Le plan est en général annoncé dans le sujet.

Suite à ce travail d'analyse, le candidat formulera une problématique. Celle-ci soulignera et contextualisera les thèmes principaux abordés dans le sujet et exprimera un axe pertinent de travail.

À la recherche des idées (1 h 20 à 1 h 30)

Elle doit se réaliser au brouillon. Le candidat y notera les notions professionnelles et bibliothéconomiques, des exemples se rattachant au QQQOCP. Le candidat essaiera de hiérarchiser ses idées en sous-parties des parties principales. L'utilisation de cartes mentales peut être utile si la technique est maîtrisée.

Réaliser le plan détaillé (20 à 30 minutes)

Une partie sera notée sur une feuille de brouillon afin de mieux gérer la rédaction par la suite, si une partie est constituée de plusieurs feuilles, il faudra les numéroter. Il est conseillé d'écrire au recto uniquement, cela gagnera en rapidité lors de la rédaction sur la copie.

La rédaction de l'introduction et de la conclusion (15 minutes)

L'introduction et la conclusion sont à rédiger intégralement au brouillon.

• L'introduction doit faire entre 10 à 12 lignes. Elle doit contextualiser la situation donnée éclairée par le QQQOCP, poser la problématique et les enjeux et annoncer le plan.

• La conclusion doit être de 4 à 5 lignes. C'est une synthèse *via* les grandes étapes, des propositions et solutions proposées suivies d'une ouverture vers un autre dossier, étude, besoin, projet, loi, etc. Elle doit être rédigée en amont de l'écriture de la composition permettant ainsi de vérifier que la structure prévue tient la route.

La rédaction (1 h 30 à 1 h 40)

Les titres des parties et sous-parties ne sont pas à numéroter ni à souligner. L'ensemble de la note sera rédigé, des phrases transitoires seront rédigées afin d'introduire les parties et sous-parties. L'ensemble sera équilibré aussi bien dans la longueur que dans son contenu.

La relecture (10 à 15 minutes)

Elle est obligatoire comme sur tout écrit de concours ou d'examen. Elle permet de corriger les fautes d'étourderie réalisées en matière d'orthographe, de syntaxe et de grammaire.

Si l'intitulé du sujet est accompagné d'un dossier et d'une pièce jointe pour les concours de bibliothécaire assistant spécialisé de classe normale

La durée du traitement de l'étude de cas est comprise entre 3 h et 3 h 15, l'épreuve d'admissibilité de 4 heures comprenant une étude de cas et des questions.

La lecture du sujet (10 à 15 minutes)

Le candidat réalisera une première lecture attentive du sujet et des documents. Lors d'une deuxième lecture, à partir du libellé du sujet, le candidat essaiera au brouillon de répondre aux questions « qui quand quoi où comment pourquoi » (QQQOCP) afin de bien contextualiser la problématique et d'ouvrir de nouvelles pistes de réflexions et de propositions. Le candidat dégagera et notera les parties principales. Le plan est en général annoncé dans le sujet.

Il veillera à prioriser la lecture des documents : les identifier et ordonner leur lecture. Les textes juridiques sont à lire en premier, ils fixent la loi, puis les rapports et articles, enfin les documents à contenu statistique. Des conseils de lecture des documents sont donnés : démarrer par les documents généraux puis lire ceux spécialisés, ensuite les documents internes. Le candidat identifiera les auteurs ainsi que la date à laquelle le document a été rédigé. Le document le plus récent sera lu en premier si plusieurs documents traitent de la même thématique. Un document dit pivot sera peut-être présent.

Suite à ce travail d'analyse, le candidat formulera une problématique. Celle-ci soulignera et contextualisera les thèmes principaux abordés dans le sujet et exprimera un axe pertinent de travail.

À la recherche des idées (50 minutes à 1 h)

Elle doit se réaliser au brouillon. Le candidat y notera les notions professionnelles et bibliothéconomiques, des exemples puis celles contenues dans le dossier, notions se rattachant au QQQOCP. Le candidat essaiera de hiérarchiser ses idées en sous-parties des parties principales. L'utilisation de cartes mentales peut être utile si la technique est maîtrisée.

Le candidat préparera le contenu de la pièce jointe, si la demande existe sur le libellé du sujet.

Réaliser le plan détaillé (15 à 20 minutes)

Une partie sera notée sur une feuille de brouillon afin de mieux gérer la rédaction par la suite, si une partie est constituée de plusieurs feuilles, il faudra les numéroter. Il est conseillé d'écrire au recto uniquement, cela gagnera en rapidité lors de la rédaction sur la copie.

La rédaction de l'introduction et de la conclusion (5 à 10 minutes)

La rédaction de l'introduction et de la conclusion est à rédiger intégralement au brouillon.

- L'introduction doit faire entre 10 à 12 lignes. Elle doit contextualiser la situation donnée éclairée par le QQQOCP, poser la problématique et les enjeux et enfin annoncer le plan.

- La conclusion n'est pas obligatoire, elle peut se faire en une phrase si besoin est. C'est une synthèse des réponses à apporter à la commande. Elle doit être rédigée en amont de l'écriture de la note permettant ainsi de vérifier que cette dernière tient la route.

La rédaction de la note sur la copie (50 minutes à 1 h)

Les titres des parties et sous-parties ne sont pas à numéroter, ni à souligner. L'ensemble de la note sera rédigé, des phrases transitoires seront rédigées afin d'introduire les parties et sous-parties. L'ensemble sera équilibré aussi bien dans la longueur que dans son contenu.

Réalisation pièce jointe (10 minutes)

Le candidat veillera à donner un titre à sa pièce jointe. Lors de l'établissement d'un planning, le candidat sera vigilant quant à la période de l'année si elle est mentionnée (vacances).

Pour les calculs, il n'est pas mentionné sur les rapports du jury que le détail de ceux-ci doit y figurer, aussi, le candidat ne notera que les résultats ainsi que la mention sur ce à quoi ils sont rattachés (nombre de cartons pour un déménagement, nombre de mètres linéaires pour un nouveau rayonnage, etc.).

Relecture (10 minutes)

Elle est obligatoire comme sur tout écrit de concours ou d'examen. Elle permet de corriger les fautes d'étourderie réalisées en matière d'orthographe, de syntaxe et de grammaire.

Les défauts relevés par les jurys

L'étude de cas n'est pas une note de synthèse, une note administrative, une dissertation, un devoir théorique ou un résumé des éléments du dossier quand il y en a un. Des incohérences sont relevées entre le plan annoncé et le plan suivi.

Le recul sur le sujet entraînant que tous les aspects de ce dernier ne sont pas pris en compte et que la bonne mesure de l'événement n'est pas considérée est notifié sur des rapports de jury.

La copie ne doit pas être rédigée dans un style télégraphique, les abréviations ne doivent pas y figurer, les tirets sont à utiliser avec modération. Le candidat veillera à rester neutre et à ne pas formuler d'opinion personnelle sur sa copie.

Sur la lettre de cadrage de l'épreuve pour le concours de bibliothécaire territorial, il est mentionné que le candidat sera pénalisé d'un demi-point si la copie est négligée (soin, calligraphie, présentation) et de deux points si plus de dix fautes d'orthographe ou de syntaxe sont relevées sur la copie.

La note à partir d'un dossier

L'épreuve est nommée ainsi pour les concours d'assistant territorial ou d'assistant principal de conservation du patrimoine et des bibliothèques, ainsi que pour les examens professionnels d'avancement de grade d'assistant principal de conservation de deuxième et de 1re classe.

Pour les concours, l'épreuve est d'une durée de trois heures et est dotée d'un coefficient trois. Pour les examens professionnels, elle est d'une durée de trois heures et est dotée d'un coefficient deux pour l'examen de 2e classe et d'un coefficient un pour celui de 1re classe.

La présentation de la note se fera comme mentionné sur la lettre de cadrage :

Collectivité émettrice (Ville de... Service...) *Remarque : aucun nom de collectivité ni de service, existant ou fictif, autre que celui indiqué dans le sujet ne doit être utilisé sous peine d'annulation de la copie.*	Le *(date de l'épreuve)* *Remarque : la mention du lieu (déjà dans le timbre) n'est pas ici nécessaire. Un nom de lieu, existant ou fictif non précisé dans le sujet, pourrait constituer un motif d'annulation.*

NOTE
à l'attention de Monsieur (ou Madame) le (la)... (destinataire)
Exemple : à l'attention de Monsieur le Directeur général des services

Objet (thème de la note)

Références : uniquement celles des principaux textes juridiques fondant la note
(Cette mention est facultative)

Remarque : la prudence impose l'abandon de toute mention de signature afin d'éviter une rupture d'anonymat entraînant l'annulation de la copie. De même, aucun paraphe ne devra apparaître sur la copie.

Source : note de cadrage de l'épreuve de la note à partir d'un dossier, concours externe et interne et de 3e voie d'assistant et d'assistant territorial principal de conservation du patrimoine et des bibliothèques, août 2021

Le barème peut pénaliser faiblement le non-respect des règles formelles de présentation de la note.

« *La maîtrise de la méthodologie de la note, notamment dans ses aspects formels est l'un des attendus de l'épreuve : datation et localisation, libellé de suscription, mention d'un objet, d'éventuelles pièces jointes (ici, un planning sous forme de tableau) ainsi que de la responsabilité du rédacteur. Pour autant, le candidat doit se garder de donner des éléments qui permettraient d'identifier une bibliothèque en particulier, ce qui peut constituer une rupture d'anonymat. La datation peut, sans problème, être celle du jour de la composition [...]* » (Rapport de jury 2022, bibas classe normale).

PRÉAMBULE

Les objectifs

Comme la lettre de cadrage, actualisée en août 2021, relative à une note à partir d'un dossier le mentionne, l'épreuve vise à évaluer les capacités du candidat à :

- analyser une commande et un dossier afin d'en identifier les éléments utiles au traitement du sujet ;
- organiser méthodiquement les informations nécessaires à la rédaction d'une note ;
- produire en temps limité, à l'aide des seuls éléments du dossier, un document synthétique parfaitement compréhensible ;
- maîtriser les connaissances nécessaires à l'exploitation du dossier.

À partir du libellé d'un sujet et d'un dossier constitué d'une dizaine de documents mentionnant le titre, l'auteur, la source, la date et le nombre de pages de chaque document et d'une vingtaine de pages, le candidat rédigera une note qui visera à informer rapidement et efficacement un destinataire, en général en position d'autorité hiérarchique. La commande passée par le destinataire de la note porte sur une thématique large sans fournir d'indication de plan.

« *Il [le dossier] peut comporter des documents de natures (documents juridiques, documents officiels, articles de presse spécialisée ou non...) et de formes (textes, documents graphiques ou visuels...) variées, dont le candidat doit mesurer l'importance relative. Si les informations peuvent être redondantes d'un document à l'autre, aucun document n'est jamais totalement inutile, le dossier ne contenant pas de "document piège". Le sujet indique au candidat un contexte dans lequel il devra s'inscrire. Le candidat doit y être attentif afin de valoriser au mieux les informations du dossier qui répondent particulièrement à la commande. Cette mise en situation sera également exploitée pour satisfaire aux exigences formelles de présentation de la note (timbre, destinataire, objet...)* » (Lettre de cadrage, août 2021).

Les exigences et les qualités attendues par le jury

« *Le candidat n'a pas, pour traiter le sujet, à faire appel à des données (connaissances, expériences, opinions) extérieures au dossier : toutes les informations dont il a besoin sont contenues dans celui-ci. L'utilisation d'informations qui ne figurent pas dans le dossier est pénalisante. L'expression fréquemment utilisée dans la commande de la note : "exclusivement à l'aide des documents ci-joints", souligne cette exigence* » (Lettre de cadrage, août 2021).

La note doit être intégralement rédigée. Le style adopté par le candidat doit être neutre, sobre, précis. La note a pour vocation première d'informer le destinataire avec efficacité. Le candidat doit restituer les informations par un travail de reformulation. Les citations directes doivent être réservées aux seuls extraits succincts de textes juridiques, documents officiels, prises de position éclairantes de personnalités qualifiées ou réflexions, d'auteurs faisant autorité.

La note doit être concise : 5 à 6 pages sont nécessaires et suffisantes. Une copie négligée (soin, calligraphie) pourra être pénalisée.

Les critères d'évaluation sont mentionnés comme tels sur la lettre de cadrage (août 2021) :
« *La copie est évaluée sur le fond et la forme, les correcteurs appréciant la capacité du candidat à produire une étude de cas à la fois pertinente, claire, cohérente et structurée.*

Une copie devrait obtenir la moyenne ou plus, si tous les critères sont réunis, lorsqu'elle :
- est fondée sur une analyse pertinente des informations essentielles de la commande et des éléments de contexte éventuellement fournis ;
- fait preuve de connaissances professionnelles précises ;
- propose des solutions et des dispositions pertinentes pour répondre au problème posé ;
- est rédigée dans un style clair, intelligible et concis ;
- fait preuve d'une bonne maîtrise de la langue (orthographe, syntaxe, ponctuation, vocabulaire).

A contrario, *une copie ne devrait pas obtenir la moyenne lorsqu'elle a l'un des critères suivants :*
- omet des informations importantes contenues dans la commande ou les éléments de contexte éventuellement fournis ou se fonde sur des données irréalistes ;
- traduit de graves méconnaissances professionnelles ;
- présente une grave incohérence entre plan annoncé et plan suivi ;
- propose des solutions et des dispositions inadaptées pour répondre au problème posé ;
- est rédigée dans un style particulièrement incorrect ;
- témoigne d'une maîtrise linguistique insuffisante (trop nombreuses erreurs d'orthographe, de syntaxe, de ponctuation, de vocabulaire) ;
- présente un caractère inachevé (sous-partie(s) très insuffisamment développée(s) ou manquante(s)). »

La méthodologie

La lecture et l'analyse de la commande (10 à 15 minutes)

Le candidat fera une première lecture attentive du libellé du sujet. Il définira au brouillon le contexte professionnel en répondant aux questions « qui, quand, quoi, où, comment, pourquoi » (QQQOCP). Il identifiera le commanditaire, le destinataire de la note.

PRÉAMBULE

À la recherche des informations contenues sur le dossier (1 h 20 à 1 h 30)

Le candidat triera, sélectionnera, synthétisera, hiérarchisera et classera les informations contenues dans les documents du dossier. Il sera attentif au titre, aux sous-titres et chapeaux, aux éléments en gras, aux informations soulignées, aux encadrés, aux schémas, graphiques et légendes ainsi qu'aux adresses URL.

Le candidat doit se positionner comme agent de catégorie B lors de la sélection des informations contenues dans les documents et doit donc connaître les missions attachées à un assistant de conservation exerçant en bibliothèque.

Il doit présenter les enjeux de la question traitée.

Suite à ce travail d'analyse, le candidat formulera une problématique. Celle-ci soulignera et contextualisera les thèmes principaux abordés dans le sujet et exprimera un axe pertinent de travail.

Chaque recto d'une feuille de brouillon traitera d'un thème, d'un enjeu. Ceci afin de gagner en efficacité lors de la rédaction sur la copie de la note. L'appel à la technique de la carte mentale peut être utile si le candidat la maîtrise.

Réaliser le plan détaillé (20 à 30 minutes)

La note doit être un outil professionnel d'aide à la décision qui présente des solutions qu'il convient d'apporter à un problème clairement identifié. Le plan suivra donc cette logique. Le développement est organisé en parties et en sous-parties. Le plan sera matérialisé par des titres comportant des numérotations en début des parties et sous-parties.

Cette étape est primordiale, car définitive, lors de la rédaction le candidat veillera à revenir *a minima* au dossier.

La rédaction de l'introduction et de la conclusion (10 minutes)

L'introduction et la conclusion seront entièrement rédigées au brouillon.

• L'introduction comprendra une vingtaine de lignes, elle mentionnera une entrée en matière, une reformulation du sujet, une présentation de la problématique dans son contexte et comprendra impérativement une annonce de plan.

• La conclusion est facultative. Elle peut toutefois utilement souligner l'essentiel, sans jamais valoriser des informations oubliées dans le développement.

La rédaction de la note sur la copie (1 h à 1 h 10)

Le candidat gardera à l'esprit que cette note peut être transmise à un responsable ou un agent d'un autre service que le supérieur hiérarchique, commanditaire de la note aussi le candidat veillera à ne pas trop utiliser de vocabulaire bibliothéconomique. Le destinataire de la note n'exercera peut-être pas la même fonction et le fonctionnement d'une bibliothèque peut lui être inconnu, il n'aura alors que la note pour s'informer et étayer sa réflexion, voire sa décision. Le candidat gardera à l'esprit que le destinataire de la note peut ne pas connaître le sujet et n'a pas accès au dossier.

Lors de la rédaction, le plan sera matérialisé par des titres comportant des numérotations en début des parties et sous-parties. Le style impersonnel sera appliqué. Des phrases courtes seront utilisées, un vocabulaire simple et précis sera adopté. Le candidat veillera aux enchaînements, aux articulations, aux mots de liaison qui font de la note un exercice fluide et réussi.

La relecture (10 minutes)

Elle est obligatoire pour tout écrit. Elle permet de corriger des fautes d'étourderie réalisées sur l'orthographe, la syntaxe et la grammaire.

Les défauts relevés par les jurys

La note n'est pas un résumé des textes, il ne s'agit pas de présenter succinctement et successivement les documents du dossier. Ce n'est pas non plus une note de synthèse. Le candidat veillera en général à ne pas citer les documents du dossier.

■ La résolution d'un cas pratique

L'épreuve est nommée ainsi pour les concours d'adjoint territorial du patrimoine principal de 2e classe. Elle est d'une durée de deux heures et est dotée d'un coefficient quatre.

Le cas pratique à résoudre n'est pas attaché à une spécialité (bibliothèques, archives, musées, enseignement culturel, parcs et jardins), aussi tous les candidats pourront traiter l'épreuve de manière égale. Le cas pratique peut prendre la forme de plusieurs questions. Le dossier de cinq pages maximum est constitué de documents divers de sources différentes. Celui-ci aide le candidat à la résolution du cas pratique. Le candidat doit répondre selon les demandes formulées lors de l'énoncé : réponse rédigée, énumération, tableau, schémas, croquis, etc.

Les objectifs

Cette épreuve écrite permet au candidat d'exprimer ses aptitudes professionnelles et rédactionnelles. Dans la lettre de cadrage, il est mentionné qu'un des critères de notation est la capacité du candidat à se faire comprendre sans ambiguïté.

Le candidat ne trouvera pas dans l'exposé du cas pratique toutes les données nécessaires à sa résolution, il devra alors faire appel à son savoir-faire, ses aptitudes professionnelles, ses qualités de réflexion pour résoudre le cas pratique auquel il est confronté.

Les exigences et les qualités attendues par le jury

L'adjoint territorial du patrimoine principal de 2e classe est un agent de catégorie C qui exerce à la fois des missions techniques, administratives, d'animation et d'encadrement de quelques agents. Le cas pratique se fonde sur une situation concrète telle qu'un incident survenu dans le service ou l'établissement, le déroulement d'une animation, la réalisation de tâches techniques, la mise en œuvre d'un projet. Le candidat devra se positionner lors de la résolution du cas pratique comme encadrant. Comme tel, il devra faire référence à des notions qui abordent la gestion d'équipe, la gestion des emplois du temps, l'organisation de plannings, la sauvegarde des documents et la préparation de matériel avant réalisation d'événements.

L'épreuve est notée sur vingt points, la lettre de cadrage précise que sur le fond, une copie obtiendra la moyenne ou plus si le candidat fait preuve d'une analyse précise des informations données dans le sujet, d'une mobilisation de ses capacités de réflexion, d'une capacité à comprendre la situation et à apporter des solutions pertinentes et s'il évite une mauvaise interprétation des données, une approche trop étroite qui se limiterait exclusivement aux informations données dans le sujet et de paraphraser ou de généraliser sans lien direct avec la résolution du cas.

Le candidat est autorisé à amener pour l'épreuve une calculatrice de fonctionnement autonome et sans imprimante. En effet la résolution du cas pratique peut demander la maîtrise des quatre opérations (nombres entiers, décimaux et fractions), des longueurs, volumes courants, surfaces, capacités et poids, densité, de la règle de trois, pourcentages, partages proportionnels, des échelles, intervalles et enfin de la conversion entre unités de mesure.

Aucune mention personnelle, telle que le nom, l'établissement d'exercice du candidat ainsi que sa commune de rattachement, ne doit figurer sur la copie.

La méthodologie

Deux heures est un temps très serré pour traiter un sujet. Aussi l'entraînement et l'organisation du traitement de l'épreuve sont essentiels à sa réussite. Ce découpage n'est donné qu'à titre indicatif. Il va de soi que chaque candidat doit l'adapter selon ses pratiques lors des écrits blancs.

La lecture et l'analyse du sujet/dossier/questions (10 à 15 minutes)

Le candidat veillera à réaliser une première lecture attentive du sujet puis il essaiera de contextualiser celui-ci en répondant aux questions suivantes « qui, quand, quoi, où comment, pourquoi » (QQQOCP) en réfléchissant sur le type d'établissement concerné, aux moyens humains, techniques disponibles, aux solutions à apporter, aux axes de travail, d'amélioration à proposer. Le candidat doit lire et analyser le sujet et le dossier, s'il y en a un, et/ou les questions en essayant de répondre aux interrogations ci-dessus mentionnées.

La mise à plat des idées principales (10 à 15 minutes)

Le candidat doit mettre par écrit les réponses aux précédentes interrogations tout en les complétant par son savoir-faire et ses techniques professionnelles. Il devra compléter ses réponses en prenant connaissance du dossier, s'il existe.

Suite à ce travail d'analyse, le candidat formulera une problématique. Celle-ci soulignera et contextualisera les thèmes principaux abordés dans le sujet et exprimera un axe pertinent de travail.

La construction d'un plan détaillé (25 à 30 minutes)

Le candidat suite à son analyse du sujet et du dossier sera apte à dégager un plan en deux ou trois parties. Chacune de ses parties devra contenir de deux à trois sous-parties. Chaque partie et sous-partie devra être équilibrée autant au niveau du fond que de la forme. Le candidat ne devra pas oublier qui formule la demande et quelle est la nature de celle-ci lors de la construction de son plan. Le candidat se devra de compléter les axes principaux révélés suite à sa lecture/son analyse du cas pratique, par des aspects et techniques professionnels qu'il maîtrise en les illustrant, si possible, par des exemples concrets vécus ou connus, soit par des éléments du dossier qui peuvent l'orienter dans sa résolution du cas pratique. Le candidat prendra garde à ne pas citer le document à partir duquel est repris un axe de réflexion sauf s'il s'agit d'un texte de loi. Enfin, il devra être force de propositions sur la problématique abordée.

La rédaction de l'introduction et de la conclusion (10 minutes)

L'introduction et la conclusion devront être rédigées intégralement au brouillon.

• L'introduction comprendra une entrée en matière, une formulation de la problématique ou une reformulation du sujet, une présentation de la problématique dans son contexte et enfin une annonce du plan. Elle comprendra entre quinze et vingt lignes.

• La conclusion n'est pas obligatoire. Elle peut être un rappel de la problématique et résumera les éléments principaux. Elle soulignera l'essentiel sans jamais valoriser des informations oubliées dans le développement. Elle sera formulée en une ou deux phrases.

La rédaction de la note (45 à 50 minutes)

Le candidat veillera à réaliser un plan pertinent, détaillé et équilibré. La rédaction de la note se verra alors fluide. La réflexion n'aura plus court, seule la syntaxe, la grammaire, l'orthographe devront préoccuper le candidat quand il rédigera le contenu. Un vocabulaire professionnel et précis devra être utilisé. Le candidat privilégiera des phrases courtes et claires construites comme tel : sujet, verbe, complément. Des sauts de lignes entre l'introduction et la première partie principale seront faits ainsi qu'entre les parties elles-mêmes et entre la dernière partie et la conclusion. Les sous-parties seront marquées par des alinéas et les paragraphes contenus dans celles-ci par des retours à la ligne. Les idées s'enchaîneront au sein d'un paragraphe ou de sous-parties en allant du général au particulier. Les opinions personnelles n'ont pas à s'exprimer sur cette épreuve. Le candidat devra faire preuve de neutralité et de bienveillance sur son ensemble.

Si toutefois l'épreuve est sous forme de questions, le candidat veillera à y répondre sous la forme formulée dans l'énoncé (rédaction, énumération, tableau, etc.). Il devra analyser et contextualiser la demande. Sa réponse devra reprendre la problématique en l'ayant reformulée puis apporter de manière construite et professionnelle les éléments de réponses attendus. En général, chaque question est suivie du barème accordé à celle-ci. Plus le nombre de points est important, plus la réponse devra être développée. Il est conseillé dans un premier temps au candidat de répondre au brouillon sous forme de plan aux questions dont il connaît les réponses. Ainsi il consacrera le temps restant à pousser sa réflexion sur les questions plus ardues. Attention toutefois de garder le temps nécessaire à la rédaction des réponses sur la copie. Le candidat n'a pas d'obligation à écrire la question au préalable de la réponse attendue. Si des calculs sont demandés, le candidat devra non seulement y noter les résultats, mais aussi y mentionner le détail.

La relecture (10 minutes)

Le candidat veillera à toujours préserver 10 minutes pour la relecture de son texte. Il gardera en mémoire qu'il pourrait voir sa note sur 20 points pénalisée si les fautes sont trop nombreuses.

Les défauts relevés par les jurys

Il n'est pas demandé au candidat de faire ni une synthèse du dossier, ni d'une dissertation.

« *L'utilisation du dossier n'est pas toujours maîtrisée : certains candidats considèrent les documents comme directement applicables au SCD dont le cas est traité alors qu'il s'agit d'exemples qui doivent nourrir la réflexion sur une situation pratique. Certaines copies n'utilisent visiblement pas ce matériau et passent ainsi à côté de développements intéressants* » (Rapport de jury 2022, bibas classe normale).

« *Un candidat qui inventerait son propre scénario sans rapport avec la situation pour proposer des solutions qui lui seraient familières serait évidemment pénalisé, dès lors que l'on aura pris la précaution de lui proposer la résolution d'un cas pratique suffisamment précis dans son libellé et riche sur le fond. [...] le seul l'exposé de sa [du candidat] "vie quotidienne" au travail sans lien avec le cas proposé n'est évidemment pas recevable* » (Lettre de cadrage, août 2019).

■ La note sur la résolution d'un problème

L'épreuve est nommée ainsi pour les concours de magasinier principal de 2e classe. Elle est d'une durée de deux heures et est dotée d'un coefficient trois. Le barème est en général le suivant :

- présentation de la note : entre 1,5 et 2 points ;
- la pièce jointe : entre 8 et 8,5 points ;
- la note : entre 10 et 10,5 points.

Les objectifs

C'est « *un cas pratique auquel un magasinier principal peut être confronté dans le cadre de ses fonctions, cas à propos duquel il doit rédiger une note à l'intention de son supérieur hiérarchique.*

PRÉAMBULE

Ce document doit être précis et concis tout en respectant les règles de l'expression écrite - les phrases sont rédigées. Il est complété par une série de calculs, dont le résultat est censé être opérationnel, même s'il s'agit bien sûr d'un cas fictif » (Rapport de jury 2019).

La note doit refléter la maîtrise des pratiques professionnelles du candidat qui peuvent être appliquées au sein d'un établissement. Ses pratiques se doivent réalistes, rigoureuses, hiérarchisées et collaboratives.

Les exigences et les qualités attendues par le jury

La rédaction répond à une forme administrative simple : formule de présentation, mention d'objet, une partie rédigée et des résultats exposés, sans obligation du détail des calculs. Depuis la session 2019, la calculatrice est autorisée pendant l'épreuve. Les résultats doivent être notés sur la copie.

Une analyse, une évaluation correcte d'une situation, une présentation d'un plan d'action sont attendues. Le candidat doit pouvoir se situer au sein d'un service, d'une équipe et d'une hiérarchie. Une rigueur dans l'organisation des idées, des idées précises, une orthographe correcte, une écriture et une présentation soignées sont attendues. Le candidat ne doit pas formuler d'opinion personnelle. La copie doit rester anonyme aussi aucun nom d'établissement et de personne ne doivent être cités. De plus, le candidat ne doit pas signer de son nom la note, mais la terminer par : « le magasinier principal de 2e classe ».

La note s'adresse au commanditaire inscrit sur le sujet, cela peut être le supérieur hiérarchique, un chef de service ou le directeur de la bibliothèque. L'objet peut être de différente nature : une aide à la décision sur un point précis : une procédure à mettre en place, des suggestions d'amélioration, une synthèse de données, etc. Cette note servira soit comme aide à la décision, soit comme document transmissible vers une équipe de magasinier ou le public par exemple.

Des pièces jointes font souvent partie intégrante de l'épreuve telles que la création d'un planning, d'un tableau récapitulatif de dépenses en vue d'un réaménagement/création de salles, de magasins, d'un déménagement, etc. Le candidat veillera à bien donner un titre au tableau, planning, etc.

La méthodologie

La lecture du sujet (10 minutes)

Le candidat veillera à réaliser une première lecture du sujet et des documents, s'il y en a. Lors d'une deuxième lecture, il répondra au brouillon aux questions « qui, quand, quoi, où, comment, pourquoi »

(QQQOCP) afin de bien contextualiser la problématique et d'ouvrir de nouvelles pistes de réflexions/ de propositions. Enfin, il dégagera et notera les parties principales. Le plan est en général annoncé dans le sujet.

Suite à ce travail d'analyse, le candidat formulera une problématique. Celle-ci soulignera et contextualisera les thèmes principaux abordés dans le sujet et exprimera un axe pertinent de travail.

La réalisation les calculs s'il y en a (15 minutes)

Il est possible que le résultat oriente le candidat vers des éléments qui pourront compléter sa note. Seuls les résultats doivent être spécifiés sur la copie, ceux-ci devront être mis en forme comme notifié sur le sujet. Il est à noter que chaque opération prise isolément permet de gagner des points.

À la recherche des idées (20 à 30 minutes)

Au brouillon, le candidat notera les notions professionnelles, bibliothéconomiques ainsi que des exemples. Le candidat relèvera aussi celles contenues dans le dossier se rattachant au QQQOCP. Le candidat essaiera de les hiérarchiser et de les prioriser au sein de sous-parties des parties principales. L'utilisation de la technique des cartes mentales peut être utile si toutefois le candidat la maîtrise. Le candidat veillera à préparer le contenu de la pièce jointe demandée.

La réalisation du plan détaillé (10 minutes)

Une grande partie sera la thématique du recto d'une feuille de brouillon afin de mieux gérer la rédaction par la suite. En effet, écrire au recto uniquement gagne en rapidité lors de la rédaction sur la copie.

La rédaction de l'introduction et de la conclusion (5 minutes)

L'introduction et la conclusion sont à rédiger intégralement au brouillon.

- L'introduction doit contextualiser la situation donnée, poser la problématique et annoncer le plan.

- La conclusion n'est obligatoire et peut se faire en une phrase si besoin est.

PRÉAMBULE

La rédaction de la note sur la copie (30 à 35 minutes)

Les titres des parties et sous-parties ne sont pas à numéroter ni à souligner. L'ensemble de la note sera rédigé, des phrases transitoires seront rédigées afin d'introduire les parties et sous-parties.

La réalisation pièce jointe (10 minutes)

Le candidat veillera à donner un titre à la pièce jointe. Lors de l'établissement d'un planning, le candidat devra être vigilant quant à sa période dans l'année si elle est mentionnée (vacances).

Pour rappel, à propos des calculs, il n'est pas mentionné sur les rapports du jury que le détail de ceux-ci doit y figurer, aussi le candidat veillera à noter uniquement les résultats ainsi que la mention sur ce à quoi ils sont rattachés (nombre de cartons pour un déménagement, nombre de mètres linéaires pour un nouveau rayonnage, etc.). Il mettra les résultats en forme selon ce qui est formulé dans le sujet.

La relecture (5 à 10 minutes)

Elle est obligatoire comme sur tout écrit de concours ou d'examen. Elle permet de corriger les fautes d'étourderie relatives à l'orthographe, la syntaxe et la grammaire.

Les défauts relevés par les jurys

Le candidat veillera à rester neutre et à ne pas formuler d'opinion personnelle. Un soin particulier est attendu sur la présentation de la copie, l'écriture, l'orthographe et la syntaxe.

« *Le jury souhaite insister que le fait que les copies, et en particulier la note, ne doivent comporter aucun nom propre, quel qu'il soit, ni signature, qui risqueraient d'entraîner une élimination pour rupture d'anonymat : lors de la session 2019, ce sont ainsi cinq candidats qui ont été écartés du concours externe. [...] S'agissant d'une note administrative, la partie rédigée de l'épreuve devait respecter les caractéristiques formelles de ce type de document : date, mention de suscription, indication des pièces jointes, identification de la responsabilité du rédacteur. Trop de candidats, même si le barème ne survalorise pas cet aspect de l'exercice, ont perdu des fractions de point en omettant l'une ou l'autre de ces règles.* »

Le questionnaire

L'épreuve du questionnaire se retrouve sur plusieurs concours, qu'ils soient d'État ou territoriaux, de catégorie B et C. La nature des questions et la durée de l'épreuve varient selon le concours préparé. Deux durées pour ce type d'épreuve sont appliquées : trois heures pour deux types de concours de catégorie B et une heure ou 45 minutes pour un concours de catégorie B et les concours de catégorie C.

Trois stratégies peuvent être adoptées pour répondre à ce type d'épreuve. Le candidat pourra faire le choix de répondre aux questions à forts points dans un premier temps puis laisser pour la fin les questions à plus petits points, ou bien il pourra également faire le choix de répondre d'abord aux questions les plus faciles puis aux plus difficiles tout en faisant attention à garder le temps nécessaire pour y répondre. Enfin un hybride de ces deux stratégies peut être adopté : les questions les plus faciles à plus de points puis les questions les plus faciles à moins de points puis les questions les plus difficiles à plus de points et les questions les plus difficiles à moins de points. Le candidat choisira la stratégie qui lui convient le mieux au fur et à mesure des entraînements faits.

L'épreuve du questionnaire d'une durée de trois heures

Elle concerne les concours d'assistant territorial et d'assistant principal de conservation du patrimoine et des bibliothèques ainsi que les concours de bibliothécaire d'assistant spécialisé de classe supérieure. Cette épreuve est aussi une épreuve d'admissibilité pour l'examen professionnalisé réservé de bibliothécaire. Elle est également l'épreuve d'admissibilité pour les examens professionnels d'avancement de grade d'assistant de conservation principal de 2e et de 1re classe.

Le questionnaire des concours territoriaux et de l'examen professionnalisé réservé

Il comprend trois à cinq questions traitant des bibliothèques. L'objectif de l'épreuve est d'évaluer les connaissances et l'intérêt pour les questions d'actualités du candidat ainsi que la capacité à rendre compte de ses connaissances de manière cohérente et ses qualités rédactionnelles. Les réponses doivent être rédigées et construites. Un barème est attribué à chaque question, plus le nombre de points est important, plus la réponse doit être développée et complexe.

Pour indication, sur trois sessions (2021, 2019 et 2016), quatre questions étaient posées, l'une sur huit points, les trois autres sur quatre points.

PRÉAMBULE

Les critères d'évaluation sont, selon la lettre de cadrage d'août 2021 : « *La copie est évaluée sur le fonds et la forme, les correcteurs appréciant la capacité du candidat à rédiger des réponses à la fois pertinentes, claires, cohérentes et structurées. L'évaluation du niveau de maîtrise de la langue est prise en considération dans la note globale attribuée à la copie. Ainsi, aucune copie ne devrait obtenir la moyenne lorsqu'elle traduit une incapacité à rédiger clairement ou témoigne d'une maîtrise linguistique insuffisante (trop nombreuses erreurs d'orthographe, de syntaxe, de ponctuation, de vocabulaire). Une copie négligée (soin, calligraphie) pourra être pénalisée.* »

La réponse devra démarrer par une phrase introductive suivie d'une rédaction des aspects de la question et clôturée éventuellement par une courte conclusion.

Le sujet est à contextualiser, les enjeux à expliquer et les idées à hiérarchiser. Pour cela une analyse et une définition des termes employés sont nécessaires, un apport de connaissances personnelles contextualisées selon les enjeux induits par la question. Les apports réalisés par le candidat seront à organiser et seront nourris, si possible, de références professionnelles (livres, rapports, congrès, site web, etc.) et/ou tirés d'expériences personnelles. Un plan sommaire sera élaboré. Chaque nouvelle idée doit faire l'objet d'un nouveau paragraphe. Un sigle utilisé pour la première fois sera développé obligatoirement.

Le déroulement de l'épreuve

Lecture des questions, thèmes et points, identification des questions faciles/difficiles (5 à 10 minutes)

Au brouillon : analyse, idées (1 h à 1 h 20 soit 15 à 25 minutes par question)

Il est conseillé au candidat de traiter question après question et non toutes en même temps.

Rédaction (1 h 30 à 1 h 35 soit 20 à 30 minutes par question)

Le candidat rédigera la réponse sur la copie selon l'ordre des questions du sujet soit question 1, réponse 1 ; question 2, réponse 2 ; etc., et non question 2, réponse 2 ; question 4, réponse 4 ; question 1, réponse 1 ; etc. Il n'est pas obligatoire de recopier l'intitulé des questions.

Relecture (5 à 10 minutes)

Elle est obligatoire comme pour tout écrit de concours ou d'examen. Elle permet de corriger les fautes d'étourderie relatives à l'orthographe, la syntaxe et la grammaire.

Des points de vigilance

Des questions peuvent aborder des problématiques communes à l'ensemble des spécialités de ce concours (musées, bibliothèques, archives et documentation).

Une orthographe, une écriture, un style corrects sont attendus sur cette épreuve.
En effet, pour rappel, il est notifié sur la lettre de cadrage que ces points font partie des critères d'évaluation qui sont mentionnés précédemment.

Le questionnaire du concours d'État

L'épreuve comporte neuf questions de deux types : des questions ouvertes portant sur le traitement documentaire ainsi que des questions qui peuvent être subdivisées en sous-questions et des cas fondés sur des fac-similés qui devront être traités soit intégralement (signalétique, analytique et établissement des points d'accès) ou partiellement. Ces cas pourront être complétés par des questions portant sur la nature de la ressource ou des informations qu'elle présente.

Les copies comportent en pointillé le nombre maximal de lignes pour la réponse à chacune des questions.

Cette épreuve demande un rythme soutenu. L'utilisation lors de l'épreuve des normes de catalogage est autorisée, le candidat veillera donc à en amener un jeu pour l'épreuve.

L'objectif de l'épreuve est d'« *évaluer les connaissances des candidats en matière de traitement documentaire, de normes et règles de catalogage, ainsi que de leurs évolutions, en particulier dans le cadre de la transition bibliographique et de l'application des nouveaux modèles fondés sur IFLA-LRM* » (Rapport du jury 2022).

Il est attendu de la part du candidat une certaine qualité d'expression et du français, la reproduction sans fautes des éléments mentionnés sur les fac-similés ainsi qu'une maîtrise des normes et règles de catalogage de tous les types de documents y compris ressources en ligne. Pour cela, le candidat veillera à bien reconnaître le type de document avant traitement ainsi qu'à bien maîtriser les normes et les règles des accès (et non de renvoi) et de transcrire de manière complète avec tous les éléments attendus. L'assimilation des concepts de base des FRBR (Functional Requirements for Bibliographic Records) en particulier les notions sur les OEMI (œuvre, expression, manifestation, item) sera appréciée. Des connaissances précises des outils et de l'environnement professionnel, ainsi que des réseaux bibliographiques sont essentielles.

PRÉAMBULE

Le rapport de jury 2022 souligne entre autres : « *La correction de cette épreuve permet de tirer quelques enseignements pouvant servir de points d'attention aux candidats des prochaines sessions de ce concours : [...] L'incapacité à retranscrire sans faute d'orthographe les éléments d'information dans les notices est rédhibitoire ; trop souvent, seule la description des monographies imprimées est maîtrisée. Il faut connaître et savoir appliquer les normes et règles de catalogage régissant d'autres types de documents, en particulier pour les ressources en ligne ; il faut notamment être capable de distinguer l'édition originale imprimée de sa réédition en ligne ultérieure ; les candidats doivent suivre scrupuleusement les consignes données dans le sujet (par exemple, "rédiger uniquement la zone de titre") : tout ajout est pénalisé en cas d'erreur.* »

Le candidat adoptera une découpe personnelle en matière de temps des différents types de questions au fur et à mesure des entraînements qu'il fera.

■ L'épreuve du questionnaire d'une durée de 45 minutes/1 heure/1 h 30

Elle concerne l'examen professionnel d'adjoint territorial de conservation de 1re classe et les concours d'adjoint territorial de conservation principal du patrimoine de 2e classe et des bibliothèques ainsi que les concours de magasinier principal des bibliothèques de 2e classe. L'unique épreuve écrite d'une durée de quatre heures des concours de bibliothécaire assistant spécialisé de classe normale comporte une étude de cas et un questionnaire. Il est conseillé aux candidats de ne pas passer plus de 45 minutes sur la partie du questionnaire.

Le questionnaire des concours d'État

Le questionnaire du concours externe et interne de bibliothécaire assistant spécialisé de classe normale

Les questions font appel à des connaissances professionnelles et bibliothéconomiques. Cette partie comprend quatre à six questions à réponses courtes. Elles sont notées sur six points, la note du cas pratique étant sur quatorze points.

En général le nombre de lignes attendues pour la réponse est mentionné sur la copie.

Pour les concours ayant eu lieu en 2021 et 2022, quatre questions étaient présentes, chacune dotée d'un nombre de points variable selon la complexité et le développement attendus de la réponse, matérialisés par le nombre de lignes dessinées et/ou mentionnées sur la copie.

Le rapport de jury de la session 2022 souligne : « *On attend des sigles présents dans le libellé de la question qu'ils soient développés. L'ensemble de la réponse engage le candidat. Tous les éléments sont appréciés par le correcteur : ce qui est faux, incorrect ou non adapté (hors sujet) est sanctionné. Les candidats veilleront à la concision de la formulation sur ces questions précises.* »

Le questionnaire du concours externe et interne de magasinier principal des bibliothèques de 2e classe

Lors des sessions 2015 et 2017 l'épreuve du questionnaire comportait dix questions à réponses courtes sauf pour une voire deux d'entre elles. À la session 2019 cette épreuve était constituée de huit questions. Ce sont des demandes de définitions et des développements de sigle, des transcriptions de dates en chiffres arabes en des dates en chiffres romains ou inversement, des choix d'indices Dewey, et enfin des définitions ou des explications de termes professionnels.

Les transcriptions de chiffres arabes en chiffres romains et inversement ne font plus parties des éventuelles questions « *Compte tenu de la possibilité d'obtenir directement le résultat en recourant à une calculatrice, le jury a préféré neutraliser la notation de cette question. Dorénavant, en tout cas sous cette forme, les candidats ne seront plus interrogés à ce sujet* » (Rapport de jury 2019).

Pour les questions développées, une phrase introductive et un développement en deux ou trois points suivi d'une brève conclusion sont attendus. La phrase introductive et la conclusion doivent être rédigées au brouillon ainsi que les points abordés de manière succincte (tirets, mots-clés), ces derniers seront développés lors de la rédaction sur la copie. Les copies comportent en pointillé le nombre maximal de lignes pour la réponse à chacune des questions. Des réponses précises et complètes illustrées d'exemples sont souhaitées ainsi qu'un bon niveau de connaissances professionnelles, de solides bases à propos de l'ensemble des points du programme rigueur ainsi que dans le développement et explicitations des sigles.

Les jurys notent que les notions acquises en étudiant le programme restent vagues, approximatives et superficielles.

Le questionnaire du concours d'adjoint territorial

Pour l'examen professionnel d'adjoint territorial de conservation de 1re classe, à partir de documents succincts remis au candidat, en trois à cinq questions appelant des réponses brèves ou sous forme de tableaux et destinées à vérifier les capacités de compréhension du candidat et son aptitude à retranscrire les idées principales des documents. L'épreuve dure 1 h 30. Le candidat veillera à répartir ce temps équitablement entre les questions et d'y répondre sous la forme indiquée sur l'intitulé.

PRÉAMBULE

L'épreuve du questionnaire est identique pour le concours externe et celui de troisième voie. Ce questionnaire comporte jusqu'à dix questions, le nombre de points attribué à chaque question est précisé dans le sujet. Comme le mentionne la lettre de cadrage, les thèmes abordés sont essentiellement l'accueil du public, l'animation, la sécurité des personnes et des bâtiments. Un maximum de quinze lignes est demandé sauf indications contraires. Le candidat est autorisé à traiter les questions dans l'ordre qu'il souhaite, attention toutefois à bien indiquer le numéro de la question traitée. C'est une épreuve sans temps morts, aussi il est conseillé au candidat d'éviter de répondre au brouillon sauf pour les questions qui lui paraissent les plus ardues. L'utilisation d'un vocabulaire professionnel précis est attendue.

Comme mentionné sur la lettre de cadrage, des erreurs de syntaxe et d'orthographe peuvent être pénalisées ainsi que la présentation d'ensemble. À titre indicatif, le barème suivant pourra être appliqué :

- copie négligée (soin, calligraphie, présentation) : - 0,5 point ;
- au-delà de 15 fautes d'orthographe et/ou de syntaxe : - 1 point.

Aussi le candidat veillera de toujours garder cinq minutes pour relire sa copie.

LE DOSSIER DE RECONNAISSANCE DES ACQUIS DE L'EXPÉRIENCE PROFESSIONNELLE (RAEP)

Ce dossier est à fournir :

- pour l'ensemble des candidats internes admissibles aux épreuves d'admission des concours d'État sauf pour le concours interne de magasinier principal de 2e classe ;
- pour les candidats des examens professionnalisés réservés de conservateur, bibliothécaire, bibliothécaire assistant spécialisé de classe normale et magasinier des bibliothèques principal de 2e classe.

Tous les dossiers à fournir lors des examens professionnalisés réservés sont identiques.

Il est demandé afin que les membres du jury connaissent mieux les candidats lors de leur oral, ces dossiers ne sont pas notés.

Tous ces dossiers sont identiques, contrairement à ceux des examens professionnels d'avancement.

Ce dossier, lorsqu'il est noté, constitue l'épreuve d'admissibilité pour les examens professionnels d'avancement au grade de :

- bibliothécaire hors classe ;
- bibliothécaire assistant spécialisé de classe supérieure ;
- bibliothécaire assistant spécialisé de classe exceptionnelle.

Il existe deux différences au sein des dossiers pour les deux niveaux d'examens professionnels d'avancement :

- l'organigramme comme pièce obligatoire à fournir pour l'examen professionnel d'avancement de bibliothécaire hors classe. Il est cependant fortement conseillé de le joindre au dossier des examens professionnels d'avancement de bibliothécaire assistant spécialisé de classe supérieure et de classe exceptionnelle, cet outil permet au jury une compréhension instantanée de la place du candidat au sein du service où il est actuellement affecté. L'organigramme doit être à jour, lisible, sur lequel le candidat aura surligné son nom ;
- une cinquième partie supplémentaire pour l'examen professionnel d'avancement de bibliothécaire hors classe portant sur la conduite d'un projet ou d'une action.

Un guide de remplissage, outil précieux, du dossier est fourni sur le site du ministère de l'Enseignement supérieur. Ce dossier est à renvoyer à la direction générale des ressources humaines en quatre ou cinq exemplaires au plus tard à une date précisée sur le dossier, le cachet de la poste faisant foi. Le candidat veillera pour chacun des exemplaires soit d'y mettre une attache, soit de l'insérer au sein d'une chemise souple afin de faciliter le travail du personnel du ministère se chargeant de l'ouverture de l'ensemble des dossiers.

Le dossier doit être complet, c'est-à-dire accompagné des pièces justificatives demandées : attestations de formation, organigramme, etc. Il doit être visé par l'autorité compétente avant son envoi au ministère.

Sur le rapport de jury 2022 du concours de bibas classe normale, il est notifié pour le concours interne, que l'ensemble du jury réuni pour les épreuves orales a procédé préalablement à une lecture attentive des dossiers RAEP et que les commissions disposent d'un exemplaire du dossier durant l'audition du candidat.

« *Nous engageons vivement les candidats à s'y reporter [au guide d'aide au remplissage du dossier de reconnaissance des acquis de l'expérience professionnelle] et à veiller à ce que le dossier établi respecte scrupuleusement les préconisations de ce guide. La constitution du dossier de RAEP est un exercice en soi, obéissant à des règles précises. De manière générale, le suivi des consignes est une exigence de l'épreuve : un dossier ne respectant pas le cadre du formulaire (format, mise en page, titre et phrase d'explication, marge, interligne, police, etc.) est pénalisé. Toute annexe dont le nombre de pages est supérieur à 5 n'est pas examinée par le jury et occasionne une pénalité lors de la notation. Toute autre pièce jointe (fiches de poste, CV, ou autre) n'est pas examinée. L'envoi se fait sous couvert hiérarchique : le dossier doit porter la signature de la ou du responsable de la structure. Le candidat doit dater et signer la déclaration sur l'honneur* » (Rapport de jury des examens professionnels de bibliothécaire assistant spécialisé de classe supérieure et de classe exceptionnelle 2022).

Le rapport de jury pour l'examen professionnel pour l'avancement au grade de bibliothécaire hors classe, session 2021, souligne : « *Le jury rappelle que l'évaluation ne porte pas sur le parcours et le niveau de responsabilité exercé, mais sur la qualité et la cohérence du dossier RAEP qui doit permettre d'identifier clairement le positionnement du candidat, son projet professionnel ainsi que les compétences acquises et mobilisées dans le cadre de ses missions et de ses réalisations. L'ensemble des rubriques constitutives du dossier doit contribuer à mettre en valeur la cohérence d'une trajectoire professionnelle confrontée aux différentes évolutions du métier. Que les fonctions exercées correspondent à un profil managérial ou à un profil d'expert, il est toujours possible de souligner le dynamisme d'un parcours professionnel et les principales qualités et compétences qui se dégagent des projets ou des actions réalisées. [...] Cette rédaction est donc stratégique et il est important qu'elle attire l'attention des membres du jury. Elle doit les convaincre que le candidat présente les qualités et le potentiel attendu pour cette promotion et pour de nouvelles perspectives professionnelles au-delà des fonctions exercées aujourd'hui. Les dossiers qui ont paru les plus remarquables étaient ceux qui parvenaient, en respectant parfaitement le cadre imposé pour la constitution du dossier, à mettre en valeur les compétences professionnelles et comportementales acquises dans une présentation synthétique et claire du parcours et des responsabilités exercées, offrant une vision dynamique des enjeux et des métiers de l'encadrement dans la filière des bibliothèques. Fluidité et clarté de la rédaction, maîtrise parfaite de l'expression écrite, mise en perspective des acquis, rapport d'activité et projet démontrant la capacité du candidat à s'adapter, transposer, réinvestir et transmettre ses connaissances et compétences caractérisaient les meilleurs dossiers évalués.* »

Le rapport de jury, session 2022, de l'examen professionnel de bibliothécaire hors classe, souligne de nouveau : « *Au-delà donc des fonctions exercées et des actions menées, les meilleurs dossiers se caractérisaient cette année encore par : leur qualité rédactionnelle (respect du cadre défini, maîtrise de l'expression écrite) ; la capacité de la candidate ou du candidat à capitaliser les connaissances et les compétences acquises dans les fonctions et les actions décrites ; une parfaite compréhension des enjeux présents et futurs du métier de bibliothécaire ; un projet professionnel clair, mettant en perspective la candidature à cet examen et les souhaits d'évolution professionnelle.* »

Les remarques formulées par les jurys d'examens professionnels d'avancement de grade sont à prendre en compte également pour les concours et examens réservés. Ce qui plaît à ces jurys satisfera également les autres jurys, les dossiers ne sont certes pas notés, mais l'impression qu'ils feront à la lecture sera de bon augure pour l'entretien qui suivra.

Le parcours de formation

Le rapport de jury, session 2022, de l'examen professionnel de bibliothécaire hors classe, mentionne qu' « *il peut être important de faire des choix et de réfléchir à une présentation permettant de mettre en relief la cohérence de ce parcours de formation qui peut tout à fait commencer par un rappel de la formation initiale pour le diplôme professionnel ayant permis d'acquérir les compétences nécessaires au métier exercé* ».

« *En ce qui concerne les formations, le candidat s'attachera à mettre en valeur celles qui, tout au long du parcours professionnel, font sens par rapport aux missions exercées. Les jurys prêtent une attention particulière à la fois à la pertinence et la régularité des formations suivies au regard des missions exercées, et à celles qui tendent à démontrer un intérêt pour les évolutions de la profession dépassant le cadre strict des activités habituelles. Il n'est donc pas indispensable de dresser la liste de toutes les formations suivies en multipliant les attestations correspondantes. En revanche, il est jugé utile de préciser les formations, même courtes, qui ont été suivies dans l'année en cours ou lors de l'année précédant l'examen professionnel* » (Rapport du jury 2022, examens professionnels de bibliothécaire assistant spécialisé de classe supérieure et de classe exceptionnelle).

Le candidat pourra regrouper les thématiques des formations présentées, thématiques qui seront annotées dans la colonne « spécialité ». Par exemple, le premier groupe peut être les formations suivies propres à l'évolution de sa fonction puis un deuxième groupe sur l'évolution métier et un dernier sur les formations à la préparation aux concours. Pour chaque formation mentionnée, une attestation de présence est demandée.

« *Un certain nombre de candidats présentent leur démarche de formation professionnelle sous la forme de regroupements thématiques et rétro-chronologiques au sein de chaque thématique. Cette méthode a l'avantage de souligner la cohérence de la démarche de l'agent dans son souhait d'acquisition de compétences* » (Rapport de jury des examens professionnels de bibliothécaire assistant spécialisé de classe supérieure et de classe exceptionnelle 2022).

PRÉAMBULE

Le rapport du jury de l'examen professionnel pour l'avancement au grade de bibliothécaire hors classe, session 2021, détaille ses attentes comme tel : « *Les candidats doivent indiquer dans un tableau les formations suivies qu'ils jugent importantes pour l'acquisition de leurs compétences professionnelles en précisant pour chacune de ces formations sa durée exacte. Il ne s'agit donc pas de dresser ici la liste exhaustive des actions de formation suivies mais bien de commencer à construire la cohérence de son parcours et faire ressortir les compétences mobilisées dans le cadre du parcours professionnel, du rapport et du compte rendu de projet [...]. Les présentations thématisées, permettant de présenter de façon claire et synthétique de véritables parcours de formation individuels, sont en général appréciées mais elles ne doivent pas nuire à la lisibilité de cette rubrique. Les présentations chronologiques sont parfois plus faciles à mettre en relation avec les étapes de l'évolution professionnelle. Cela peut par exemple montrer que le candidat veille à mettre à jour ses connaissances pour accompagner les évolutions du métier, anticiper une mobilité fonctionnelle ou une nouvelle responsabilité. Mais il n'existe pas pour le jury de modèle véritablement imposé et exclusif de toute variante possible : l'essentiel est pour le candidat de parvenir à une présentation sélective, réfléchie et contribuant à valoriser le rôle de la formation professionnelle dans son parcours personnel et ses réalisations. Il importe de veiller à ce que cette rubrique ne donne pas à lire un inventaire interminable où un webinaire de 30 minutes paraît avoir la même importance qu'une formation approfondie de 3 jours. Quel que soit le choix de présentation et d'organisation opéré, il doit toujours viser à offrir un panorama clair, synthétique et opérationnel des actions de formation suivies. [...] Enfin, le jury a observé pour certains des meilleurs dossiers RAEP évalués qu'une corrélation entre les formations suivies et les actions présentées dans le rapport d'activité produisait un dossier particulièrement convaincant et cohérent. [...] Certains membres du jury ont enfin indiqué avoir été confrontés à quelques dossiers où, à l'inverse, le tri opéré dans les formations suivies finissait par donner l'impression d'une trop faible mobilisation de ce levier, alors que le rapport ou le projet laissaient ensuite supposer que d'autres formations intéressantes avaient été suivies.* »

L'expérience professionnelle

« La partie "Votre expérience professionnelle" demande de détailler, pour chaque poste occupé, les compétences acquises ; or, certains candidats se trompent sur l'objet et indiquent ici la nature de leur activité. À l'inverse, détailler de façon excessive les compétences, surtout lorsqu'elles reproduisent au mot près un référentiel préexistant, ne constitue pas un avantage, au contraire. [...] De la même façon, une compétence est réputée acquise pour l'ensemble de la carrière de l'agent : il n'est donc pas nécessaire d'alourdir à l'excès la présentation en répétant les mêmes compétences à chaque étape d'une carrière. Il est également important de bien cerner la notion de compétence,

parfois confondue avec l'aptitude ou le savoir-être » (Rapport de jury 2022, examens professionnels de bibliothécaire assistant spécialisé de classe supérieure et de classe exceptionnelle).

Le candidat doit présenter les services ou activités antérieures fréquentés dans le secteur public ou privé en commençant par l'expérience la plus récente. Pour chacune d'entre elles, le candidat précisera la période d'exercice, sa durée, son niveau, l'organisme employeur et les compétences acquises. Afin de réaliser au mieux l'ensemble de cet exercice, il est conseillé au candidat de se référer à ses fiches de postes, ses entretiens professionnels et aux référentiels métiers relatifs aux métiers des bibliothèques, ces référentiels font un descriptif de chaque emploi type complété par des exemples de poste, la liste des activités principales et les compétences de chaque emploi type. Ces référentiels sont pour le secteur public : le Répertoire des métiers de l'enseignement supérieur, de la recherche et de l'innovation (Reme)[39], le Répertoire interministériel des métiers de l'État (Rime)[40] et le Référentiel des emplois types de la recherche et de l'enseignement supérieur (Référens)[41]. Pour le secteur privé, le candidat peut se référer au Répertoire opérationnel des métiers et emplois (Rome)[42]. Le candidat veillera à ne pas reprendre au mot près une liste de compétences mentionnées sur l'un des référentiels et l'insérer sur cette partie du dossier, cela ne pourra que le desservir.

Le rapport de jury de bibliothécaire hors classe, session 2021, souligne : « *Si le jury a été une nouvelle fois sensible aux carrières riches en mobilité professionnelle, il a veillé toujours à ce que les candidats ayant effectué l'essentiel de leur parcours dans le même établissement n'en soient pas pénalisés pour autant. Lorsque l'expertise mise en avant est très spécifique, il est en revanche important que les candidats insistent sur leur contexte d'exercice et soient attentifs à souligner toutes les évolutions intervenues dans la mission confiée, par exemple sur le périmètre des responsabilités exercées. Certains candidats en situation d'expertise ont bien su mettre en avant leur capacité à partager cette expertise au sein de leur établissement, mis parfaitement en lumière les enjeux associés et souligné leur curiosité professionnelle.* »

À noter : Les principales activités signalées au titre de l'expérience professionnelle doivent ensuite être évoquées dans le rapport d'activités.

39. https://www.enseignementsup-recherche.gouv.fr/fr/reme-repertoire-des-metiers-et-des-competences-du-ministere-de-l-enseignement-superieur-de-la-46099 (consulté le 04/11/2022).

40. www.fonction-publique.gouv.fr/biep/repertoire-interministeriel-des-metiers-de-letat (consulté le 04/11/2022).

41. https://data.enseignementsup-recherche.gouv.fr/pages/referens/ (consulté le 04/11/2022).

42. http://pole-emploi.org/opendata/repertoire-operationnel-des-meti.html?type=article (consulté le 04/11/2022).

Le rapport d'activité

La capacité de synthèse est l'une des exigences de l'exercice. Le rapport d'activité doit faire deux pages maximum et doit rentrer dans le cadre et la disposition du formulaire. Il doit être mis en page de façon claire et aérée, structuré selon un plan, et les informations présentées de manière à être compréhensibles par le jury qui, pour rappel, ne connaît pas le contexte professionnel du candidat. Il doit être organisé de manière à mettre en valeur les fonctions exercées et les compétences acquises par le candidat durant son parcours professionnel, en insistant plus particulièrement sur celles qu'il souhaite privilégier. Il doit aussi indiquer l'apport direct du candidat à d'éventuels projets ou actions menées par son service, en précisant son niveau de contribution et de responsabilité. « *[Il s'agit] d'une synthèse et d'une analyse, moyennant des choix, une prise de recul, un regard critique et un positionnement du candidat* » (Rapport du jury 2022, examens professionnels de bibliothécaire assistant spécialisé de classe supérieure et de classe exceptionnelle).

Le jury de l'examen professionnel de bibliothécaire hors classe, session 2021, définit la rédaction du rapport d'activité tel quel : « *L'exercice s'apparente à la construction d'un argumentaire et le candidat doit à ce stade de sa rédaction être capable de prendre du recul par rapport à son parcours afin d'en identifier les lignes de force ou les constantes permettant une organisation thématique de sa carrière et une projection professionnelle à plus ou moins long terme.*
S'il n'est pas interdit d'adopter une présentation chronologique des fonctions occupées et des réalisations, la rédaction s'avère en général plus difficilement lisible et produit des redondances pénalisantes à la lecture. Une approche délibérément thématique permet un résultat plus dynamique et facilite les rapprochements faits entre des expériences vécues dans des chronologies distinctes. La construction des expertises se repère ainsi facilement chez les candidats.
Cette partie doit permettre à la fois de mesurer la dimension prospective et la culture professionnelle des candidats, ainsi que leur capacité à positionner la documentation et ses actions dans son environnement local, régional ou national. Il est également apprécié, si cela paraît justifié pour certaines actions décrites, d'intégrer au bilan fait des expériences un regard critique permettant d'afficher des volontés d'amélioration de certaines compétences (par de nouvelles missions souhaitées ou par des démarches de formation complémentaire). »

Le candidat veillera à réaliser, préalablement à la rédaction du rapport, une analyse de ses expériences professionnelles. Pour cela, en reprenant l'ensemble de ses fiches de postes, ses entretiens professionnels et en y trouvant l'équivalent des emplois types au sein des référentiels métiers, le candidat en extraira les fonctions et les compétences qu'il a exercées tout au long de sa carrière. Puis il sélectionnera les fonctions, en général trois, qu'il désire mettre en avant au sein de son rapport d'activité. Il est conseillé au candidat de mettre en valeur des fonctions qui sont proches du concours ou de l'examen présenté. Enfin il formulera pour chaque fonction exercée la plus-value qu'il a su y apporter en la chiffrant si possible et y décrivant le contexte professionnel s'y apportant (l'université ou la tutelle, l'établissement, sa fréquentation, ses activités, le service, l'équipe et lui au sein du service). Le candidat veillera à utiliser un vocabulaire adapté et transposera lors de la rédaction de son rapport d'activité, l'intérêt qu'il porte à son travail, à ses fonctions en rapport avec l'évolution constante du métier. Le rapport doit montrer le dynamisme du candidat au sein de son métier, mais aussi dans l'environnement global des bibliothèques. Cela doit être la mise en contexte et dégagement des enjeux, ainsi que la mise en perspective d'un parcours et d'une évolution professionnelle. Le candidat aura toujours à l'esprit lors de la construction et rédaction de son rapport, que ce dernier servira au jury pour lui poser des questions à l'oral. Chaque item mentionné devra être maîtrisé par le candidat ainsi que le contexte professionnel auquel il se rattache.

« *Le jury appelle les candidats à bien considérer que le changement de grade lié à la réussite de l'examen professionnel doit s'inscrire dans une dynamique et correspondre à une réflexion à la fois réaliste et approfondie : doit ressortir du rapport d'activité la capacité à se projeter dans un parcours professionnel dynamique* » (Rapport de jury de l'examen professionnel de bibliothécaire hors classe).

« *Le rapport doit aussi indiquer l'apport direct du candidat à d'éventuels projets ou actions menés par son service, en précisant son niveau de contribution et de responsabilité effective, et donc bannir le "on" et le "nous" pour bien montrer le rôle individuel exercé* » (Rapport de jury des examens professionnels de bibliothécaire assistant spécialisé de classe supérieure et de classe exceptionnelle 2022).

Pour l'examen professionnel d'avancement de bibliothécaire assistant spécialisé de classe supérieure et de classe exceptionnelle, le dossier prévoit de joindre en annexe deux documents, travaux ou actions au maximum avec cinq pages maximum par annexe. Il est fortement recommandé au candidat de joindre ces annexes, cela tournera en général toujours à son avantage.

Attention toutefois, le rapport 2022 de l'examen professionnel de bibliothécaire assistant spécialisé de classe supérieure et de classe exceptionnelle note : « *Certains candidats n'hésitent pas à excéder le nombre de deux annexes et le volume autorisé, à savoir cinq pages au plus par annexe : cela leur porte davantage préjudice qu'ils n'impressionnent les jurys.* » Les annexes doivent être contextualisées et reliées au rapport d'activité.

Pour l'examen professionnel d'avancement de bibliothécaire hors classe, une cinquième partie intitulée « conduite d'un projet ou d'une action » est présente dans le dossier, partie sur laquelle le candidat veillera à exposer la méthodologie d'un projet ou d'une action qu'il a menés ou auxquels il a contribué, en y mentionnant les difficultés rencontrées et les enseignements que le candidat en a tirés. Le candidat veillera également à faire clairement apparaître dans sa présentation le niveau de responsabilité exercé (collaborateur, chef de projet, etc.). Le rapport du jury de l'examen professionnel de bibliothécaire hors classe, session 2021, définit ainsi cette cinquième partie : « *[...] cette dernière partie du dossier RAEP permet en réalité au jury de "voir le candidat en action" dans son établissement, pour reprendre un propos d'un membre du jury, et de mesurer ses compétences comportementales : sens critique, créativité, relationnel, etc. [...] Il est essentiel dans cette partie de veiller à préciser de façon très claire, sa place et son niveau d'implication dans l'organisation du projet ou la gestion de l'action, ainsi que la part de résultats qui lui sont propres. Une fois le projet ou l'action choisis, il est important de restituer précisément son environnement : contexte, contraintes et objectifs [...], le positionnement des différents acteurs, y compris celui du candidat, [...] les données quantitatives (ressources financières et humaines affectées au projet, volumétrie de la cible, public visé, etc.) ne doivent pas être négligées. Il est essentiel de veiller à ce que le jury dispose de tous les paramètres nécessaires pour pouvoir appréhender le niveau de complexité du projet et sa portée pour le candidat, son service et son établissement. [...] Exposer le résultat véritablement obtenu, bien évidemment aussi important que celui qui était attendu. Et s'il y a lieu, il ne faut pas chercher dans cet exercice à masquer les difficultés rencontrées, mais plutôt expliquer la manière dont elles ont été résolues, et si elles n'ont pas pu l'être, le justifier et esquisser, le cas échéant, une projection vers d'autres options que le candidat souhaiterait mettre en œuvre à l'avenir pour éviter que ce type de situation ne se renouvelle dans le cadre d'un autre projet. Le jury est constitué de professionnels qui ont tous eu l'expérience des projets. Ils savent que la route qui conduit des objectifs aux résultats est par nature sinueuse. Un projet ou une action sans aspérité introduit plus sûrement le doute dans la sincérité du compte rendu que l'admiration pour le brio du candidat. Un projet même réussi comprend toujours dans ses étapes ou ses résultats des améliorations possibles : intégrer cette question dans le traitement du projet permet au candidat de montrer sa capacité à exercer son sens critique sur ses propres actions.* »

Méthodologie

Le candidat veillera à avoir une écriture lisible, et à faire relire plusieurs fois son dossier afin de corriger les fautes d'étourderie d'orthographe ou de syntaxe.

• L'introduction doit présenter le candidat. Il doit y indiquer sa formation initiale (le niveau d'étude), l'établissement d'exercice et son poste actuel. Il peut aussi y mentionner son année d'entrée dans le monde des bibliothèques ou les différents établissements dans lesquels il a exercé. Le plan du développement sera mentionné en dernière partie de l'introduction.

• Le développement : chaque axe ou thème abordé sera contextualisé et décrit en y rattachant les compétences acquises. Cela peut être une présentation sur la continuité des missions dans les différents postes occupés ou sur la diversité dans les fonctions exercées. Des chiffres et exemples illustreront les propos.

• La conclusion : le candidat mentionnera ses motivations pour le concours, l'avancement de grade ou l'examen professionnalisé réservé présenté ainsi que l'évolution envisagée de son avenir professionnel. « *Le rapport d'activité doit enfin intégrer de façon fluide la réussite de l'examen professionnel dans une projection professionnelle concrète et argumentée. La "reconnaissance de l'engagement professionnel" ou le souhait d'exercer "plus de responsabilités" ne sauraient constituer des motivations suffisantes. Sans aller jusqu'à définir un poste précis bien sûr, il est souhaitable à ce stade d'exposer la direction dans laquelle le candidat souhaiterait évoluer à l'avenir (type de poste, nature des missions recherchées, activités visées) et faire le lien entre cet objectif et la promotion visée* » (Rapport de jury de l'examen professionnel d'avancement de grade de bibliothécaire hors classe, session 2020).

• Les documents en annexe peuvent prendre cette forme :

Action ou Projet n°
Titre du projet, de l'action

1. La situation à traiter
C'est la présentation du contexte.

2. Le processus d'élaboration de la réponse à la situation
C'est le processus de réflexion qui a été mis en place afin d'aboutir à la réponse adaptée à la situation à traiter.

3. Les objectifs à court, moyen et long terme
C'est le descriptif des objectifs, des enjeux du projet, de l'action.

4. L'action menée ou l'action proposée
L'intitulé du titre 4 sera choisi en fonction d'une action qui a abouti, action menée, ou d'une action proposée, qui elle n'a pas abouti.
C'est le descriptif de l'action elle-même, de la réalisation du projet ou du projet.

5. Les résultats obtenus
Il faut situer les résultats obtenus par rapport aux objectifs fixés.

PRÉAMBULE

Le rapport de jury, session 2022, de l'examen professionnel de bibliothécaire hors classe souligne que « *le compte rendu de conduite d'action ou de projet suppose toujours d'en préciser : le contexte, les contraintes et les objectifs ; les moyens humains et financiers à disposition ; les rôles définis pour les contributions, sans omettre pour les candidats de clarifier leur propre périmètre de responsabilité ; la méthodologie choisie et justifiée ; les modalités d'évaluation définies ; un bilan critique de la conduite et des résultats* ». Il note également : « *Les besoins des utilisateurs, des données chiffrées caractérisant l'action ou le projet, les modalités d'évaluation des résultats, une définition précise des rôles et des responsabilités dans la conduite du projet ont souvent manqué.* »

Si une seule action ou un seul projet est présenté, seul le titre doit être indiqué. La mention « Action ou Projet n° » ne sera pas inscrite.
Les documents accompagnant chacune des actions peuvent être de nature très variée. Ils doivent comporter pour chacun un titre significatif et leur nature doit être indiquée (extrait de règlement, compte rendu, article web, supports de communication, etc.).

LE DOSSIER INDIVIDUEL

Le dossier individuel est l'épreuve d'admissibilité de l'examen professionnel pour l'accès au grade de bibliothécaire principal.

L'examen de ce dossier permet au jury d'apprécier le parcours de formation et le parcours professionnel du candidat, sa motivation et son aptitude à accéder au grade de bibliothécaire principal.

L'épreuve ne comporte pas de programme réglementaire.

Le dossier constitué par le candidat est établi conformément au modèle type figurant à l'annexe I du décret n° 2019-847 du 19 août 2019 fixant les modalités d'organisation de l'examen professionnel d'accès au grade de bibliothécaire principal. Il comprend :
- une présentation de sa formation initiale, de sa formation statutaire, de sa formation professionnelle tout au long de la vie et de son niveau de qualification ;
- une présentation de son parcours professionnel ;
- une présentation des acquis de son expérience professionnelle, de ses aptitudes et de sa motivation en matière de conduite de projets culturels et d'encadrement d'un maximum de deux pages ;
- un rapport présentant une réalisation professionnelle de son choix d'un maximum de deux pages.

Avant le délai de clôture des inscriptions, le candidat transmet au centre de gestion qui organise l'examen ce dossier en un seul exemplaire ainsi qu'un état détaillé des services établi par son employeur selon le modèle joint en annexe II du décret.

Aucune pièce nouvelle ou modificative ne peut donc être apportée au dossier par le candidat après la date de clôture des inscriptions. Les pièces annexes, autres que celles mentionnées dans le décret, ne sont pas acceptées et ne seront pas remises au jury.

Le dossier fourni par le candidat donne lieu à l'attribution d'une note sur 20. Il convient d'apporter le plus grand soin à sa constitution. La cohérence des éléments fournis par le candidat sera appréciée. Il est également attendu du candidat qu'il fasse preuve de qualités rédactionnelles et d'une bonne maîtrise de la langue (orthographe, syntaxe, ponctuation, vocabulaire).

Il n'existe pas de rapport de jury sur cet examen professionnel, aussi les conseils de rédaction pour ce dossier individuel se rapprochent du dossier RAEP, précédemment traité. Des mentions présentent sur la lettre de cadrage pour cette épreuve sont notées.

L'identification du candidat

Les informations demandées sont les suivantes.
- Nom et prénom du candidat :
- Date de naissance :
- Date d'entrée dans la fonction publique :
- Date d'entrée dans la fonction publique territoriale (si différente) :
- Autre expérience professionnelle que dans la fonction publique : OUI / NON

- Si oui, préciser la durée :

Il est à noter que la mention de la date d'entrée dans la fonction publique et celle dans la fonction publique territoriale peut être différente si le candidat a commencé sa carrière dans la fonction publique d'État ou hospitalière. C'est uniquement dans ce cas de figure qu'une deuxième date doit être mentionnée. Si elle est identique, le candidat apposera un tiret pour signifier qu'il n'est pas concerné.

Si le candidat a une ou d'autre(s) expérience(s) professionnelle(s) que celle(s) dans la fonction publique, il détaillera dans la mention « Si oui, préciser la durée », la durée totale de son ou ses expérience(s) professionnelle(s) hors fonction publique.

La formation initiale ou validation des acquis de l'expérience

Diplôme	Spécialité éventuelle	Obtention (oui / non / en cours)	Année d'obtention	Pays de délivrance du diplôme

Il s'agit ici de noter uniquement les diplômes de la formation initiale et/ou la validation des acquis de l'expérience.

Les diplômes de la formation initiale sont les licences, licences professionnelles, deust, master, doctorat, etc.

La validation des acquis de l'expérience permet d'obtenir un diplôme, un titre ou un certificat de qualification professionnelle. Le candidat doit remplir un dossier dans lequel il décrit les activités principales qu'il exerce ou a exercé, leurs contextes d'exercice et les ressources mobilisées pendant au moins un an dans l'activité choisie. L'évaluation de ce dossier est suivie d'un entretien avec le jury. Le jury décide de valider tout ou partie du diplôme visé.

La formation statutaire, formation professionnelle tout au long de sa vie

Intitulé du stage suivi	Organisme de formation	Année	Nombre de jours

Selon la note de cadrage d'octobre 2020, concernant l'épreuve de l'examen du dossier individuel dans le cadre de l'examen professionnel pour l'accès au grade de bibliothécaire principal, il est souligné : « *concernant les informations relatives au parcours du candidat, notamment la présentation de la formation professionnelle tout au long de la vie, il est recommandé de hiérarchiser ces informations en fonction de l'examen, en ne recensant que celles ayant une pertinence au regard des missions du cadre d'emplois et grade visés.* »

Le parcours professionnel

Employeur (désignation, domaine d'intervention, nombre d'agents ou salariés)	Poste occupé, période d'emploi (dates de début et de fin)	Fonctions et principales missions et activités effectuées

Afin de réaliser cet exercice, les fiches de poste et entretiens d'évaluation professionnelle aideront le candidat à mieux remplir ce tableau. Il faut réellement mettre en avant les fonctions et missions en lien avec celles d'un bibliothécaire principal.

L'exposé des acquis de l'expérience professionnelle, des aptitudes et des motivations

L'exposé fera deux pages maximum. Il pourra être accompagné d'un rapport présentant une réalisation professionnelle également de deux pages maximum.

Selon la lettre de cadrage de l'épreuve, cet exposé :
« *[...] permettra au candidat de :*
• *rendre compte de ses domaines d'expertise de manière claire et synthétique,*
• *sélectionner et mettre en cohérence ses expériences professionnelles significatives et identifier les compétences développées,*
• *souligner sa capacité à apporter un regard distancié et réfléchi sur son parcours,*
• *faire apparaître sa motivation et illustrer ses aptitudes pour le grade de bibliothécaire principal, tout particulièrement en matière de conduite de projets culturels et d'encadrement,*
• *témoigner de sa capacité à organiser ses idées et structurer son propos.* »

De plus, « *le rapport présentant une réalisation professionnelle au choix du candidat démontrera ses capacités d'analyse et de prise de recul et son aptitude à assurer les missions d'un bibliothécaire principal, par la description précise d'une mission qu'il aura menée. Le candidat devra veiller à présenter une réalisation professionnelle en rapport avec les enjeux professionnels, institutionnels et organisationnels que rencontrent aujourd'hui les bibliothécaires territoriaux. Il est conseillé au candidat de s'appuyer sur une expérience récente. Le candidat pourra faire apparaître dans son rapport le contexte, les enjeux de la mission réalisée, la méthode mise en œuvre et les enseignements retirés. La présentation des acquis de l'expérience professionnelle et le rapport présentant une réalisation professionnelle devront être rédigés chacun sur deux pages maximum (deux pages recto simple ou une feuille recto verso). Il est préconisé d'utiliser les deux pages possibles, en présentant des documents dactylographiés et en employant une police de caractères usuelle (exemple : Arial 11).* »

Comme préconisé pour le rapport d'activité auquel le candidat à l'examen professionnel de bibliothécaire principal peut se référer, le candidat veillera à réaliser, préalablement à la rédaction du rapport, une analyse de ses expériences professionnelles. Pour cela, en reprenant l'ensemble de ses fiches de postes, ses entretiens professionnels et en y trouvant l'équivalent des emplois types au sein des référentiels métiers, le candidat en extraira les fonctions et les compétences qu'il a exercées tout au long de sa carrière. Puis il sélectionnera les fonctions, en général trois, qu'il désire mettre en avant au sein de son rapport d'activité. Il est conseillé au candidat de mettre en valeur des fonctions qui sont proches de l'examen présenté. Enfin, il formulera pour chaque fonction exercée la plus-value qu'il a su y apporter en la chiffrant si possible et en décrivant le contexte professionnel s'y apportant (la tutelle, l'établissement, sa fréquentation, ses activités, le service, l'équipe et lui au sein du service). Le candidat veillera à utiliser un vocabulaire adapté et transposera lors de la rédaction de son rapport d'activité, l'intérêt qu'il porte à son travail, à ses fonctions en rapport avec l'évolution constante du métier. Le rapport doit montrer le dynamisme du candidat au sein de son métier, mais aussi dans l'environnement global des bibliothèques. Cela doit être la mise en contexte et dégagement des enjeux, ainsi que la mise en perspective d'un parcours et d'une évolution professionnelle. Le candidat aura toujours à l'esprit lors de la construction et rédaction de son rapport, que ce dernier pourra servir au jury pour lui poser des questions à l'oral. Chaque item mentionné devra être maîtrisé par le candidat ainsi que le contexte professionnel auquel il se rattache.

La méthodologie pour construire ce rapport est la même que celle proposée pour le rapport d'activité du dossier RAEP sur lequel le candidat peut également se référer.

LES ÉPREUVES D'ADMISSION

Le jury s'attache à repérer la capacité du candidat à s'adapter à une fonction. L'oral sert à découvrir tout ce qui n'est pas repérable à l'écrit, il reste le moyen de tester l'expression spontanée et la réaction des candidats à l'imprévu. L'évolution de l'oral est en partie imprévisible, il montrera ainsi la capacité d'adaptation du candidat.

L'objectif des examinateurs lors des épreuves d'admission est de permettre aux candidats admissibles de valoriser leurs qualités et non de les déstabiliser. Les candidats veilleront à poser leur montre afin de gérer le temps soit de leur exposé soit de leur commentaire de texte.

Le jury appréciera une posture dynamique tant dans l'attitude que dans les réponses. Les aptitudes relationnelles sont indispensables dans l'exercice de nos métiers.

Les épreuves d'admission sont diverses : épreuve de langue, conversation avec le jury sur une question de culture générale débutant par un commentaire de texte, entretien avec le jury sur la motivation professionnelle débutant par un commentaire de texte, entretien à partir d'un texte, entretien avecle jury démarrant par un exposé du candidat d'une durée de cinq ou de dix minutes, entretien à partir d'un dossier remis au candidat, une interrogation sur un sujet, épreuve de classement, épreuve portant sur le traitement automatisé de l'information.

Dans cette partie traitant des épreuves d'admission, seront vus dans un premier temps les premiers exercices que constituent les épreuves d'admission : le commentaire de texte ; l'exposé du candidat de cinq ou dix minutes ; une interrogation sur un sujet ; l'épreuve de classement ; le commentaire oral d'un dossier remis au candidat. La seconde partie des épreuves, la conversation et/ou l'entretien avec un jury avec un focus sur les mises en situation professionnelle sera ensuite traitée. L'épreuve facultative d'admission portant sur le traitement automatisé de l'information sera également abordée et enfin des conseils pratiques pour l'oral seront donnés.

Les candidats concernés par l'épreuve de langues se tourneront vers des ouvrages traitant de la méthodologie de traduction.

Les extraits de rapport de jury ou des lettres de cadrage sont utilisés comme illustration des écrits de l'auteur, même s'ils mentionnent un niveau de concours, le contenu de ces extraits est valable pour tous les concours qui ont le même type d'épreuve.

Les premières parties des épreuves d'admission

■ Le commentaire de texte

Le commentaire de texte n'est pas une épreuve à part entière d'admission. Il fait partie de deux épreuves d'admission : conversation avec un jury, entretien avec un jury.

Il est demandé à tous les niveaux de concours, de la catégorie A à la catégorie C, et aussi bien pour les concours d'État que pour les concours territoriaux.

Il permet d'introduire l'entretien ou la conversation qui se tient par la suite avec le jury. Des questions sur le commentaire ou sur le texte peuvent être posées lors de la seconde partie de l'épreuve.

Le commentaire de texte aux concours des bibliothèques					
Nom du concours	Intitulé épreuve	Thème	Durée de la prépara-tion (min.)	Durée de l'oral consacré au com-mentaire (min.)	Coefficient de l'épreuve
Conservateur d'État Conservateur territorial (externe, interne)	Conversation avec un jury	Culture générale	30	10	5
Conservateur d'État Conservateur territorial (École des chartes)	Conversation avec un jury	Culture générale	30	10	3
Conservateur d'État (externe, interne)	Entretien avec un jury	Situation professionnelle, hors contexte bibliothèque	30	10	5
Conservateur territorial (externe, interne)	Entretien avec un jury	Situation professionnelle, hors contexte bibliothèque	30	10	4
Bibliothécaire d'État (externe, interne)	Entretien avec un jury	Culture générale : grands thèmes de l'actualité intellectuelle, culturelle, économique et sociale	30	10	3
	Entretien avec un jury	Situation professionnelle	30	10	4
Bibliothécaire territorial (externe, interne)	Conversation avec un jury	Culture professionnelle : grands thèmes de l'actualité (intellectuelle, culturelle, économique et sociale), les relations des bibliothèques avec leur environnement, les principes généraux de l'organisation administrative de l'État et des collectivités territoriales, ainsi que de la fonction publique territoriale	30	10	3

Le commentaire de texte aux concours des bibliothèques					
Nom du concours	**Intitulé épreuve**	**Thème**	**Durée de la prépara-tion (min.)**	**Durée de l'oral consacré au com-mentaire (min.)**	**Coefficient de l'épreuve**
Bibliothécaire assistant spécialisé de classe normale (externe)	Entretien avec un jury	Culture professionnelle portant sur les bibliothèques, leur organisation, leur fonctionnement, les services offerts aux publics	25	10	3
Adjoint territorial (externe)	Entretien à partir d'un texte	De portée générale	20	5-10	4

Pour les textes traitant d'une situation professionnelle ou liés au monde du travail, ils sont souvent extraits de journaux, de revues professionnelles et de bulletins d'informations produits par des organismes publics concernés par le monde du travail. Ils traitent de questions classiques concernant le monde du travail : généralités sur le statut de la fonction publique, risques psychosociaux, le télétravail, l'emploi des personnes en situation de handicap, le management, la désinformation, la dématérialisation, etc.

Pour le commentaire de texte demandé lors de l'épreuve d'admission du concours externe de bibliothécaire assistant spécialisé de classe normale les textes sélectionnés sont publiés dans des revues professionnelles, la presse généraliste ou dans les blogs au cours de la dernière année, portant sur l'actualité des bibliothèques (la BnF, les effets de la crise sanitaire sur la fréquentation des bibliothèques publiques et universitaires, l'extension des horaires d'ouverture en BU, la loi sur les bibliothèques, la transition écologique et l'éco-compatibilité des bibliothèques, l'inclusion numérique, etc.).

« *Les textes sont choisis pour susciter une réaction, appeler un commentaire, voire créer un débat dans lequel il n'est pas interdit de prendre position avec ses arguments* » (Rapport de jury, session 2022, bibas classe normale).

PRÉAMBULE

Attentes et conseils du jury

Le candidat veillera à faire du texte une lecture personnelle et argumentée. « *Le jury cherche à évaluer l'ouverture d'esprit, la curiosité intellectuelle et l'esprit critique du candidat, ainsi que la diversité de ses connaissances, au-delà des domaines qu'il maîtrise le mieux du fait de ses études ou de ses centres d'intérêt spécifiques* » (Rapport de jury 2022, concours de conservateur d'État).

« *Rappelons cependant que la gestion du temps est un élément important à plus d'un titre. Si le candidat propose un commentaire trop court (6-7 minutes), la seconde partie de l'épreuve s'en trouvera rallongée d'autant, ce qui ne favorise que très rarement le candidat. À l'inverse, si le candidat se montre trop bavard, le jury devra l'interrompre de manière aimable mais ferme, ce qui est déstabilisant pour entamer la deuxième partie de l'entretien* » (Rapport de jury 2020 du concours bibliothécaire d'État).

Les candidats veilleront à suivre l'actualité sur le(s) thème(s) que doit porter le texte. Sur les thèmes professionnels, ils consolideront leurs connaissances juridiques et administratives afin qu'ils soient capables de situer précisément les enjeux institutionnels, en particulier sur les plans statutaire (fonction publique) et social (entreprises privées, relations contractuelles, droit du travail, droit social, organisation du dialogue social, gestion des ressources humaines) ; qu'ils se soient aussi intéressés à l'évolution du travail salarié au regard des nouvelles technologies. Ces mises en situation professionnelle peuvent être volontairement complexes, car elles permettent d'apprécier les capacités d'adaptation, de prise de distance et de réactivité des candidats.

Méthodologie

Qu'un commentaire de texte soit pour un concours de catégorie A ou pour un concours de catégorie C, la méthodologie reste la même.

L'objectif d'un commentaire de texte consiste à expliciter la portée, l'originalité et l'enjeu du texte à partir de son analyse. « *Il permet d'évaluer la compréhension d'une problématique et de ses enjeux qui devront être organisés autour d'une réflexion personnelle, argumentée et engagée* » (Lettre de cadrage, conservateur territorial). « *Il est attendu qu'ils [les candidats] s'approprient le texte : ils peuvent tout à fait exprimer un point de vue personnel, faire preuve d'un recul critique, à condition de développer une argumentation solide, respectueuse des opinions différentes et en accord avec les valeurs du service public* » (Rapport 2018 de jury, bibliothécaire externe). Les candidats veilleront à ne pas hésiter à pointer les lacunes ou présupposés du texte et pourront ainsi exprimer leur point de manière argumentée.

Pour cela le candidat veillera à identifier le sujet, repérer sa problématique, analyser les arguments de l'auteur pour appuyer la problématique et trouver des arguments la nuançant en l'accompagnant d'exemples.

Un temps égal est consacré aux différentes phases de la méthodologie : dix minutes pour chaque phase pour les candidats qui ont trente minutes pour préparer le commentaire, huit minutes pour ceux qui ont vingt-cinq minutes et enfin six minutes pour ceux qui disposent de vingt minutes.

Pour certains concours, les textes sont à rendre à la fin de l'épreuve, aussi il est préférable de prendre des notes au brouillon et non sur le texte.

La lecture du texte

Le candidat notera l'auteur, le titre, la source et la date du texte avant même de commencer la première lecture. Celle-ci permettra au candidat de s'imprégner du texte. Il y repérera les intertitres et les titres chapeaux. Une deuxième lecture permettra de repérer les passages clés, d'en dégager les idées essentielles et de les noter.

L'analyse du texte

Elle doit servir à cerner la problématique en se posant les questions suivantes : de quoi parle le texte, à quelles questions se rapporte le sujet, quels sont les enjeux posés dans le texte, quel est le but de l'auteur en essayant de dégager son raisonnement, sa logique et la progression du texte. La problématique doit être contextualisée : l'auteur appartient-il à un mouvement intellectuel, quel est le contexte professionnel du texte, etc. Pour cela le candidat veillera à repérer les modes et temps qui sont employés dans le texte, cela lui évitera de réaliser des contresens. En effet, les modes indiquent si la problématique est un fait réel ou pas, si elle est possible ou souhaitable. Le temps quant à lui indique si l'action est terminée ou en cours de réalisation. Le candidat sera attentif à la portée du texte en se posant la question : est-il encore intéressant ? Si le texte est ancien, le candidat se posera la question sur l'évolution historique des concepts et des idées mentionnées. Le lectorat cible du texte donnera comme une indication sur la logique du texte.

Afin de mieux appréhender la progression intellectuelle de l'auteur, le candidat repérera les mots de liaison importants qu'indiqueront des liens logiques, ils peuvent être « d'abord, ensuite, enfin, toutefois », etc.

Il est demandé au candidat de s'interroger sur la valeur, le bien-fondé des idées émises, de discuter de la pensée de l'auteur et de l'enrichir si possible. Le candidat se doit de commenter, de vérifier, sur la base d'une argumentation, la justesse et la légitimité de la prise de position de l'auteur. Il veillera à étayer ses propos par des exemples pertinents extérieurs au texte.

La rédaction du plan, de l'introduction, de la conclusion et des phrases transitoires

Le plan doit être le plus complet possible et doit mettre en avant le raisonnement suivi par l'auteur à travers le nombre et le titre des parties ainsi que par la progression du texte au sein des parties. Il ne correspondra pas automatiquement au plan suivi par le texte, mais il devra rendre compte de manière hiérarchisée de l'ensemble du contenu du texte. « *Les candidats, pour une grande majorité, proposent lors des exposés des plans traduisant une absence de prise de risque. Or, il est attendu que les candidats établissent des passerelles entre les éléments du texte et une actualité nourrie par une réflexion personnelle étayée par des références culturelles, politiques, historiques* » (Lettre de cadrage, conservateur territorial).

• L'introduction doit présenter l'auteur, le type de document, sa date, sa source et le contexte historique ainsi que sa particularité. Ensuite elle doit décrire le(s) sujet(s) du texte, son objet et/ou ses enjeux puis elle introduit la problématique, la thèse de l'auteur. Enfin, le candidat annoncera le plan et veillera à marquer un temps de pause avant de procéder au développement. « *En aucun cas le candidat ne peut commencer par une formule du type "Le texte que j'ai à commenter..."* » (Raport de jury 2022, concours de conservateur de l'État).

• Le développement doit être organisé en plusieurs parties et suivre les différentes étapes du texte. Il doit apporter des éléments qui éclaircissent le texte : des définitions et des explications sur des références implicites ou explicites à des auteurs ou à des idées. Le candidat veillera à commenter avec justesse les arguments de l'auteur en les illustrant d'exemples pertinents. Il pourra insérer à son commentaire des courtes citations du texte.
« *L'exposé ne doit pas se contenter de paraphraser le texte ni de suivre linéairement son contenu. Il ne doit pas non plus prendre comme prétexte le sujet du texte pour offrir au jury un exposé complètement détaché du texte. En clair, le sujet doit être traité en mettant le texte en perspective, en l'illustrant par des exemples (qui peuvent bien sûr ne pas être issus du texte mais doivent se rapporter au sujet). Éclairer les sous-entendus, décrypter le sous-texte du document, ramener au contexte du phénomène abordé dans le document sont des plus, qui là aussi garantissent contre la paraphrase autant que contre le hors-sujet. L'exposé démontre ainsi une aptitude à synthétiser et à expliciter les enjeux sous-jacents au texte* » (Rapport de jury 2021 de bibliothécaire d'État).

• La conclusion doit résumer la problématique, clore la discussion et surtout faire une ouverture, c'est-à-dire prolonger la réponse donnée, généraliser sa portée ou étendre son champ.

L'exposé oral du commentaire

Pour arriver à une bonne maîtrise de la technique de la présentation du commentaire en dix minutes, le candidat se devra de réaliser plusieurs entraînements au commentaire de texte, c'est seulement ainsi qu'il acquerra une bonne fluidité dans son expression orale et une bonne maîtrise de l'exercice. Il est conseillé au candidat de se préparer par des exercices d'analyse de textes brefs sur des sujets variés puisés dans l'actualité.

La gestion du temps fait partie intégrante de l'exercice. Le candidat qui n'aura pas terminé son commentaire à la fin des dix minutes sera interrompu.

Le candidat veillera à ne pas se présenter et ne pas lire le texte avant de commencer son commentaire. « *Le jury a également lu ce texte : il n'est pas nécessaire de lui en fournir un résumé fidèle et encore moins une paraphrase* » (Rapport de jury 2022, concours de bibliothécaire d'État).

Le candidat essaiera au maximum de se détacher de son brouillon et d'éviter de lire ses notes durant tout l'exposé ou d'y faire une recherche longue. « *Quelques candidats ont semblé "prisonniers" de leurs notes et ont réalisé trop souvent une lecture à voix haute, parfois gênée par des difficultés rencontrées pour déchiffrer leurs annotations. La qualité de la prise de parole et la capacité à s'adresser sans note au jury font pleinement partie de l'appréciation portée sur la qualité du commentaire* » (Rapport de jury 2022, concours de bibliothécaire d'État).

Les défauts relevés par le jury

Le commentaire de texte n'est ni une suite de paraphrases consistant à redire confusément ce que l'auteur a clairement exposé ni un résumé du texte. « *Quelques candidats ont paru peu inspirés par les textes proposés : cela peut se comprendre mais le matérialiser par un ton monocorde et une absence de prise de position par rapport aux questions soulevées par le texte nuit évidemment fortement à la première impression du jury et peut le conduire à interroger plus longuement ces candidats sur la thématique du commentaire* » (Rapport de jury 2022, concours de bibliothécaire d'État).

Les candidats veilleront à ne pas ramener artificiellement ou systématiquement au monde des bibliothèques si le texte ne s'y prête pas. « *En revanche, il peut être pertinent, si le sujet le permet, de faire le lien en conclusion entre ces thématiques et le management en bibliothèque, ce qui offrira aux membres de la commission une transition parfaite avec l'échange qui suivra [...]* » (Rapport de jury 2022, concours de bibliothécaire d'État).

Le candidat veillera à ne pas utiliser de termes techniques ou spécialisés lors du commentaire s'il n'est pas capable d'en expliquer clairement le sens par la suite.

« *Le candidat doit garder à l'esprit que le jury essaiera d'abord de rebondir sur son commentaire pour ouvrir l'échange en lui donnant l'occasion d'approfondir un point intéressant ou évoqué très vite, de revenir sur une formulation frappante, de préciser sa pensée, de définir des termes et des concepts évoqués dans son commentaire. Il est donc peu avisé de parsemer son commentaire de noms, de références ou de concepts qu'on ne connaît que de nom* » (Rapport de jury 2020 du concours de bibliothécaire d'État).

« *Le jury ne se satisfera pas de noms ou de termes lâchés sans précisions ni développement et sera attentif, non seulement aux connaissances, mais également à la capacité au dialogue, à la clarté et au cheminement de la pensée, au comportement et à la méthodologie intellectuelle du candidat dans l'interaction, ainsi qu'à son sens de la nuance. [...] Pour mémoire, il est toujours maladroit de la part d'un candidat de souligner l'intérêt d'une question qui lui est posée. À travers les échanges, c'est également le savoir-être et la personnalité du candidat que le jury cherche à apprécier* » (Rapport de jury 2022, concours de conservateur d'État).

L'exposé du candidat de cinq ou dix minutes

L'exposé du candidat est un exercice fréquent. Il constitue la première partie d'une épreuve d'admission intitulée « Entretien avec un jury ». Sa durée varie entre cinq et dix minutes. C'est un exercice qui doit se préparer avec sérieux et rigueur bien en amont de l'oral. La gestion du temps fait partie intégrante de l'épreuve. Le candidat ne respectant pas ce temps, du fait, soit d'un exposé trop long (le jury arrêtera le candidat au bout du temps imparti), soit d'un exposé trop court, sera pénalisé. Toutefois, il est mentionné, dans les lettres de cadrage des concours territoriaux qu'un entretien de trois minutes au lieu de cinq peut obtenir la totalité des points à condition que celui-ci présente les qualités requises. Sur le rapport de jury 2022 des examens professionnels de bibliothécaire assistant spéciale de classe supérieure et de classe exceptionnelle, est souligné que : « *les candidats sont par ailleurs incités à se munir d'une montre ou autre appareil mesurant le temps qui s'écoule* ».

L'objectif de cet exposé de son expérience professionnelle est d'apprécier les qualités d'analyse et de réflexion du candidat ainsi que sa motivation à exercer les missions dévolues au concours visé. Cette présentation doit convaincre le jury que le candidat a les aptitudes et les compétences requises pour intégrer la fonction publique ou pour accéder au corps ou grade visé.

« *Le jury apprécie la cohérence de la présentation, la précision des informations fournies, la qualité de l'expression du candidat qui doit savoir mettre à profit ce temps qui lui appartient pour faire preuve de qualités d'analyse et de réflexion* » (Lettre de cadrage 2017, concours interne adjoint territorial de conservation). Le candidat est également évalué sur sa capacité à rendre compte clairement de son parcours et de ses compétences et à faire comprendre sa motivation.

Cette présentation est mentionnée pour les concours d'État comme « *un exposé du candidat de son expérience professionnelle* », voire « *un exposé sur son parcours universitaire et professionnel* ».

De subtiles différences, et néanmoins importantes, existent sur l'intitulé de l'exposé pour les concours territoriaux. En effet pour des concours et selon la voie de concours choisie, la demande diffère :

- exposé du candidat sur *sa formation* et *son projet professionnel* (assistant territorial et assistant principal territorial, concours externe) ;
- exposé du candidat sur les *acquis de son expérience* (assistant territorial, concours interne et assistant principal territorial, concours interne et de troisième voie) ;
- exposé du candidat sur les *acquis de son expérience* permettant au jury d'apprécier *sa capacité à s'intégrer dans l'environnement professionnel* (assistant territorial, concours de troisième voie).

Les candidats à ces concours veilleront à bien adapter la méthodologie présentée plus loin à ces spécificités.

L'exposé du candidat aux concours des bibliothèques				
Intitulé du concours	**Intitulé de l'épreuve**	**Durée de l'épreuve**	**Durée de l'exposé**	**Coefficient de l'épreuve**
Conservateur d'État (École des chartes, doctorants) Conservateur territorial (École des chartes)	Entretien avec un jury sur la motivation professionnelle	30	5	4
Conservateur d'État (concours réservé)	Entretien avec un jury sur la motivation professionnelle	30	10	3
Bibliothécaire d'État (doctorants)	Entretien avec un jury sur la motivation professionnelle, appuyé d'un dossier du candidat	30	5	4

L'exposé du candidat aux concours des bibliothèques				
Intitulé du concours	Intitulé de l'épreuve	Durée de l'épreuve	Durée de l'exposé	Coefficient de l'épreuve
Bibliothécaire d'État (examen professionnalisé réservé)	Entretien avec un jury sur la motivation professionnelle, appuyé d'un dossier RAEP	30	10	3
Bibliothécaire d'État (examen professionnel d'avancement de grade)	Entretien avec un jury, appuyé d'un dossier RAEP	30	10	3
Bibliothécaire territorial (examen professionnel d'accès au grade de bibliothécaire principal)	Entretien avec le jury	35	10	2
Bibliothécaire assistant spécialisé de classe normale (interne)	Entretien avec un jury, appuyé d'un dossier RAEP	25	5	3
Bibliothécaire assistant spécialisé de classe normale (examen professionnalisé réservé)	Entretien avec un jury sur la motivation professionnelle, appuyé d'un dossier RAEP	30	10	3
Bibliothécaire assistant spécialisé de classe supérieure (interne)	Entretien avec un jury, appuyé d'un dossier RAEP	25	5	3
Bibliothécaire assistant spécialisé de classe supérieure (examen professionnel d'avancement de grade)	Entretien avec un jury sur la motivation professionnelle, appuyé d'un dossier RAEP	25	5	3
Bibliothécaire assistant spécialisé de classe exceptionnelle (examen professionnel d'avancement de grade)	Entretien avec un jury sur la motivation professionnelle, appuyé d'un dossier RAEP	25	5	3
Assistant de conservation/ Assistant de conservation principal (externe, interne, 3e concours)	Entretien avec un jury	25	5	3

L'exposé du candidat aux concours des bibliothèques				
Intitulé du concours	**Intitulé de l'épreuve**	**Durée de l'épreuve**	**Durée de l'exposé**	**Coefficient de l'épreuve**
Assistant de conservation principal de 2e et de 1re classe (examen professionnel d'avancement de grade)	Entretien avec un jury	20	5	2
Magasinier principal des bibliothèques (externe et interne)	Entretien avec un jury	20	10	4
Magasinier principal des bibliothèques (examen professionnalisé réservé)	Entretien avec un jury, appuyé d'un dossier RAEP	20	5	SO
Adjoint territorial de conservation de 1re classe (examen professionnel)	Entretien avec un jury, appuyé d'un dossier	15	5	3
Adjoint territorial de conservation principal de 2e classe (interne, 3e concours)	Entretien avec un jury sur la motivation professionnelle	20	5	4

RAEP : Reconnaissance des acquis de l'expérience professionnelle
SO : Sans objet

« *Les candidats doivent avoir à l'esprit que le jury peut être amené à faire décrire et analyser certaines tâches mentionnées, d'autant plus si elles ont été évoquées lors de la présentation du parcours professionnel. À l'inverse, le jury a souvent la tentation d'interroger sur les missions [...] qui n'apparaissent pas dans les compétences mentionnées de l'exposé. On notera aussi que les candidats qui, ayant été interrogés sur des actions qu'ils ont pu mener, ont remis en contexte ces missions (méthodologie, objectifs, moyens, répartition des rôles dans un projet, grands jalons de calendrier...) ont souvent obtenu les meilleures notes. [...] les candidats ayant opté pour une présentation thématique, plutôt que chronologique ont souvent obtenu une meilleure note. Les présentations thématiques ont, en général, été davantage problématisées et ont donné lieu à des réflexions intéressantes sur les compétences acquises ou les compétences transférables [...]. C'est ce type de recul réflexif qui est attendu des candidats. Rappelons cependant qu'une présentation chronologique n'est pas rédhibitoire en soi, notamment pour les candidats ayant enchaîné deux ou trois postes aux missions similaires avant de passer à d'autres tâches, pour peu qu'elle s'accompagne d'analyse. Par ailleurs, les exposés non linéaires, se démarquant des présentations écrites dans les dossiers RAEP ont été appréciés par le jury. [...] se projeter vers des fonctions requérant davantage de prise de responsabilités, de sens du dialogue, de mise en perspective de l'activité professionnelle, d'engagement dans les instances de gouvernance de leur institution d'affectation, etc. Une bonne dialectique entre acquis de l'expérience passée et aspirations (voire interrogations) professionnelles futures a ainsi été valorisée [...]. Les cinq minutes de présentation de son parcours professionnel par le candidat sont le premier contact in praesentia avec le jury. L'expression se doit d'être soignée, les mots choisis avec précision. Sans être apprise par cœur, cette présentation ne doit pas donner lieu à des hésitations ou des approximations et doit avancer un propos clair. Ce sont ces qualités qui ont été appréciées, en plus de la capacité à valoriser des compétences* » (Rapport de jury 2022, bibas classe normale).

Méthodologie

« *La présentation doit être abordée comme un exercice de rédaction courte, comportant une introduction, une annonce de plan et si possible une problématique, soulignant un fil conducteur affirmé dans le parcours professionnel, un développement fluide, mettant en relief les compétences acquises ou tout du moins les acquis de l'expérience professionnelle, avec des transitions claires entre chacune des parties constituantes. Cette présentation doit enfin se terminer par une conclusion pouvant ouvrir sur un projet professionnel cohérent et réaliste, à court et plus long termes* » (Rapport de jury de l'examen professionnel d'avancement de grade de bibliothécaire hors classe, session 2021).

Analyse du parcours professionnel

Le candidat doit réaliser une liste des services et/ou des activités professionnelles antérieures dans le secteur public ou privé en commençant par l'expérience la plus récente. Pour chacune d'entre elles, le candidat précisera la période d'exercice, sa durée, l'organisme employeur et les compétences acquises.

Afin de réaliser au mieux l'ensemble de cet exercice, il est conseillé au candidat de se référer à ses fiches de postes, ses comptes rendus des entretiens professionnels et aux référentiels métiers relatifs aux métiers des bibliothèques, ces référentiels font un descriptif de chaque emploi type complété par des exemples de poste, la liste des activités principales et les compétences de chaque emploi type. Ces référentiels sont pour le secteur public : le Reme[43], le Rime[44] et le Référens[45].

43. https://www.enseignementsup-recherche.gouv.fr/fr/reme-repertoire-des-metiers-et-des-competences-du-ministere-de-l-enseignement-superieur-de-la-46099 (consulté le 04/11/2022).

44. www.fonction-publique.gouv.fr/biep/repertoire-interministeriel-des-metiers-de-letat (consulté le 04/11/2022).

45. https://data.enseignementsup-recherche.gouv.fr/pages/referens/ (consulté le 04/11/2022).

Pour les candidats ayant une ou des expériences dans le secteur privé, le candidat peut se référer au Rome[46].

Dans le cas particulier des doctorants, l'exposé doit compléter le CV et la lettre de motivation. Il est recommandé de débuter par l'énoncé des titres obtenus liés à la recherche et d'enchaîner sur les publications, travaux et conférences que le doctorant aura réalisés et enfin de conclure sur la participation éventuelle à des jurys, des comités de recherche et aux instances de l'université. Ces mentions seront plus détaillées que celles notées sur le CV ou la lettre de motivation.

« *[...] Le jury a pu apprécier les prestations de candidats "atypiques" ayant eu une première carrière ou une vie professionnelle hors bibliothèques et qui ont nourri la réflexion sur leur parcours de ces expériences. La question autour du transfert des compétences, des savoir-être et des savoir-faire a donné lieu à des échanges que le jury a valorisés. En ce sens, on ne saurait qu'encourager les candidats à faire part de leurs expériences professionnelles ou issues du monde associatif, dès lors qu'elles ont été l'occasion de développer des connaissances, d'affirmer des compétences ou de nourrir leurs pratiques en tant que professionnels des bibliothèques* » (Rapport de jury 2022, bibas classe normale).

Choix des éléments à présenter

Le candidat veillera à mettre en valeur les fonctions exercées et les compétences acquises durant son parcours professionnel, en insistant plus particulièrement sur celles qu'il souhaite privilégier. Il sélectionnera les fonctions, en général trois, qui sont, si possible, proches du concours ou de l'examen présenté. Il formulera pour chaque fonction exercée la plus-value qu'il a su y apporter en la chiffrant si possible et y décrivant le contexte professionnel s'y apportant : l'université ou la tutelle, le service, l'équipe, les interlocuteurs et lui au sein du service. Il mentionnera aussi pour chaque expérience présentée ce qu'elle lui a apporté : quelle(s) compétence(s) il a acquise(s), quelle plus-value et quelle déception il en a tiré, ainsi que les actions qui ont été mises en place et les résultats obtenus.

« *L'exposé est également pour les candidats un moment important pouvant leur permettre de bien expliciter ce qui, dans les actions menées, relève du "nous" (le collectif ou l'organisation de travail) et du "je" (l'investissement ou l'engagement individuel). Préciser son rôle exact et savoir se situer dans les modes d'organisation choisis par son établissement est important à ce stade des épreuves* » (Rapport de jury de l'examen professionnel d'avancement de grade de bibliothécaire hors classe, session 2020).

46. http://pole-emploi.org/opendata/repertoire-operationnel-des-meti.html?type=article (consulté le 04/11/2022).

PRÉAMBULE

Le candidat veillera à utiliser un vocabulaire adapté, il transposera l'intérêt qu'il porte à son travail, à ses fonctions en rapport avec l'évolution constante du métier. Son exposé doit être dynamique *via* une mise en contexte, un dégagement des enjeux, ainsi que la mise en perspective d'un parcours et d'une évolution professionnelle.

Pour les candidats des concours territoriaux d'assistant de conservation et d'assistant principal de conservation, il est attendu selon la voie de concours proposé :

- un exposé du candidat sur *sa formation* et *son projet professionnel* (assistant territorial et assistant principal territorial, concours externe). Le candidat doit valoriser les compétences acquises au cours de sa formation ainsi que son projet professionnel. Il est évalué sur sa capacité à rendre compte clairement de sa formation et de son projet professionnel et à faire comprendre sa motivation pour accéder au grade d'assistant territorial de conservation du patrimoine et des bibliothèques. Un candidat ayant acquis, en outre, une expérience professionnelle, pourra également en faire part. Cependant, le candidat devra prendre soin d'équilibrer son propos et de valoriser, comme l'intitulé réglementaire le prévoit, sa formation et son projet professionnel ;
- un exposé du candidat sur les *acquis de son expérience* (assistant territorial, concours interne et assistant principal territorial, concours interne et de troisième voie). Le candidat doit mettre en valeur l'expérience et les compétences acquises au long de son parcours professionnel en sachant dépasser une simple énumération chronologique. Il est évalué sur son aptitude à présenter clairement son expérience et ses compétences et à faire comprendre sa motivation pour accéder au grade concerné. Le candidat peut également retracer son parcours de formation (initiale, continue, stages...).
- un exposé du candidat sur les *acquis de son expérience* permettant au jury d'apprécier *sa capacité à s'intégrer dans l'environnement professionnel* (assistant territorial, concours de troisième voie). Tout candidat au 3e concours doit être attentif à valoriser, dans l'expérience acquise notamment pendant les années au titre desquelles il a été admis à concourir (activité professionnelle dans le secteur privé, responsabilité associative, mandat électif local), ce qui lui paraît utile dans l'exercice des missions du grade concerné.

Le candidat aura toujours à l'esprit lors de la construction de son exposé, que ce dernier servira au jury pour lui poser des questions à l'oral. Chaque item mentionné devra être maîtrisé par le candidat ainsi que le contexte professionnel auquel il se rattache.

Construire du discours

Une fois les axes à présenter choisis, le contexte décrit, les compétences sélectionnées, les exemples notés, le candidat doit les mettre en forme afin que son exposé soit fluide et se réalise dans le temps imparti en respectant la forme attendue :

- l'introduction doit présenter le candidat. Il doit y indiquer sa formation initiale (le niveau d'étude), l'établissement d'exercice et son poste actuel. Il peut aussi y mentionner son année d'entrée dans le monde des bibliothèques ou les différents établissements dans lequel il a exercé. Il peut également mentionner s'il a suivi une préparation au concours, mention qui est toujours appréciée du jury. Son introduction se terminera par l'annonce de son plan ;
- le développement : chaque axe ou thème abordé sera contextualisé et décrit en y rattachant les compétences acquises. Cela peut être une présentation sur la continuité des missions dans les différents postes occupés ou sur la diversité dans les fonctions exercées. Des chiffres et exemples illustreront les propos ;
- la conclusion : le candidat mentionnera ses motivations pour le concours ou l'avancement de grade ou l'examen professionnalisé réservé présenté ainsi que l'évolution envisagée de son avenir professionnel. Il faut noter que le déroulé de la carrière passée, par lequel certains candidats justifient leur accession à la catégorie supérieure sur la base d'un long parcours, ne relève pas de la motivation.

Le candidat choisira avec soin les mots et expressions de liaison qui feront la fluidité de son discours, tels que : en premier lieu, en second lieu, d'une part, d'autre part, d'abord, ensuite, or, aussi, mais aussi, en résumé, en d'autres termes, la raison pour laquelle, cependant, pourtant, néanmoins, toutefois, par exemple, pour illustrer, en effet, enfin, pour conclure, etc.

Il n'est pas utile et pas recommandé au candidat d'apprendre son discours au mot près, au risque qu'une perte de mémoire entraîne des blancs dans sa présentation et qu'il panique pour retrouver le fil de celle-ci. Il lui est conseillé de retenir les éléments importants de son introduction, le plan, les grands axes et sous axes et ses motivations professionnelles ainsi que les mots de liaison qu'il a retenus. Un entraînement intensif est gage de réussite sur cette partie de l'épreuve. L'enregistrement audio et/ou audiovisuel est un atout pour le candidat, il y décèlera ses défauts d'élocution et pourra ainsi les corriger. Réaliser son exposé devant des tiers lui sera également bénéfique, qu'ils soient des professionnels ou non.

Une interrogation sur un sujet

Cette épreuve d'admission est demandée pour le concours externe de bibliothécaire assistant spécialisé de classe supérieure. Un sujet portant sur n'importe quel point du concours a été attribué au candidat. Ce dernier a vingt-cinq minutes de préparation, il doit le présenter en dix minutes maximum lors d'un entretien de vingt-cinq minutes. Des questions complémentaires sur le sujet peuvent être posées par le jury afin de l'approfondir lors de l'entretien.

PRÉAMBULE

La notation d'un sujet est adaptée selon le degré de difficulté de ce dernier. Les sujets sont en général relatifs à une thématique bibliothéconomique telle que les plans de conservation partagée, la science ouverte en bibliothèque, télétravail et bibliothèques, etc.

Les attentes du jury

« *La commission attend des candidats la capacité à proposer un exposé argumenté, articulé autour d'une problématique, mobilisant les concepts et des exemples pertinents. Les outils, procédures, établissements et réseaux cités au cours de cet exposé doivent être connus, une courte présentation ou une définition pouvant être demandée lors des questions complémentaires. Si le développement correct d'un sigle ou d'un acronyme, comme par exemple l'Abes ou les FRBR, est apprécié, le candidat est noté avant tout sur sa connaissance de l'institution ou du concept, et de son lien avec les métiers des bibliothèques. Le jury attend des candidats qu'ils connaissent les structures, projets et pratiques qui leur permettront de se situer dans leur environnement professionnel. Si le propos doit être appuyé sur des exemples concrets et pertinents, il n'est en revanche pas nécessaire de les multiplier : le recours à un seul exemple, illustrant l'exposé de façon pertinente et présenté de manière synthétique, est suffisant* » (Rapport de jury 2022, concours de bibliothécaire assistant spéciale de classe supérieure).

Méthodologie

Le traitement du sujet doit aboutir à un exposé structuré, argumenté et articulé autour, si possible, d'une problématique. Un exemple concret et pertinent illustrera les propos du candidat.

Le candidat veillera à réaliser un plan détaillé lisible de deux parties minimum sur lequel les mots ou concepts les plus importants seront soulignés, ce qui lui permettra à l'oral visuellement de se repérer plus aisément. L'introduction et la conclusion obéiront aux règles classiques de construction, cependant le candidat ne les rédigera pas, mais notera les phrases clés de ces dernières afin de mieux se repérer, si besoin est, lors de la présentation orale.

La présentation orale

La gestion du temps fait partie intégrante de l'épreuve. Si au bout de dix minutes, un candidat n'a pas fini la présentation orale du sujet, le jury stoppera celle-ci. À l'inverse, un candidat réalisant son exposé en moins des dix minutes imparties sera pénalisé. Seul un entraînement régulier permettra au candidat d'évaluer le temps et ce qu'il peut en faire en développement.

L'épreuve de classement

Cette épreuve d'admission fait partie du concours externe et interne de magasinier principal de 2e classe, elle est dotée d'un coefficient un. Deux paquets de fiches d'une cinquantaine de fiches chacun sont remis au candidat, l'un des indices Dewey, l'autre portant des titres de périodiques français et étranger à classer par ordre discontinu croissant. Le candidat dispose de vingt minutes pour procéder au classement de ces deux paquets de fiches. À la fin du temps imparti, le candidat remet les fiches et se présente à l'entretien. Chaque erreur de classement coûte un point.

Le classement discontinu tient compte des espaces, il se fait selon l'ordre alphabétique des mots puis selon l'ordre alphabétique des lettres au sein d'un mot. L'ordre croissant signifie que le classement doit se réaliser du plus petit au plus grand ou du premier au dernier.

Sur un indice Dewey, le premier groupe de chiffres avant le point doit se classer du plus petit au plus grand, puis les chiffres situés après le point constituent un sous-classement du premier groupe de chiffre. Enfin les chiffres situés après ce second groupe de chiffres font un deuxième sous-classement.

Exemple : 027.702 3, 027 constitue le premier groupe de chiffre à classer en premier, 702 le deuxième groupe de chiffre à classer au sein de toutes les fiches débutant par 027, enfin 3, est le troisième groupe à classer au sein des fiches démarrant par 027.702.

Il est conseillé au candidat de réaliser dans un premier temps des sous-paquets regroupant les grandes classes de la Dewey puis de les classer individuellement.

Pour les titres de périodiques, le classement ne doit pas tenir compte des articles (le, la, un, une, etc.), par exemple le quotidien *Le Monde* sera classé à *Monde* sauf si cet article fait partie d'un nom propre ou géographique. Si un titre de périodique débute par des chiffres, par exemple La revue 303, il sera classé avant les titres débutant par un mot.

À noter, sur l'arrêté décrivant les modalités du concours externe et interne, il n'est pas mentionné que le candidat doit réaliser un exposé de son parcours durant un temps minuté lors de l'entretien. Cependant il est convenu comme noté sur les derniers rapports de jury, que le jury demande au candidat de présenter sa formation initiale et son parcours professionnel durant dix minutes au plus.

PRÉAMBULE

L'entretien à partir d'un dossier remis au candidat

Cette partie d'une épreuve d'admission fait partie de l'épreuve du concours interne d'adjoint territorial de conservation du patrimoine principal de 2e classe.

Pour rappel, cette épreuve démarre par un exposé du candidat d'une durée de cinq minutes maximum, suivi par un commentaire oral d'une durée de cinq à dix minutes selon les jurys à partir d'un dossier remis au candidat et enfin l'épreuve se termine par des questions du jury. La durée du commentaire oral du dossier sera indiquée au candidat en début d'épreuve par le jury. Le dossier est relativement succinct (de cinq à dix pages), c'est une mise en situation professionnelle dont le thème aura été préalablement choisi lors de l'inscription du candidat au concours. Ce dossier peut être soit sur des questions de sécurité, d'accueil du public, de communication et d'animation, soit sur des questions portant sur la présentation des collections et le renseignement aux usagers dans une bibliothèque, soit sur des questions touchant à la conservation du patrimoine écrit. Le candidat a trente minutes de préparation pour réaliser son commentaire.

Pour le candidat en situation professionnelle, la commande liée au dossier pourra être de répondre à des demandes précises de sa hiérarchie, de faire le point sur une réglementation, de mettre en œuvre une procédure, d'organiser un événement, de réaliser une opération, d'évaluer une action, etc. Le dossier peut comporter des documents de diverses natures : articles, graphiques, images, issus de presse d'information générale ou spécialisée ou de documents institutionnels. Tous les documents du dossier seront utiles au traitement de la commande.

Méthodologie à réaliser en trente minutes

Le dossier sera restitué en fin d'épreuve, aussi le candidat veillera à ne pas réaliser d'annotations dessus.

• Lecture et analyse du sujet (plus ou moins dix minutes) : le candidat, avant de prendre connaissance des documents par le libellé de la commande et la liste des documents, essaiera de répondre aux questions suivantes : « qui, quand, quoi, où, comment, pourquoi » (QQQOCP). Il dégagera ainsi le thème, le contexte ainsi que le début d'une problématique.

• Lecture et analyse des documents (plus ou moins dix minutes) : le candidat relèvera les informations utiles et pertinentes qui viendront étayer le sujet. Il fera une lecture rapide des documents en faisant attention aux intertitres ainsi qu'aux titres chapeaux qui indiquent la thématique abordée, aux phrases introductives, et aux dernières qui concluent un paragraphe. Une fois sa prise de notes effectuée, le candidat définira la problématique. Il complétera ses notes par des connaissances personnelles et les illustrera par des exemples précis et pertinents.

• Rédaction du plan détaillé (plus ou moins dix minutes) : l'introduction veillera à rappeler la commande, à poser la problématique et à annoncer le plan.

Le développement se fera en deux parties cohérentes et équilibrées en prenant appui sur les documents.

La conclusion sera un résumé des réponses à la commande.

Le candidat veillera à utiliser un vocabulaire précis et professionnel. Afin de se préparer au mieux pour cette épreuve, le candidat approfondira ses connaissances en réalisant des fiches thématiques sur le thème du dossier choisi lors de son inscription au concours.

La seconde partie des épreuves d'admission : l'entretien, la conversation avec un jury avec un focus sur la mise en situation professionnelle

L'entretien, la conversation avec un jury

Cette seconde partie des épreuves d'admission, qu'elle soit de culture générale ou professionnelle, vise à apprécier les connaissances d'un candidat, mais aussi ses aptitudes à exercer les fonctions du concours ou examen professionnel visé.

Les critères d'appréciation du jury sont l'expression et le comportement, la compréhension et l'argumentation, les connaissances et cultures ainsi que la motivation et la personnalité du candidat.

Pour cela, le candidat veillera à s'exprimer clairement et à maintenir le contact tout au long de l'épreuve avec le jury. La politesse et l'aisance sociale, la précision et la richesse du vocabulaire, l'intonation de la voix, la position du corps, le regard et les gestes du candidat seront appréciés par le jury. Un fonctionnaire doit être neutre, rigoureux, organisé et ouvert. Ces capacités intellectuelles seront révélées par la justesse de sa compréhension, la qualité de son argumentation, la pertinence de son jugement et ses vivacités intellectuelles. Les qualités personnelles attendues de la part d'un candidat sont la sensibilité, l'administration se voulant plus humaine, plus sensible à la condition de ses agents ; le dynamisme, l'ouverture d'esprit tout en sachant contre argumenter et écouter les objections ; l'attachement aux faits plutôt que l'attachement à des idées uniquement critiques ;

l'intérêt pour le service public qui peut se traduire par une bonne connaissance de son environnement administratif et enfin la volonté de progresser, c'est-à-dire le désir de se former et de s'enrichir.

Le CNFPT qualifie l'entretien ou la conversation comme un échange vivant. La conversation avec le jury est un rite social par lequel le candidat doit montrer son appartenance et son adaptation à un environnement professionnel, cependant ce rite social est plus intense et il obéit à des règles et respecte des formes nettement plus contraignantes que celles de la conversation ordinaire. La conversation ou l'entretien avec le jury est une situation artificielle, se déroulant dans un lieu inconnu, à une distance, sur une mise en scène imposée, avec une inégalité de statuts entre les acteurs, dont les rôles sont figés, où il est fort improbable de partager une expérience commune, et où le candidat doit se comporter correctement en jouant le rôle du parfait candidat et dont l'enjeu est très important.

La diversité des questions sera telle que la curiosité, les intérêts, le niveau d'information et de culture d'un candidat se révéleront automatiquement.

La préparation à ce type d'épreuve se fait en se préparant culturellement sur les thématiques au programme du concours postulé, en essayant de les mettre en relation par les conjonctions de coordination que sont « et » et « ou » tout en mettant l'accent sur l'un des deux thèmes. Deux écueils sont à éviter pendant l'oral : les idées sans les faits, les faits sans les idées. Il faut absolument cultiver simultanément les idées et les faits. Des « *fiches synthétiques et d'information sur l'actualité (lecture de la presse, écoute des nouvelles, prise de connaissance de thèmes porteurs sur les réseaux sociaux, etc.) sont très utiles pour enrichir les connaissances dans des domaines variés* » (Rapport 2018 de jury, bibliothécaire d'État).

Les questions du jury peuvent porter sur le texte ou sur son commentaire, sur un sujet afin d'approfondir une notion, d'éclairer un point de vue, de tester la réaction du candidat en situation d'imprévu.

Les questions porteront aussi sur le programme du concours. Elles peuvent aussi porter sur les éléments inscrits par le candidat dans son dossier de reconnaissance des acquis de l'expérience professionnelle, s'il a à en fournir un au préalable de l'épreuve d'admission. Le candidat fera au préalable un inventaire des questions que pourrait se poser le jury sur un thème, son dossier RAEP, etc. Un entretien dit professionnel pourra amener à des questions sur le programme, ainsi que sur l'environnement professionnel du candidat et sur les actualités de la profession.

Pour l'examen professionnel d'accès au grade de bibliothécaire principal, le décret souligne que cet entretien doit permettre au jury d'apprécier de la part du candidat : son expertise technique, ses aptitudes et sa motivation en matière de conduite de projets culturels et d'encadrement et sa connaissance des collectivités territoriales et de leur action en matière de culture. La lettre de cadrage de novembre 2019 indique : « *Le libellé réglementaire de l'épreuve ne prévoyant ni sujet tiré au sort ni temps de préparation, les questions posées par le jury appellent des réponses "en temps réel", sans préparation. S'agissant d'une épreuve distincte de l'examen du dossier individuel, l'entretien n'est pas réalisé sur le fondement de ce dernier.* »

Le candidat veillera à formuler une réponse constructive et argumentée en l'illustrant d'exemples pertinents tout en en concluant par l'expression de ses sentiments à la fin : annonce du sujet, argumentation et conclusion.

« *Les meilleurs candidats sont ceux qui, au-delà d'une très bonne capacité à écouter les questions du jury et à y répondre de façon à la fois synthétique et précise, ont su engager un dialogue avec les membres de la commission permettant un approfondissement dynamique et progressif de leurs réponses qui valorisait leur capacité de réflexion et la profondeur de leurs connaissances ou aptitudes managériales. Illustrer ses réponses à travers des exemples issus de leur fréquentation des bibliothèques ou à partir de leurs lectures de la presse professionnelle renforçait la qualité de leur prestation. [...] Les candidats qui ne sont pas parvenus à réussir [...] ont souvent apporté des réponses trop courtes et incomplètes aux questions posées et ont montré lors des mises en situation une difficulté à se positionner en tant que futur cadre dans l'exercice proposé. [...] S'il ne se sent pas capable de répondre, en revanche, le candidat peut en informer le jury qui passera à un autre sujet. Enfin, il faut être conscient que les membres du jury tirent souvent leurs questions de sujets ou d'ouvrages évoqués par le candidat lors de son commentaire de texte. Il est donc recommandé d'éviter de donner l'impression de connaître un thème que l'on ne maîtrise pas, au risque de se voir interrogé ensuite sur le sujet en question* » (Rapport de jury 2022, concours de bibliothécaire d'État).

■ L'entretien suite à la lecture du dossier RAEP

Chaque membre du jury a procédé préalablement à un examen attentif des dossiers et a en sa possession lors de l'entretien un exemplaire.

Les candidats doivent être capables de situer la bibliothèque au sein de laquelle ils travaillent dans son environnement, ils doivent également posséder un minimum de connaissance sur les bibliothèques, qu'elles soient universitaires ou publiques. Les candidats doivent impérativement compléter leur savoir-faire acquis dans une ou plusieurs bibliothèques par des apports extérieurs : consultation des sites d'établissements, lectures régulières de la presse professionnelle, visites de bibliothèques avec des rencontres de professionnels, programmes de journées d'études, etc.

■ Les mises en situation professionnelle

« *Le jury souhaite évaluer leurs qualités d'analyse, de synthèse, de bon sens, leur capacité à tracer en quelques phrases les grandes lignes et pistes de résolution d'un cas pratique professionnel. Il est donc attendu des candidats qu'ils sachent engager le dialogue avec le jury de manière riche et nuancée et montrer une capacité convaincante à se projeter dans leur future position* » (Rapport 2018 de jury, bibliothécaire d'État).

Ces mises en situation professionnelle visent à apprécier les capacités d'adaptation et de réaction des candidats face à des situations concrètes qui peuvent se présenter à eux lorsqu'ils sont en poste. Elles seront adaptées au concours visé et permettent assez souvent de départager les candidats. Pour des futurs cadres A, des mises en situation relatives à l'encadrement sont fréquentes. Pour tous, elles touchent à la vie de tous les jours d'une bibliothèque : « *Quelle attitude adoptez-vous en cas de malaise d'un usager ? Quand un litige se déclare entre un usager et un membre de votre équipe ? Lorsque vous constatez une inondation dans les magasins ? Comment organisez-vous l'accueil d'un nouveau collègue dans votre équipe ? Comment assurez-vous la circulation de l'information au sein de votre équipe ?* » Les réponses font appel au bon sens et non à un cours théorique. Une certaine pondération dans les réponses est attendue ainsi qu'une certaine cohérence dans les démarches que les candidats réaliseraient face à ces situations.

« *Un défaut récurrent des candidats consiste à réfléchir comme s'ils étaient seuls et ne dépendaient pas d'un collectif. Cependant, les situations envisagées [s'en tiennent] souvent à la gestion d'équipe ou de projet et impliquent donc la prise en compte des agents qui en font partie ou des organisations fonctionnelle et hiérarchique dans lesquelles ils s'inscrivent* » (Rapport de jury 2022, concours de conservateur d'État).

« *Il n'est bien évidemment jamais attendu des candidats qu'ils résolvent seuls toutes les situations présentées : savoir rendre compte à sa hiérarchie ou déléguer une tâche, mobiliser les services experts des établissements, initier des interventions extérieures font partie des éléments de réponses possibles et attendus. [...] Le jury n'attend pas des candidats qu'ils sachent "tout sur tout", mais qu'ils fassent toujours montre dans leurs réponses de précision et de mesure, ainsi que de réalisme dans les solutions proposées en prenant notamment appui sur leurs acquis de l'expérience* » (Rapport de jury 2022, examen professionnel de bibliothécaire hors classe).

L'épreuve portant sur le traitement automatisé de l'information

Rappel de la lettre de cadrage

Cette épreuve consiste en une vérification à l'oral des connaissances du candidat dans le domaine de l'informatique et des multimédias. Le jury de cette épreuve est généralement composé de deux examinateurs spécialisés dont l'un au moins est informaticien. L'épreuve commence par le tirage au sort d'un sujet par le candidat, devant le jury qui l'interrogera ou devant des agents du centre organisateur qui prennent le soin de préciser au candidat les modalités précises du déroulement de l'épreuve.

Le candidat dispose ensuite d'un temps de préparation de 20 minutes, sans aucun autre document que le sujet, au terme duquel il vient présenter au jury ses réponses aux questions posées. Le barème de chaque question peut être notifié sur le sujet. L'attention du candidat est attirée sur le fait qu'il n'est pas autorisé à annoter le sujet qu'il devra restituer au jury au terme de l'épreuve. Le candidat n'est pas autorisé à tirer au sort un nouveau sujet si le premier ne lui convient pas.

Les questions ou mises en situation professionnelle peuvent également porter sur tous les problèmes que les membres du cadre d'emplois des assistants territoriaux de conservation du patrimoine et des bibliothèques pourraient rencontrer dans la mise en œuvre ou l'utilisation de solutions informatiques et multimédias, qu'elles soient à usage interne (logiciels de gestion de collections, de fonds documentaires, etc.) ou à usage externe (logiciels ou programmes de recherche à destination de tous les publics, etc.). Les missions des membres du cadre d'emplois des assistants territoriaux de conservation du patrimoine et des bibliothèques comprenant notamment des actions culturelles et éducatives, les mises en situation professionnelles peuvent placer le candidat dans une posture pédagogique, destinée à vérifier sa capacité à répondre aux attentes d'aide informatique et multimédia des différents publics des musées, bibliothèques, services d'archives et de documentation.

Méthodologie

Pendant le temps de préparation de 20 minutes

Une première lecture rapide des questions est faite. Lors de la seconde lecture, il faut identifier les questions perçues comme les plus faciles à répondre et à l'inverse celles les plus difficiles. Dans un premier temps, les questions les plus faciles seront traitées en adaptant la longueur des réponses au barème attribué. Le candidat s'assure ainsi au minimum de la réussite d'une partie de l'épreuve.

Les questions les plus difficiles par leur thématique ou leur réflexion seront traitées en dernier afin d'y consacrer le temps restant. La réponse ne doit pas être rédigée entièrement, seuls les points essentiels pour formuler une réponse construite y seront notifiés. Si le sujet demande un développement plus élaboré, ce qui peut se supposer si le barème est élevé, une introduction pourra être rédigée, un plan détaillé réalisé et une conclusion élaborée. Des ouvertures ou des points d'analyse plus poussés sur les différents sujets peuvent être notés brièvement à la fin de chaque réponse anticipant ainsi les questions possibles du jury à la fin de chaque réponse formulée.

Pendant les 20 minutes d'entretien

Les mêmes conseils sont à suivre que ceux donnés lors de l'épreuve obligatoire de l'entretien avec un jury. La lecture de chaque question sera faite, introduisant ainsi la réponse préparée, si l'un des membres du jury n'en fait pas la lecture. Le ton et la forme doivent correspondre à celle attendue lors de tout oral. Le ton doit être posé et clair. La forme doit être neutre, précise et concise. Un dialogue peut s'instaurer avec les membres du jury si ceux-ci souhaitent des précisions sur un point abordé par le candidat ou une notion absente du retour de celui-ci sur la question traitée.

Des conseils pratiques pour l'oral

Lorsqu'un candidat est appelé pour l'oral, il entre dans la salle en marchant normalement, il salue le jury en inclinant la tête, dit bonjour et attend l'invitation d'un membre du jury, en général le président du jury, pour s'asseoir. Le candidat ne fixera pas un des membres du jury, mais fera ce qui est nommé un regard de survol, c'est-à-dire un regard au-dessus des têtes des jurés. Après une courte pause, le candidat déclinera ses nom et prénom. Le jury répondra au salut du candidat et le président l'invitera à s'asseoir. Le contact s'établit d'abord par le regard puis le regard accompagne le discours.

La tenue vestimentaire veillera à être une tenue de ville correcte qui reflétera une démarche importante, ce qui est le cas. Les candidats n'oublieront pas que la tenue et le comportement sont non seulement une marque de politesse, mais ils traduisent aussi l'état et les sentiments.

Le candidat s'assurera de trouver une position stable sur sa chaise, bien assis, ses avant-bras sur la table et les pieds à plat au sol. Le dos doit être droit afin de bien respirer, ce qui aidera à bien placer sa voix et de ne pas s'épuiser en parlant.

Le candidat veillera à moduler l'intensité de sa voix afin de faire ressortir certains points de son discours et à faire des pauses qui lui serviront à reprendre son souffle, à inspirer et à parler lors de l'expiration ; il veillera également à regarder équitablement l'ensemble des membres du jury tout au long de l'épreuve. Cependant comme l'exige la politesse, le candidat regardera le juré qui lui aura posé une question, tout en commençant à lui répondre puis il enchaînera en regardant les autres membres du jury.

La gestion du temps fait partie intégrante de l'épreuve, aussi le candidat prendra soin de regarder sa montre posée sur la table de manière discrète tout au long de l'épreuve. Il accéléra le débit de ses paroles en cas de retard ou bien le ralentira en cas d'avance, ceci notamment sur les parties d'épreuve conditionnées à un exercice sur un temps limité tel que le commentaire de texte ou l'exposé. Si le candidat manque de temps en plus de l'accélération de son débit il peut omettre de présenter à l'oral des points secondaires d'un exposé par exemple. La conclusion ne devra jamais être oubliée, car un auditoire se rappelle automatiquement de l'introduction et de la conclusion.

La fin de l'épreuve est là, un membre du jury, en général son président, signale au candidat que l'épreuve est terminée. Celui-ci se lève, ramasse ses notes s'il en a puis dit clairement « au revoir » sans baisser la tête tout en regardant l'ensemble des jurés.

Il est conseillé au candidat afin de se préparer à cet exercice qu'il visualise la scène plusieurs fois avant l'oral. Le candidat veillera à inventer sa progression personnelle en fonction de ses points faibles et ainsi de les travailler progressivement et séparément (l'intonation, la posture, le débit du discours, etc.). De plus, le fait d'enregistrer sa prestation lors d'entraînements s'avère plus qu'utile, le candidat décèlera ainsi ses défauts naturels de langage et veillera à y remédier.

Une préparation à la gestion du stress est très utile, voire indispensable pour certains candidats.

Les conseils du jury

« *Il est rappelé qu'un candidat peut indiquer ne pas avoir la réponse à une question : pourvu que cela reste ponctuel, le jury peut apprécier cette sincérité davantage qu'un développement trop hasardeux* » (Rapport 2017 de jury, bibliothécaire d'État).

« *Dans le cas de candidats disposant déjà d'une expérience en bibliothèque, le jury indique que critiquer ses supérieurs hiérarchiques en les prenant systématiquement en contre-exemple de ce qu'il faut faire est particulièrement malvenu et laisse mal augurer de la capacité de l'agent à occuper des fonctions de cadre...* » (Rapport 2018 de jury, bibliothécaire d'État).

PRÉAMBULE

« *Il n'est pas conseillé de montrer un agacement face aux questions posées, ni de quitter la salle sans saluer et en claquant la porte...* » (Rapport 2018 de jury, bibliothécaire d'État).

« *Les candidats sont par ailleurs invités à adopter une posture physique adéquate face au jury. L'un d'eux, qui avait tendance à s'affaler sur la table, a été sanctionné d'un point* » (Rapport 2017 de jury, bibliothécaire assistant spécial de classe supérieure).

L'ÉTAT, LES COLLECTIVITÉS TERRITORIALES ET L'EUROPE

PARTIE I

1 | ORGANISATION DE L'ÉTAT ET DES COLLECTIVITÉS TERRITORIALES

QUESTIONS 1 À 7

Question 1 : Qu'est-ce qu'une constitution ?
Question 2 : Quels sont les principes fondamentaux qui caractérisent l'État français ?
Question 3 : Quels sont les trois pouvoirs de l'État et leurs attributions ?
Question 4 : Qu'est-ce qu'une collectivité territoriale ?
Question 5 : Quelles sont les collectivités territoriales françaises ?
Question 6 : Quelles sont pour chacune leur organisation et leurs compétences ?
Question 7 : Quelles sont les principales lois de décentralisation ?

1

■ RÉPONSES 1 À 7

Question 1 : Qu'est-ce qu'une constitution ?

La constitution est une marque de souveraineté. C'est la norme juridique la plus haute. Une constitution contient deux types de règles. Celles relatives au fonctionnement des institutions et celles des règles relatives aux droits garantis aux individus.

La constitution en vigueur en France est celle de la Ve République depuis le 4 octobre 1958. Elle fut modifiée en 1962 pour y inclure l'élection au suffrage universel direct du président de la République.

Question 2 : Quels sont les principes fondamentaux qui caractérisent l'État français ?

« *La France est une République indivisible, laïque, démocratique et sociale* » (article 1 de la Constitution de la Ve République).

Seul le peuple exerce la souveraineté nationale par la voie électorale et celle du référendum. « *L'unité et l'indivisibilité garantissent une application uniforme du droit sur l'ensemble du territoire national*[1]. » C'est une République indivisible.

Chaque citoyen est libre sur ces croyances. Aucune religion n'a un statut privilégié au sein de la République. C'est le principe de la séparation des Églises et de l'État. C'est une République laïque.

Elle implique le respect des libertés fondamentales et l'appel au suffrage universel pour toute désignation des pouvoirs. C'est une République démocratique.

C'est le principe de l'égalité. C'est la contribution à la cohésion sociale et à l'amélioration des conditions pour les plus démunis. C'est une République sociale.

Question 3 : Quels sont les trois pouvoirs de l'État et leurs attributions ?

Les trois pouvoirs de l'État sont le pouvoir législatif, le pouvoir exécutif et le pouvoir judiciaire.

1. www.vie-publique.fr/decouverte-institutions/institutions/veme-republique/heritages/quels-sont-principes-fondamentaux-republique- francaise.html (consulté le 04/11/2022).

1) Le pouvoir législatif est chargé de la rédaction et de l'adoption des lois, mais aussi du contrôle du pouvoir de l'exécutif. Il est géré par le Parlement qui est constitué de deux chambres ou assemblées : l'Assemblée nationale et le Sénat.

L'Assemblée nationale ou Chambre des députés est constituée de membres élus au suffrage universel direct (élu par le peuple) pour une durée de cinq ans. Elle vote les lois et le budget de l'État. Elle contrôle l'action du gouvernement et peut voter une motion de censure contre lui. Elle peut être dissoute par le président de la République.

Les membres du Sénat sont élus au suffrage universel indirect pour une durée de six ans qui sont renouvelés par moitié tous les trois ans. Les électeurs des sénateurs sont dits « grands électeurs » constitués en collèges électoraux. Des élus de chaque circonscription que sont les députés, les conseillers régionaux, les conseillers municipaux constituent un collège électoral. Le président du Sénat, réélu tous les trois ans, est le troisième personnage de l'État. Il assurera l'intérim de la présidence de la République si besoin est.

Les deux chambres peuvent proposer des lois. Quand ces lois sont à l'initiative du Parlement, ce sont des propositions de loi. Quand elles sont à l'initiative de l'exécutif, ce sont des projets de loi.

2) Le pouvoir exécutif met en œuvre les lois et conduit la politique nationale. Il est assuré par le président de la République et le gouvernement.

Le président de la République est élu au suffrage universel direct pour une durée de cinq ans. Il incarne l'autorité de l'État, la République française. Il veille au respect de la constitution et au fonctionnement normal des pouvoirs publics. Il est le garant de l'indépendance nationale, de l'intégrité du territoire et des traités signés par la France. Il est le chef des armées. Il choisit et nomme le Premier ministre. Sur proposition de celui-ci, il nomme les membres du gouvernement. Il nomme les responsables aux hautes fonctions civiles et militaires de l'État (préfets, ambassadeurs, etc.). Il préside le Conseil des ministres. Il se doit de préserver l'indépendance de la justice. Il a le droit de faire grâce. Il peut, de manière exceptionnelle, consulter la population par référendum. Il peut également si les institutions et/ou le territoire sont menacés prendre les pleins pouvoirs (exécutif et législatif).

Le gouvernement est constitué du Premier ministre, des ministres et des secrétaires d'État. Il peut par délégation du Parlement *via* des ordonnances gérer le pouvoir législatif. Il a deux pouvoirs exceptionnels sur l'ordre public. Il peut décréter l'état de siège qui se caractérise par un transfert de l'autorité civile à l'autorité militaire ou l'état d'urgence qui est caractérisé par « *le péril imminent* *résultant d'atteintes graves à l'ordre public* » ou « *d'événements présentant, par leur nature et leur gravité, le caractère de calamité publique* » (loi n° 55-385 du 3 avril 1955).

Le Premier ministre est le chef du gouvernement. Il propose au président de la République ses membres. Il détient le pouvoir hiérarchique sur la fonction publique d'État. Il détient, avec le président de la République, les pouvoirs réglementaires et nomme aux emplois civils et militaires. Il dispose, avec les membres du Parlement, de l'initiative des lois et choisit l'assemblée devant laquelle sera déposé le projet de loi. Il peut de manière exceptionnelle remplacer le président de la République pour présider le Conseil des ministres.

Les ministres peuvent être de trois niveaux :
- les ministres d'État, dont le titre est honorifique, dirigent les départements ministériels ;
- les ministres « simples » dirigent l'administration placée sous leur autorité ;
- les ministres délégués auprès du Premier ministre ou d'un ministre simple.

Les secrétaires d'État peuvent être autonomes, c'est-à-dire qu'ils disposent d'un budget propre et de l'autorité sur des services ou peuvent être délégués soit auprès du Premier ministre ou d'un ministre simple. Les secrétaires d'État ne participent pas au Conseil des ministres.

3) Le pouvoir judiciaire ou l'autorité judiciaire désigne « *l'ensemble des institutions dont la fonction est de faire appliquer la loi en tranchant les litiges*[2] ».

Les tribunaux sont séparés par deux ordres juridictionnels : le judiciaire et l'administratif. Ces deux ordres sont structurés de la manière suivante :
- les juridictions de première instance ;
- les juridictions d'appel qui sont un recours des décisions prises en première instance ;
- les juridictions de cassation qui constituent le dernier recours et qui sont chargées de contrôler et d'harmoniser l'application de la loi prise par les deux juridictions précédentes.

2. www.vie-publique.fr/decouverte-institutions/justice/definition/principes/qu-est-ce-que-autorite-judiciaire.html (consulté le 04/11/2022).

Tableau : Les juridictions et leurs affaires selon l'ordre judiciaire

	Ordre judiciaire (civil ou pénal)			**Ordre administratif**
	Civil	**Pénal**		
Juridictions de première instance	**Tribunal judiciaire** (remplace depuis le 1er janvier 2020, le tribunal de grande instance et le tribunal d'instance) **Tribunaux d'exception :** Tribunal de proximité (ancien tribunal d'instance situé en dehors de la ville où se situait anciennement le tribunal de grande instance) Conseil des Prud'hommes Tribunal de commerce Tribunal paritaire des baux ruraux *Ils traitent des litiges entre les personnes privées et les droits qui en découlent en matière civile, commerciale et sociale*	**Tribunal correctionnel** *Il traite des délits* **Tribunal de police** *Il traite des contraventions*	**Cour d'assises** *Elle traite des crimes*	**Tribunaux administratifs** *Ils traitent de tout litige opposant une personne privée à une personne publique*
Juridictions d'appel	Cour d'appel		Cour d'assises	Cour administrative d'appel
Juridictions de cassation	Cour de cassation			Conseil d'État

Question 4 : Qu'est-ce qu'une collectivité territoriale ?

Une collectivité territoriale est une structure administrative française sur un territoire donné qui prend en charge les intérêts de ses habitants.

Une collectivité territoriale est une personne morale de droit public, distincte de l'État. Elle a l'autonomie juridique et patrimoniale.

Une collectivité territoriale est gérée par un conseil ou une assemblée délibérante qui est élu(e) au suffrage universel direct. À noter : son organe exécutif peut ne pas être élu.

Les compétences d'une collectivité territoriale sont déterminées par la loi et non par la collectivité territoriale elle-même.

Question 5 : Quelles sont les collectivités territoriales françaises ?

Ce sont les communes, les départements, les régions et les collectivités à statut particulier.

Les collectivités territoriales en France métropolitaine et dans les départements d'outre-mer (en nombre de collectivités) d'après *Les collectivités locales en chiffres 2022*[3] réalisé par le département des études et des statistiques locales (DESL) de la Direction générale des collectivités locales (DGCL), ministère de la Cohésion des territoires et des Relations avec les collectivités territoriales

	2018	2019	2020	2021	2022
Ensemble des collectivités locales	**47 320**	**46 310**	**45 802**	**45 397**	**45 205**
Collectivités territoriales	**35 472**	**35 085**	**35 083**	**35 079**	**35 069**
Communes	**35 357**	**34 970**	**34 968**	**34 965**	**34 955**
dont :					
- France métropolitaine	35 228	34 841	34 839	34 836	34 826
- Outre-mer	129	129	129	129	129
Conseils départementaux*	**96**	**96**	**96**	**95**	**95**
dont :					
- France métropolitaine	94	94	94	93	93
- Outre-mer	2	2	2	2	2

3. https://www.collectivites-locales.gouv.fr/files/Accueil/DESL/2022/Colloc%20en%20chiffres/Chiffres%20clef/BATweb-DGCL-CL_en_chiffres_2022.pdf (consulté le 04/11/2022)..

	2018	2019	2020	2021	2022
Conseils régionaux	**14**	**14**	**14**	**14**	**14**
dont :					
- France métropolitaine	12	12	12	12	12
- Outre-mer	2	2	2	2	2
Collectivités à statut particulier	**5**	**5**	**5**	**5**	**5**
Collectivité territoriale de Corse	1	1	1	1	1
Collectivité de Corse	1	1	1	1	1
Métropole de Lyon	1	1	1	1	1
Martinique	1	1	1	1	1
Guyane	1	1	1	1	1
Département de Mayotte	1	1	1	1	1
Groupements de communes	**11 848**	**11 225**	**10 719**	**10 318**	**10 136**
Groupements de communes à fiscalité propre	**1 263**	**1 258**	**1 254**	**1 253**	**1 254**
Syndicats**	**10 585**	**9 967**	**9 465**	**9 065**	**8 882**

** Le passage en 2021 de 96 à 95 conseils départementaux est lié à la création de la Collectivité européenne d'Alsace, département de droit commun, par le décret n° 2019-142 du 27 février 2019 portant regroupement des départements du Bas-Rhin et du Haut-Rhin.*
*** Y compris syndicats en arrêt de compétence.*

Source : INSEE, code officiel géographique ; DGCL, Banaticc

Le nombre de régions en France métropolitaine est ramené à douze (treize avec la collectivité territoriale unique de Corse) depuis la loi n° 2015-29 du 16 janvier 2015[4] relative à la délimitation des régions, aux élections régionales et départementales et modifiant le calendrier électoral.

Le découpage géographique de ces nouvelles régions a été fixé par des décrets du 28 septembre 2016.

Les sept nouvelles régions sont :
- le « Grand Est » regroupant l'Alsace, la Champagne-Ardenne et la Lorraine, son chef-lieu est Strasbourg ;
- la « Nouvelle-Aquitaine » regroupant l'Aquitaine, le Limousin et le Poitou-Charentes, son chef-lieu est Bordeaux ;
- l'« Auvergne-Rhône-Alpes » regroupant l'Auvergne et le Rhône-Alpes, son chef-lieu est Lyon ;
- la « Bourgogne-Franche-Comté » regroupant la Bourgogne et la Franche-Comté, son chef-lieu est Dijon ;

4. www.legifrance.gouv.fr/affichTexte.do?cidTexte=JORFTEXT000030109622&categorieLien=id (consulté le 04/11/2022).

- l'« Occitanie » regroupant le Languedoc-Roussillon et le Midi-Pyrénées, son chef-lieu est Toulouse ;
- les « Hauts-de-France » regroupant le Nord-Pas-de-Calais et la Picardie, son chef-lieu est Lille ;
- la « Normandie » regroupant la Basse-Normandie et la Haute-Normandie, son chef-lieu est Rouen.

Les cinq régions dont le découpage géographique et le chef-lieu restent inchangés sont :
- la Bretagne, le chef-lieu est Rennes ;
- le Centre-Val de Loire, nouveau nom de la région Centre, le chef-lieu est Orléans ;
- l'Île-de-France, le chef-lieu est Paris ;
- les Pays de la Loire, le chef-lieu est Nantes ;
- la Provence-Alpes-Côte d'Azur, le chef-lieu est Marseille.

La région Corse devient la collectivité territoriale de Corse depuis la loi du 16 janvier 2015.

Les deux régions d'outre-mer sont la Guadeloupe et la Réunion.

La Guyane est un département d'outre-mer avec des compétences régionales. Il en est de même pour Mayotte et la Martinique.

Question 6 : Quelles sont pour chacune leur organisation et leurs compétences ?

Les trois principaux types de collectivités territoriales sont la commune, le département et la région.

La commune est la collectivité de base ou de proximité. Elle fut créée en 1789. Le conseil municipal est élu au suffrage universel direct pour six ans. Le maire est élu par le conseil municipal. Il est le représentant de l'État. À ce titre, il gère l'état civil, organise les élections et est l'autorité de police sur son territoire. Il est chargé du recrutement du personnel communal, de l'exécution du budget et est responsable de l'organisation des services municipaux.

Les communes sont compétentes en matière d'urbanisme, de logement, d'aide sociale, de gestion des écoles maternelles et élémentaires, mais aussi en ce qui concerne le tourisme et le sport, la culture (dont les bibliothèques municipales), le patrimoine et l'entretien de la voirie communale.

Le département a été créé afin qu'il soit possible d'aller de chef-lieu en chef-lieu en une journée de cheval. À partir de 1871, le conseil départemental (nommé conseil général avant 2015) est élu au suffrage universel direct. Les conseillers départementaux sont élus pour 6 ans et sont rééligibles. Le président du conseil départemental est élu à la majorité absolue des membres du conseil départemental pour six ans. Il est chargé de l'exécution du budget et est responsable de l'organisation des services départementaux. Son président est responsable de l'exécutif depuis 1982, auparavant le préfet tenait ce rôle. Le département est divisé en cantons. Deux conseillers départementaux sont élus par canton.

Le département est compétent en matière d'action sociale, de grands équipements, de voirie et de transport scolaire, de gestion des collèges, d'actions culturelles et éducatives (dont les bibliothèques départementales), d'aménagement rural et de secours incendie.

Depuis 2015, ces compétences sont celles que la loi lui attribue. Il n'a plus le droit d'agir dans tous les domaines au nom de l'intérêt public local.

La région fut créée en 1982 et vraiment considérée comme collectivité territoriale une fois que son mode de scrutin fut adopté en 1985. Avant cette date et depuis 1972, on parlait d'établissements publics régionaux dotés de compétences réduites.

Les conseillers régionaux sont élus pour six ans au suffrage universel direct, au scrutin de liste à deux tours avec représentation proportionnelle et avantage à la liste qui obtient la majorité absolue au premier tour ou arrive en tête au second. Le président du conseil régional est élu à la majorité absolue par ses membres. Il est responsable de l'exécutif.

Le conseil économique, social et environnemental régional a un rôle consultatif. La région est compétente en matière de développement et d'aménagement du territoire, de formation professionnelle, la gestion des lycées et des transports hors agglomération.

Question 7 : Quelles sont les principales lois de décentralisation ?

À partir de 1982 se réalise **l'acte I de la décentralisation** par les lois dites lois Defferre, ministre de l'Intérieur et de la Décentralisation.

- Par la loi du 2 mars 1982 relative aux droits et libertés des communes, des départements et des régions, la région devient une collectivité territoriale de plein exercice lorsqu'elle disposera d'une assemblée élue au suffrage universel direct, l'exécutif du département et de la région est transféré à un élu, le président de leur conseil respectif, le département devient lui aussi une collectivité territoriale distincte de l'État.
- Les lois du 7 janvier et 22 juillet 1983 répartissent les compétences transférées de l'État vers la commune, le département et la région. La commune devient compétente en matière d'urbanisme et d'équipements de proximité, le département sur les missions de solidarité sociale, les régions sur l'aménagement du territoire et le développement économique. La loi du 7 janvier reconnaît aussi à

ces collectivités territoriales la clause de compétence générale, c'est-à-dire qu'elles peuvent s'intéresser à l'ensemble de la vie locale y compris les aspects ne rentrant pas dans ses champs de compétences et compense les charges de l'État vers les collectivités territoriales.

- De la loi du 26 janvier 1984 naît la fonction publique territoriale.
- La loi du 3 février 1992 apporte les premiers éléments d'un statut des élus locaux.
- La loi du 6 février 1992 amène les premières formes de démocratie locale et relance la coopération intercommunale.
- La loi du 4 février 1995 d'orientation pour l'aménagement et le développement du territoire (LOADT) dite loi Pasqua.
- La loi du 25 mai 1998 donne le droit de vote et d'éligibilité aux citoyens européens aux élections municipales.
- Le nouveau mode de scrutin régional est entériné par la loi du 19 janvier 1999.
- La loi du 19 mars 1999 fera évoluer le régime statutaire de la Nouvelle-Calédonie vers plus d'autonomie.
- La loi du 25 juin 1999 d'orientation pour l'aménagement et le développement durable du territoire, dite loi Voynet.
- La loi du 12 juillet 1999 dite loi Chevènement renforce et simplifie l'intercommunalité. Elle supprime les districts et les communautés de ville. Elle crée les communautés de communes, les communautés d'agglomération (moins de 50 000 habitants) et les communautés urbaines (plus de 500 000 habitants).
- La loi du 6 juin 2000 est relative à l'application de la parité aux mandats électoraux et fonctions électives.
- La loi du 27 février 2002 relative à la démocratie de proximité.

L'acte II de la décentralisation débute en 2003 par la nomination d'un nouveau Premier ministre, Jean-Pierre Raffarin.

- La loi constitutionnelle du 28 mars 2003, relative à l'organisation décentralisée de la République, reconnaît l'expérience législative des collectivités territoriales et donne la possibilité à ces dernières de gérer des compétences communes. De plus, elle permet aux électeurs de chaque collectivité, le droit de pétition, c'est-à-dire, la possibilité d'inscrire à l'ordre du jour du conseil d'une question suite à une pétition.
- La loi du 13 août 2004 relative aux libertés et responsabilités locales (LRL) redistribue des compétences entre l'État et les collectivités territoriales : les départements renforcent leurs compétences en matière d'action sociale et de gestion des routes, la formation dans les domaines de développement économique et de formation professionnelle.

L'acte III de la décentralisation dit aussi acte I de la recentralisation démarre par une réforme adoptée par la loi du 16 décembre 2010 nommée « réforme des collectivités territoriales ». Elle permet de réaliser des économies sur la gestion des collectivités, mais aussi de réduire ce qui est dénommé comme un mille-feuille territorial. Chaque commune devait rejoindre un établissement public de coopération intercommunal.

La modernisation de l'action publique territoriale a démarré en 2012.

- La loi du 17 mai 2013 relative à l'élection des conseillers départementaux, des conseillers municipaux et des délégués communautaires et modifiant le calendrier électoral.
- Les lois organiques et ordinaires relatives à la transparence de la vie publique du 11 octobre 2013 ont pour objet de prévenir les conflits d'intérêts des élus locaux et nationaux. Ces lois créent la Haute Autorité pour la transparence de la vie publique (HATVP).
- La loi du 27 janvier 2014 de modernisation de l'action publique territoriale et d'affirmation des métropoles, dite loi Maptam. Elle définit le rôle de chef de file de chaque collectivité territoriale. La région est chargée les actions communes des collectivités territoriales en matière de développement économique, d'aménagement et de développement durable du territoire, de qualité de l'air, d'énergie, de la complémentarité des modes de transports et de soutien à l'enseignement supérieur et de la recherche. Le département devient chef de file en matière d'action et de développement social, d'autonomie des personnes et de la solidarité des territoires. Enfin, les communes sont chef de file en matière de mobilité durable, d'organisation des services publics de proximité et de développement local.
- La loi du 16 janvier 2015 redessine la carte des régions.
- La loi du 31 mars 2015 visant à faciliter l'exercice des mandats des élus locaux.
- La loi du 7 août 2015 portant sur une nouvelle organisation territoriale de la République, dite loi NOTRe, modifie en profondeur la répartition des compétences entre collectivités territoriales. Elle confie de nouvelles compétences aux régions, notamment la compétence exclusive en matière d'aides aux entreprises et renforce le rôle des départements en matière de solidarité. Elle enrichit les compétences partagées en matière de promotion des langues régionales et d'éducation populaire. Elle supprime cependant la clause de compétence générale aux collectivités territoriales acquise en 1983.
- La loi du 27 décembre 2019, relative à l'engagement dans la vie locale et à la proximité de l'action publique, porte sur le rééquilibrage du rôle des communes et des maires au sein des EPCI et sur le fait qu'elle rend facultative la révision des schémas départementaux de coopération intercommunale prévue par la loi NOTRe. De plus, cette loi crée un pacte de gouvernance pour régler les relations entre les intercommunalités et les maires. Elle donne à ces derniers des pouvoirs de police renforcés et encourage les citoyens à participer à la vie publique.

• La loi n° 2022-217 du 21 février 2022[5] relative à la différenciation, la décentralisation, la déconcentration dit « 3DS » et portant diverses mesures de simplification de l'action publique locale. Elle donne des marges de manœuvre aux élus locaux. Elle contient des mesures dans des domaines divers (transports, logement social, santé...). Elle prévoit davantage de différenciations, des transferts de compétences « à la carte », des expérimentations (financement du RSA) tout en simplifiant l'action publique locale. Pour s'adapter aux réalités locales, la loi réaffirme la capacité d'adaptation de l'organisation et de l'action des collectivités aux particularités de leur territoire, dans le respect du principe d'égalité. Elles ont, par exemple, plus de latitude pour fixer localement la réglementation dans leur domaine de compétence. Le texte conforte les compétences des collectivités locales dans les domaines des transports, du logement, de l'insertion, de la transition écologique ou de la santé.

5. https://www.legifrance.gouv.fr/jorf/id/JORFTEXT000045197395 (consulté le 04/11/2022)

2| LES FONCTIONS PUBLIQUES : PRINCIPES GÉNÉRAUX, DROITS ET OBLIGATIONS DES FONCTIONNAIRES

QUESTIONS 8 À 13

Question 8 : Quelles sont les trois fonctions publiques ?

Question 9 : Quelles sont les modalités de recrutement des fonctionnaires ?

Question 10 : Que sont le statut, le corps/cadre d'emploi, le grade et l'échelon ?

Question 11 : Quels sont les droits des fonctionnaires ?

Question 12 : Quelles sont les obligations des fonctionnaires ?

Question 13 : Quelles sont les différentes positions administratives du fonctionnaire ?

■ RÉPONSES 8 À 13

Question 8 : Quelles sont les trois fonctions publiques ?

Les trois fonctions publiques sont la fonction publique d'État (FPE), la fonction publique territoriale (FPT) et la fonction publique hospitalière (FPH). C'est le ministre de l'Action et des Comptes publics qui est chargé de la gestion de la fonction publique.

Le code général de la fonction publique (CGFP) est entré en vigueur le 1er mars 2022. Il est organisé autour d'une logique de ressources humaines et non plus organisé par fonction publique. Il réaffirme la transversalité du statut général et les principes de la fonction publique de carrière, tout en consacrant les évolutions récentes issues de la loi de transformation de la fonction publique, en particulier la place désormais occupée par les contractuels. Il codifie l'ensemble des textes statutaires régissant la fonction publique et rassemble les dispositions communes des trois fonctions publiques tout en conservant les spécificités de chacune. Il n'apporte aucune modification du droit existant, il simplifie le droit en supprimant les doublons.

Les données annuelles de l'INSEE indiquent que la France compte 5,66 millions d'agents publics employés fin 2020. 45 % des fonctionnaires travaillent pour la FPE, 34 % pour la FPT et 21 % pour la FPH. Parmi les agents de la fonction publique, 37 % relèvent de la catégorie hiérarchique A (dont 2 % de la catégorie A+), 17 % de la catégorie B et 45 % de la catégorie C.

Répartition par statut dans la fonction publique en 2020

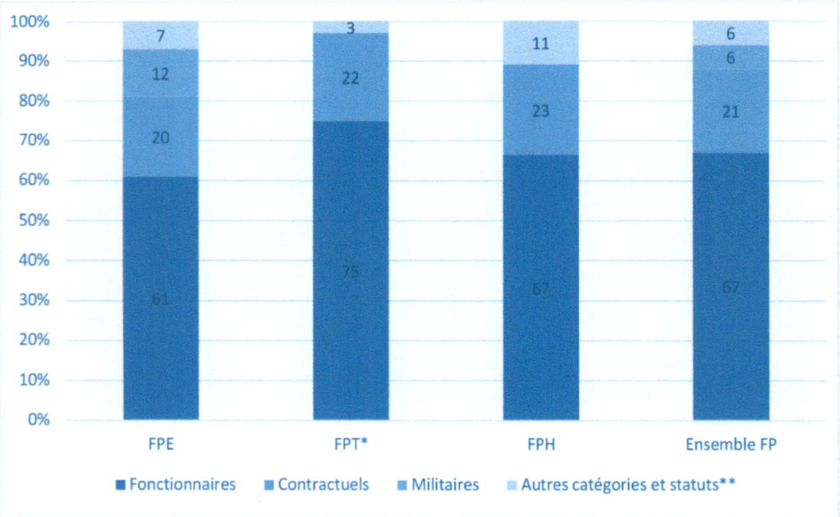

Source : SIASP, INSEE ; Traitement DGAFP – SDessi

Champ : Emplois principaux, tous statuts, situés en France (hors Mayotte) au 31 décembre. Hors bénéfice de contrats aidés.
** Pour respecter le secret statistique, dans la FPT les militaires sont regroupés avec les fonctionnaires et les militaires volontaires avec les contractuels.*
*** La catégorie « autres catégories et statuts » recouvre principalement des enseignants et documentalistes des établissements privés sous contrat et des ouvriers d'État dans la FPE, des assistants maternels et familiaux dans la FPT, des médecins dans le FPH et des apprentis dans les trois versants.*

Répartition par catégorie hiérarchique dans la fonction publique en 2020 (en %)

	FPE				
	Total	Hors enseignants (1)	FPT	FPH	Ensemble FP
A+(2)	4	2	1	*	2
A	52	25	12	39	36
B	24	39	12	12	17
C	21	34	75	48	45
Ensemble	**100**	**100**	**100**	**100**	**100**

Champ : Emplois principaux, tous statuts, situés en France (hors Mayotte) au 31 décembre. Hors bénéficiaires de contrats aidés.
(1) Y compris élèves enseignants ; hors chercheurs, directeurs d'établissement, inspecteurs, personnels d'orientation et de surveillance.
(2) Comprend les emplois d'encadrement supérieur et de direction.
** : résultat proche de 0*

Source : SIASP, INSEE ; Traitement DGAFP – SDessi,
https://www.fonction-publique.gouv.fr/files/files/statistiques/chiffres_cles/pdf/CC-2022-web.pdf

La FPE est constituée des administrations centrales de l'État (ministères), de ses services déconcentrés (préfecture, rectorats, etc.) et des établissements publics d'enseignement (collèges, lycées, universités).

La FPT comprend les collectivités territoriales (les communes, les départements et les régions), les structures intercommunales (communautés de communes, etc.), des établissements publics (les offices publics de HLM, etc.). Elle est constituée de trois institutions nationales :
• le Conseil supérieur de la fonction publique territoriale. C'est un organisme paritaire dont les membres sont les représentants des collectivités d'une part et d'autre part ceux des personnels. Il est placé sous l'autorité du ministre de la Fonction publique. Ce conseil supérieur donne son avis sur les projets de loi et décrets relatifs à la FPT et remplit des missions d'études et de traitements statistiques ;

• le Centre national de la FPT (CNFPT). C'est un établissement public unique, paritaire et déconcentré. C'est un organisme paritaire dont les membres sont les représentants des collectivités d'une part et d'autre part ceux des personnels. Il est doté d'instances nationales et locales. Le conseil d'administration (CA), instance décisionnelle, est présidé par un élu. Le Conseil national d'orientation, chargé d'assister le CA en matière de formation, est présidé par un représentant du personnel. Des conseils régionaux d'orientation ont les mêmes missions que le Conseil national sur le territoire régional. Le CNFPT est chargé de la formation et de la professionnalisation des personnels de la FPT, de l'organisation des concours et examens. De plus il propose des services en matière d'emploi ;
• les centres de gestion sont l'échelon départemental de représentation de la FPT. Ils regroupent les collectivités ayant moins de 350 agents. Ils sont chargés de l'organisation des concours et examens et des formations des personnels de catégorie B et C.

La FPH gère les établissements d'hospitalisation publics, les maisons de retraite publiques, les établissements publics relevant de l'aide sociale à l'enfance, les établissements publics pour personnes handicapées ou inadaptées et les centres publics d'hébergement et de réadaptation sociale.

Chaque établissement public est doté :
• d'une commission administrative paritaire (CAP). Elle est composée de représentants de l'administration et de représentants des personnels. La loi n° 2019-828 du 6 août 2019 de transformation de la fonction publique a redéfini les compétences des CAP, en supprimant leurs compétences en matière de mutation et de mobilité (incluant les détachements et les intégrations) à compter du 1er janvier 2020, et en matière d'avancement et de promotion dès le 1er janvier 2021 pour les trois versants de la fonction publique. Il y a une CAP par catégorie de fonctionnaire. Son rôle est recentré sur l'examen des décisions individuelles défavorables aux agents (refus de titularisation, de licenciement, de formation, de temps partiel ou de télétravail, discipline, etc.).
Ce sont des lignes directrices de gestion (LDG) qui fixent dorénavant les orientations générales relatives aux mutations et aux mobilités dans la fonction publique de l'État et celles concernant les avancements et les promotions dans toute la fonction publique.
Les lignes directrices de gestion sont établies pour une durée pluriannuelle maximum de cinq ans par les employeurs d'État et sont révisables. Elles doivent également inclure une stratégie pluriannuelle de pilotage des ressources humaines qui définit « les enjeux et les objectifs » de la politique de l'administration.
Depuis décembre 2022, lors du renouvellement général des instances, les CAP sont constituées dans la fonction publique d'État par catégorie hiérarchique (A, B et C) et non plus par corps de fonctionnaires. Afin de tenir compte des particularités de certaines professions, plusieurs CAP peuvent être créées au sein d'une même catégorie ;

• d'un comité technique (CT). C'est une instance de concertation chargée de donner son avis sur les questions et projets de textes relatifs à l'organisation et au fonctionnement des services, les questions relatives aux effectifs, aux emplois et aux compétences et les projets de statuts particuliers ;
• d'un comité d'hygiène et de sécurité et de conditions de travail (CHSCT). C'est une instance de concertation chargée de contribuer à la protection de la santé physique et mentale et de la sécurité des agents dans leur travail. Il a pour mission de participer à l'amélioration des conditions de travail et de veiller à la mise en œuvre, par le chef de service ou d'établissement, des prescriptions du code du travail relatives à la santé et la sécurité au travail qui sont applicables à la fonction publique. À ce titre, il est notamment consulté sur tout projet d'aménagement important modifiant les conditions de santé, de sécurité ou les conditions de travail. Il participe également à l'analyse et à la prévention des risques professionnels par le biais, notamment, de la visite régulière des sites relevant de sa compétence et d'enquêtes menées en matière d'accident de travail, de service et de maladie professionnelle.

À partir de fin 2022, les comités techniques (CT) et les comités d'hygiène, de sécurité et des conditions de travail (CHSCT) sont réorganisés et fusionnent en une instance unique : le comité social d'administration. Il est mis en place à l'issue des nouvelles élections professionnelles dans la fonction publique et a à connaître de nombreuses questions notamment : le fonctionnement et l'organisation des services ; l'accessibilité des services et la qualité des services rendus ; l'égalité professionnelle ; la protection de la santé, l'hygiène et la sécurité des agents ; les orientations stratégiques sur les politiques de ressources humaines ; les lignes directrices de gestion (LDG) en matière de mutation, de mobilité, de promotion interne et d'avancement de grade des agents.
Les lignes directrices de gestion, qui permettent de déterminer la gestion prévisionnelle des emplois et des compétences (GPEC), sont adoptées par chaque établissement, après avis du comité social. Elles sont communiquées aux agents. Leur mise en œuvre fait l'objet d'un bilan devant le comité social, sur la base des décisions individuelles prononcées.

Le décret n° 2021-571[6] du 10 mai relatif aux comités sociaux territoriaux des collectivités territoriales et de leurs établissements publics fixe l'organisation, la composition, les attributions et le fonctionnement des comités sociaux territoriaux et des formations spécialisées en matière de santé, de sécurité et de conditions de travail institués au sein des collectivités territoriales et de leurs établissements publics. La durée du mandat des représentants du personnel est fixée à quatre ans. Les mandats sont renouvelables. Les représentants du personnel titulaires et suppléants du comité social territorial sont élus au scrutin de liste.

6. https://www.legifrance.gouv.fr/jorf/id/JORFTEXT000043492190 (consulté le 04/11/2022).

La plupart des attributions et des modalités de fonctionnement des comités sociaux territoriaux sont entrées en vigueur le 1er janvier 2023.

Question 9 : Quelles sont les modalités de recrutement des fonctionnaires ?

Les modalités de recrutements des fonctionnaires se font soit par voie de concours, soit par accès direct (hors concours). L'accès à la fonction publique est soumis à des conditions générales :

- le candidat doit être de nationalité française ou européenne[7]. Cette condition n'est pas demandée pour un recrutement contractuel ;
- le candidat doit jouir de ses droits civiques et électoraux ;
- le candidat ne doit pas avoir fait l'objet d'une condamnation inscrite au bulletin n° 2 du casier judiciaire ;
- le candidat doit être en situation régulière au regard des obligations de service national. Cette condition n'est pas demandée pour un recrutement contractuel ;
- les concours permettant l'accès au statut de fonctionnaire sont le plus souvent soumis à un niveau de diplôme, précisé par le statut de chaque corps ou cadre d'emplois.

Par la voie des concours, il en existe trois types :

- le concours externe est organisé par chaque ministère qui fixe le nombre de postes de fonctionnaires à recruter. Ce concours est accessible sous conditions de diplômes. Pour un concours de catégorie A, il faut au minimum un diplôme de niveau bac + 3, pour un concours de catégorie B le baccalauréat et pour un concours de catégorie C il faut un concours de niveau V ou VI (CAP, BEP, brevet des collèges)[8] ;
- le concours interne est accessible à un candidat qui travaille pour la fonction publique française ou européenne. Le candidat doit justifier d'une durée de services et d'un diplôme ou d'une formation définis par les statuts particuliers des corps ou cadres d'emplois visés ;
- le 3e concours est accessible au candidat qui justifie d'un certain nombre d'années, d'une ou plusieurs expériences professionnelles ou de responsable, y compris bénévole, associations comprises. Les statuts particuliers des corps ou cadres d'emplois fixent la nature et la durée des activités requises.

Les concours de la FPE et de la FPH sont des concours de recrutement. Une fois admis les candidats sont nommés fonctionnaires stagiaires. Les concours de la FPT sont des concours de réserve.

7. Décret n° 2010-311 du 22 mars 2010 relatif aux modalités de recrutement et d'accueil des ressortissants des États membres de l'Union européenne ou d'un autre État partie à l'accord sur l'Espace économique européen dans un corps, un cadre d'emplois ou un emploi de la fonction publique française :
https://www.legifrance.gouv.fr/loda/id/JORFTEXT000022009923/?isSuggest=true (consulté le 04/11/2022).

8. Décret n° 2007-196 du 13 février 2007 relatif aux équivalences de diplômes requises pour se présenter aux concours d'accès aux corps et cadres d'emplois de la fonction publique :
https://www.legifrance.gouv.fr/loda/id/JORFTEXT000000272471/ (consulté le 04/11/2022).

Les candidats reçus sont inscrits sur une liste d'aptitude à valeur nationale pour une durée de deux ans, renouvelable deux fois sur demande de l'intéressé. Ils doivent chercher un poste en collectivités territoriales. Si le candidat n'a pas trouvé d'emploi au terme de la durée de validité de la liste d'aptitude, il perd le bénéfice du concours. À noter que la ville de Paris organise ses propres concours pour les corps des bibliothèques de catégorie B et C, ce sont des concours de recrutement. Les catégories A sont recrutées par la FPE.

Le recrutement par accès direct[9] (hors-concours) est réalisé :

- pour certains corps ou cadre d'emplois de catégorie C ;
- pour des candidats handicapés, pour des emplois réservés aux pensionnés de guerre ainsi que leur famille et les militaires ;
- par voie du parcours d'accès aux carrières de la fonction publique (Pacte) par les décrets n° 2005-902 du 2 août 2005 pour la FPE, n° 2005-904 du 2 août 2005 pour la FPT et n° 2005-900 du 2 août 2005 pour la FPH.

Les conditions générales de ce type de recrutement sont les mêmes que pour l'accès à un emploi de fonctionnaire par voie de concours. Un avis de recrutement est publié et affiché dans l'administration qui recrute et Pôle emploi.

La phase d'admissibilité se fait sur sélection après envoi de la part du candidat d'un curriculum vitæ et d'une lettre de motivation. Il est convoqué alors à un entretien. Une commission décide de son aptitude à être mentionnée sur une liste d'aptitude.

Une fois recruté, le déroulement de carrière du fonctionnaire se fait comme suit.
Le statut de la fonction publique de l'État repose sur la notion de carrière qui s'inscrit dans la durée et se traduit par le recrutement sur un emploi permanent.
La politique de ressources humaines vise à mobiliser et développer les compétences des personnels, en favorisant une évolution de carrière des personnels, au travers, notamment, de l'évaluation, la formation professionnelle et les promotions.
Cette carrière s'achève par une radiation des cadres de la fonction publique, le plus souvent liée à une admission à la retraite.

L'évaluation permet d'adapter les compétences de chacun aux objectifs assignés. Si l'évaluation est un processus continu, les principaux outils de gestion individualisée de la carrière des agents sont la fiche de poste et l'entretien professionnel annuel pour le personnel Biatoss.
L'entretien professionnel est obligatoire et est conduit par le supérieur hiérarchique direct, à savoir la personne chargée de l'organisation de son travail et du contrôle de son activité.

9. Loi n° 2007-148 du 2 février 2007 de modernisation de la fonction publique : https://www.legifrance.gouv.fr/loda/id/JORFTEXT000000465739/ (consulté le 04/11/2022).

Les responsables hiérarchiques doivent permettre à tous les personnels de pouvoir bénéficier d'un entretien. Il donne lieu à un compte rendu.
L'entretien professionnel doit constituer un moment d'échange constructif entre l'agent et son supérieur hiérarchique direct. Il sert à mesurer le travail accompli, le cas échéant les écarts entre les compétences déployées et les exigences du poste occupé, afin de déterminer les objectifs de développement prioritaires ou le potentiel d'évolution vers d'autres fonctions, et de permettre de se projeter dans son environnement professionnel.
Il oblige les services à définir précisément au moyen d'une fiche de poste et d'un organigramme les fonctions attribuées à chacun. Cette fiche de poste doit s'insérer dans l'organisation de la structure et faire référence à une compétence métier.
L'entretien permet notamment de fixer les objectifs de l'année à venir et de définir les moyens à mettre en place pour les atteindre. À ce titre, il peut déboucher sur la mise en place d'une formation complémentaire en vue d'acquérir de nouvelles compétences, en particulier en cas d'évolution des métiers ou de changement d'organisation.

La loi n° 2007-148 du 2 février 2007 de modernisation de la fonction publique institue un droit à la formation professionnelle tout au long de la vie des fonctionnaires de l'État qui a été précisé par le décret n° 2007-1470 du 15 octobre 2007, l'ordonnance n° 2017-53 du 19 janvier 2017 et le décret n° 2017-928 du 6 mai 2017 qui ont institué le compte personnel de formation en remplacement du DIF.
L'objet de cette formation est « *de les habiliter à exercer avec la meilleure efficacité les fonctions qui leur sont confiées durant l'ensemble de leur carrière, en vue de la satisfaction des besoins des usagers et du plein accomplissement des missions du service. Elle doit favoriser le développement professionnel de ces fonctionnaires, leur mobilité ainsi que la réalisation de leurs aspirations personnelles. Elle concourt à l'égalité effective d'accès aux différents grades et emplois, en particulier entre femmes et hommes, et facilite la progression des moins qualifiés.* »

Les différentes modalités de promotion sont les suivantes : avancement d'échelon ; avancement de grade par tableau d'avancement (au choix ou par examen professionnel) ; accès à un corps supérieur par liste d'aptitude, par concours relevant d'une démarche individuelle ou par nomination (conservateurs généraux).
Les personnels sont informés individuellement de leur promouvabilité.
À noter : les bibliothécaires assistants spécialisés de classe normale promus par liste d'aptitude seront nommés dans l'établissement où ils exercent leurs fonctions.

Les mutations du personnel de bibliothèques sont gérées au niveau de l'administration centrale du MESRI.

Ex AP : cadre d'emploi
2 grades : principal 2e classe
principal 1re classe

Question 10 : Que sont le statut, le corps/cadre d'emploi, le grade et l'échelon ?

Le statut est l'ensemble des règles applicables en matière de recrutement, d'avancement, de promotion, de rémunération, etc., à tous les fonctionnaires membres d'un même corps ou cadre d'emplois. Le corps d'emploi pour la FPE ou le cadre d'emploi pour la FPT regroupe des fonctionnaires soumis à un même ensemble de règles, appelé statut particulier, fixé par décret. Dans ce corps ou cadre d'emplois, le fonctionnaire est titulaire d'un grade et dans ce grade, d'un échelon. Le grade permet d'occuper un certain nombre d'emplois. Chaque grade comprend plusieurs échelons qui forment la grille indiciaire. Le nombre d'échelons de chaque grade est fixé par le statut particulier. « *L'échelon détermine la rémunération principale du fonctionnaire. En effet, à chaque échelon, correspond un indice brut (dit indice de carrière) auquel correspond un indice majoré (dit indice de rémunération) auquel correspond un traitement indiciaire (ou traitement de base)*[10]. »

Question 11 : Quels sont les droits des fonctionnaires ?

3

Les droits des fonctionnaires sont définis par la loi n° 83-634 du 13 juillet 1983[11] portant droits et obligations des fonctionnaires, loi dite loi Le Pors et modifiés par la loi n° 2016-483 du 20 avril 2016[12] relative à la déontologie et aux droits et obligations des fonctionnaires.

Les droits des fonctionnaires sont :

- liberté d'opinion politique, syndicale, philosophique et religieuse « *Aucune distinction, directe ou indirecte, ne peut être faite entre les fonctionnaires en raison de leurs opinions politiques, syndicales, philosophiques ou religieuses, de leur origine, de leur orientation sexuelle ou identité de genre, de leur âge, de leur patronyme, de leur situation de famille, de leur état de santé, de leur apparence physique, de leur handicap ou de leur appartenance ou de leur non-appartenance, vraie ou supposée, à une ethnie ou une race* » (loi n° 2017-86 du 27 janvier 2017, art. 207[13]) ;
- droit de grève ;
- droit syndical ;
- droit à la formation permanente ;
- droit de participation, cela concerne l'organisation et le fonctionnement des services publics, l'élaboration des règles statutaires, l'examen des décisions individuelles relatives à la carrière des fonctionnaires ;

10. www.service-public.fr/particuliers/vosdroits/F12344 (consulté le 04/11/2022).
11. www.legifrance.gouv.fr/affichTexte.do?cidTexte=JORFTEXT000000504704 (consulté le 04/11/2022).
12. www.legifrance.gouv.fr/affichTexte.do?cidTexte=JORFTEXT000032433852&categorieLien=id (consulté le 04/11/2022).
13. www.legifrance.gouv.fr/affichTexte.do?cidTexte=JORFTEXT000033934948&categorieLien=id (consulté le 04/11/2022).

- rémunération après service fait ;
- droit à la protection dans l'exercice de ses fonctions ;
- droit à la mobilité et à l'emploi ;
- droit aux congés ;
- droit à certaines conditions d'hygiène et de sécurité.

Question 12 : Quelles sont les obligations des fonctionnaires ?

Les obligations des fonctionnaires sont :

- le secret professionnel. En effet, les fonctionnaires sont dépositaires de renseignements concernant ou intéressant des particuliers. Cette obligation protège les intérêts matériels et moraux des particuliers. Cependant le secret peut être levé afin que l'agent prouve son innocence et lorsque la personne intéressée a donné son autorisation. La levée du secret est obligatoire pour dénoncer des crimes et délits ; communiquer des renseignements, pièces et documents aux autorités de justice ; témoigner en justice et pour communiquer à des juges des éléments nécessaires à l'enquête ;
- l'obligation de discrétion professionnelle d'information au public. « *Les fonctionnaires doivent faire preuve de discrétion professionnelle pour tous les faits, informations et documents dont ils ont connaissance dans l'exercice ou à l'occasion de l'exercice de leurs fonctions* » (article 26 de la loi n° 83-634 du 13 juillet 1983 portant sur les droits et obligations des fonctionnaires) ;
- l'obligation d'information au public. Par la loi n° 78-753 du 17 juillet 1978[14] portant diverses mesures d'amélioration des relations entre l'administration et le public, modifiée par la loi n° 79-587 du 11 juillet 1979[15] relative à la motivation des actes administratifs et à l'amélioration des relations entre l'administration et le public, dispose que « *le droit de toute personne à l'information est garanti en ce qui concerne la liberté d'accès aux documents administratifs de caractère non nominatif* » ;
- l'obligation d'effectuer les tâches confiées ;
- l'obligation d'obéissance hiérarchique ;
- l'obligation de réserve, le fonctionnaire doit faire peuve de discrétion sur ses opinions dans le service ;
- l'obligation de désintéressement, qui est liée à une interdiction en principe de toute activité lucrative professionnelle autre que son service. Toutefois le fonctionnaire peut, *via* le régime du cumul d'activités dans la fonction publique, bénéficier de certaines dérogations par la loi n° 2016-483 du 20 avril 2016 - chapitre II.

Tout manquement à une obligation professionnelle d'une gravité suffisante peut être sanctionné et être considérée comme faute disciplinaire. En effet une faute disciplinaire est commise chaque

14. www.legifrance.gouv.fr/affichTexte.do?cidTexte=JORFTEXT000000339241 (consulté le 04/11/2022).
15. www.legifrance.gouv.fr/affichTexte.do?cidTexte=JORFTEXT000000518372 (consulté le 04/11/2022).

fois que le comportement d'un fonctionnaire entrave le bon fonctionnement du service ou porte atteinte à la considération du service dans le public. Toutefois l'insuffisance professionnelle, les comportements imputables à un état pathologique et les faits couverts d'amnistie ne sont pas considérés comme faute.

Les sanctions sont classées en quatre groupes :

- le premier comprend l'avertissement et le blâme ;
- le deuxième : la radiation du tableau d'avancement, l'abaissement d'échelon, l'exclusion temporaire de fonctions d'une durée maximale de quinze jours et le déplacement d'office ;
- le troisième : la rétrogradation et l'exclusion temporaire de trois mois à deux ans ;
- le quatrième : la mise à la retraite d'office et la révocation.

Question 13 : Quelles sont les différentes positions administratives du fonctionnaire ?

Le fonctionnaire est placé dans une des positions administratives suivantes :

- en activité, l'agent mis à disposition hors de son administration d'origine, est considéré comme en activité ;
- en détachement, le fonctionnaire exerce ses fonctions hors de son administration d'origine ou hors fonction publique. Il continue cependant à bénéficier de ses droits à l'avancement et la retraite ;
- en disponibilité, le fonctionnaire cesse temporairement toute fonction dans la fonction publique. Il cesse d'être rémunéré et perd ses droits à l'avancement et la retraite ;
- en congé parental, ce congé est non rémunéré.

3| L'EUROPE

■ QUESTIONS 14 À 20

Question 14 : Quelles sont les principales étapes de la construction européenne ?
Question 15 : Combien de pays adhèrent à l'Union européenne (UE) ?
Question 16 : Quels sont les deux traités européens les plus importants ?
Question 17 : Qu'appelle-t-on le triangle institutionnel ?
Question 18 : Quels sont les autres institutions et organes européens ?
Question 19 : Quels sont les aspects économiques et monétaires de l'UE ?
Question 20 : Quels sont les processus décisionnels de l'UE ?

RÉPONSES 14 À 20

Question 14 : Quelles sont les principales étapes de la construction européenne ?

À la fin de la Seconde Guerre mondiale, l'Europe, en ruine, doit se reconstruire. En 1950, le plan Schuman est proposé afin de mettre en commun les ressources françaises et allemandes concernant le charbon et l'acier au sein d'une organisation ouverte à d'autres pays européens. Le traité de Paris sera signé par six pays (l'Allemagne, la Belgique, la France, l'Italie, le Luxembourg et les Pays-Bas) en 1951, donnant naissance à la Communauté européenne du charbon et de l'acier (CECA).

En 1957, par les traités de Rome sont fondées la Communauté économique européenne (CEE) et la Communauté européenne de l'énergie atomique (CEEA), qui ont pour but la création d'un marché commun européen avec la libre circulation des hommes et des marchandises dans les pays membres, d'une politique commune et le développement à des fins pacifiques de l'énergie atomique en Europe. En 1968, les droits de douane sont supprimés au sein de la CEE.

En 1973, le Royaume-Uni, l'Irlande et le Danemark rejoignent la communauté.

En 1979, le Parlement européen est élu pour la première fois au suffrage universel direct.

En 1981, la Grèce rejoint la CEE puis c'est au tour, en 1986, de l'Espagne et du Portugal. La CEE comporte alors douze États membres. L'Acte unique européen (AUE) entrera en vigueur en 1987, acte qui fixe la réalisation du marché unique.

En 1992 est signé le traité de Maastricht, acte de naissance d'une communauté européenne avec ses propres institutions, sa politique commune et sa coopération en matière législative et intergouvernementale. Les citoyens européens pourront désormais circuler librement dans l'espace des États membres. 1993 est l'année du Conseil européen dit de Copenhague. Il fixe les critères d'entrée au sein de l'Union de tout pays candidat. L'Autriche, la Finlande et la Suède la rejoignent en 1995. La même année entrent en vigueur les accords de Schengen qui autorisent notamment la libre circulation des personnes au sein de l'espace européen sans contrôle d'identité. 1999 est l'année d'application du traité d'Amsterdam. Il intègre les notions de sécurité, de justice et d'emploi au sein de la communauté. Le traité de Nice, en 2001, modifie le système institutionnel et décisionnel de l'UE.

La monnaie unique européenne est l'euro au 1er janvier 2002. En 2004, dix États rejoignent l'Union européenne : Chypre, l'Estonie, la Hongrie, la Lettonie, la Lituanie, Malte, la Pologne, la République tchèque, la Slovaquie et la Slovénie. L'Union est alors à 25 États membres. Un traité établit une Constitution pour l'Europe qui aurait dû être appliquée en 2006 après ratification par l'ensemble des États membres par voie référendaire ou parlementaire. Deux pays essuient un échec : la France et les Pays-Bas. La Roumanie et la Bulgarie adhèrent à l'UE en 2007. Le traité de Lisbonne, entré en vigueur en 2009, reprend les points essentiels du précédent traité.

Depuis 2008, l'Europe est confrontée à une crise économique et financière mondiale qui touche durement la zone euro depuis 2010. Les États membres ont mis en place depuis 2012, le Mécanisme européen de stabilité (MES).

Question 15 : Combien de pays adhèrent à l'Union européenne (UE) ?

Depuis le 1er février 2020, les pays adhérents à l'Union européenne sont au nombre de 27. Le Royaume-Uni a quitté l'Union européenne à cette date. Seuls 20 d'entre eux ont pour monnaie l'euro : l'Allemagne, l'Autriche, la Belgique, Chypre, la Croatie, l'Espagne, l'Estonie, la Finlande, la France, la Grèce, l'Irlande, l'Italie, la Lettonie, La Lituanie, le Luxembourg, Malte, les Pays-Bas, le Portugal, la Slovaquie et la Slovénie. À ces 20 pays s'ajoutent la Bulgarie, le Danemark, la Hongrie, la Pologne, la République tchèque, la Roumanie et la Suède.

Question 16 : Quels sont les deux traités européens les plus importants ?

4

Les deux traités les plus importants sont le traité de Rome et le traité de Maastricht.

Six pays (l'Allemagne, la Belgique, la France, l'Italie, le Luxembourg et les Pays-Bas) signent le traité de Rome en 1957. Il entre en vigueur en janvier 1958 et institue la Communauté économique Européenne. « *La CEE a pour mission, par l'établissement d'un marché commun et le rapprochement progressif des politiques économiques des États membres, de promouvoir un développement harmonieux des activités économiques dans l'ensemble de la Communauté, une expansion continue et équilibrée, une stabilité accrue, un relèvement accéléré du niveau de vie, et des relations plus étroites entre les États qu'elle réunit*[16]. »

Le traité de Maastricht entre en vigueur en 1993, signé par les douze États membres (le Danemark, l'Espagne, la Grèce, l'Irlande, le Portugal et le Royaume-Uni ont rejoint les six pays fondateurs).

16. www.touteleurope.eu/actualite/les-traites-de-rome-1957.html (consulté le 04/12/2022).

Ce traité donne une vocation politique à la CEE dorénavant nommée Communauté européenne (CE) en :
• reconnaissant une citoyenneté européenne qui permet de circuler et de vivre librement au sein des États membres et de participer aux élections du pays membre de son lieu de résidence ;
• créant une monnaie unique qui entrera en vigueur au 1er janvier 1999 sous l'autorité de la Banque centrale européenne ;
• élargissant les compétences européennes à l'éducation, la formation professionnelle, la culture, la santé publique, les transports transeuropéens et la politique industrielle.

Le traité instaure une coopération intergouvernementale avec une politique étrangère et de sécurité commune (PESC) et une coopération en matière de justice et d'affaires intérieures (JAI).

Les autres traités européens sont :
• l'Acte unique (1987), c'est le début du marché unique européen. Il institutionnalise le Conseil européen ;
• le traité d'Amsterdam (1999), il affirme les principes de liberté, de démocratie et de respect des droits de l'homme ;
• le traité de Nice (2003), il « *doit permettre d'assurer un bon fonctionnement institutionnel pour une Union élargie. Il s'inscrit donc, pour l'essentiel, dans l'optique d'une réforme institutionnelle orientée autour de 3 axes principaux : la composition et le fonctionnement des institutions européennes, la procédure décisionnelle au sein du Conseil et les coopérations renforcées*[17] » ;
• le traité le plus récent est le traité de Lisbonne (2009), il modifie certains traités antérieurs au niveau des institutions, des prises de décisions et de la représentation extérieure de l'Union.

Question 17 : Qu'appelle-t-on le triangle institutionnel ?

Le triangle institutionnel est le Parlement européen, le Conseil de l'UE et la Commission européenne.

Le Parlement européen assure la représentation directe des citoyens de l'UE. Ses membres sont élus pour cinq ans au suffrage universel direct. Il adopte avec le Conseil les projets législatifs présentés par la Commission. Il contrôle et approuve le budget de l'Union. Il exerce une surveillance démocratique sur la Commission et a notamment le pouvoir de révoquer ses membres collectivement en adoptant une motion de censure.

17. www.touteleurope.eu/actualite/le-traite-de-nice-2001.html (consulté le 04/11/2022).

Le Conseil de l'Union européenne, nommé aussi Conseil des ministres, est la voix des États membres, il réunit plusieurs fois par mois des ministres de chaque pays. Chaque pays occupe la présidence pour une durée de six mois. Il exerce une fonction législative conjointement avec le Parlement et une fonction exécutive conjointement avec la Commission. Il participe à l'élaboration du budget. Le Conseil européen est né de la pratique de réunir régulièrement les chefs d'États, ses conseils sont aussi nommés sommets européens. Son président est nommé par les États membres pour un mandat de trois ans renouvelable.

La Commission européenne représente les intérêts de l'Union dans son ensemble. Elle est indépendante des États membres. Elle propose l'adoption des politiques et des actes législatifs. Elle veille au respect des termes des traités et de la législation européenne. Elle gère et met en œuvre les politiques européennes et leurs budgets respectifs. Enfin, elle représente l'UE dans le monde sur les domaines relevant de sa responsabilité. Les commissaires sont élus tous les cinq ans à la suite de l'élection du Parlement. Le président de la Commission est élu par le Parlement sur proposition du Conseil européen.

Question 18 : Quels sont les autres institutions et organes européens ?

Les autres institutions et organes de l'UE sont la Cour de justice, la Banque centrale, la Cour des comptes, le Service européen pour l'action extérieure, le Comité économique et social, la Banque européenne d'investissement, le Médiateur européen et le Contrôleur européen de la protection des données :

- la Cour de justice veille à l'interprétation et l'application de la législation européenne au sein des États membres et est compétente pour résoudre les litiges juridiques entre les États membres, les institutions européennes, les entreprises et les particuliers ;
- la Banque centrale met en œuvre la politique monétaire de la zone euro ;
- la Cour des comptes vérifie la dépense du budget de l'UE ;
- le Service européen pour l'action extérieure est chargé de la politique étrangère et de sécurité de l'UE ;
- le Conseil économique et social permet aux partenaires sociaux de relayer leur voix ;
- la Banque européenne d'investissement finance des projets dans des zones défavorisées de l'UE ;
- le Médiateur européen enquête sur les plaintes de citoyens, des entreprises et des organes relatives à une mauvaise administration des institutions européennes ;
- le Contrôleur européen de la protection des données assure la protection de la vie privée des citoyens pour tout traitement des données personnelles au sein de l'UE.

Question 19 : Quels sont les aspects économiques et monétaires de l'UE ?

Les 27 pays font partie de l'Union économique et monétaire (UEM) lancée en 1992 par le traité de Maastricht. Elle coordonne les politiques économiques et budgétaires, la politique monétaire commune gérée par la Banque centrale européenne (BCE) et la monnaie commune. Elle favorise la création d'emplois et une croissance durable, elle tente de répondre aux problèmes économiques et financiers mondiaux.

L'UEM a plusieurs acteurs :

- le Conseil européen, qui fixe les principales orientations politiques ;
- le Conseil de l'UE, qui coordonne l'élaboration des politiques économiques de l'UE et décide si un État peut adopter l'euro ;
- « l'Eurogroupe », qui coordonne les politiques d'intérêt commun pour les pays de la zone euro ;
- les États membres, qui fixent leurs budgets nationaux dans les limites convenues pour le déficit et la dette et ils déterminent leurs propres politiques structurelles concernant le travail, les pensions et les marchés des capitaux ;
- la Commission européenne, qui surveille la performance et la conformité.

L'UEM a quatre activités économiques principales :

- la mise en œuvre d'une politique monétaire efficace pour la zone euro avec pour objectif la stabilité des prix ;
- la coordination des politiques économiques et fiscales dans les pays de l'UE ;
- s'assurer le bon fonctionnement du marché unique ;
- la surveillance et le contrôle des institutions financières.

L'UE est amenée à mettre en place de nouveaux instruments politiques communs suite à la crise économique et la dette souveraine à laquelle est confrontée l'Europe depuis 2008. En 2011, un nouvel outil de coordination et de surveillance budgétaire et économique entre en vigueur : le semestre européen ainsi que la réforme dite *six pack* qui prévoit la quasi-automatisation des décisions prises en cas d'infraction aux règles et la mise en place de sanctions financières graduelles et le *two pack* qui porte à la fois sur l'assistance financière en cas de difficulté d'un État membre, et sur l'adoption du budget national. En 2012, le mécanisme européen de stabilité (MES) est mis en place, c'est un dispositif de gestion des crises financières de la zone euro. En 2013 entre en vigueur le traité sur la stabilité, la coordination et la gouvernance (TSCG) ou pacte budgétaire européen. Il prévoit la règle d'or budgétaire qui est le principe d'équilibre ou d'excédent des budgets des administrations publiques. En 2015 afin de relancer la croissance, la BCE a fait le pari du *quantitative easing* ou « assouplissement quantitatif ». Elle achète les titres de dette publique ou privée (banques, assurance, fonds), réinjecte des liquidités et recrée de l'investissement.

Question 20 : Quels sont les processus décisionnels de l'UE ?

Les processus décisionnels européens se déroulent ainsi :

• le Conseil européen définit les grandes orientations et tranche des questions non résolues au Conseil de l'UE ;

• la Commission européenne propose les lois européennes ;

• le Parlement européen et le Conseil de l'UE modifient, adoptent ou rejettent les propositions de lois de la Commission.

CULTURE ET SOCIÉTÉ

PARTIE II

1 | LES COURANTS LITTÉRAIRES, PHILOSOPHIQUES ET ARTISTIQUES

QUESTIONS 21 À 26

Question 21 : Quels sont les principaux courants littéraires au XIXe siècle ?
Question 22 : Quels sont les trois principaux courants littéraires au XXe siècle ?
Question 23 : Quelles sont les philosophies du monde moderne ?
Question 24 : Quelles sont les philosophies contemporaines ?
Question 25 : Quels sont les principaux mouvements artistiques du XIXe siècle ?
Question 26 : Quels sont les grands courants artistiques du XXe siècle ?

■ RÉPONSES 21 À 26

Question 21 : Quels sont les principaux courants littéraires au XIXe siècle ?

Les principaux courants littéraires du XIXe siècle sont le romantisme (1820-1850), le réalisme (1850-1870), le naturalisme (1860-1890), le Parnasse (1866-1876) et le symbolisme (1869-1896).

Le romantisme est un mouvement littéraire qui laisse beaucoup de place pour l'expression des sentiments personnels et des sensations, en abolissant les règles de la littérature classique. Il exprime les thématiques de la nature et de l'amour, du goût pour la solitude et l'engagement politique. Le romantisme est exercé dans les romans, la poésie et le théâtre. Les précurseurs du romantisme sont Jean-Jacques Rousseau, Madame de Staël, Chateaubriand. Les grands auteurs sont Victor Hugo, Alphonse de Lamartine, Alfred de Musset, Gérard de Nerval et Alfred de Vigny.

Le réalisme est un mouvement artistique qui est apparu en Italie et en Allemagne dans la seconde moitié du XVIIIe siècle puis en France. Il est né de la nécessité de réagir contre le sentimentalisme romantique. Il cherche à dépeindre la réalité telle qu'elle est, sans artifice et sans idéalisation, choisissant ses sujets dans le quotidien des classes populaires. Il s'oppose ainsi au romantisme et au classicisme. Il a survécu jusqu'en 1950. Le père du réalisme est Stendhal. Les grands auteurs de ce mouvement sont Honoré de Balzac, Alexandre Dumas, Gustave Flaubert, Guy de Maupassant, Jules Vallès et Émile Zola.

Le naturalisme est un mouvement littéraire qui prend ses origines dans le réalisme et cherche à peindre la réalité basée sur un travail de documentation et le dessin scientifique. Le chef du naturalisme est Émile Zola.

Le Parnasse est un mouvement de poètes en réaction au romantisme. Il est fondé par Leconte de L'Isle. Parnasse ou « assemblée de poètes » vient de la Grèce antique : le mont Parnasse est la maison des neuf Muses et d'Apollon. Le mouvement parnassien s'appuie sur Théophile Gautier. Ce mouvement se prolonge dans le symbolisme.

Le symbolisme est un mouvement, une école artistique. Son pan littéraire est né de la poésie de Charles Baudelaire et développé par Stéphane Mallarmé, Arthur Rimbaud et Paul Verlaine en réaction au naturalisme et au réalisme. Le symbolisme tend vers la spiritualité, l'imagination, les rêves décrivant de manière suggestive et métaphorique, le monde réel n'est fait que d'apparences.

Question 22 : Quels sont les trois principaux courants littéraires au XXe siècle ?

Les principaux courants littéraires du XXe siècle sont le surréalisme (1924-1969), le nouveau roman (1955-1965) et le théâtre de l'absurde (1938-1960).

Le surréalisme est né de la montée du communisme et de la lutte contre le fascisme. Le maître du surréalisme est André Breton qui fit naître le mouvement avec Philippe Soupault et Louis Aragon. Ce mouvement est parallèle au mouvement dada, il rompt avec les conventions langagières et veut créer un nouveau rapport entre les mots. Il se révolte contre la beauté classique, il veut explorer les rêves, faire appel à l'inconscient par l'humour, l'invraisemblance et l'irrationalité.

Le nouveau roman est un groupe d'écrivains qui remet en cause le roman traditionnel. Ils rejettent la notion de héros, la vraisemblance, ils mettent en avant la vie intérieure des personnages. Les nouveaux romanciers sont Michel Butor, Marguerite Duras et Nathalie Sarraute.

Le théâtre de l'absurde rompt avec la tragédie, la comédie et la tragicomédie. Il est inspiré par les mouvements surréaliste et dadaïste. Ce mouvement traite de l'absurdité de la vie. Les grands auteurs du théâtre de l'absurde sont Eugène Ionesco, Samuel Beckett et Jean Genet.

Question 23 : Quelles sont les philosophies du monde moderne ?

Le XVIIIe siècle, siècle des Lumières avait révolutionné l'approche philosophique qui avait mis de côté la référence au divin. Le XIXe siècle, siècle romantique, apparaît comme une régression de ce point de vue. La pensée philosophique de Hegel (1770-1831) construit un système dans lequel les contraires s'articulent au sein d'une unité : la dialectique. « *Il pense la conscience humaine et l'histoire comme une genèse, une construction, un processus de réalisation et en chemin vers l'absolu, l'Idée. La philosophie est pour lui l'histoire même de la conscience prenant conscience d'elle-même*[1]. » La philosophie représente un système, une connaissance où tous les éléments de la pensée et de la vie sont indépendants. L'Idée est le principe spirituel dynamique, c'est-à-dire qu'elle naît Idée, qu'elle s'extériorise puis se transforme en pensée se clarifiant progressivement pour devenir l'absolu. Pour Hegel, le désir du désir est générateur du moi, lorsqu'une conscience humaine affronte une autre conscience humaine qu'elle tend à dominer afin de faire reconnaître sa supériorité. Le travail est vu comme un outil de soumission vis-à-vis du monde extérieur à la forme humaine. L'histoire est une manifestation de la raison, principe divin, qui nie le monde.

1. *Le Petit Larousse des grands philosophes*, Paris, Larousse, 2013.

Kierkegaard (1811-1855), fondateur de l'existentialisme, réagit contre la philosophie de Hegel. Il rejette les abstractions qu'il considère comme vaines et se tourne vers la vie réelle vers des champs particuliers délaissés par la philosophie classique tels que la culpabilité, l'angoisse du choix devant le mariage et la peur de la mort. La vérité selon Kierkegaard passe par trois stades d'existence : le stade esthétique, le stade éthique et enfin le stade mystique. Il pense l'homme comme un être libre. Nietzsche (1844-1900) s'attaque à la morale chrétienne ainsi qu'à toutes les morales qui sont, selon lui, des produits contre nature de la société, car elles condamnent les instincts de vie en prêchant la pitié. La surhumanité selon Nietzsche est libérée des religions, de l'esthétique, des fausses morales. Elle est l'expression de ce qui est libre de tout ressentiment et de toutes envies malsaines. Karl Marx (1818-1883) remettra également en cause l'idéalisme de Hegel en affirmant la primauté du matérialisme qui reflète l'histoire de l'humanité comme une expression d'une lutte des classes dont chacune lutte pour la survie de ses intérêts particuliers. Le travail révèle au travailleur ses qualités manuelles, intellectuelles et sociales. Aussi la conscience professionnelle qui comprend le travail bien fait est la première expression de l'éthique par laquelle l'être humain se définit en tant qu'humain.

Question 24 : Quelles sont les philosophies contemporaines ?

Le XXe siècle est un siècle majeur de philosophie. La psychanalyse, la phénoménologie, l'existentialisme, le féminisme et le structuralisme sont les courants contemporains majeurs. La psychanalyse est une philosophie matérialiste portée par Sigmund Freud (1856-1939) dont émerge que la vie humaine est entièrement enracinée dans la réalité pulsionnelle, et surtout sexuelle. Le spiritualisme d'Henri Bergson (1859-1941) veut que la matière ne soit autre que la matérialisation ultime de l'esprit divin de la nature. La phénoménologie est la philosophie des expériences de conscience qui fonderont au final la science totale, c'est-à-dire réunissant toutes les sciences, mouvement porté par Edmund Husserl (1859-1938). Toute conscience est toujours consciente de. « *La vérité n'est pas acquise par un raisonnement, une déduction, une construction scientifique théorique, mais vient d'une expérience perceptive à valeur de vérité*[2]. » L'existentialisme est un courant philosophique et littéraire qui conçoit que les individus créent le sens et l'essence de leur vie par leur action et leur courage. L'existentialisme considère chaque personne comme un être unique qui est maître non seulement de ses actes et de son destin, mais également des valeurs qu'il décide d'adopter. Ce mouvement est porté par Jean-Paul Sartre (1905-1980), Albert Camus (1913-1960) et Simone de Beauvoir (1908-1986). Cette dernière est mère du mouvement du féminisme existentialiste. L'Autre est toujours la femme, l'homme n'étant pas l'Autre de la femme. Il se représente comme les représentants absolus du sujet et impose cette posture masculine universalisée. Le mouvement du structuralisme voit dans la réalité sociale un ensemble de relations

2. M.-L. Bretin, *Les Grands Textes de la philosophie pour les nuls*, Paris, First éditions, 2015.

formelles qui s'avèrent récurrentes et implicites donc inconscientes et universelles, mais qui organisent la vie de chaque individu ou famille. Ce mouvement est porté par Claude Lévi-Strauss (1908-2009).

Question 25 : Quels sont les principaux mouvements artistiques du XIXe siècle ?

Les principaux mouvements artistiques du XIXe siècle sont le néoclassicisme, le romantisme, le réalisme, l'impressionnisme, le symbolisme, l'art nouveau et le post-impressionnisme. Ces mouvements se succèdent et coexistent aussi parfois.

Le néoclassicisme est un mouvement né d'une réaction contre la frivolité de l'art et des mœurs de la première moitié du XVIIIe siècle avec notamment le style rococo. L'Italie est le centre de la renaissance classique. Les peintures doivent instruire et traduire des idées morales. Il en naîtra un grand dévouement à la patrie et à la république par la peinture d'histoire dont les maîtres seront Jacques-Louis David (1748-1825), Jean-Baptiste Regnault (1754-1829) et Pierre-Paul Prud'hon (1758-1823). La peinture de genre, dont Jean-Honoré Fragonard (1732-1806) est le représentant, continue à être influencée par le rococo avec cependant une part de rêve et de sentiment. Francisco de Goya (1746-1828) sera à la fois un homme des Lumières, un romantique et un réaliste.

Le romantisme est d'abord un courant littéraire qui prend naissance en Allemagne à la fin du XVIIIe siècle puis s'étend à l'Angleterre et arrive au début du XIXe siècle en Italie, en Espagne et en France. Il désigne les aspects de la nature sauvage ou ressentie comme telle par l'homme afin d'y ressentir la rêverie et l'approfondissement des sentiments. Le romantisme touchera ensuite les autres disciplines artistiques et en particulier la peinture et la musique. Les premières œuvres picturales romantiques sont anglaises, mais le mouvement s'étendra rapidement à l'Allemagne, la France et l'Espagne. C'est un mouvement moderne qui trouve son inspiration dans les événements contemporains. L'œuvre d'art doit traduire l'expression personnelle de son créateur par sa vérité intérieure. Les œuvres expriment la mélancolie, mais aussi la violence et la passion tant par l'expression que dans la technique de peindre par l'utilisation de l'aquarelle posée en taches, des couleurs plus vives et variées et des effets d'éclairage. Les grands peintres sont William Turner (1775-1851), Caspar David Friedrich (1774-1840), Théodore Géricault (1791-1824), Eugène Delacroix (1798-1875), ou Théodore Chassériau (1819-1856).

Le réalisme s'impose vers 1848, mouvement dans lequel le paysage joue un rôle décisif dans la transformation de la peinture du XIXe siècle. Jean-Baptiste Camille Corot (1796-1875) en est le peintre emblématique. L'École de Barbizon tient du romantisme et du réalisme par ses paysages animaliers au sein d'une nature vierge et sauvage qui refuse cependant l'expression exagérée des émotions. Théodore Rousseau (1812-1867) en fut le maître à penser. Charles Daubigny (1817-1878) la fréquente aussi. Honoré Daumier (1808-1871), caricaturiste, dessinateur et peintre, est l'artiste le plus engagé de cette époque, il répercute dans son art les événements politiques et les problèmes sociaux. Il utilisera le principe de la lithographie. Le réalisme n'est pas un mouvement homogène, mais il a une volonté commune, celle de rompre avec la hiérarchie académique des genres et la suprématie de la peinture d'histoire et revendique le droit de peindre la réalité, aussi bien le beau que le laid, le noble ou le trivial. Gustave Courbet (1819-1877) et Jean-François Millet (1814-1875) sont deux grands artistes considérés comme réalistes.

L'impressionnisme naît de l'association d'artistes indépendants à la seconde moitié du xixe siècle. Ce groupement d'artistes veut échapper à la tradition académique qui préfère les motifs historiques avec une certaine froideur de la composition et la perfection du détail, où le baroque est de retour. Le meilleur représentant de l'art académique est Paul Baudry (1828-1886). Edgar Degas (1834-1917) est proche des impressionnistes par les effets lumineux de ses peintures. Camille Pissarro (1830-1903), Paul Cézanne (1839-1906), Claude Monet (1840-1926), Alfred Sisley (1839-1899) et Auguste Renoir (1841-1919) sont les figures emblématiques de l'impressionnisme. Ils représentent dans leurs œuvres des nouveaux thèmes avec les bords de Seine, les guinguettes, l'eau et ses reflets. La peinture à la gamme claire est de mise. Édouard Manet (1832-1883) se convertit à l'impressionnisme, Edgar Degas y est sensible et Paul Cézanne est à mi-chemin entre l'impressionnisme et le post-impressionnisme.

Le symbolisme apparaît à la fin du XIXe siècle. Ce mouvement privilégie les thèmes historiques, bibliques, mythologiques ou légendaires qui agissent comme un symbole. Les préraphaélites s'intègrent dans ce mouvement du symbolisme où ils se veulent réalistes en voulant situer des scènes bibliques ou évangélistes dans un monde contemporain avec une précision minutieuse. Puvis de Chavannes (1824-1898), Gustave Moreau (1826-1898), Odile Redon (1840-1916) sont trois figures du mouvement symboliste.

L'Art nouveau est un mouvement artistique international remarquable qui apparaît vers 1890 et disparaît vers 1905. Il naît de la recherche d'un renouveau des arts industriels, de sa rencontre avec le japonisme et du retour au gothique. L'École de Nancy fait partie de ce mouvement. Louis Majorelle (1859-1929) et les frères Daum en sont les représentants. Gaudi (1852-1926) s'en inspire, mais aussi le transgresse.

Le post-impressionnisme s'appuie sur des apports de l'impressionnisme en le dépassant sur des points essentiels comme la volonté de structurer les compositions et d'y porter un message. Le néo-impressionnisme ou pointillisme est porté par Paul Seurat (1859-1891). L'École de Pont-Aven regroupe des artistes tels que Paul Gauguin (1848-1903) et Paul Sérusier (1863-1927). Les prémices du mouvement expressionniste apparaissent vers 1880 en ayant comme précurseurs Vincent Van Gogh (1853-1890), Edward Munch (1863-1944) et James Ensor (1860-1949).

Question 26 : Quels sont les grands courants artistiques du XXe siècle ?

Les grands courants artistiques du XXe siècle sont le fauvisme, l'expressionnisme, le cubisme, le surréalisme, l'avant-gardisme.

Le fauvisme n'est pas un groupe constitué d'artistes, mais une orientation portée par Henri Matisse (1869-1954), Raoul Dufy (1877-1953) et Georges Braque (1882-1963). Il est caractérisé par la recherche du plaisir, d'une vitalité, la simplicité des formes et l'utilisation des couleurs pures. Le fauvisme sera de courte durée à cause de divergences.

L'expressionnisme se développe en Allemagne et en Autriche avec Egon Schiele (1890-1918). Le cubisme naît vers 1907 avec Pablo Picasso (1881-1973) qui se détache de la réalité de la vision et abandonne la représentation traditionnelle. S'associant avec Georges Braque (1882-1963), ils donnent tous deux naissances au cubisme synthétique qui associe des éléments matériels évoquant une réalité comme les papiers collés. Le refus de la couleur des fauves et l'utilisation de tons bruns et ocres sont « *une affirmation implicite de l'intellectualité de la vision*[3] ». Fernand Léger (1881-1955) et Robert Delaunay (1885-1941) sont deux autres figures du cubisme. Après la Première Guerre mondiale naît le dadaïsme qui est un mouvement international réagissant à l'absurdité du monde tout en l'assumant. Marcel Duchamp (1887-1968) est une des figures emblématiques du mouvement dada. Vers 1920, le mouvement surréaliste surgit. Man Ray (1890-1976), Max Ernst (1891-1976), Joan Miro (1893-1983) sont les artistes surréalistes. Ils allient une association incongrue des éléments de la réalité aux couleurs exubérantes pour Miro. L'avant-gardisme est personnalisé par Paul Klee (1879-1940), Vassily Kandinsky (1866-1944) et leur appartenance au Bauhaus. L'expressionnisme est une composante de l'avant-gardisme. L'expressionnisme abstrait est représenté par Jackson Pollock (1912-1956), Willem de Kooning (1904-1997) et Mark Rothko (1903-1970). En France, cette tendance s'allie au lyrisme avec Pierre Soulages (1919-2022) et à la géométrie avec Serge Poliakoff (1900-1969).

Les mouvements du réalisme sont une réaction au mouvement de l'abstraction, mouvement d'avant-garde dans les années 1950, il s'impose à partir de 1960. La réalité est appréhendée à travers la matérialité du quotidien et son attirance pour la publicité et les médias. Ces mouvements sont l'art d'assemblage avec Rauschenberg ; le Pop Art de Richard Hamilton, David Hockney, Peter Blake et de Andy Warhol (1930-1987) ; le nouveau réalisme avec Arman ; l'hyperréalisme ; le land-art ; l'art conceptuel de Ben et l'art de la mémoire de Boltanski et Annette Messager.

3. *Histoire de l'art*, Paris, Larousse, 1990.

2| HISTOIRE ET ACTUALITÉ DE LA PROPRIÉTÉ INTELLECTUELLE

■ QUESTIONS 27 À 33

Question 27 : Quelle est la définition de la propriété intellectuelle ?
Question 28 : À quelle époque apparaissent la première loi sur les brevets et celle sur les œuvres de l'esprit ?
Question 29 : À quelle époque apparaît la notion d'auteur ?
Question 30 : Qu'est-ce que l'OMPI et l'INPI ?
Question 31 : Quelles sont les grandes lignes du code de la propriété intellectuelle concernant les droits d'auteur ?
Question 32 : Quels sont les droits voisins ?
Question 33 : Qu'appelle-t-on l'exception pédagogique et de recherche ?

RÉPONSES 27 À 33

Question 27 : Quelle est la définition de la propriété intellectuelle ?

Selon le code de la propriété intellectuelle, la propriété intellectuelle regroupe la propriété industrielle et la propriété littéraire et artistique. La propriété industrielle a pour objet la protection et la valorisation des inventions, des innovations et des créations, dans le domaine industriel. Elle protège par exemple les créations techniques comme les brevets et les certificats d'obtention végétale ; les créations ornementales comme les modèles et les dessins ; les signes distinctifs tels que les marques, les noms de domaine. La protection s'acquiert en principe par un dépôt d'un brevet, d'un dessin ou modèle ou d'une marque. La propriété littéraire et artistique s'attache à protéger les œuvres littéraires et artistiques telles que les romans, les pièces de théâtre, les films, la musique, le dessin, la peinture, la photographie, la sculpture, les œuvres d'architecture, les logiciels, etc. Elle a la particularité de se créer sans formalités quelconques, du simple fait de la création de l'œuvre. Le droit d'auteur ne protège pas les idées ou les concepts. Les droits voisins concernent notamment les artistes interprètes et les entreprises de communication audiovisuelle.

Question 28 : À quelle époque apparaissent la première loi sur les brevets et celle sur les œuvres de l'esprit ?

La première loi sur les brevets verra le jour au XVe siècle à Venise. Parte Venetiana en 1474 régulera la délivrance des privilèges pour les créations techniques tout en décrivant les conditions et les effets pour le titulaire. Le privilège est désormais perçu comme une propriété. Celle concernant les œuvres de l'esprit au début du XVIIIe siècle (Statue of Anne, 1709) confirmera en Angleterre la possibilité pour les éditeurs de se voir délivrer des privilèges tout en limitant leur durée de la même manière que les privilèges techniques.

Question 29 : À quelle époque apparaît la notion d'auteur ?

Dans l'Antiquité, le savoir n'appartient pas, il est même le premier des biens communs. Cependant la reconnaissance d'une relation particulière entre l'auteur et son texte n'est pas exclue. Cicéron condamne dans la *République* ceux qui copient les œuvres d'autrui. « *Cicéron avait une conscience très nette de la relation qui le liait à son œuvre, et interdisait à son éditeur de publier tout texte qu'il n'avait pas expressément approuvé, revendiquant ainsi une sorte de droit de divulgation*[4]. » Quant à Sénèque, il s'interroge sur les deux maîtres pour la même chose : le propriétaire de la chose et celui qui en possède l'usage. Le plagiat était moralement répréhensible sans qu'il soit puni pénalement.

4. M. Buydens, *La Propriété intellectuelle*, Bruxelles, Bruylant, 2012.

Les auteurs passaient des contrats avec leurs éditeurs, se faisaient payer pour leurs œuvres sous la forme d'une somme forfaitaire, et cédaient avec leur droit de représentation. Les auteurs se plaignaient fréquemment des copies d'éditeurs peu scrupuleux et défendirent ainsi l'intégrité de leur œuvre. Les opinions politiques et religieuses d'un auteur étaient lourdes de conséquences pour lui surtout si une copie déformait ses opinions.

Le Moyen Âge, synonyme de victoire du christianisme, fait disparaître cette notion d'auteur, car désormais l'auteur n'est que la main de Dieu. La représentation de la notion de propriété évolue, elle n'est pas perçue comme un droit sur une chose, Dieu étant seul propriétaire de la terre, mais comme un usage particulier de la chose. Abelard défend la participation humaine à la fabrication du texte. Pétrarque avance que le créateur mérite de recevoir un titre particulier, un *privilegium*, c'est-à-dire une reconnaissance de la collectivité, sur l'objet créé. Le privilège est un acte royal et sera perçu comme un moyen souple et efficace permettant ainsi au Roi de récompenser, favoriser ou sanctionner des personnes. C'est sous cette forme qu'est concédé un droit exclusif sur l'exploitation d'une technique nouvelle ou sur la diffusion d'un ouvrage. En 1566, l'ordonnance de Moulins impose aux éditeurs français de demander des lettres de privilèges sur lesquelles seraient mentionnés son nom et domicile. En 1571, une ordonnance exige de l'éditeur qu'il mentionne le nom de l'auteur. Les privilèges amènent un conflit entre tenants et opposants qui donnera naissance à la propriété intellectuelle moderne.

Question 30 : Qu'est-ce que l'OMPI et l'INPI ?

L'OMPI est l'Organisation mondiale de la propriété intellectuelle. Elle est créée en 1967 et est l'instance mondiale chargée des services, des politiques, de l'information et de la coopération en matière de propriété intellectuelle. C'est une institution des Nations unies financièrement autonome comprenant 191 États membres. Sa mission consiste à promouvoir l'élaboration d'un système international de propriété intellectuelle équilibré et efficace qui favorise l'innovation et la créativité dans l'intérêt de la société.

L'INPI est l'Institut national de la propriété industrielle. Créé en 1951, c'est un établissement public à caractère administratif, placé sous la tutelle du ministère français de l'Économie, de l'Industrie et du Numérique. Ses missions sont de : recevoir les dépôts et délivrer les titres de propriété industrielle : brevets, marques, dessins et modèles ; de participer à l'élaboration du droit de la propriété industrielle ; de mettre à la disposition du public toute information nécessaire pour la protection des titres de propriété industrielle ; de former et sensibiliser tous les acteurs économiques aux questions de la propriété industrielle ; de centraliser le registre national du commerce et des sociétés et de gérer le *Bulletin officiel de la propriété industrielle*.

Question 31 : Quelles sont les grandes lignes du code de la propriété intellectuelle concernant les droits d'auteur ?

Les dispositions du code de la propriété intellectuelle (CPI) protègent les droits des auteurs sur toutes les œuvres de l'esprit, quels qu'en soient le genre, la forme d'expression, le mérite ou la destination (article L. 122-1) : « *Sont considérés notamment comme œuvres de l'esprit au sens du présent code :*

- *les livres, brochures et autres écrits littéraires, artistiques et scientifiques ;*
- *les conférences, allocutions, sermons, plaidoiries et autres œuvres de même nature ;*
- *les œuvres dramatiques ou dramatico-musicales ;*
- *les œuvres chorégraphiques, les numéros et tours de cirque, les pantomimes, dont la mise en œuvre est fixée par écrit ou autrement ;*
- *les compositions musicales avec ou sans paroles ;*
- *les œuvres cinématographiques et autres œuvres consistant dans des séquences animées d'images, sonorisées ou non, dénommées ensemble œuvres audiovisuelles ;*
- *les œuvres de dessin, de peinture, d'architecture, de sculpture, de gravure, de lithographie ;*
- *les œuvres graphiques et typographiques ;*
- *les œuvres photographiques et celles réalisées à l'aide de techniques analogues à la photographie ;*
- *les œuvres des arts appliqués ;*
- *les illustrations, les cartes géographiques ;*
- *les plans, croquis et ouvrages plastiques relatifs à la géographie, à la topographie, à l'architecture et aux sciences ;*
- *les logiciels, y compris le matériel de conception préparatoire ;*
- *les créations des industries saisonnières de l'habillement et de la parure.* »

Les droits d'auteur touchent à deux aspects de droit : le droit moral et les droits patrimoniaux :

- le droit moral est inaliénable, c'est-à-dire qu'il ne peut se céder, il est également perpétuel et imprescriptible, il s'inscrit dans le temps et non dans l'usage. Il est lié au droit de divulgation, seul l'auteur peut décider de la date de la mise sur le marché de son œuvre ; au droit de retrait ou de repentir, seul l'auteur peut modifier ou retirer son œuvre de toute exploitation ; au droit de la paternité et enfin au droit au respect de l'œuvre, à son intégrité. Toute cession des droits d'auteur ne peut inclure de modifier l'œuvre elle-même sans autorisation de l'auteur ;
- les droits patrimoniaux sont cessibles et limités dans le temps (70 ans après le décès de l'auteur, à partir de cette période les œuvres entrent dans le domaine public). Ils incluent le droit de reproduction et le droit de représentation. Le droit de reproduction est lié au support sur lequel l'œuvre sera proposée au public. Le droit de représentation est lié à la manière dont l'œuvre est

présentée au public comme une adaptation d'un roman au cinéma par exemple. Le contrat d'édition est un exemple de la représentation d'une cession de droits patrimoniaux.

Question 32 : Quels sont les droits voisins ?

Les droits voisins visent les personnes intervenant sur une œuvre à titre autre que celui d'auteur, ce sont les interprètes, les producteurs de musique, de films, etc.

Titulaires de droits d'auteur	Les auteurs : scénariste, dialoguiste, réalisateur, compositeur
Titulaires de droits voisins	Le producteur Les interprètes
Titulaires de droits d'auteur et de droits voisins	Les auteurs, interprètes, producteurs de musique

Titulaires de droits d'auteur	Les auteurs
Titulaires de droits voisins	Le producteur Les interprètes
Cessionnaire de droits d'auteur	L'éditeur de musique

Source : Contenus numériques : droit d'auteur et licences libres, Lionel Morel, 2016, https://stph.scenari-community.org/ln/da/co/da.html

Question 33 : Qu'appelle-t-on l'exception pédagogique et de recherche ?

« *La représentation ou la reproduction d'extraits d'œuvres, sous réserve des œuvres conçues à des fins pédagogiques et des partitions de musique, à des fins exclusives d'illustration dans le cadre de l'enseignement et de la recherche, y compris pour l'élaboration et la diffusion de sujets d'examens ou de concours organisés dans la prolongation des enseignements à l'exclusion de toute activité ludique ou récréative, dès lors que cette représentation ou cette reproduction est destinée, notamment au moyen d'un espace numérique de travail, à un public composé majoritairement d'élèves, d'étudiants, d'enseignants ou de chercheurs directement concernés par l'acte d'enseignement, de formation ou l'activité de recherche nécessitant cette représentation ou cette reproduction, qu'elle ne fait l'objet d'aucune publication ou diffusion à un tiers au public ainsi constitué, que l'utilisation de cette représentation ou cette reproduction ne donne lieu à aucune exploitation commerciale et qu'elle est compensée par une rémunération négociée sur une base forfaitaire sans préjudice de la cession du droit de reproduction par reprographie mentionnée à l'article L. 122-10* » (art. L. 122-5.3 du code de la propriété intellectuelle).

En résumé, selon les types d'œuvres :

- pour les livres : intégralité dans la classe, extraits seulement si incorporation dans un travail pédagogique diffusé *via* ENT ou intranet, défini comme « partie ou fragment d'une œuvre d'ampleur raisonnable et non substituable à la création dans son ensemble », sauf si il s'agit d'œuvres courtes (telles que des poèmes) ;
- pour les périodiques imprimés : intégralité dans la classe, extrait seulement si incorporation dans un travail pédagogique diffusé *via* ENT ou intranet, défini comme « partie ou fragment d'une œuvre d'ampleur raisonnable et non substituable à la création dans son ensemble », sauf si il s'agit d'œuvres courtes (telles que des poèmes) ;
- pour les arts visuels (arts graphiques, plastiques, photographiques, architecturaux, etc.) : diffusion en intégralité dans la classe, incorporation en intégralité possible dans un travail pédagogique diffusé *via* ENT ou intranet, à condition de se limiter à 20 images par support ;
- pour la musique enregistrée : diffusion en intégralité possible dans la classe, ainsi que représentation par les élèves ou enseignants. Des extraits de 30 secondes peuvent être incorporés dans un travail pédagogique diffusé *via* ENT ou intranet ;
- pour la vidéo : en classe, extrait de 6 minutes (ou 10 %) seulement à partir de supports du commerce, diffusion possible en intégralité pour les œuvres diffusées par le canal hertzien gratuit. Extrait de 6 minutes (ou 10 %) peuvent être incorporés dans un travail pédagogique diffusé *via* ENT ou intranet ;
- pour les partitions : utilisation d'extraits possible en se limitant à trois pages consécutives, dans la limite de 10 % de l'œuvre concernée (parole et/ou musique), par travail pédagogique ou de recherche ;
- pour les manuels : utilisation d'extraits possibles en se limitant à quatre pages consécutives dans la limite de 10 % de la pagination de l'ouvrage.

Source : Contenus numériques : droit d'auteur et licences libres, Lionel Morel, 2016, https://stph.scenari-community.org/In/da/co/da.html (consulté le 04/11/2022)

PRATIQUES CULTURELLES

PARTIE III

1 | NOTIONS SUR L'HISTOIRE DES MÉDIAS EN GÉNÉRAL : HISTOIRE DU LIVRE, DE LA PRESSE, DE L'ÉDITION ET L'AUDIOVISUEL

QUESTIONS 34 À 39

Question 34 : Comment se définit un média ?

Question 35 : Quels sont les différents lieux où apparaît le livre ?

Question 36 : À quelle date est née l'imprimerie ?

Question 37 : À quelle époque est née la presse ?

Question 38 : À quelle époque apparaît l'édition ?

Question 39 : Quelle est l'origine du mot « audiovisuel » ?

■ RÉPONSES 34 À 39

Question 34 : Comment se définit un média ?

C'est un « *procédé permettant la distribution, la diffusion ou la communication d'œuvres, de documents, ou de messages sonores ou audiovisuels (presse, cinéma, affiche, radiodiffusion, télédiffusion, vidéographie, télédistribution, télématique, télécommunication)* » (dictionnaire *Larousse*).

Les médias jouent un rôle important dans l'information et la formation des personnes. Ils sont également un lieu professionnel d'expression, mais aussi un lieu d'expression pour tous.

Question 35 : Quels sont les différents lieux où apparaît le livre ?

L'apparition du livre est liée à l'apparition de l'écriture ainsi qu'à chaque civilisation. Chacune adoptera des matières, des formes et techniques qui sont liées à leur culture. En Inde et en Asie du Sud-Est où la feuille de palmier a été longtemps utilisée, l'écriture est apparue vers le IVe siècle avant J.-C. En Chine, les ventres de tortue ont été les premiers supports sur lesquels étaient consignés les oracles. Le bronze, le bambou et la soie furent également des supports d'écriture. Les supports en bambou et en soie prirent forme de rouleaux. Le papier y fut inventé au IIIe siècle avant J.-C., il fut créé à partir de nids de guêpes qui contiennent de la cellulose. Moins cher, il remplaça les rouleaux de soie, qui toutefois perdurèrent jusqu'au Ve siècle. Son usage se répandit en Asie centrale puis atteignit l'Occident : en Espagne et en Sicile au XIIe siècle, en Italie au XIIIe siècle et au milieu du XIVe siècle en France (1348). Les tablettes d'argiles à l'écriture cunéiforme apparurent en Mésopotamie apparurent au IVe siècle avant J.-C. La bibliothèque d'Alexandrie en Égypte est fondée en 295 avant J.-C. Les tablettes furent remplacées par des rouleaux en papyrus (volumen) puis en parchemin (peau de mouton ou de chèvre), apparu au IIe siècle. Il a une meilleure conservation et permet d'effacer le texte (palimpseste). Le parchemin fut utilisé jusqu'au IXe siècle en Proche-Orient et durant tout le Moyen Âge en Occident. Il donne naissance au codex qui est un livre formé de feuilles pliées et assemblées en cahier. Il s'impose au IVe siècle en Occident et au Ve siècle dans l'Empire byzantin.

Question 36 : À quelle date est née l'imprimerie ?

L'imprimerie est née au milieu du XVe siècle, le procédé est créé par Gutenberg en Allemagne vers 1456. Le manuscrit est né. La première presse française sera installée au collège de la Sorbonne en 1470. Un incunable est un livre imprimé sous la presse à l'aide de caractères mobiles fondus en métal avant la fin du XVe siècle. L'imprimerie permet de diffuser les textes originaux de l'Antiquité puis des ouvrages pédagogiques et des livres de prières. Le princeps est la première édition imprimée d'un texte. Vers 1530-1550, le livre imprimé trouve sa forme actuelle.

Jusqu'en 1850, le papier dit à la cuve, est produit à partir de chiffons de plus ou moins bonne qualité, puis vu sa raréfaction, le bois râpé le remplace. Un tournant est effectué tant au niveau technique que qualitatif à la fin du XVIIIe siècle. En effet, la lithographie, technique d'impression sur pierre calcaire, apparaît en 1796, le papier continu en 1798 et la presse métallique en 1800.

Question 37 : À quelle époque est née la presse ?

C'est sous une forme de suite chronologique de dépêches venues d'Europe qu'apparaissent vers 1631 les premiers périodiques français. La presse se développe lentement, car elle est sous contrôle du pouvoir royal. Elle connaît à l'époque des Lumières un premier essor avec le premier quotidien d'information, *Le Journal de Paris* (1777), destiné à la bourgeoisie laborieuse parisienne. La Révolution française amène la libre communication des pensées et la liberté d'imprimer ses opinions. En 1791, l'Assemblée constituante réglemente la liberté de la presse, donnant son plein essor. La censure se durcit sous la terreur et se prolonge plus modérément sous le Directoire et l'Empire. Le XIXe siècle est le siècle où la presse devient le canal d'information de masse. La presse devient le « 4e pouvoir ». Lors de la Première Guerre mondiale, la presse se voit refuser l'accès au front et est accusée de propagandisme. La débâcle de juin 1940 entraîne la disparition de grands titres nationaux et le succès de la presse résistante. À la Libération, la presse obtient un statut garantissant son indépendance vis-à-vis du pouvoir. Parallèlement à la presse d'information se développe une presse spécialisée illustrée. Le succès des journaux provient des reportages à caractère social et politique dans les années 1960. Mai 1968 mène à la création de titres satiriques comme *Hara-kiri*, d'une nouvelle presse militante et de journaux issus de la contre-culture tels que *Libération*. Cependant le tirage des quotidiens diminue et de grands titres disparaissent. À la fin du XXe siècle, la presse généraliste s'installe sur Internet. Au début des années 2000, les quotidiens gratuits financés par la publicité ont un grand succès. Certains titres choisissent le tout numérique (*Médiapart*) et d'autres le reportage tel *XXI*.

Question 38 : À quelle époque apparaît l'édition ?

Selon Jean-Yves Mollier dans son *Autre histoire de l'édition française*, « *l'histoire de l'édition française ne commence vraiment qu'à la toute fin du XVIIIe siècle et ne s'autonomise qu'après 1815 ou 1820, au moment où les premiers représentants de commerce sillonnent les régions et les inondent de prospectus et de catalogues* ». Un arrêt d'août 1777 reconnaît la propriété de l'auteur sur son texte et la première loi sur la propriété littéraire de 1793 fait naître l'édition moderne. De la naissance de l'imprimerie jusqu'aux années 1830, la fonction éditoriale a été assurée soit par des imprimeurs, soit par des libraires. Le XIXe siècle est le grand siècle de l'édition en faisant apparaître une véritable fonction éditoriale du fait que l'imprimerie soit en plein essor, que le lectorat augmente ainsi que le nombre d'auteurs également. Des libraires devinrent éditeurs tels que Hachette ou Flammarion, des imprimeurs également comme l'Imprimerie nationale et même des auteurs : Pierre Larousse et Paul Robert. Les éditions Gallimard sont, elles, issues de la presse. Des groupes de communication et financiers investissent dans l'édition. Actuellement ces grands groupes détiennent une grande part du secteur de l'édition. La loi sur le prix unique du livre (1981) permet de maintenir un réseau de librairies de qualité représentant les grandes maisons d'édition, mais également les éditions indépendantes.

Question 39 : Quelle est l'origine du mot « audiovisuel » ?

Selon une étude de G. Delavaud, professeur en sciences de l'information à l'Université Paris 8, le terme audiovisuel apparaît dans la langue française en 1947 sous cette définition : « *Audiovisuel : se dit d'une méthode pédagogique, qui joint le son à l'image (notamment dans l'apprentissage des langues)* ». À l'époque, les formes audiovisuelles existantes étaient les auxiliaires (phonographes, radio), les auxiliaires visuels (projections fixes, films muets) et les moyens proprement audiovisuels (films sonores et télévision). Actuellement, sous cette notion sont regroupés le téléphone, la radio, le cinéma, la télévision, la photographie, la vidéo et le multimédia.

En 1876, le téléphone est inventé par Alexander Graham Bell et le concept de la télévision naît. Le phonographe voit le jour en 1877 et son créateur, Edison, réfléchit à un concept équivalent pour l'image. Les premiers brevets de télévision sont déposés en 1884. 1891 est l'année du premier brevet portant sur l'animation d'images photographiques et la fabrication d'une première caméra argentique. La photographie se développera également au XIXe siècle. En 1956 naît le premier magnétoscope.

2| ÉCONOMIE ET DROIT DE LA CULTURE

QUESTIONS 40 À 43

Question 40 : Quel est le poids économique de la culture ?
Question 41 : Quel est le rayonnement culturel de la France à l'étranger ?
Question 42 : Quels sont les premiers équipements culturels ?
Question 43 : Quel est le poids économique des droits de la culture ?

■ RÉPONSES 40 À 43

Question 40 : Quel est le poids économique de la culture ?

Selon les derniers chiffres parus en mai 2022[1] pour l'année 2020, le poids économique direct de la culture, c'est-à-dire la valeur ajoutée de l'ensemble des branches culturelles, s'établit à 2,2 % du produit intérieur brut (PIB) de l'ensemble de l'économie soit un poids légèrement inférieur au poids stable enregistré au cours des sept années précédentes (2,3 % de 2013 à 2019). Durant l'année 2020, la culture est particulièrement touchée par la crise sanitaire.

En 2020, l'audiovisuel (27 %) reste en tête en termes de poids économique, suivi par le spectacle vivant (15 %) et par le livre et la presse (14 %).

Poids des branches culturelles et évolutionde la valeur ajoutée en 2020

Répartition par domaine culturel	Production totale (marchande et non marchande)		Valeur ajoutée		Évolution de la VA en volume entre 2019 et 2020 (en %)
	Valeur (en milliards d'euros courants)	Poids (en %)	Valeur (en milliards d'euros courants)	Poids (en %)	
Audiovisuel	28,6	33,0	12,5	27,0	- 8
dont projection cinématographique	0,6	0,7	0,2	0,4	- 66
dont jeux vidéo	3,2	3,6	1,6	3,5	21
dont radio	1,3	1,5	0,7	1,5	- 1
Spectacle vivant	9,7	11,2	6,7	14,6	- 37
Livre, presse	14,4	16,6	6,7	14,4	- 9
Publicité	10,9	12,6	5,2	11,2	- 7
Patrimoine	7,3	8,5	5,1	11,1	- 24
Arts visuels	7,7	8,8	4,1	8,9	- 21
dont design	3,4	3,9	1,5	3,2	- 27
Architecture	5,4	6,2	3,6	7,8	- 9
Enseignement artistique et culturel	2,7	3,1	2,3	4,9	- 7
Total culture	**86,7**	**100,0**	**46,1**	**100,0**	**- 15**

Note : données provisoires

Source : INSEE, comptes nationaux – base 2014/Deps-doc, ministère de la Culture, 2022

1. Le poids économique direct de la culture en 2020, collection culture chiffres, ministère de la Culture, mai 2022 : https://www.culture.gouv.fr/Thematiques/Etudes-et-statistiques/Publications/Collections-de-synthese/Culture-chiffres-2007-2022/Le-poids-economique-direct-de-la-culture-en-2020-CC-2022-1 (consulté le 30/11/22).

Les branches culturelles subissent une baisse en 2020 sous l'effet de la crise sanitaire. Le spectacle vivant perd plus d'un tiers de valeur ajoutée exprimée en volume (- 37 %), le patrimoine et les arts visuels plus d'un cinquième (respectivement - 24 % et - 21 %), le livre et la presse (- 9 %), l'architecture (- 9 %) et l'audiovisuel (- 8 %), la publicité et l'enseignement artistique et culturel (- 7 %).
Entre 2019 et 2020, la branche audiovisuelle connaît un recul de 8 % en volume, soit une baisse identique à celle de l'économie dans son ensemble. En 2020, l'édition de jeux électroniques (+ 21 % entre 2019 et 2020 en volume), l'édition et distribution de vidéos (+ 7 %), et l'édition de chaînes thématiques + 17 %) sont en croissance. À l'inverse les secteurs de la projection de films cinématographiques (- 66 %), leur distribution (- 24 %) et la production de films institutionnels et publicitaires (- 22 %) sont les plus touchés. Le sont également : la production de films et de programmes pour la télévision (- 12 %), celle pour le cinéma (- 12 %). La chute du cinéma s'explique notamment par la fermeture totale des salles pendant 162 jours en 2020, la suspension des tournages du 17 mars au 11 mai 2020 et les incertitudes de la reprise.
Le CNC a publié la *Géographie du cinéma* en 2021. Cette étude analyse l'évolution du parc de salles, la fréquentation sur le plan national, mais aussi par région, par département, par agglomération et par commune. Elle met en lumière l'évolution de l'offre de films par région et département.
Le document est consultable et téléchargeable gratuitement à l'adresse suivante :
https://www.cnc.fr/documents/36995/1617915/G%C3%A9ographie+du+cin%C3%A9ma+2021.pdf/f80f1b6b-a5fc-ce43-5201-837fa7c989cb?t=1663664893628 (consulté le 14/12/2022).

Le secteur de la musique enregistrée (enregistrement sonore et édition musicale) baisse de façon modérée au regard de la crise (- 5 %) notamment grâce à l'écoute en flux financée par les abonnements et par la publicité.

La part du livre et de la presse diminue en effet de près de 10 points entre 2000 et 2020, le poids de ces deux branches passant de 24 % à près de 14 %. Le recul de la presse sur le long terme s'explique notamment par la baisse des recettes publicitaires, induite par le recul du support physique au profit de la presse en ligne, et une moindre audience. Les réseaux sociaux deviennent une source d'information croissante pour les plus jeunes. Le secteur de la presse connaît en effet une baisse de la consommation des ménages, de l'ordre de 60 % au cours des vingt dernières années. L'audiovisuel voit sa part dans la valeur ajoutée progresser du fait du remplacement progressif du support physique par le numérique. Entre 2010 et 2020, la vente de produits audiovisuels physiques connaît des difficultés, avec un recul en volume de l'ordre de 12 % par an en moyenne. En revanche, l'édition de jeux électroniques et l'édition de chaînes thématiques connaissent une croissance sur dix ans (avec un taux de croissance annuel moyen respectif de 10 % et de 8 % en volume).

La part du patrimoine dans la valeur ajoutée culturelle progresse continuellement depuis vingt ans, elle a quasiment été multipliée par deux pour atteindre 11 % en 2020.

La production non marchande (19 %), qui représente près d'un cinquième de la production de la culture, a moins reculé en 2020 que la production marchande. Elle baisse de 10,5 % en valeur par rapport à 2019. Le patrimoine et l'enseignement artistique et culturel ont une production quasi exclusivement non marchande (respectivement 95 % et 87 % en 2020) et le spectacle vivant est majoritairement non marchand (64 %).

En 2019, 720 700 personnes travaillent dans les secteurs culturels (2,7 % de la population active). Le secteur audiovisuel est le principal employeur (16 %), suivi de près par le spectacle vivant (15 %) et les arts visuels (15 %). Parmi les professionnels de la culture, 31 % sont des non-salariés, contre 12 % des actifs en emploi dans l'ensemble de l'économie. En dix ans, les effectifs des secteurs culturels ont progressé de 14 %, contre 3 % pour l'ensemble de l'économie. Parmi les professionnels de la culture, 31 % sont des non-salariés, contre 12 % des actifs en emploi dans l'ensemble de l'économie.

Les secteurs culturels connaissent, durant la dernière décennie, un dynamisme important en termes d'emploi, puisque les effectifs ont progressé de 14 % entre 2009 et 2019 contre 3 % pour l'ensemble de l'économie. Cependant les secteurs de la presse (- 19 %) et du livre (- 13 %) diminuent. À l'inverse, d'autres secteurs sont particulièrement attractifs au niveau de l'emploi, comme l'enseignement (multiplication par 2,8), les arts visuels (+ 38 %) ou le patrimoine (+ 35 %).

La part des non-salariés est plus importante dans le secteur culturel (31 %) que dans l'ensemble de l'économie (12 %). Dans le secteur des arts visuels, 84 % des effectifs sont non-salariés. La part de non-salariés est également importante dans les secteurs de l'architecture (40 %), du livre (39 %) et de l'enseignement (33 %).

Emploi dans les secteurs culturels en 2019 et évolution 2009-2019

	Effectifs	Part dans l'ensemble des secteurs culturels (en %)	Part des non-salariés (en %)	Évolution des effectifs 2009-2019 (en %)
Audiovisuel / multimédia	114 300	16	18	20
Arts visuels	109 800	15	84	38
Spectacle vivant	105 800	15	19	5
Architecture	85 500	12	40	18
Agences de publicité	81 800	11	14	8
Presse	79 200	11	17	- 19
Patrimoine	56 800	8	1	35
Livre	50 900	7	39	- 13
Enseignement	36 600	5	33	184
Ensemble des secteurs culturels	**720 700**	**100**	**31**	**14**
Ensemble de la population active occupée	**26 471 200**		**12**	**3**

Note : les activités sont codées selon la nomenclature d'activités française (NAF) de 2008.
Champ : France métropolitaine, population des ménages, personnes en emploi de 15 ans ou plus.

Source : INSEE, enquêtes « Emploi 2018 à 2020 »/Deps-doc, ministère de la Culture, 2022

Le CNC a publié en décembre 2022 un état des lieux de l'emploi en région en 2021. Il donne les principales tendances des effectifs et de la masse salariale pour chaque région en fonction des secteurs d'activité, des types de contrats et de la place des femmes et des hommes dans ce secteur. Le document est téléchargeable gratuitement à l'adresse suivante :
https://www.cnc.fr/professionnels/etudes-et-rapports/etudes-prospectives/lemploi-en-regions-en-2021_1854660 (consulté le 14/12/2022).

Le budget 2023 du ministère de la Culture est de 4,2 milliards d'euros (+ 7 % par rapport à 2022). Le ministère a créé une nouvelle direction d'administration centrale : la délégation générale à la transmission, aux territoires et à la démocratie culturelle, qui gère notamment l'éducation artistique et culturelle). 75 % des élèves font l'expérience d'au moins un projet culturel dans leur année scolaire qui s'inscrit dans des projets de territoires en lien étroit avec les collectivités territoriales et l'Éducation nationale.

Le pass Culture a été généralisé aux jeunes de moins de 18 ans depuis le 1er janvier 2022. 76 % des jeunes déclarent aller au cinéma grâce au pass.
Des moyens accrus sont déployés pour développer l'offre et les pratiques de lecture. Des actions favorisent le maintien et le développement d'un réseau dense et diversifié en régions, de librairies, de bibliothèques et de maisons d'édition.
Il est également prévu, d'ici 2025, la création d'un portail national du livre accessible aux personnes en situation de handicap, dont l'offre actuelle de livres demeure faible.

Selon la note de conjecture sur les dépenses culturelles des collectivités 2019-2021 réalisé par l'Observatoire des politiques culturelles, les dépenses culturelles des régions continuent d'augmenter depuis 2017, mais avec une faible amplitude d'une année à l'autre. Pour 2020, on observe une légère hausse des dépenses culturelles dans le budget des régions. *Via* la répartition des crédits entre les grands domaines culturels, ce sont les bibliothèques et les dépenses d'équipement qui font les frais de la baisse. Les hausses concernent plus particulièrement les musées, les festivals et le spectacle vivant, le patrimoine comme l'an dernier, à quoi s'ajoute cette année le soutien aux associations et organismes culturels. Les budgets culturels départementaux augmentent de 7 %. Les hausses concernent un peu plus d'une dizaine de départements pour les domaines des musées et de l'éducation artistique et culturelle. Le soutien aux associations et organismes culturels est plus nombreux par rapport à 2019. Les aides aux autres secteurs culturels sont stables.

La part de la culture dans le budget des intercommunalités (métropoles et communautés d'agglomération) est en hausse depuis quelques années (6,2 % en 2020).

Évolution des dépenses culturelles en France (en millions d'euros constants, 2018)

	2014	2016	2017	2018	2019**
Villes de plus de 3 500 hab.	6 109	5 412	5 414	5 426	5 742
EPCI comportant au moins une ville de plus de 3 500 hab.	1 811	1 812	1 880	1 952	2 070
Départements*	1 441	1 269	1 178	1 128	1 214
Régions	799	733	710	738	794
Total collectivités	10 160	9 226	9 182	9 422	9 830
Budget du ministère de la Culture (LFI)	3 702	3 587	3 673	3 604	3 690
Crédits du budget général et budgets annexes des autres ministères (LFI)	3 885	4 101	4 350	4 276	4 299

** Les dépenses des départements sont redressées pour tenir compte de l'hétérogénéité des pratiques comptables, notamment pour la ventilation des dépenses en personnel.*
*** Les chiffres de 2019 ne tiennent pas compte de la consolidation entre les différentes collectivités territoriales.*
NB : Les crédits des budgets culturels annexes des collectivités territoriales ne sont pas intégrés ; pour mémoire, ils représentent 713 millions d'euros en 2019.

Sources : DGCL, DGFIP, ministère de la Culture

Les dépenses culturelles et de loisirs des ménages représentent 97 millions d'euros en 2021. Le tableau ci-dessous montre sa répartition.

Dépenses culturelles et de loisirs (en %)

Type de dépenses	2017	2018	2019	2020 (r)	2021	2021 (en millions d'euros)
Jardinage, animaux de compagnie	14,6	14,7	14,9	16,9	17,1	16 693
Jeux, jouets, articles de sport	14,6	14,5	14,3	15,5	15,4	14 956
Presse, livres et papeterie	15,1	14,5	13,9	14,7	14,2	13 826
Jeux de hasard	10,8	10,8	11,3	11,0	11,7	11 393
Services culturels*(1)*	11,9	12,1	12,4	10,6	10,8	10 515
Services récréatifs et sportifs*(2)*	13,3	13,9	14,4	9,8	9,7	9 459
Télévision, hi-fi, vidéo, photo	7,5	7,6	7,1	8,1	7,8	7 599
Autres biens durables culturels et récréatifs	5,6	5,9	6,0	6,3	6,9	6 753
Informatique	4,6	4,3	4,1	5,4	4,8	4 704
Disques, cassettes, pellicules photo	1,9	1,7	1,5	1,6	1,5	1 436
Ensemble	**100**	**100**	**100**	**100**	**100**	**97 336**

(r) données révisées.
(1) Cinéma, spectacles vivants, musées, abonnements audiovisuels, développements de tirage de photos, etc.
(2) Sport, location de matériel sportif, fêtes foraines, parcs d'attractions, voyages à forfait, week-ends, etc.
Lecture : en 2021, les services récréatifs et sportifs représentent 9,7 % des dépenses culturelles et des loisirs des ménages.
Champ : France

Source : INSEE, comptes nationaux - base 2014

Question 41 : Quel est le rayonnement culturel de la France à l'étranger ?

La politique culturelle se déploie aussi à l'étranger. Elle participe au rayonnement national. Le 30 mars 2017, a eu lieu le premier G7 de la culture qui a adopté la Déclaration de Florence. Celle-ci réaffirme la place essentielle des enjeux culturels dans les priorités nationales, au même titre que les enjeux économiques, environnementaux et sécuritaires. Elle mentionne que « *le soutien à la culture, à la diversité culturelle et à l'expression artistique est fondamental comme facteur d'émancipation, d'affirmation des civilisations et de dialogue entre les peuples* ». La culture est l'objet d'une politique européenne *via* la stratégie Europe 2020 ainsi que le programme Europe créative destiné à soutenir et à promouvoir les secteurs audiovisuels et culturels européens. Le label de patrimoine européen *(European Heritage Label)* est attribué à des sites qui incarnent le récit européen, ils sont au nombre de vingt-neuf dont trois en France : l'Abbaye de Cluny, la maison de Robert Schuman à Scy-Chazelles et le quartier européen de Strasbourg.

L'Institut français, sous la double tutelle du ministère de la Culture et de celui de l'Europe et des Affaires étrangères, est le garant de l'action culturelle extérieure de la France. « *Il contribue au rayonnement de la France à l'étranger dans un dialogue avec les cultures étrangères, en étroite collaboration avec le réseau culturel français à l'étranger, par la promotion de la langue française et la circulation des œuvres, des artistes et des idées* » (Ministère de la Culture).

L'Institut français vient en appui aux 131 services de coopération et d'action culturelle des ambassades de France, ainsi qu'aux 98 instituts français, aux 138 antennes réparties dans le monde (relevant du ministère de l'Europe et des Affaires étrangères) et aux 27 instituts français de recherche à l'étranger (sous tutelles du ministère des affaires étrangères et du CNRS).

Question 42 : Quels sont les premiers équipements culturels ?

Les premiers équipements culturels sont les lieux de lecture publique, bibliothèques et médiathèques d'une surface de plus de 100 m^2 (5 500 sur 5 000 communes). Les équipements de moins de 100 m^2 sont au nombre de 9 500 sur 13 000 communes. Les deuxièmes équipements sont les salles de cinéma. Ces salles sont équitablement réparties sur l'ensemble du territoire, cependant elles sont principalement implantées à l'intérieur et à la périphérie des moyennes et grandes villes. Près de 60 % des cinémas sont classés « art et essai ». Les lieux d'exposition (musées, centres d'art et fonds régionaux d'art contemporain) sont présents dans toutes les régions (une centaine par région), y compris dans les départements et régions d'outre-mer, à l'exception de Mayotte. Les lieux de création et de diffusion du spectacle vivant sont multiples, certains labellisés par le ministère de la Culture, d'autres gérés par une collectivité territoriale ou privés. 950 lieux de création et de diffusion du spectacle vivant sont dénombrés sur l'ensemble du territoire, mais leur implantation est concentrée en Île-de-France (31 %) et dans les grands centres urbains. C'est dans le domaine de l'enseignement artistique et culturel que la répartition territoriale est la plus inégalitaire : ces équipements sont concentrés à Paris et en Île-de-France pour les conservatoires de musique, de danse et d'art dramatique (35 % de l'ensemble), et dans les métropoles régionales pour les établissements d'enseignement supérieur Culture (chiffres 2020, source ministère de la Culture).

Question 43 : Quel est le poids économique des droits de la culture ?

Le nombre d'auteurs percevant des droits au titre d'exploitation de leur œuvre augmente depuis l'extension des formes de création et du développement de la production surtout audiovisuelle et éditoriale. Les deux premières sociétés sont la Société des auteurs, compositeurs et éditeurs de musique, la SACEM et la Société des auteurs et des compositeurs dramatiques, la SACD. Dans le domaine de l'édition du livre, la gestion des droits d'auteur se fait surtout individuellement. Ces droits représentent 11,2 % du chiffre d'affaires des éditeurs. La Sofia gère collectivement le droit de prêt en bibliothèques et centres de documentation ainsi qu'une part de la rémunération pour copie privée numérique du texte et des images des livres. Sa rémunération a plus que doublé en dix ans. Le Centre français d'exploitation du droit de copie (CFC) gère collectivement les droits de copie papier et numériques du livre et de la presse. 75 % des sommes perçues au titre de la reprographie sont issues de l'enseignement.

Les droits d'auteur versés par les éditeurs en % du CA PPHT*

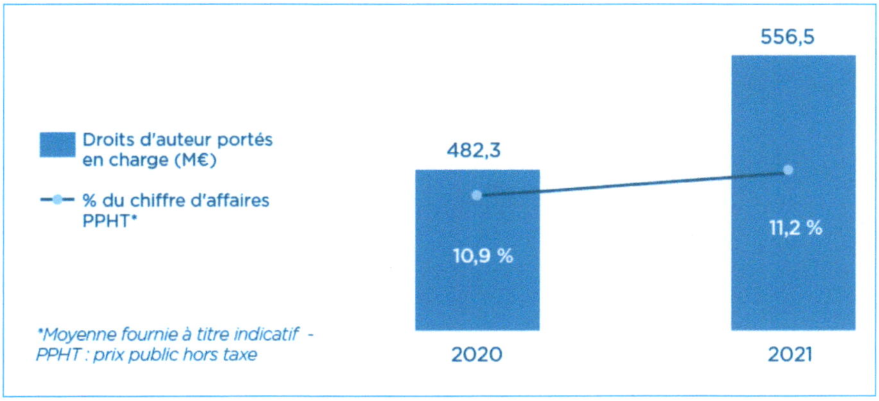

Source : Synthèse chiffres de l'édition 2021, SNE

3| PUBLICS ET SERVICES : SOCIOLOGIE, ACCÈS DES PUBLICS À L'INFORMATION ET AUX DOCUMENTS, RÔLE DES TECHNOLOGIES DE L'INFORMATION ET DE LA COMMUNICATION

■ QUESTIONS 44 À 48

Question 44 : Quelle est la consommation culturelle des ménages ?
Question 45 : Quelles sont les pratiques culturelles des ménages ?
Question 46 : Qui sont les publics des bibliothèques ?
Question 47 : Quelles sont les fréquentations des bibliothèques et des points d'accès au livre ?
Question 48 : Par quels biais les publics ont-ils accès à l'information ?

RÉPONSES 44 À 48

Question 44 : Quelle est la consommation culturelle des ménages ?

En 2017, la part budgétaire consacrée par les ménages aux biens et services culturels est de 1,6 %. Elle était de 2,4 % en 2002.

Dans le domaine des technologies de l'information, les taux d'équipement des ménages croissent depuis les années 2000 : 94 % des ménages disposent d'une solution en téléphonie mobile, 85 % d'une connexion Internet et 78 % d'un ordinateur en 2018. Tablettes et smartphones font également partie de l'équipement des ménages, 75 % pour l'un, 41 % pour l'autre cette même année. Le taux d'équipement dépend fortement de l'âge et du niveau de qualification des ménages. Les 12-24 ans sont deux fois plus nombreux que les 70 ans à posséder une tablette tactile. Cependant en 2011, presque aucune personne âgée ne possédait de tablettes alors qu'en 2017, une personne sur cinq en possède une.

Les pratiques numériques ont accentué la baisse des ventes de CD et de DVD, les ménages choisissant des abonnements musicaux et audiovisuels en streaming.

L'écrit (livre et presse) demeure la première dépense culturelle des Français. Cependant il est en net recul depuis dix ans (- 36 %) au profit des dépenses en ligne et des sorties culturelles (+ 6 %).
La progression de l'écoute de la musique se poursuit depuis les années 70 surtout avec la diversification des supports d'écoute.

Écoute quotidienne de musique selon la génération, 1973-2018

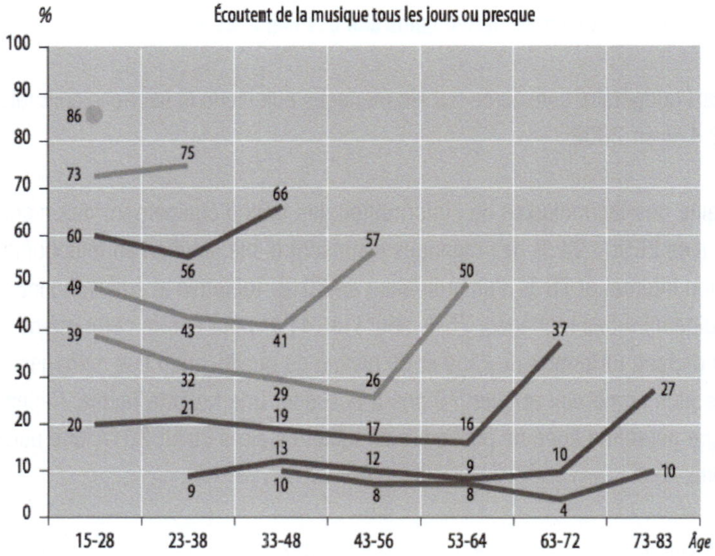

En %

Personnes nées entre	15-28 ans	23-38 ans	33-48 ans	43-56 ans	53-64 ans	63-72 ans	73-83 ans
G8 *1995-2004*	86						
G7 *1985-1994*	73	75					
G6 *1975-1984*	60	56	66				
G5 *1965-1974*	49	43	41	57			
G4 *1955-1964*	39	32	29	26	50		
G3 *1945-1954*	20	21	19	17	16	37	
G2 *1935-1944*		9	13	12	9	10	27
G1 *1925-1934*			10	8	8	4	10

Lecture : entre 15 et 28 ans, 86 % de la génération née entre 1995 et 2004 écoutaient de la musique quotidiennement alors que 73 % de la génération née entre 1985 et 1994 le faisaient au même âge.

Source : enquête sur les pratiques culturelles, 1973-2018, Deps, ministère de la Culture, 2020

Question 45 : Quelles sont les pratiques culturelles des ménages ?

Les Français dorment moins mais passent plus de temps à s'occuper d'eux aujourd'hui. Le temps de travail a diminué mais ils restent plus longtemps dans les transports qu'avant. Les femmes réalisent moins de tâches domestiques qu'autrefois et tous ont plus de temps libre.

Selon la dernière étude, parue en 2020, du ministère de la Culture sur les cinquante ans de pratiques culturelles en France, six tendances se démarquent : une place croissante de la culture dans le quotidien des Français ; l'essor, depuis dix ans, des pratiques culturelles numériques ; les Français, surtout après quarante ans, sont plus nombreux à fréquenter les lieux culturels ; la réduction de certains écarts territoriaux et sociaux ; la singularité culturelle des récentes générations et enfin, le déclin des pratiques culturelles des plus âgés.

Depuis cinquante ans, les pratiques culturelles des Français confirment un développement et une diversification des pratiques. Leur principal loisir reste la télévision, cependant, l'ensemble des pratiques audiovisuelles occupent une place centrale : la radio et l'écoute de musique enregistrée qui connait un véritable essor au cours des dix dernières années. Cependant, la télévision et surtout la radio connaissent malgré tout un léger recul dans la période récente, lié à une concurrence accrue des contenus numériques, en particulier pour les moins de 35 ans. De plus, la fréquentation des cinémas et des spectacles, les visites de musées, d'expositions ou de monuments historiques sont en hausse.

Les pratiques culturelles numériques ont un essor remarquable. Depuis dix ans, l'écoute de la musique, le visionnage des vidéos, les jeux se font en ligne, pratiques devenues courantes pour les 15 ans et plus.

La fréquentation des lieux culturels (cinémas, théâtres, musées, monuments historiques) et le spectacle vivant se sont généralisés à toutes les tranches d'âge. À souligner que seul ce dernier peine à attirer les 25-39 ans.

L'essor des pratiques culturelles numériques gomme les écarts territoriaux en matière culturelle. Cette différence s'amenuise également dans la fréquentation des bibliothèques et des lieux de spectacles vivants. Cependant, les plus diplômés et les catégories socioprofessionnelles (CSP) supérieures continuent à être surreprésentés sur la fréquentation de ces équipements. Il en va de même sur la fréquentation des lieux patrimoniaux où l'écart avec les autres CSP se fait plus important.

Les jeunes générations font des pratiques numériques culturelles une consommation de masse. Les sources d'information traditionnelles perdent leur attrait alors que les réseaux sociaux sont devenus une source incontournable d'information. Ces 15-24 ans fréquentent également assidument les établissements culturels.

Médias privilégiés pour se tenir informé selon l'âge en 2018

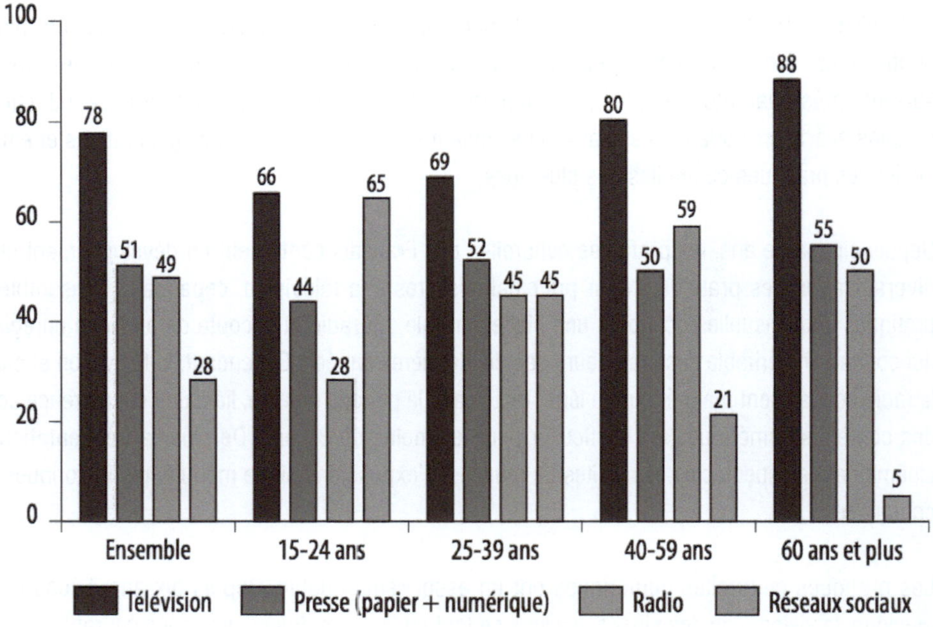

Source : enquête sur les pratiques culturelles, 1973-2018, Deps, ministère de la Culture, 2020

La génération des baby-boomers, les 55-68 ans, est la plus grande consommatrice de biens culturels, toutes générations confondues. Ils lisent plus, ils sortent plus (musées, concerts de musique classique notamment). Les générations suivantes peinent à prendre le relais, ce qui se traduit depuis dix ans, par une baisse de la fréquentation des lieux patrimoniaux et des concerts de musique classique.

La pratique de la lecture baisse régulièrement depuis 1986. En un peu plus de vingt ans, la baisse atteint 33 %. Les retraités restent les plus grands lecteurs avec trente minutes de lecture par jour. En 2018, 62 % des 15 ans et plus ont lu au moins un livre au cours de l'année, soit 11 points de moins par rapport à 1988. La fréquentation des expositions en bibliothèque arrive en quatrième position des pratiques préférées des usagers. L'accès à la culture se fait de plus en plus *via* Internet comme l'achat de produits culturels, de lecture, etc.

Évolution des pratiques culturelles, 1973-2018 (en %)

	1973	1981	1988	1997	2008	2018
Écoutent de la musique (hors radio)	**66**	**76**	**73**	**76**	**81**	**81**
dont : tous les jours ou presque	*9*	*19*	*21*	*27*	*34*	*57*
Regardent la télévision	**93**	**95**	**95**	**94**	**98**	**94**
dont : tous les jours ou presque	*65*	*69*	*73*	*77*	*87*	*78*
dont : 20 heures ou plus par semaine	*29*	*35*	*43*	*46*	*43*	*40*
Durée moyenne d'écoute (en heures par semaine)	16	17	20	22	21	19
Jouent aux jeux vidéo	**n.d.**	**n.d.**	**n.d.**	**19**	**36**	**44**
dont : tous les jours ou presque	*n.d.*	*n.d.*	*n.d.*	*n.d.*	*6*	*15*
Écoutent la radio	**88**	**89**	**85**	**88**	**87**	**82**
dont : tous les jours ou presque	*72*	*72*	*66*	*69*	*67*	*60*
Durée moyenne d'écoute (en heures par semaine)	17	16	17	17	15	12
Ont lu au moins un livre (hors bande dessinée)	**69**	**72**	**73**	**71**	**67**	**62**
1 à 9	24	32	34	37	39	34
10 à 19	17	18	17	17	14	14
20 et plus	28	23	22	18	14	15
Ont lu une bande dessinée	**n.d.**	**n.d.**	**41**	**33**	**29**	**20**
Ont fréquenté une bibliothèque	**n.d.**	**n.d.**	**23**	**31**	**28**	**27**
Sont inscrits dans une bibliothèque	13	14	17	21	19	15
Sont allés au cinéma	**52**	**49**	**49**	**49**	**57**	**63**
1 à 2 fois	14	12	15	13	16	15
3 à 11 fois	23	22	20	23	27	30
12 fois et plus	15	15	14	14	13	17
Ont assisté à un spectacle (1)	**33**	**33**	**36**	**39**	**42**	**43**
dont : spectacle de danse	*6*	*5*	*6*	*8*	*8*	*9*
dont : spectacle de théâtre	*12*	*10*	*14*	*16*	*19*	*21*
dont : concert de musique classique	*7*	*7*	*9*	*9*	*7*	*6*
dont : concert de rock et de jazz (2)	*7*	*10*	*13*	*13*	*14*	*11*
dont : concert de rock	*n.d.*	*n.d.*	*10*	*9*	*10*	*8*
dont : concert de jazz	*n.d.*	*n.d.*	*6*	*7*	*6*	*4*
dont : spectacle de variété	*12*	*10*	*10*	*10*	*11*	*15*
dont : spectacle de cirque	*11*	*9*	*9*	*13*	*14*	*11*
Ont assisté à un festival (3)	**8**	**7**	**n.d.**	**n.d.**	**16**	**19**
Ont visité un musée, une exposition ou un monument historique	**41**	**40**	**39**	**42**	**39**	**44**
dont : musée ou exposition	*28*	*29*	*30*	*33*	*30*	*29*
dont : monument historique	*32*	*31*	*28*	*30*	*29*	*34*

	1973	1981	1988	1997	2008	2018
Ont pratiqué en amateur	**30**	**37**	**44**	**47**	**50**	**39**
Musique ou chant (seul.e ou en groupe)	9	18	20	18	16	11
Une activité autre que musicale	26	28	36	42	43	35
dont : écriture de poèmes, nouvelles...	*3*	*4*	*6*	*6*	*6*	*4*
dont : peinture, gravure, sculpture	*4*	*4*	*6*	*10*	*9*	*8*
dont : dessin	*n.d.*	*n.d.*	*14*	*16*	*14*	*12*
dont : poterie	*2*	*2*	*3*	*4*	*4*	*2*
dont : théâtre	*1*	*1*	*2*	*2*	*2*	*1*
dont : danse	*2*	*2*	*6*	*7*	*8*	*7*
dont : photographie	*18*	*19*	*19*	*21*	*24*	*19*

Champ : personnes âgées de 15 ans et plus, vivant en ménage ordinaire. France métropolitaine.
Note : les résultats concernent la pratique au cours des douze derniers mois.
(1) L'édition 2018 de l'enquête prévoit un plus grand nombre de modalités que les précédentes pour décrire les spectacles auxquels les répondants ont pu se rendre au cours des 12 derniers mois. En ajoutant les concerts de musiques du monde, de musiques traditionnelles, de RnB, de musiques électroniques, techno, de hip-hop, rap, de métal, hard rock et l'opéra, ce taux de pratique atteint 49 % en 2018, soit 6 points supplémentaires. La structure sociodémographique des publics, avec ou sans ces modalités supplémentaires, reste sensiblement la même.
(2) Les concerts de rock et de jazz étaient réunis sous la même catégorie « concerts de musique pop ou de jazz » en 1973 et « concerts de musique pop, de folk, de rock ou de jazz » en 1981.
(3) Seules les éditions 1973, 1981, 2008 et 2018 de l'enquête proposent cette modalité dans leurs questionnaires. La question porte sur les festivals en général, quels que soient leurs domaines artistiques (musique, spectacle vivant, photographie ou autre).

Source : enquête sur les pratiques culturelles, 1973-2018, ministère de la Culture, 2020

La France se situe au-dessus de la moyenne européenne sur les pratiques culturelles avec le Royaume-Uni. Les habitants des pays scandinaves et des Pays-Bas sont ceux qui pratiquent le plus la culture. Les pratiques culturelles restent liées au niveau du diplôme et de la position sociale. Ces pratiques se sont féminisées du fait des progrès de scolarisation des femmes. Les seniors sont de plus en plus intéressés par les sorties culturelles.

Question 46 : Qui sont les publics des bibliothèques ?

Selon l'étude « Cinquante ans de pratiques culturelles en France » du ministère de la Culture en France parue en 2020, la lecture recule, les publics des bibliothèques se développent et la fréquentation de ces dernières est en hausse, en particulier par les jeunes publics. Le lectorat est devenu particulièrement rare au sein des jeunes générations. Il est plus souvent masculin et jeune dans les années 1970, il est devenu plus féminin et plus âgé à ce jour. Les écarts de pratiques entre grandes agglomérations et milieu rural s'effacent. Après une hausse sensible au cours des années 1970 et 1980, la pratique de lecture de livres (hors bande dessinée) décline à partir des années 1990. En 2018, 62 % des 15 ans et plus ont lu au moins un livre au cours de l'année, soit une baisse de 11 points par rapport à 1988. Les lecteurs assidus deviennent également plus rares : de 28 % en 1973 pour les 15 ans, ils représentent 15 % en 2018. Cette baisse moyenne des pratiques de lecture s'explique par la baisse de la lecture au sein des générations récentes et le poids croissant des catégories plus âgées qui sont moins lectrices. La lecture est une pratique qui décline au fil de l'âge.

Selon la dernière étude sur les bibliothèques municipales en France datant de 2016 du ministère de la Culture, 91 % des Français ont eu l'occasion de se rendre dans une bibliothèque au cours de leur vie (84,8 % en 2005). 45 % de la population a fréquenté une bibliothèque sur les 12 derniers mois. Ce taux est stable sur les dix dernières années malgré l'accès des ménages à Internet. 72 % des 15-24 ans fréquentent une bibliothèque, c'est la tranche d'âge qui est la plus élevée. Le taux de fréquentation des 15-24 ans est aussi plus fort pour les nouvelles générations. La sensibilisation des plus jeunes aux bibliothèques grâce au développement d'actions ciblées de partenariats avec les structures de la petite enfance et surtout avec l'école, favorise la pratique de la bibliothèque pendant les premières tranches d'âge de la vie, et entraîne la fréquentation du lieu en famille puis la fréquentation continue sous l'impulsion des bibliothèques universitaires et de la montée en puissance du nombre d'étudiants. Ce qui explique qu'en 2016, 87 % des Français ont fréquenté une bibliothèque municipale au moins une fois dans leur vie, soit quinze points de plus qu'en 2005 (72 %).

91 % des usagers mettent moins de vingt minutes pour se rendre à leur bibliothèque, dont 60 % mettent moins de dix minutes. Ils s'y rendent en général à pied (50 %) ou en voiture (43 %). 52 % des personnes qui ont des enfants fréquentent une bibliothèque contre 33 % de celles qui n'en ont pas. Le nombre de demandeurs d'emploi fréquentant une bibliothèque a augmenté.

52 % des usagers sont des cadres, 44 % des employés et 40 % des ouvriers. Parmi eux, 48 % ont un revenu de 4 500 euros et 37 % de 1 500 euros. 48 % ont un niveau bac + 3, 37 % un niveau BEPC, CAP et BEP et 29 % sont sans diplôme. Depuis 2005, ces écarts se sont réduits de cinq à dix points. Cette différence significative entre le taux d'usagers répartis selon leur profil social signifie que l'égalité d'accès aux bibliothèques et points d'accès au livre s'est fortement améliorée. Les taux de répartition en catégories socioprofessionnelles qui fréquentent les bibliothèques sont le reflet de celles qui composent la société française.

Évolution du niveau de fréquentation des bibliothèques, 1988-2018, en %

	1988	1997	2008	2018
Par tranches d'âge				
15-19	38	63	51	49
20-24	34	48	47	36
25-39	22	32	32	28
40-59	19	28	23	25
60 et +	16	15	18	19
Par sexe				
Hommes	21	27	23	22
Femmes	24	34	32	31
Par diplôme				
Aucun diplôme ou CEP	11	17	12	12
Brevet ou CAP	24	32	26	22
Bac ou équivalent	42	49	42	31
Études supérieures	45	62	52	39
Par CS regroupée				
Autre	22	31	28	26
Cadres	42	51	45	37
Professions intermédiaires	33	42	37	35
Employés et ouvriers	16	22	20	19
Par tranche d'unité urbaine				
Commune rurale	14	24	22	22
Moins de 20 000 habitants	20	30	26	22
De 20 000 à 100 000 habitants	20	26	28	26
Plus de 100 000 habitants	24	34	31	28
Paris intra-muros	47	49	43	41
Reste de l'agglomération parisienne	36	36	30	34
Ensemble	**23**	**31**	**28**	**27**

Source : Enquête 2018 des pratiques culturelles en France, ministère de la Culture

Les lecteurs par tranches d'âge, 1988-2018 (en %)

	Lecteurs de livres et BD		Faibles lecteurs		Lecteurs moyens		Lecteurs assidus	
	1988	2018	1988	2018	1988	2018	1988	2018
15-19	87	66	41	38	21	11	22	11
20-24	82	66	33	38	23	9	23	11
25-39	81	63	36	37	19	13	24	10
40-59	73	66	35	36	17	15	20	14
60 et +	64	63	29	28	13	14	21	20

Lecture :

- Lecteurs de livres et BD : ont lu au moins un livre au cours des douze derniers mois
- Faibles lecteurs : ont lu 1 à 9 livres (hors bandes dessinées) au cours des douze derniers mois
- Lecteurs moyens : ont lu 10 à 19 livres (hors bandes dessinées) au cours des douze derniers mois
- Lecteurs assidus : ont lu 20 livres et plus (hors bandes dessinées) au cours des douze derniers mois

Source : Enquête 2018 des pratiques culturelles en France, ministère de la Culture

Question 47 : Quelles sont les fréquentations des bibliothèques et des points d'accès au livre ?

D'après la dernière étude sur les publics et usages des bibliothèques municipales réalisée en 2016 par le ministère de la Culture, un Français sur quatre utilise régulièrement, au moins une fois par mois, un équipement de lecture publique. 9 % des Français ont une utilisation dite intensive d'un équipement de lecture publique, avec une fréquentation d'au moins une fois par semaine. 15 % des Français en ont une utilisation régulière en s'y rendant une à deux fois par mois. Enfin, 16 % des Français en ont une utilisation occasionnelle en s'y rendant moins souvent qu'une fois par mois. La progression de la fréquentation des bibliothèques municipales par ces visiteurs occasionnels représente les 4/5e de la hausse de la fréquentation générale des bibliothèques municipales des dix dernières années.

42 % des personnes interrogées fréquentaient déjà une bibliothèque entre l'âge de 11 ans et 16 ans, âge des pratiques autonomes. Avant cet âge, la fréquentation et les pratiques culturelles du jeune public sont liées à celle des parents. Les générations les plus jeunes ont fréquenté massivement les bibliothèques lors de leur enfance et au début de l'adolescence. La fréquentation d'une bibliothèque au cours d'une trajectoire de vie est souvent discontinue : les parents viennent avec leurs enfants, qui eux-mêmes arrêtent de fréquenter le lieu après 16 ans, y reviennent avec leurs propres enfants,

arrêtent de nouveau d'y venir puis y retournent à la retraite. Le cycle régulier d'une fréquentation de bibliothèque est de 9 ans. En 2018, 19 % des femmes déclarent être inscrites dans une bibliothèque et 31 % en ont fréquenté une, contre respectivement 10 % et 22 % des hommes. En 2016, elles y viennent plus souvent, 56 % des femmes y viennent au moins une fois par semaine contre 44 % pour les hommes.

Fréquentation des bibliothèques municipales lors des 12 derniers mois

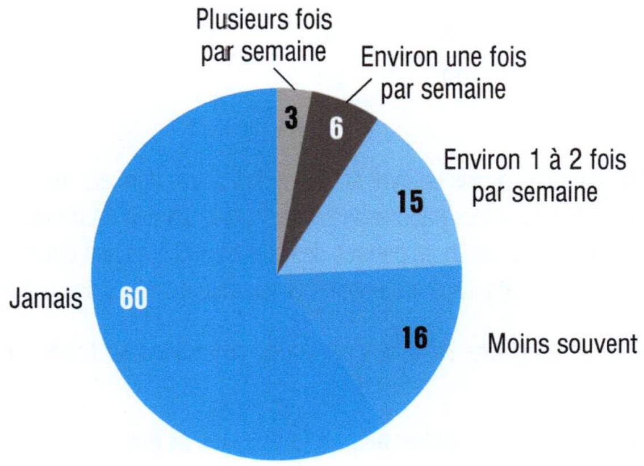

Source : Publics et usages en bibliothèques municipales, ministère de la Culture, 2016

Seuls 13 % des 60 % qui n'ont pas fréquenté une bibliothèque lors des 12 derniers mois ne sont jamais venus dans une bibliothèque. Ces non-usagers absolus sont pour 45 % d'entre eux des femmes.

Cependant des personnes qui n'ont lu aucune livre fréquentent aussi les bibliothèques, 17 % d'entre eux y viennent dont 7 % au moins une fois par mois. La grande diversité des services et des collections des bibliothèques explique ce taux.

Répartition des usagers et non usagers des bibliothèques municipales selon leur âge (en %)

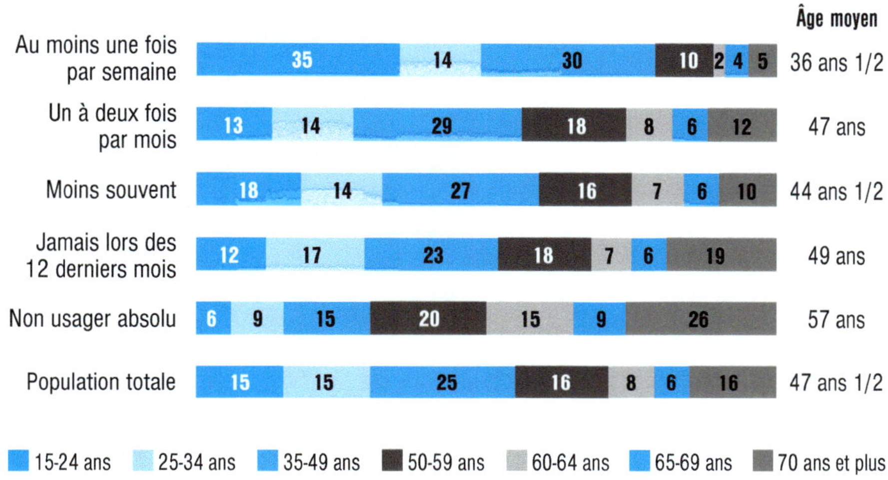

Source : Publics et usages en bibliothèques municipales, ministère de la Culture, 2016

16 % des plus de 15 ans y sont inscrits et la proportion des Français qui ont été inscrits dans une bibliothèque municipale au moins une fois au cours de leur vie est passée de 57 % en 2005 à 69 % en 2016.

85 % des usagers ne fréquentent qu'une seule bibliothèque et 15 % plusieurs. La durée moyenne d'une visite dure 50 minutes.

Question 48 : Par quels biais les publics ont-ils accès à l'information ?

L'accès au livre et à la presse est la pratique préférée des usagers des bibliothèques. Les expositions arrivent en quatrième position.

L'usage des supports numériques reste minoritaire pour un accès à l'information offert par les bibliothèques.

Taux d'équipement des usagers et non usagers des bibliothèques muncipales (en %)

	Usagers	Non usagers	Total
Ordinateur	92	84	87
Smartphone	78	69	73
Tablette	55	47	50
Connexion Internet*	95	88	91
Usagers d'Internet	95	86	90
Liseuse pour livre numérique	6	3	4
Lecture de livres numériques lors des 12 derniers mois	20	10	14
Écoute de la musique ou des podcasts en ligne	19	12	15
Télécharge ou regarde en ligne des films, vidéos	21	16	18

Base : ensemble de la population, enquête 2016.

* Ces résultats un peu élevés s'expliquent par le mode d'enquête, les dernières données nationales ARCEP donnant un résultat de 85 %.

Source : Publics et usages en bibliothèques municipales, ministère de la Culture, 2016

4| ÉCONOMIE DU LIVRE ET DE L'INFORMATION

QUESTIONS 49 À 52

Question 49 : Quel est l'état de l'économie du livre et de l'information en France ?
Question 50 : Quel est le poids de l'édition française à l'étranger ?
Question 51 : Quel est le poids des bibliothèques dans l'économie du livre et de l'information ?
Question 52 : Quel est le rapport des Français à la lecture ?

■ RÉPONSES 49 À 52

Question 49 : Quel est l'état de l'économie du livre et de l'information en France ?

La dernière étude de l'Observatoire du dépôt légal date de 2020 et montre que sur l'année 2020, 64 121 nouveaux titres de livres ont été déposés à la BnF au titre du dépôt légal, soit 20 % de moins par rapport à 2019, une baisse due au contexte pandémique.

Le chiffre d'affaires des éditeurs est passé de 2 806,1 millions d'euros en 2019 à 2 740 millions d'euros en 2020, et à 3 078,6 millions d'euros en 2021 (+ 12,4 %).

Selon la dernière étude du SNE sur les chiffres de l'édition 2021, la production éditoriale des éditeurs a fortement augmenté cette même année. Elle est passée de 97 326 titres en 2020 à 109 480 titres en 2021, soit une hausse de 12,5 %. La production en nombre d'exemplaires a augmenté de 21,3 %.

Production éditoriale et tirages moyens

	2020	2021	Évolution
Production en titres	**97 326**	**109 480**	**12,49 %**
Dont nouveautés	37 865	39 903	5,38 %
Dont réimpressions	59 461	69 577	17,01 %
Production en exemplaires (millions)	**456,7**	**554,0**	**21,31 %**
Dont nouveautés	251,3	280,4	11,58 %
Dont réimpressions	205,4	273,7	33,21 %
Tirage moyen nouveautés	**6 636**	**7 026**	**5,88 %**
Tirage moyen réimpressions	**3 455**	**3 934**	**13,85 %**
Tirage moyen global	**4 693**	**5 061**	**7,84 %**

Source : Synthèse chiffres de l'édition 2021, SNE

En 2021, tous les circuits de vente de livres ont été en croissance. Déclarées commerces essentiels en février 2021, les librairies de niveau 1 ont pleinement profité du dynamisme du marché. C'est le circuit qui affiche la plus belle progression avec une hausse de 20,8 %. La croissance du circuit des librairies de niveau 2 et d'Internet (+ 16,9 %) repose, en partie, sur le fort dynamisme des ventes par Internet, elles-mêmes portées par l'essor général du commerce à distance depuis le début de la pandémie.

Poids et évolution des circuits de vente du livre dans le commerce de détail en 2021 (en valeur TTC)

Circuits	Poids	Évolution
Librairies niveau 1	23,0 %	20,8 %
Librairies niveau 2 + Internet + autres	36,2 %	16,9 %
GSS – Grandes surfaces spécialisées	27,7 %	19,2 %
GSA – Grandes surfaces alimentaires	13,2 %	9,3 %

Source : Synthèse chiffres de l'édition 2021, SNE

La littérature est le premier segment en valeur (21 % de parts de marché). Le secteur phare de la catégorie est celui des romans contemporains. Le marché de la bande dessinée est le secteur qui connaît la plus forte progression (+ 55,8 %), il est au deuxième rang de l'édition. La jeunesse affiche une augmentation de 16 % et les sciences humaines et sociales de 4,5 %.

Évolution du chiffre d'affaires en 2021 par segment éditorial (en %)

Segment éditorial	Évolution en 2021	*Parts de marché en 2021*
Enseignement scolaire	- 17,1	*11*
Cartes géographiques et atlas	- 15,3	*0,4*
Ouvrages de documentation	- 15	*0*
Dictionnaires et encyclopédies	- 1,3	*0,8*
Sciences humaines et sociales	+ 4,5	*12,7*
Littérature	+ 4,9	*21*
Documents, actualité, essais	+ 11,7	*3,8*
Jeunesse	+ 16	*14*
Sciences et techniques, médecine, gestion	+ 17	*2,4*
Livres pratiques	+ 17,1	*12,6*
Religion et ésotérisme	+ 32,8	*1,6*
Art et Beaux livres	+ 49,5	*2,3*
Bande dessinée, Comics, manga	+ 55,9	*17,4*

Source : Synthèse chiffres de l'édition 2021, SNE

En 2021, le marché de l'édition numérique, tous supports et toutes catégories éditoriales confondus est en progression de 3,6 % par rapport à 2020. La croissance du marché numérique est principalement portée par l'édition scolaire (+ 6,5 %). L'édition professionnelle et universitaire est en progression de 4,2 %. En 2021, le chiffre d'affaires des ventes de livres numériques représente 9,3 % du chiffre d'affaires total des ventes de livres des éditeurs. Au sein du segment professionnel et universitaire, les ventes numériques représentent 41,5 % du chiffre d'affaires des ventes de livres totales des éditeurs.

Part des ventes numériques dans les ventes totales des éditeurs (par segment)

	2020	2021
Grand public (hors littérature)	1,51 %	1,16 %
Littérature	5,61 %	5,37 %
Scolaire	9,24 %	12 %
Professionnel et universitaire	42,33 %	41,51 %
TOTAL	10,11 %	9,32 %

Source : Synthèse chiffres de l'édition 2021, SNE

Question 50 : Quel est le poids de l'édition française à l'étranger ?

Deux acteurs sont importants pour l'édition française à l'étranger : le Bureau international de l'édition française (BIEF) d'une part et d'autre part, le Centre national du livre (CNL). Le BIEF assure la présence collective d'ouvrages de certains éditeurs français sur les foires internationales du livre et organise également des échanges interprofessionnels à l'attention des éditeurs et des libraires étrangers puis favorise par son action la cession des droits de traduction de titres français à des éditeurs étrangers. Le CNL, qui a pour mission de soutenir l'ensemble de la filière livre et lecture, a attribué en 2020, année de pandémie mondiale, 205 aides pour la traduction d'ouvrages français en langues étrangères et 78 aides aux librairies francophones à l'étranger.

L'activité des maisons d'édition françaises à l'international est en hausse de 17 % par rapport à 2020. La bande dessinée arrive en tête des cessions de droits. La bande dessinée, la jeunesse et la fiction représentent 73,6 % des titres cédés. Le chinois reste la principale langue de traduction des ouvrages français (15 % du total, versus 11 % en 2020). En y ajoutant les langues italienne, espagnole, allemande, anglaise et néerlandaise, plus de la moitié du total des contrats conclus est atteint.

Principales langues de traduction par catégorie éditoriale (cessions)

Jeunesse	Chinois	1 602
Bande dessinée	Allemand	618
Fiction	Italien	187
SHS	Chinois	164
Pratique	Néerlandais	154
Actualités Essais Documents	Italien	113
Beaux Livres Art	Chinois	45
Scolaire et Référence	Français	41
Religion Ésotérisme	Anglais	35
STM	Roumain	19

Source : Synthèse chiffres de l'édition 2021, SNE

Question 51 : Quel est le poids des bibliothèques dans l'économie du livre et de l'information ?

Les bibliothèques font partie de la branche culturelle du patrimoine. « *Les lieux de lecture publique peuvent être en bibliothèque ou des points d'accès au livre, en fonction de critères de surface occupée, d'amplitude d'ouverture au public, de qualification du personnel et de crédits d'acquisition [...]. Contrairement à d'autres équipements culturels qui sont concentrés dans les grandes aires urbaines, les lieux de lecture publique sont présents dans la quasi-totalité des bassins de vie*[2]. » La France a un réseau dense de lecture publique grâce à une volonté politique de l'État et des collectivités territoriales.

Selon la synthèse nationale des données d'activité 2018 des bibliothèques municipales et intercommunales éditées en 2021 par le ministère de la Culture, sur les 35 500 communes françaises (intégrant les départements et régions d'outre-mer), 15 400 sont desservies par une bibliothèque et 7 400 le sont par un point d'accès au livre. Ainsi, 43 % des communes françaises proposent l'accès à une bibliothèque communale ou intercommunale, 21 % des communes proposant un point d'accès au livre. L'accès à un établissement de lecture publique, qu'il s'agisse d'une bibliothèque ou d'un point d'accès au livre et qu'il soit communal ou intercommunal, concerne 64 % des communes. Pour les communes de plus de 2 000 habitants, 78 % d'entre elles sont couvertes par une bibliothèque.

2. Ministère de la Culture, *Chiffres clés 2018. Statistiques de la culture et de la communication*, Paris, SciencesPo Les Presses, 2018.

Proportion de communes desservies par une bibliothèque en 2018 selon la population de la commune

Population des communes	Part des communes accédant à une bibliothèque	Part des communes accédant à un point d'accès au livre	Part des communes accédant à un établissement de lecture publique
Moins de 200 habitants	32 %	15 %	47 %
200 à 1 999 habitants	39 %	25 %	65 %
2 000 à 4 999 habitants	71 %	19 %	90 %
5 000 à 19 999 habitants	85 %	8 %	93 %
20 000 à 39 999 habitants	95 %	1 %	96 %
40 000 à 49 999 habitants	95 %	0 %	95 %
50 000 à 69 999 habitants	90 %	2 %	93 %
70 000 à 99 999 habitants	95 %	2 %	100 %
100 000 habitants et plus	95 %	3 %	100 %
Moins de 2 000 habitants	37 %	22 %	59 %
2 000 habitants et plus	78 %	14 %	91 %
20 000 habitants et plus	94 %	1 %	95 %
Total	**43 %**	**21 %**	**64 %**

Source : Traitement du schéma de base probabiliste (niveau communal), 2017

La proportion moyenne nationale de la population accédant à une bibliothèque (78 %) connaît de fortes variations régionales, avec un écart de 28 points entre la région la plus couverte et la région la moins couverte.

Proportion de la population desservie par une bibliothèque en 2018 (hors points d'accès au livre) selon les régions (découpage des nouvelles régions)

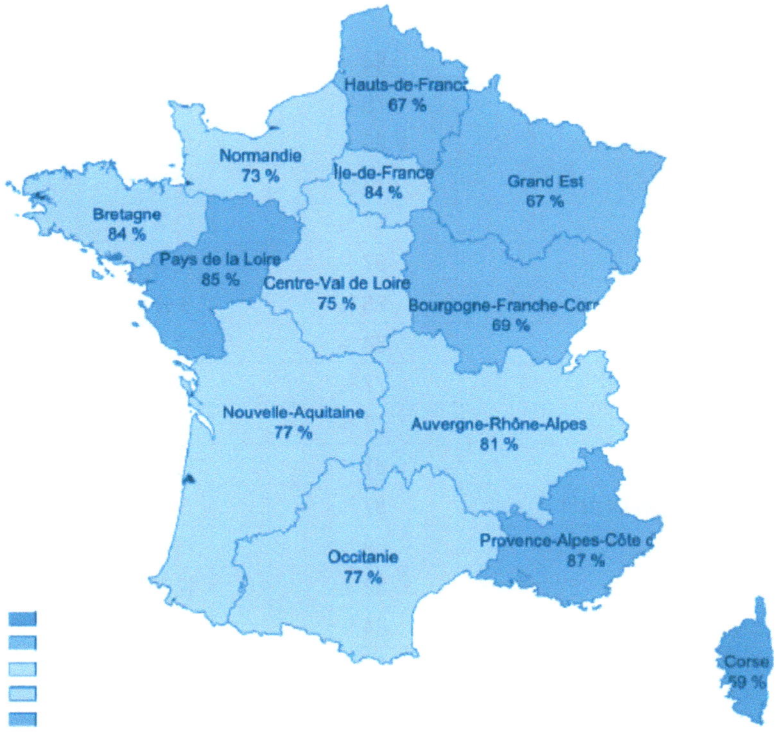

Source : Traitement du schéma de base probabiliste (niveau communal et agrégation au niveau régional), 2017

Proportion de la population desservie selon la nature de l'établissement de lecture publique et selon les régions en 2018 (découpage des nouvelles régions)

Région	Proportion de la population desservie par une bibliothèque en 2018	Proportion de la population desservie par un point d'accès au livre en 2018	Proportion de la population desservie par un établissement de lecture publique en 2018
Île-de-France	84 %	4 %	89 %
Centre-Val-de-Loire	75 %	14 %	89 %
Bourgogne-Franche-Comté	69 %	13 %	82 %
Normandie	73 %	12 %	84 %
Hauts-de-France	67 %	12 %	79 %
Grand Est	67 %	12 %	80 %
Pays de la Loire	85 %	9 %	94 %
Bretagne	84 %	12 %	95 %
Nouvelle-Aquitaine	77 %	14 %	90 %
Occitanie	77 %	12 %	89 %
Auvergne-Rhône-Alpes	81 %	13 %	94 %
Provence-Alpes-Côte d'Azur	87 %	8 %	95 %
Corse	59 %	19 %	81 %
Départements et régions d'outre-mer	82 %	17 %	94 %
Collectivités d'outre-mer	84 %	4 %	89 %
Total	**78 %**	**11 %**	**89 %**

Source : Traitement du schéma de base probabiliste (niveau communal et agrégation au niveau régional), 2017

Sur la nouvelle mesure des personnes disposant d'un lieu physique de lecture publique implanté au sein même de leur commune, 73 % de la population française auraient accès à un lieu de lecture public relevant d'une bibliothèque et 10 % à un accès relevant d'un point d'accès au livre. Cependant, seule une personne sur deux dans les communes de moins de 2 000 habitants a la possibilité de fréquenter un établissement de lecture publique au sein de sa commune.

En ce qui concerne l'offre numérique des bibliothèques, 83 % des bibliothèques des villes de plus de 20 000 habitants, 46 % des villes de 5 000 à 20 000 habitants et 19 % pour les villes de moins de 5 000 habitants, ainsi que 90 % des bibliothèques départementales mettent à disposition de leurs publics une offre numérique.

Le budget des ressources numériques propres aux bibliothèques représente 22 % du budget des grandes villes.

Les difficultés rencontrées lors de l'acquisition de ces ressources numériques sont principalement financières, techniques ou liées à la complexité de l'offre. La presse est principalement consultée.

Typologie des ressources numériques acquises par les bibliothèques

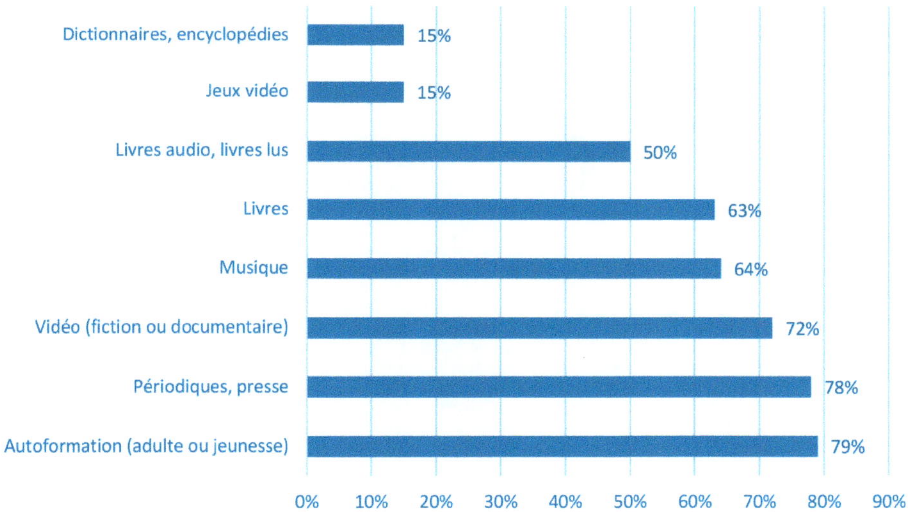

Source : Synthèse de l'étude Ressources numériques en bibliothèques de lecture publique, 2021-2022[3]

Les établissements des communes de plus de 2 000 habitants sont ouverts 21 heures en moyenne par semaine. 80 % d'entre eux possèdent un site web. Ils emploient en moyenne 8 agents salariés par bibliothèque. Les dépenses de personnels pour 100 habitants s'élèvent à 1 985 euros. 53 % des bibliothèques ont fait des acquisitions en ressources numériques. Une bibliothèque dispose en moyenne de 31 988 livres imprimés et en a acquis 1 650. La moyenne des dépenses documentaires par habitant s'élève à 2,09 euros.

3. https://www.culture.gouv.fr/Media/Synthese-de-l-etude-2021-2022-sur-les-ressources-numeriques-en-bibliotheques-de-lecture-publique (consulté le 23/11/2022).

Question 52 : Quel est le rapport des Français à la lecture ?

La pratique de la lecture baisse régulièrement depuis 1986. En un peu plus de 20 ans, la baisse a atteint 33 %. Les retraités restent les plus grands lecteurs avec 30 minutes de lecture par jour. Le recul de la lecture a démarré avant l'arrivée d'Internet. Depuis les années 1970, les journaux payants ont perdu quasiment la moitié de leur lectorat.

Selon le baromètre 2020 « les Français et la lecture », les Français sont toujours aussi nombreux à lire, cependant le taux de lecteurs baisse significativement. D'une manière générale, les Français estiment qu'il est très important de lire pour le plaisir (72 % ; + 8 % par rapport à 2019), apprendre et découvrir de nouvelles choses (66 % ; + 13 % par rapport à 2019) et enfin être heureux et épanouis dans la vie (49 % ; + 20 % par rapport à 2019).

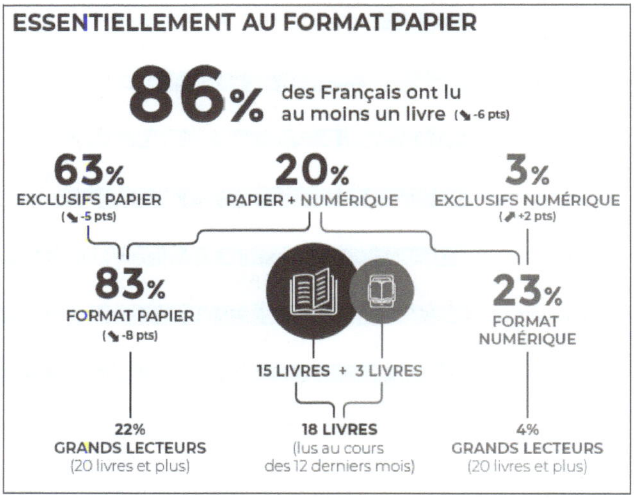

Source : Baromètre « Les français et la lecture 2021 », CNL

Selon cette même étude, la lecture recule, les publics des bibliothèques se développent et la fréquentation de ces dernières est en hausse, en particulier par les jeunes publics.
Le lectorat était jeune et masculin dans les années 1970, il est devenu plus féminin et plus âgé de nos jours. Les écarts existants entre grandes agglomérations et milieu rural s'effacent.
À partir des années 1990, la pratique de la lecture (hors BD) décline. En 2018, 62 % des plus de 15 ans et plus ont lu au moins un livre au cours de l'année, soit une baisse de 11 points par rapport à 1988. Les lecteurs assidus deviennent plus rares. Ils représentent 15 % en 2018 contre 28 % en 1973.

Cette baisse des pratiques de lecture s'explique par la baisse de la lecture au sein des jeunes générations et le poids croissant des catégories plus âgées qui sont moins lectrice. La lecture est une pratique qui décline au fil des ans. Le décrochage de la lecture à l'adolescence est toujours bien présent.

Lecture des jeunes

84 % des jeunes aiment lire, 40-42 % adorent lire et 16 % détestent. Ils passent en moyenne 3 heures et 14 minutes à lire par semaine et 3 heures et 50 minutes par jour sur les écrans. La lecture amène moins de concentration, 47 % d'entre eux font autre chose (consultation de réseaux sociaux, vidéos, etc.) en le faisant.

La lecture décline à partir du moment où elle devient obligatoire à l'école à partir de 12 ans (avec l'entrée au collège), ce déclin est plus important chez les garçons.

76 % des 7-25 ans ont lu au moins 2 livres dans le cadre lecture-travail et 81 % d'entre eux ont lu 5 livres dans celui de la lecture-loisir, sur les trois derniers mois. 72 % des collégiens, lycéens, étudiants et jeunes actifs ont lu 1,9 livre dans le cadre lecture-travail et 77 % d'entre eux ont lu 4,4 livres dans celui de la lecture-loisir, sur les trois derniers mois. La lecture-loisir pour les 7-19 ans passe surtout par les BD et les mangas. En revanche, pour la tranche 20-25 ans, ce sont les romans qui sont privilégiés.

Les jeunes sont des utilisateurs de livres numériques (40 % des moins de 20 ans, soit 14 points de plus qu'en 2016), principalement sur leur smartphone, et de livres audios (59 %). Cet item les diffère des autres tranches de lecteurs.

Ils achètent leurs livres dans les grandes surfaces culturelles ou sur des plate-formes en ligne (Amazon, Fnac, Cultura...). Toutefois, les étudiants privilégient les librairies.

42 % des 7-19 ans empruntent les livres à la bibliothèque et 67 % d'entre eux vont au CDI ou à la bibliothèque de l'école au moins une fois par mois, dont 32 % une fois par semaine et 35 % une à trois fois par mois (*source :* Les jeunes et la lecture[4] - CNL, 2022).

« *Dans une démocratie, la presse assure plusieurs fonctions : elle contribue à l'information du citoyen et à la diffusion des courants de pensée et d'opinion, et c'est à ce titre qu'elle est soutenue par l'État. En soutenant la diffusion des titres de presse, le ministère de la Culture concourt historiquement, à garantir la liberté de la presse, le pluralisme des expressions, l'information du public et le débat démocratique. Dans le contexte actuel, l'éducation aux médias et la lutte contre les informations erronées qui tendent à se propager très rapidement sur les réseaux sociaux sont*

4. https://centrenationaldulivre.fr/sites/default/files/2022-03/Les%20jeunes%20et%20la%20lecture%20Webinar%20 2022-03-23%20OK%20OK.pdf (consulté le 23/11/2022).

devenues un enjeu de politique publique[5]. » Le ministère de la Culture soutient financièrement la diffusion de la presse en aidant au portage de celle-ci et à son développement. Le lectorat de la presse payante est en hausse de 10 %. *Le Monde* est le premier quotidien en France, suivi par *L'Équipe*. L'audience de la presse en ligne varie selon le support utilisé : site fixe Internet, site mobile ou application. Sur les trois, Le Figaro.fr est en tête, suivi par l'Equipe.fr et le Monde.fr. La consultation sur les sites Internet mobile est largement plus haute, les applications sont plus liées à la presse loisirs.

Le facteur lecture est fortement corrélé au taux de fréquentation de la bibliothèque contrairement aux autres facteurs culturels qui le sont à moindre mesure. Les personnes lisant plus de vingt-cinq livres par mois fréquentent pour 56 % d'entre eux une bibliothèque au cours des douze derniers mois et 46 % la fréquentent au moins une fois par mois. Celles qui lisent un à quatre livres par mois atteignent un taux de 39 % et de 21 % pour le taux mensuel. La part des usagers réguliers d'un établissement de lecture publique est deux fois plus importante pour les gros lecteurs par rapport aux petits lecteurs (chiffres 2016, ministère de la Culture). L'emprunt de livre reste le service le plus apprécié pour les usagers des bibliothèques : un peu moins d'un sur deux (47 %) emprunte un ouvrage à chacune de ses venues. De même, la lecture d'ouvrage sur place reste la deuxième pratique préférée des usagers en bibliothèque (38 %) et enfin la lecture de la presse arrive en troisième position (19 %).

Les horaires d'ouverture des bibliothèques varient selon la taille de ces dernières, cela représente entre 14 heures et 42 heures d'ouverture au public par semaine. L'extension des horaires d'ouverture des bibliothèques et leur ouverture dominicale sont un des enjeux de politique publique. Le concours particulier réservé aux bibliothèques dans la dotation générale aux collectivités a augmenté de 8 milliards d'euros en ce sens sur cinq exercices.

Un rapport d'information sur les extensions des horaires d'ouverture en bibliothèques publiques est paru en juillet 2020. Il est disponible gratuitement à l'adresse suivante : http://www.senat.fr/notice-rapport/2019/r19-581-notice.html (consulté le 05/03/2023).

5. Ministère de la Culture, *Chiffres clés 2018. Statistiques de la culture et de la communication*, Paris, SciencesPo Les Presses, 2018.

L'ÉDUCATION

PARTIE IV

1 | ÉCOLE ET SOCIÉTÉ : LES DÉFIS DE L'ENSEIGNEMENT DE MASSE

QUESTIONS 53 À 54

Question 53 : Quelles sont les origines de l'enseignement de masse en France ?
Question 54 : Quels sont les défis de l'enseignement de masse ?

■ RÉPONSES 53 À 54

Question 53 : Quelles sont les origines de l'enseignement de masse en France ?

À la fin du XVIIIe siècle, l'enseignement devient laïque, gratuit. Le ministère de l'Instruction publique est créé et le corps des instituteurs est formé. Des écoles centrales, de droit et de médecine émergent, des grandes écoles sont fondées telles que l'École polytechnique. Au début du XIXe siècle sont fondés les lycées et les universités. La loi Falloux (1850) instaure des écoles de filles, qui seront rendues obligatoires en 1867 ainsi que la dualité du système d'enseignement, public et privé. Les lois Ferry (1881-1882) rendent l'école gratuite, l'instruction obligatoire et l'enseignement public laïque. L'école devient alors un ascenseur social pour tous les enfants d'ouvriers et d'agriculteurs. La loi Astier (1919) instaure l'enseignement technique industriel et commercial. L'après-guerre et notamment le phénomène du baby-boom vont entraîner une massification de l'enseignement. Mai 68 sera une réaction de l'inadaptation du système éducatif face à cette massification notamment vis-à-vis des classes sociales populaires. L'université est alors réformée donnant lieu à une démocratisation plus adaptée de l'enseignement, sans pour autant supprimer l'inégalité des chances de l'ensemble des classes sociales. La massification du second cycle intervient au début des années 1980 par la mise en place progressive d'un collège unique. Cette démocratisation est caractérisée par l'allongement de la durée des études et par l'accès à une large partie des jeunes à un haut niveau d'études. La loi Jospin de 1989 donne l'objectif de mener 80 % d'une classe d'âge au niveau baccalauréat et de ne plus laisser sortir les jeunes sans qualification. S'ensuit une politique volontariste de diminution du recours au redoublement qui contribue à une amélioration du niveau de qualification des jeunes sans pour autant gommer les inégalités sociales indissociables de l'aggravation des inégalités économiques et sociales ainsi que de l'aggravation des phénomènes de ségrégations urbaines.

Question 54 : Quels sont les défis de l'enseignement de masse ?

Les grands défis de l'enseignement de masse sont de plusieurs niveaux. Les nouveaux savoirs liés au numérique, comment ils intègrent le projet scolaire, comment les jeunes se les approprient est un des défis. « *Acquérir une citoyenneté dans la société des connaissances, utiliser, s'approprier, analyser les techniques d'information et de communication et les divers contenus, mobiliser des méthodes pour situer, retrouver, réutiliser les informations clés, constituer sa mémoire de travail de manière pérenne revient à construire des cultures de l'information suffisamment ouvertes et flexibles pour permettre aux enseignants d'occuper leur place et d'instiller l'incertitude dans l'esprit des apprenants, acteurs de leurs propres savoirs*[1]. » Ces utilisations numériques, ses nouvelles pratiques sociales informationnelles, externalisent le savoir *via* des machines, externalisation qui entraîne les institutions scolaires à apprendre aux jeunes par des nouveaux enseignements à se questionner sur ce qu'ils trouvent *via* ce numérique et de lutter ainsi contre des fausses informations telles que les théories du complot. Un autre défi est la circulation des savoirs scientifiques eux-mêmes avec le développement du web et des réseaux sociaux, le libre accès des publications *via* la libération des données qui aboutit à une accélération et à une meilleure qualité de la recherche. La rapidité de la circulation des connaissances, les possibilités de coopération entre les chercheurs et le développement des liens entre la recherche et l'innovation industrielle sont les côtés positifs du libre accès des publications scientifiques, cependant l'obligation de dépôt dévoilerait une inégalité mondiale et les chercheurs risquent de perdre la maîtrise de la diffusion des connaissances qu'ils produisent tant sur les dépôts institutionnels que sur des réseaux sociaux de la recherche. La complexité des trajectoires étudiantes actuelles se révèle également comme un défi de l'éducation de masse. En effet, un étudiant sur cinq sortirait de l'enseignement supérieur sans obtenir de diplôme. Les explications sont l'orientation par défaut, les difficultés d'intégration dans l'enseignement supérieur et surtout à l'université, l'incompréhension des exigences des enseignements ainsi que le travail salarié des étudiants. Or ce dernier devient un paramètre indispensable pour financer la poursuite des études et la vie étudiante.

1. Liquète Vincent, « Genèse et essor de la culture de l'information au sein du système éducatif français. Vingt ans après, où en est-on ? », *Éducation et sociétés*, vol. 1, n° 41, 2018, p. 151-167.

2| L'ENSEIGNEMENT SUPÉRIEUR ET LA RECHERCHE

QUESTIONS 55 À 61

Question 55 : Quelles sont les attributions du ministre de l'Enseignement supérieur, de la Recherche et de l'Innovation ?
Question 56 : Comment est organisé et structuré l'enseignement supérieur en France ?
Question 57 : Qu'est-ce que le HCERES ?
Question 58 : Qu'est-ce qu'une Comue ?
Question 59 : Quels sont les grands conseils et instances d'une université ?
Question 60 : À quoi correspond le système LMD ?
Question 61 : Quel est le système français d'enseignement supérieur aujourd'hui ?

RÉPONSES 55 À 61

Question 55 : Quelles sont les attributions du ministre de l'Enseignement supérieur, de la Recherche et de l'Innovation ?

Le ministère de l'Enseignement supérieur, de la Recherche et de l'Innovation est dirigé depuis le 20 mai 2022 par Sylvie Retailleau. La ministre prépare et met en œuvre la politique du gouvernement relative au développement de l'enseignement supérieur. Elle propose et, en liaison avec les autres ministres intéressés, met en œuvre la politique du gouvernement dans le domaine de la recherche et de la technologie. Elle est compétente en matière de politique de l'espace. Elle prépare les décisions du gouvernement relatives à l'attribution des ressources et des moyens alloués par l'État dans le cadre de la mission interministérielle « Recherche et enseignement supérieur ». À cet effet, les autres ministres lui présentent leurs propositions de crédits de recherche. Il est associé à la définition et à la mise en œuvre du programme des investissements d'avenir. Elle est compétente, en lien avec les autres ministres intéressés, pour la définition et le suivi de la politique en matière d'innovation. Elle prépare les décisions du gouvernement relatives à la constitution d'universités de recherche à rayonnement international. Elle participe à la promotion des sciences et des technologies et à la diffusion de la culture scientifique, technologique et industrielle. Elle participe également, conjointement avec les autres ministres intéressés, à l'élaboration et à la mise en œuvre de la politique du gouvernement en faveur du développement et de la diffusion des usages du numérique dans la société et l'économie.

Pour l'exercice de ses attributions, la ministre de l'Enseignement supérieur, de la Recherche et de l'Innovation a autorité sur la Direction générale de l'enseignement supérieur et de l'insertion professionnelle, sur la Direction générale de la recherche et de l'innovation, sur l'Inspection générale des bibliothèques, et sur le bureau du cabinet. Elle a autorité, conjointement avec le ministre de l'Éducation nationale et de la Jeunesse, sur l'Inspection générale de l'administration de l'Éducation nationale et de la recherche ainsi que sur le médiateur de l'Éducation nationale et de l'enseignement supérieur, sur le haut fonctionnaire de défense et de sécurité et sur la mission ministérielle d'audit interne. Elle dispose, en tant que de besoin, de la Direction générale de l'enseignement scolaire. Elle peut faire appel à l'Inspection générale de l'Éducation nationale, à la Direction générale des médias et des industries culturelles, à la Direction générale des entreprises, notamment au service à compétence nationale dénommé agence du numérique, au conseil général de l'économie, de l'industrie, de l'énergie et des technologies, au secrétariat général pour l'investissement et au secrétariat général pour la modernisation de l'action publique.

Question 56 : Comment est organisé et structuré l'enseignement supérieur en France ?

Différentes structures composent l'administration centrale.

La création d'une inspection générale, unifiée sur le champ de la jeunesse, du sport et des bibliothèques (IGÉSR – Inspection générale de l'éducation, du sport et de la recherche), au 1er octobre 2019, se veut un gage de cohérence dans le contrôle, l'évaluation et le suivi de politiques publiques. La diversité des expertises rassemblées au sein de l'Inspection générale de l'éducation, du sport et de la recherche permet ainsi d'articuler les politiques publiques à l'école, de la maternelle au doctorat, touchant aussi bien l'éducation, la formation et l'épanouissement de la jeunesse, l'engagement des élèves et des étudiants dans le sport, la vie associative ou encore la lecture publique, avec les politiques contribuant au lien social et à l'équilibre des territoires.

La première mission de l'IGÉSR est de garantir la qualité des services publics par l'évaluation des politiques mises en œuvre et par le contrôle régulier. Par des constats objectifs et étayés, nourris de sa connaissance des situations et des personnels, des résultats de la recherche et des comparaisons internationales, l'IGÉSR se veut renforcer la confiance envers l'État, tant de la part des familles que des acteurs eux-mêmes qui reconnaissent la légitimité d'une inspection fondée sur l'expérience, la rigueur et l'impartialité. Elle accompagne et conseille les collectivités territoriales au travers du contrôle scientifique et technique de leurs bibliothèques.

L'IGÉSR a également vocation à accompagner les réformes et à aider à la transformation, par sa présence au cœur du service public et au croisement de champs différents qui, tous, concourent à l'éducation. Elle joue un rôle de pivot, en lien avec le monde de la recherche, les universités, l'administration centrale, les opérateurs, les instances des ministères et collabore avec les inspections étrangères.

L'IGÉSR est placée sous l'autorité directe et conjointe des ministres chargés de l'Éducation, de l'Enseignement supérieur, de la Recherche et de l'Innovation, de la Jeunesse et des Sports. Elle assure des missions d'évaluation, d'expertise, de contrôle, d'appui et de conseil dans les domaines de l'éducation, de l'enseignement supérieur, de la recherche, de la jeunesse et des sports. Elle intervient également dans le domaine de la lecture publique, de la documentation et des bibliothèques.

Ces missions sont diligentées à la demande des ministres chargés de l'Éducation, de l'Enseignement supérieur, de la Recherche et de l'Innovation, de la Jeunesse et des Sports ou effectuées en application du programme d'activité de l'inspection générale. La partie du programme de travail ainsi que les missions portant sur la lecture publique, la documentation et les bibliothèques peuvent également être arrêtées à la demande du ministre chargé de la Culture.

L'IGÉSR peut recevoir des missions du Premier ministre. Elle peut être autorisée par l'un des ministres sous l'autorité desquels elle est placée à effectuer des missions à la demande d'autres

ministres, d'organismes publics, de collectivités territoriales ou de leurs groupements, de fondations ou d'associations, d'États étrangers, d'organisations internationales ou de l'Union européenne.
Le chef de l'IGÉSR dirige l'activité du service ; à ce titre, il répartit les missions entre les membres de l'inspection générale et fait connaître aux ministres intéressés les conclusions de leurs travaux. Il assure la gestion du corps et peut proposer aux ministres, en tant que de besoin, les mesures relatives à l'organisation et au fonctionnement du service. Il s'entoure d'inspecteurs généraux exerçant les responsabilités particulières de chefs de collège, responsables de mission et chefs de pôle. Cette équipe constitue le comité de direction de l'IGÉSR.

L'IGÉSR est organisée en cinq collèges :

- Le collège Expertise disciplinaire et pédagogique (EDP) a pour vocation d'apporter aux directions liées au ministère de l'Éducation nationale et de la Jeunesse et à celui de l'Enseignement supérieur et de la Recherche, une expertise disciplinaire et pédagogique dans le champ scolaire et dans celui du post-bac des lycées. Le collège EDP coordonne par ailleurs, en liaison avec les autorités académiques, l'action de tous les corps d'inspection territoriaux à compétence pédagogique du second degré. Il est organisé pour mener à bien ses missions en douze groupes disciplinaires et de spécialité, chacun coordonné par un doyen, nommé parmi les inspecteurs généraux du groupe, pour une durée de deux ans, renouvelable deux fois. Ces groupes visent à mener, entre autres : un état et un suivi de la discipline et de son enseignement ; une analyse et une réflexion prospective sur la contribution de la discipline aux grands enjeux pédagogiques et éducatifs ; des missions de suivi et d'accompagnement des politiques publiques dans le domaine pédagogique, comme l'appui à la conception et à la mise en œuvre des programmes ou la contribution à l'analyse et aux suites à donner aux résultats des évaluations des élèves ; des missions d'expertise à la demande des directions dans le domaine des ressources humaines : concours de recrutement, mouvements spécifiques, etc.
- Le collège Établissements, territoires et politiques éducatives (ETPE) couvre toutes les questions relatives aux politiques éducatives (hors contenus d'enseignement), leurs organisations, leurs modalités de fonctionnement et leurs moyens d'action dans le domaine scolaire, dont le climat et la vie scolaire, l'orientation, l'accompagnement éducatif. Ses champs d'expertise et d'observation vont des établissements, de la maternelle aux lycées, aux services déconcentrés et à l'administration centrale, dans les directions et services en charge de ces questions, et peuvent s'étendre aux relations avec les collectivités territoriales et le monde associatif. L'expertise du collège s'étend au suivi et l'accompagnement des élèves ainsi qu'aux questions touchant au climat et la vie scolaire, l'action éducative, sportive et culturelle, dont les ressources documentaires en lien avec le collège Bibliothèques, documentation, livre et lecture publique. Les missions du collège sont l'évaluation des politiques publiques relevant de son champ d'expertise qu'elles soient ministérielles ou interministérielles ; le suivi et l'accompagnement du fonctionnement des services de l'administration

centrale, des services déconcentrés, des territoires académiques, des écoles et des établissements du second degré et le suivi de leur évaluation ; tout particulièrement, la mise en place d'une évaluation systématique des établissements scolaires en travaillant en lien avec les équipes académiques d'une part et avec le conseil de l'évaluation de l'école d'autre part ; les inspections et contrôles, y compris dans le cadre de dysfonctionnements, dans les services administratifs ou les établissements scolaires ; l'aide à la décision sur les réformes que les ministres souhaitent engager et toute expertise demandée par les directions d'administration centrale ou le cabinet des ministres ;

• Le collège Jeunesse, sports et vie associative (JSVA) se voit confier une mission de contrôle, d'évaluation, d'appui et d'audit interne de la mise en œuvre des politiques publiques dans les domaines qui sont les siens. Les membres du corps de l'IGÉSR sont notamment chargés de missions de contrôle et d'inspection des personnels et de l'activité des services centraux et déconcentrés dépendant des ministres chargés de la Jeunesse et des Sports ainsi que des établissements publics et organismes relevant de leur tutelle. Elles ont pour objet l'évaluation et le contrôle des services et établissements.

Les inspecteurs généraux sont amenés à participer au recrutement des personnels de l'administration jeunesse et sports et au suivi de leur formation professionnelle et initiale. Ils peuvent également être autorisés par les ministres à intervenir à la demande d'autres ministères, de collectivités territoriales, de gouvernements étrangers ou d'organisations internationales, pour toute mission entrant dans leur champ de compétences.

• Le collège Enseignement supérieur, recherche et innovation (ESRI) a vocation à couvrir toutes les questions relatives à l'enseignement supérieur. Le collège a vocation à développer dans son champ de compétence, et à la demande des ministres, les missions suivantes : l'évaluation des politiques publiques ministérielles et interministérielles ; le suivi des établissements d'ESRI et des politiques de site ; l'accompagnement des établissements qui rencontrent des difficultés ou qui souhaitent bénéficier d'un audit spécifique sur une partie de leurs activités ; la réalisation d'audits préalables à la décision ministérielle ; l'aide à la décision dans la perspective des réformes que les ministres souhaitent engager ; le suivi du fonctionnement des services de l'administration centrale, des services déconcentrés et des établissements et, à la demande des ministres, leur évaluation ; l'accompagnement des services académiques ; le contrôle des établissements, services et personnels concernés, y compris en cas de dysfonctionnement.

• Le collège Bibliothèques, documentation, livre et lecture publique (BD2L) de l'IGÉSR dont les missions s'inscrivent dans le cadre général de l'évaluation des politiques publiques de la lecture. Elles ont trait au suivi des bibliothèques conformément aux dispositions réglementaires, notamment celles relatives au contrôle technique et scientifique des bibliothèques des collectivités territoriales et à l'inspection des services communs de la documentation des universités.

Les missions d'inspection donnent lieu à des rapports qui ne sont pas rendus publics. Le collège conduit en outre des missions thématiques d'étude ou de prospective, inscrites dans le programme annuel.

Ces études sont publiées, après accord du ou des cabinets concernés. Le collège assure la présidence des jurys des concours de recrutement des personnels de la filière bibliothèque de l'État et participe à d'autres jurys. Il participe aux commissions administratives paritaires nationales des personnels de bibliothèques en tant que représentants de l'administration ou expert. Le collège identifie un vivier de personnels susceptibles de prendre des responsabilités supérieures et participe à des jurys de recrutement aux postes de direction de bibliothèques ou d'organismes documentaires, sur invitation des établissements d'enseignement supérieur ou des collectivités territoriales.
Les inspecteurs du collège BD2L assurent le contrôle des bibliothèques des universités. Elle remplit à leur égard un rôle d'évaluation et de conseil. L'inspection exerce le contrôle technique de l'État sur les bibliothèques publiques (bibliothèques municipales, bibliothèques départementales). Cette mission permanente est menée en liaison étroite avec le service du livre et de la lecture du ministère de la Culture et de la Communication. Par décision des ministres de l'Éducation nationale, de l'Enseignement supérieur et de la Recherche ou du ministre de la Culture, ces missions de contrôle, d'évaluation et de conseil peuvent être étendues à d'autres organismes documentaires relevant de leur autorité. Les membres du collège peuvent être chargés par décision conjointe du ministre chargé de l'Enseignement supérieur et des ministres compétents de missions de contrôle, d'évaluation et d'étude concernant des bibliothèques relevant d'autres départements ministériels.
L'inspection générale est compétente en matière de bibliothéconomie, de patrimoine écrit et graphique, d'organisation documentaire, de promotion du livre et de développement de la lecture, ainsi qu'en matière de conseils de grands établissements documentaires.
Le collège BD2L fait suite à l'Inspection générale des bibliothèques (IGB), créée en 1822 qui disparaît avec la création de l'IGÉSR.

L'IGÉSR a trois missions transversales : la mission enseignement primaire, la mission des correspondants académiques et la mission d'audit interne.
La mission enseignement primaire en lien avec les collèges EDP et ETPE, assure en particulier des missions de suivi, d'expertise, d'évaluation et de contrôle sur tous les territoires, de la mise en œuvre de la politique nationale concernant le premier degré et de la qualité des enseignements et de l'action éducative à l'école primaire. Cela requiert une attribution à chacun de ses membres d'un territoire cohérent.
La mission des correspondants académiques, qui sont au nombre de deux par académie, est une mission d'expertise. Ces correspondants sont amenés à rédiger des rapports à destination des ministres.
La mission d'audit interne est l'évaluation de l'effectivité et de l'efficacité du contrôle interne. À ce titre, il est rattaché au plus haut niveau de l'organisation afin d'assurer son indépendance vis-à-vis des fonctions opérationnelles.

L'IGÉSR a six pôles organisationnels : le pôle coordination des missions, le pôle affaire juridique et contrôle, le pôle affaires internationales, le pôle voie professionnelle et apprentissage, le pôle ressources humaines et formations et le pôle coordination des groupes d'échanges et d'information.

Question 57 : Qu'est-ce que le HCERES ?

Le Haut Conseil de l'évaluation de la recherche et de l'enseignement supérieur (HCERES) est une autorité administrative indépendante. Le HCERES est chargé d'évaluer les établissements d'enseignement supérieur et leurs regroupements, les organismes de recherche, les fondations de coopération scientifique et l'Agence nationale de la recherche ou, le cas échéant, de s'assurer de la qualité des évaluations conduites par d'autres instances ; d'évaluer les unités de recherche à la demande de l'établissement dont elles relèvent, en l'absence de validation des procédures d'évaluation ou en l'absence de décision de l'établissement dont relèvent ces unités de recourir à une autre instance ou, le cas échéant, de valider les procédures d'évaluation des unités de recherche par d'autres instances. Le Haut Conseil comporte également un Observatoire des sciences et techniques (OST) chargé de conduire des études et analyses stratégiques.

Question 58 : Qu'est-ce qu'une Comue ?

La loi n° 2013-660 du 22 juillet 2013 relative à l'enseignement supérieur et à la recherche est la première loi d'orientation qui englobe l'ensemble des questions relatives à l'enseignement supérieur et à la recherche. Parmi les objectifs qu'elle vise, le renforcement de la coopération entre tous les acteurs et la réduction de la complexité institutionnelle doivent offrir de meilleures chances de réussite à tous les étudiants et une meilleure visibilité nationale et internationale à la recherche. La loi offre aux établissements de l'enseignement supérieur et de la recherche différentes modalités, combinables entre elles, pour organiser ces regroupements et coordonner leurs politiques : celle de la fusion, de la participation à une communauté d'universités et établissements (Comue) ou de l'association à l'établissement en charge de la coordination du site. Les regroupements coordonnent l'offre de formation ainsi que la stratégie de recherche et de transfert des acteurs présents sur le territoire. Ils élaborent un schéma d'amélioration de la qualité de la vie étudiante à l'échelle de leur territoire avec les Crous.

Au-delà de ces compétences que leur confère la loi, ils définissent celles que les établissements s'accordent à partager et celles qu'ils transfèrent à l'établissement porteur du regroupement. Les Comue ont ainsi des compétences qui varient en fonction de celles qui leur sont transférées par les établissements membres de la communauté et que définissent leurs statuts. Certaines Comue portent l'accréditation du doctorat, voire de certains masters et licences. La plupart portent un pôle pour étudiant pour l'innovation, le transfert et l'entrepreneuriat. Certaines lancent et soutiennent des programmes de recherche, mettent en place une structure d'appui à la recherche internationale pour permettre de mieux répondre aux appels à projets européens, etc. Les regroupements concluent avec le ministère un contrat de site pluriannuel qui comporte un volet commun et des volets spécifiques à chaque établissement. Les Comue sont composées de tous les établissements publics d'enseignement supérieur sous tutelle du ministère de l'Enseignement supérieur et de la Recherche amenés à se regrouper et à se coordonner à l'échelle de leur territoire. En fonction de leur présence dans les différents territoires, les organismes de recherche peuvent participer à ces regroupements. Les établissements d'enseignement supérieur relevant de la tutelle d'autres ministères et des établissements privés concourant aux missions du service public de l'enseignement supérieur ou de la recherche peuvent également participer à ce regroupement. Début 2018, 19 Comue sont présentes sur le territoire français, elles correspondent au périmètre d'une ou plusieurs académies.

Question 59 : Quels sont les grands conseils et instances d'une université ?

L'université est réformée avec la loi Faure (1968) suite au mouvement étudiant de Mai 68 selon le modèle d'établissement à caractère scientifique et culturel (EPSC). Le caractère professionnel est introduit par la loi Savary de 1984, les universités deviennent des EPSCP et sont organisées en unités de formation et de recherche (UFR) et comprennent des instituts universitaires de technologie (IUT). La loi relative aux libertés et aux responsabilités des universités dite LRU de 2007 élargit les pouvoirs du président d'université, au service d'une autonomie renforcée qui trouve son aboutissement avec le passage aux compétences élargies, attribuant aux universités la maîtrise de leurs moyens et de leur budget. La loi ESR de 2013 vise le renforcement de la coopération entre tous les acteurs et la réduction de la complexité institutionnelle, notamment par la création de Comue.

Le président de l'université est élu par le conseil d'administration (CA) pour quatre ans, renouvelable une fois. Il préside le CA, prépare et exécute ses délibérations, il a autorité sur l'ensemble du personnel et il est responsable du maintien de l'ordre. Le CA détermine la politique de l'université. Il approuve le contrat quinquennal de l'établissement, vote le budget et approuve les comptes, approuve les accords et les conventions signés par le président, adopte le règlement intérieur de l'université, fixe la répartition des emplois qui lui sont alloués, approuve le rapport annuel d'activité, approuve le bilan social et adopte le schéma directeur pluriannuel en matière de politique du handicap proposé par le Conseil académique. Le Conseil académique regroupe les membres de la Commission de la recherche et de la Commission de la formation et de la vie universitaire (CFVU). Il se regroupe en formation plénière et restreinte. Lorsqu'il est en formation plénière, il est consulté par exemple sur les orientations des politiques de formation, de recherche, de diffusion de la culture scientifique, technique et industrielle et de documentation scientifique et technique ;

le contrat d'établissement ; toutes les mesures visant à garantir l'exercice des libertés universitaires et des libertés syndicales et politiques des étudiants. Lorsqu'il est en formation restreinte aux enseignants-chercheurs, il est l'organe compétent pour l'examen des questions individuelles relatives au recrutement, à l'affectation et à la carrière des enseignants-chercheurs. La Commission de la recherche est chargée de répartir l'enveloppe des moyens destinée à la recherche, fixe les règles de fonctionnement des laboratoires, est consultée sur les conventions avec les organismes de recherche, etc. La Commission de la formation et de la vie universitaire participe à l'élaboration de l'offre de formation et contribue à l'amélioration de la vie universitaire. Elle adopte les règles relatives aux examens et d'évaluation des enseignements, traite de l'accueil et de l'orientation des étudiants, de l'organisation des activités culturelles, associatives, sportives et de santé offertes aux étudiants, etc. Le Conseil universitaire des relations internationales (CURI) promeut une approche globale et cohérente de l'activité internationale de l'université. Il émet un avis sur la répartition des crédits relatifs aux projets de coopération, sur l'attribution des aides à la mobilité étudiante de l'université et sur les aides accordées aux étudiants étrangers.

La Direction générale des services coordonne et organise l'ensemble des directions et services administratifs, financiers et techniques de l'université. Elle participe à l'élaboration de la politique de l'établissement, dont elle assure la mise en œuvre opérationnelle, le cadrage réglementaire et la gestion courante.

Des services de l'université sont dédiés à ses usagers et personnels comme le Service universitaire d'information et d'orientation (SUIO), le service universitaire de médecine préventive et de la promotion de la santé (SUMPPS), le service commun de la documentation (SCD), le comité du personnel, etc.

Question 60 : À quoi correspond le système LMD ?

Dans le cadre de l'harmonisation des cursus d'enseignement supérieur européens, le cursus universitaire français s'organise autour de trois diplômes nationaux : la licence, le master et le doctorat. Cette organisation, dite LMD, permet d'accroître la mobilité des étudiants européens, la mobilité entre disciplines et entre formations professionnelles et générales. En France, le diplôme national de licence se prépare en six semestres. À l'issue de la licence, les étudiants peuvent préparer le diplôme de master qui sanctionne des parcours types de formation initiale ou continue répondant à un double objectif : préparer les étudiants, *via* les études doctorales, à se destiner à la recherche et leur offrir un parcours menant à une qualification et une insertion professionnelle de haut niveau. Il se prépare en quatre semestres et correspond à un diplôme bac + 5 années d'études. À l'issue du cursus master, les étudiants peuvent s'inscrire en vue de préparer un doctorat. Tous les étudiants titulaires du grade de master peuvent se porter candidats à une inscription en thèse de doctorat, qu'ils aient obtenu un diplôme de master, ou qu'ils soient titulaires d'un titre d'ingénieur ou un diplôme d'école supérieure de commerce conférant le grade de master. La durée de préparation du doctorat est en règle générale de trois ans. Il correspond à un diplôme bac + 8 années d'études.

Les formations universitaires sont organisées en semestres. L'année universitaire en France se décompose en deux semestres qui se répartissent ainsi : le premier semestre court de septembre à janvier et le second semestre, de février à juin. Chaque semestre d'études est affecté de trente crédits ou ECTS (European Credit Transfert System), communs à de nombreux pays européens : en licence, 6 semestres validés, soit au total 180 crédits ; en master 4 semestres validés, soit au total 120 crédits soit 300 crédits en capitalisant avec la licence. Chaque enseignement du semestre reçoit un nombre de crédits proportionnel au temps que l'étudiant doit y consacrer et qui inclut le travail personnel. Dans le cadre de leur contrat pédagogique, les étudiants peuvent acquérir des crédits dans des établissements d'enseignement supérieur à l'étranger. Les crédits sont également transférables d'un parcours à l'autre, sous réserve d'acceptation de l'équipe pédagogique.

Question 61 : Quel est le système français d'enseignement supérieur aujourd'hui ?

Le système français d'enseignement supérieur comporte plusieurs formations et diplômes. En plus de l'organisation LMD, plusieurs parcours de formations existent :

- le brevet de technicien supérieur (BTS) se prépare en section de technicien supérieur dans un lycée. Cette formation accessible après le baccalauréat ou équivalent dispense des enseignements spécialisés. Elle est accompagnée d'un ou de plusieurs stages en entreprise. Elle permet d'obtenir un diplôme professionnalisé en deux ans ;
- les classes préparatoires aux grandes écoles préparent, en deux ans, les étudiants aux concours d'entrée dans les grandes écoles et les écoles d'ingénieurs. Ces classes, situées dans les lycées, sont accessibles avec un baccalauréat ou un niveau équivalent, après acceptation du dossier par le chef d'établissement ;
- la filière expertise comptable est structurée par trois diplômes : le diplôme de comptabilité et de gestion (DCG), le diplôme supérieur de comptabilité et de gestion (DSCG), et le diplôme d'expertise comptable (DEC) ;
- le bachelor universitaire de technologie (BUT), ex-diplôme universitaire de technologie (DUT), est une formation professionnalisée en trois ans à partir de la rentrée 2021, conférant le grade licence. Il est accessible après le baccalauréat ou équivalent. L'enseignement est assuré dans vingt-quatre spécialités dont quinze relevant du secteur de la production, par exemple : science et génie des matériaux, génie mécanique et productique et neuf relevant du secteur des services, par exemple : information - communication (infocom) ; gestion des entreprises et des administrations (GEA) ;

• les écoles supérieures qui assurent des formations en commerce et gestion sont diverses. L'enseignement supérieur est libre, cependant l'État est le seul à délivrer les grades et des titres universitaires, aussi les établissements d'enseignement privés ne peuvent donc pas délivrer des diplômes nationaux. Cependant, dès lors qu'elles sont reconnues par l'État, les écoles de commerce peuvent délivrer des diplômes visés par le ministère de l'Enseignement supérieur et de la Recherche après une évaluation par une instance nationale, la commission d'évaluation des formations et diplômes de gestion (CEFDG), créée à cet effet. Elle a pour mission de contrôler la qualité des formations qui sont proposées et, par ses évaluations, propose au ministre l'autorisation à délivrer un diplôme visé. Les diplômes visés de niveau bac + 5 peuvent se voir conférer le grade de master ;
• les études de santé se déroulent à l'université pour les filières médecine, pharmacie et odontologie. Les études de sage-femme se déroulent en école de sages-femmes. Depuis la rentrée 2020, la première année commune aux études de santé (PACES) et le nombre de places disponibles selon le rang d'admission (*numerus clausus*) ont disparu. Les études de santé sont accessibles selon deux parcours : des licences dites classiques de différentes disciplines comprenant une option « accès santé » (LAS) et un parcours spécifique santé (PASS). Les PASS sont proposés uniquement dans les universités avec une faculté de médecine. Ce parcours permet dès la deuxième année d'accéder aux filières médecine, pharmacie, odontologie, maïeutique (MPOM). Chaque université fixe un quota de places par filière. En LAS, les étudiants peuvent se présenter aux filières MPOM à deux reprises durant leur cursus universitaire ;
• les instituts nationaux supérieurs du professorat et de l'éducation (INSPÉ) forment à des masters Métiers de l'enseignement, de l'éducation et de la formation (MEEF) dans le cadre d'un cursus de deux années d'études post-licence. La formation repose sur un équilibre entre enseignements, stages et périodes d'alternance. Ces formations intègrent notamment une initiation à la recherche, une ouverture sur l'international et un volet numérique. Les INSPÉ, ex-ESPE, sont issus de la loi du 28 juillet 2019 pour « une école de la confiance » ;
• le diplôme d'ingénieur fait suite à cinq années d'études après le baccalauréat, dont les trois dernières en cycle d'ingénieur. Les parcours sont variés. La majorité des écoles offrent aux apprentis un choix de près de deux cents diplômes d'ingénieur sur les cinq cents formations existantes. Les ingénieurs diplômés représentent près des deux tiers des diplômés obtenant le grade de master dans les formations scientifiques et techniques de l'enseignement supérieur français.

Effectifs dans les universités françaises par cursus

Cursus	Universités 2021-2022 au sens strict	Évolution univ.	Universités 2021-2022 Péri. EPE[1]
Cursus licence	994 966	- 1,2 %	1 003 427
Cursus master	584 958	2,9 %	626 247
Cursus doctorat	54 270	0,6 %	58 107
Ensemble	1 634 194	0,3 %	1 687 781

1. Nouveaux établissements expérimentaux créés au 1er janvier 2022 : l'université de Montpellier, Nantes Université, l'université Paris Panthéon-Assas et l'université de Lille
Champ : France métropolitaine + DROM, hors formations paramédicales

Source : MESR-SIES, Système d'information du suivi de l'étudiant, SISE

Effectifs dans les universités par groupe disciplinaire

	Universités 2020-2021 au sens strict	Universités 2021-2022 au sens strict	Évolution univ.	Universités 2021-2022 Péri. EPE[1]
Droit	219 189	220 731	0,7 %	221 626
Économie, AES	190 392	190 388	0,0 %	198 705
Arts, Lettres, Langues, SHS	521 896	525 157	0,6 %	532 239
Sciences	316 827	325 184	2,6 %	361 843
STAPS	62 053	61 990	- 0,1 %	62 569
Total disciplines générales	1 310 357	1 323 450	1,0 %	1 376 982
Santé	196 790	194 752	- 1,0 %	194 752
IUT	121 690	115 861	- 4,8 %	115 861
Interdisciplinaire	647	131	- 79,8 %	186
Ensemble	1 629 484	1 634 194	0,3 %	1 687 781

1. Nouveaux établissements expérimentaux créés au 1er janvier 2022 : l'université de Montpellier, Nantes Université, l'université Paris Panthéon-Assas et l'université de Lille
Champ : France métropolitaine + DROM, hors formations paramédicales

Source : MESR-SIES, Système d'information du suivi de l'étudiant, SISE

3| LA PRODUCTION ET LA DIFFUSION DE L'INFORMATION SCIENTIFIQUE ET TECHNIQUE, SUR LA LITTÉRATURE GRISE ET LES TRAVAUX DE RECHERCHE ; LES ARCHIVES OUVERTES

■ QUESTIONS 62 À 66

Question 62 : En quoi consiste le mouvement de l'open access (OA) ?

Question 63 : Que sont la voie dorée et la voie de diamant en matière d'open access ?

Question 64 : À quelle institution est liée la plate-forme OpenAIRE ?

Question 65 : Quel est le rôle de la plate-forme HAL ?

Question 66 : Quel est le rôle de Star ?

RÉPONSES 62 À 66

Question 62 : En quoi consiste le mouvement de l'open access (OA) ?

En 2001, des chercheurs ont lancé une pétition, la Public Library of Science (PLOS), pour exiger des maisons d'édition qu'elles mettent les articles de recherche en accès libre au plus tard six mois après leur publication, pour libérer les données de la recherche afin que celle-ci avance plus vite. Mais l'importance du facteur d'impact, indicateur estimant indirectement la visibilité d'une revue scientifique calculée par le nombre moyen de citations de chaque article publié dans cette revue, a fait que cette pétition est passée quasi inaperçue. Cependant la même année la PLOS, devint une maison d'édition et fut soutenue financièrement par une fondation.

En 2002, le congrès de Budapest donne naissance à l'autoarchivage ou dépôt par l'auteur de ses publications dans une archive ouverte, aujourd'hui nommé « la voie verte » (*Green Road* ou *Green Open Access*). Une archive ouverte est un réservoir où sont déposées des publications issues de la recherche scientifique et de l'enseignement dont l'accès est libre et gratuit. Vu les contraintes des maisons d'édition sur les droits de diffusion, cette voie verte est reprise et défendue par les bibliothèques. En effet, une publication financée par des fonds publics, sous contrat, ne peut être valorisée et diffusée en bibliothèques à condition que celles-ci acquièrent des droits de diffusion et d'accès aux éditeurs. L'institution paie donc deux fois la recherche, une fois afin que celle-ci voie le jour, une seconde fois pour la diffuser après publication. Des initiatives de dépôt obligatoire ont été mises en place telles que OpenDOAR (Université de Nottingham, Royaume-Uni), ROAR (Université de Southampton, Royaume-Uni). L'Université de Liège en Belgique lie les promotions de ces chercheurs au dépôt de leurs recherches dans Orbi, leur plate-forme institutionnelle de dépôt. Cependant, actuellement les chercheurs ne perçoivent pas les avantages du dépôt sur une archive ouverte, les maisons d'édition font pression afin de garder le monopole de la publication, les fichiers mis en ligne ne sont pas de qualité pour que les métadonnées soient correctement moissonnées par les moteurs de recherche et enfin les bibliothèques n'ont pas toujours les moyens humains et financiers afin d'aider les chercheurs à indexer leurs recherches. La compétition entre revues freine la production d'une recherche de qualité.

La voie verte illustrée par Magalie Le Gall

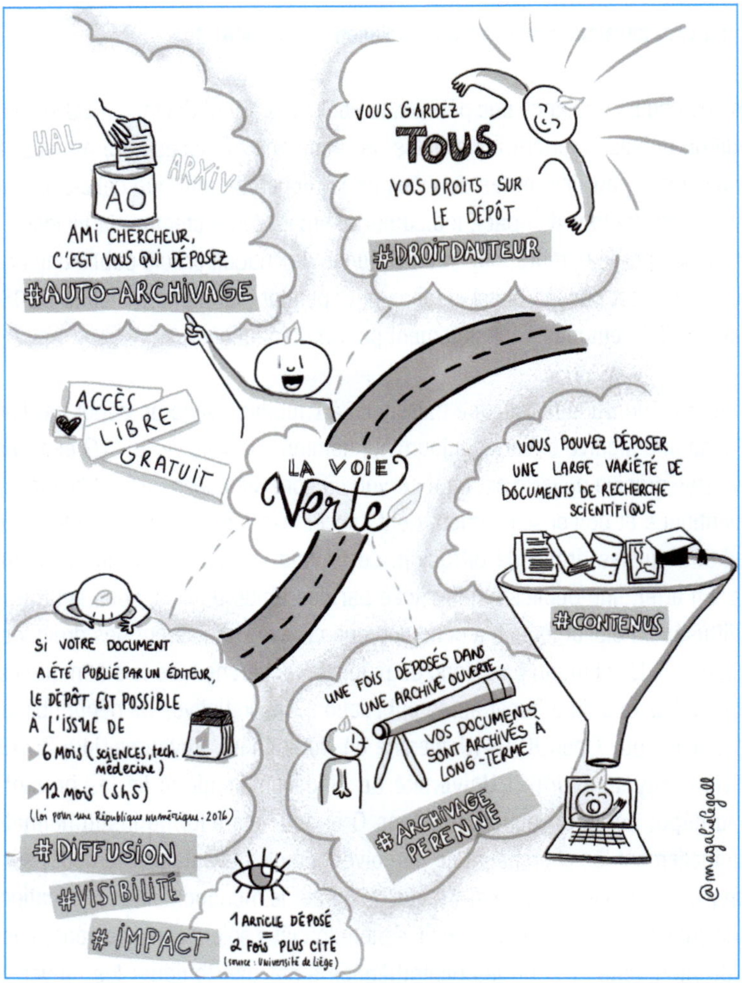

Licence Creative Commons Attribution 4.0 International

Question 63 : Que sont la voie dorée et la voie de diamant en matière d'open access ?

« La voie dorée » (*Gold Road* ou *Gold Open Access*) concerne les publications qui sont mises dès leur première mise en ligne à la disposition du public *via* l'open access (publications natives). Ce modèle économique correspond à un financement en amont des publications *via* cinq scénarios. Le premier est le modèle des auteurs-payeurs, l'accès au document est libre pour le lecteur, mais l'auteur ou son institution paye des frais appelés *Article Processing Charges* (APC) pour financer la publication. Ces APC sont d'un montant variable, d'une centaine à plusieurs milliers d'euros. Des dérives existent autour de ce scénario : des éditeurs demandent des APC hors normes et des revues dites prédatrices qui n'offrent aucune expertise scientifique (absence de comité de lecture, pas de relecture par les pairs, etc.) sont apparues. Le deuxième scénario est celui des subventions. L'accès au document est libre.

« La voie de diamant » (*Diamond Open Access*) se définit lorsque la diffusion et la publication sont totalement gratuites pour le lecteur et pour l'auteur. Les revues sont directement gérées par des communautés. L'utilisation des Licences Creative Commons sans utilisation commerciale possible est généralisée. Les épirevues et revues électroniques en open access uniquement alimentées par des archives ouvertes, découlent de ce modèle.

Le financement de la publication (revue et/ou plate-forme) est pris en charge par une institution, une société savante, un organisme de recherche, une association ou une fondation. C'est de loin le modèle le plus répandu. Le troisième scénario est le freemium. L'accès au document est libre, mais des services complémentaires sont commercialisés (par exemple les statistiques d'usage, ou les fichiers PDF ou e-pub alors que seule la version HTML est gratuite). Le scénario suivant est celui de la souscription. La diffusion en accès libre des ouvrages et revues s'opère lorsque le seuil financier visé est atteint grâce aux contributions financières des établissements souscripteurs. Enfin, le cinquième et dernier scénario est celui du financement participatif ou crowdfunding.

La voie dorée illustrée par Magalie Le Gall

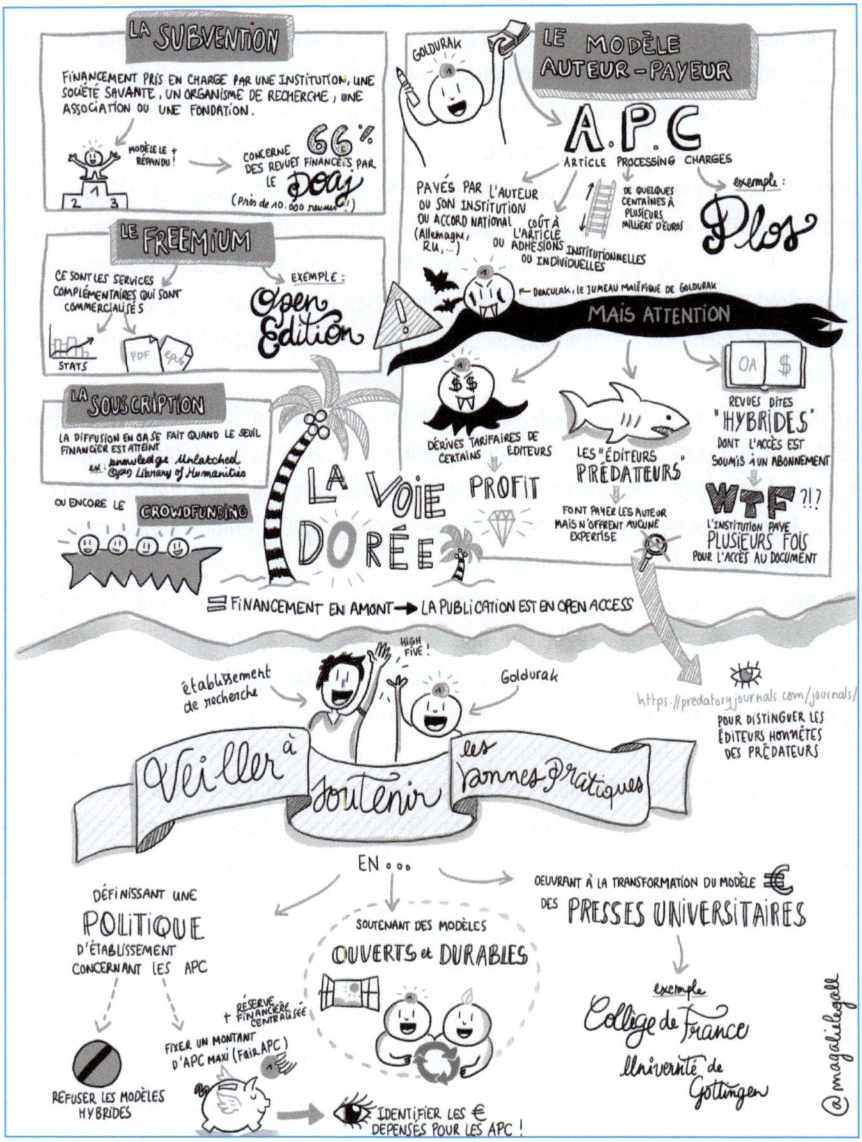

Question 64 : À quelle institution est liée la plate-forme OpenAIRE ?

La Commission européenne a adopté en 2014 une politique de dépôt obligatoire pour tout travail financé par ses fonds sur la plate-forme OpenAIRE. En France, l'évaluation des chercheurs s'effectue au niveau national et non par institution, donc ce type d'initiative n'est pas applicable sauf si la plate-forme d'archives ouvertes de l'enseignement supérieur est définie comme outil d'évaluation nationale. Le consortium Couperin joue un rôle dans la promotion du projet OpenAIRE 2020 lancé en 2015 qui porte sur la diffusion en open access des publications scientifiques au bénéfice de la communauté scientifique et des citoyens européens. OpenAIRE (*Open Access Infrastructure for Research in Europe*) est un portail offrant en open access plus de neuf millions de publications.

Question 65 : Quel est le rôle de la plate-forme HAL ?

HAL (Hyper articles en ligne) est destinée au dépôt et à la diffusion d'articles scientifiques de niveau recherche, publiés ou non, et de thèses, émanant des établissements d'enseignement et de recherche français ou étrangers, des laboratoires publics ou privés. HAL est la plate-forme nationale des archives ouvertes de l'enseignement supérieur et de la recherche en France. Elle présente de manière centralisée sa production scientifique et contribue à son rayonnement et à sa visibilité internationale. Le dépôt du texte intégral est effectué en accord avec les coauteurs et dans le respect de la politique des éditeurs. La mise en ligne est assujettie à une modération. Tout dépôt est définitif, aucun retrait ne sera effectué après la mise en ligne de l'article. Les fichiers textes au format PDF ou les fichiers images composant le dépôt sont maintenant envoyés au CINES (Centre informatique national de l'enseignement supérieur) dans un contexte d'archivage à long terme. Fin 2021, HAL contient plus de 2,8 millions de références et près de 990 000 documents.

Des divisions de HAL par établissements existent comme HAL-Nantes par exemple. Cependant des établissements ont fait le choix de créer leur propre plate-forme d'archives ouvertes tels que OATAA (INP de Toulouse), Spire (Sciences Po) et BIRD (Université de Paris-Dauphine). Des archives ouvertes disciplinaires ont vu également le jour comme ArXiv (Sciences : physique, mathématiques, informatique, biologie, etc.), RePEc (économie). De 2018 à 2021, le taux de publications scientifiques françaises en accès ouvert est passé de 41 % à 56 %.

Aujourd'hui le critère du facteur d'impact est de plus en plus critiqué et son lien avec la qualité des recherches se révèle de plus en plus fragile. Ce qui pourrait amener les chercheurs à se tourner vers les archives ouvertes de façon moins contrainte. La loi n° 2016-1321 du 7 octobre 2016 pour une République numérique va en ce sens. Elle autorise le libre accès aux publications scientifiques de la recherche publique, grâce au droit dévolu aux chercheurs de diffuser leurs articles après une courte période d'embargo de 6 à 12 mois, et ce quel que soit le contrat entre le chercheur et l'éditeur de la revue publiant l'article. Le délai est au maximum de six mois pour une publication dans le domaine des sciences, de la technique et de la médecine et de douze mois dans celui des sciences humaines et sociales. De plus, dès lors que les données issues d'une activité de recherche financée au moins pour moitié par des dotations de l'État, des collectivités territoriales, des établissements publics, des subventions d'agences de financement nationales ou par des fonds de l'Union européenne ne sont pas protégées par un droit spécifique ou une réglementation particulière et qu'elles ont été rendues publiques par le chercheur, l'établissement ou l'organisme de recherche, leur réutilisation est libre. Enfin, l'éditeur d'un écrit scientifique, issu de la recherche publique, ne peut limiter la réutilisation des données de la recherche rendues publiques dans le cadre de sa publication.

Question 66 : Quel est le rôle de Star ?

Star est la plate-forme nationale de dépôt des thèses électroniques de l'enseignement supérieur et de la recherche, elle est gérée par l'Abes (agence bibliographique de l'enseignement supérieur). L'Abes assure les fonctions suivantes : l'enregistrement du dépôt de la version de diffusion et de la version d'archivage de la thèse ainsi que de ses métadonnées ; le signalement dans le catalogue Sudoc ; l'attribution d'un identifiant permanent ; l'envoi de la version d'archivage, y compris dans le cas d'une thèse non diffusable, au Centre informatique national de l'enseignement supérieur et enfin, le cas échéant, à la demande de l'établissement, envoi des métadonnées ou de la version de diffusion de la thèse vers les sites désignés par celui-ci. Sauf si la thèse présente un caractère de confidentialité avéré, sa diffusion est assurée dans l'établissement de soutenance et au sein de l'ensemble de la communauté universitaire. La diffusion en ligne de la thèse au-delà de ce périmètre est subordonnée à l'autorisation de son auteur, sous réserve de l'absence de clause de confidentialité.

L'arrêté du 25 mai 2016 rend le dépôt électronique obligatoire. Le dépôt des thèses sous format imprimé n'est plus une obligation sauf si les membres du jury en formulent la demande. L'archivage pérenne des thèses est réalisé par le CINES. Les thèses sont consultables sur theses.fr, base de données qui signale l'ensemble des thèses de doctorat soutenues en France depuis 1985 ainsi que les thèses en préparation et sur le Sudoc. Le serveur TEL (thèses-en-ligne) a pour objectif de promouvoir l'autoarchivage en ligne des thèses de doctorat et habilitations à diriger des recherches (HDR), qui sont des documents importants pour la communication scientifique entre chercheurs. TEL est un environnement particulier de HAL et permet donc, comme HAL, de rendre rapidement et gratuitement disponibles des documents scientifiques. À terme, l'ensemble des thèses soutenues seront directement intégrées sur TEL ainsi que sur Dart Europe, le portail européen des thèses.

LES ADMINISTRATIONS CENTRALES, L'ENVIRONNEMENT TERRITORIAL ET ADMINISTRATIF

PARTIE V

1 | LES ADMINISTRATIONS CENTRALES

QUESTIONS 67 À 71

Question 67 : Quelles sont les missions du MESRI ?
Question 68 : Quelles sont les missions du collège BD2L ?
Question 69 : Quelles sont les missions du MCC ?
Question 70 : Sur quelles grandes entités le MCC a-t-il autorité ?
Question 71 : Quelles sont les missions du CNL ?

■ RÉPONSES 67 À 71

Question 67 : Quelles sont les missions du MESRI ?

L'enseignement supérieur, la recherche, la technologie, l'espace, l'innovation, les universités, les sciences forment le cœur de la mission du ministère de l'Enseignement supérieur, de la Recherche et de l'Innovation. Le ministère de l'Enseignement supérieur, de la Recherche et de l'Innovation (MESRI) est en charge de la préparation et la mise en œuvre de la politique du gouvernement relative au développement de l'enseignement supérieur, à la recherche et à la technologie.

Le MESRI est compétent concernant la politique de l'espace, la définition des projets pédagogiques des établissements d'enseignement supérieur, l'attribution des ressources et des moyens alloués par l'État dans le cadre de la mission interministérielle « Recherche et enseignement supérieur », la définition et la mise œuvre du programme des investissements d'avenir, la politique en matière d'innovation, la préparation des décisions du gouvernement relatives à la constitution d'universités de recherche à rayonnement international, la promotion des sciences et des technologies, la diffusion de la culture scientifique, technologique et industrielle et enfin sur le développement et la diffusion des usages du numérique dans la société et l'économie.

Pour mener ses missions, le MESRI peut s'appuyer sur une inspection générale unifiée sur le champ de la jeunesse, du sport et des bibliothèques organisée en cinq collèges : le collège Expertise disciplinaire et pédagogique, le collège Établissements, territoires et politiques éducatives, le collège Jeunesse, sports et vie associative, le collège Enseignement supérieur, recherche et innovation et le collège Bibliothèques, documentation, livre et lecture publique.

Le ministre a autorité sur trois directions générales : la Direction générale de l'enseignement supérieur et de l'insertion professionnelle (DGESIP), la Direction générale de la recherche et de l'innovation (DGRI) et la Direction générale de l'enseignement scolaire (DGESCO). Le MESRI a également autorité, conjointement avec le ministère de l'Éducation nationale, sur le médiateur de l'Éducation nationale et de l'enseignement supérieur, sur le haut fonctionnaire de défense et de sécurité (HFDS) et sur la mission ministérielle d'audit interne. Le ministre peut aussi faire appel à d'autres administrations comme la Direction générale des médias et des industries culturelles, la Direction générale des entreprises ou le conseil général de l'économie, de l'industrie, de l'énergie et des technologies par exemple. Le ministère de l'Enseignement supérieur, de la Recherche et de l'Innovation assure la tutelle des établissements d'enseignement supérieur (grandes écoles, universités et IUT, Cnous et Crous) ainsi que des organismes de recherches (EPST, EPIC, EPCA, GIP, fondations).

Question 68 : Quelles sont les missions du collège BD2L ?

Créée en 1822 pour assurer le contrôle des bibliothèques publiques issues des confiscations révolutionnaires, l'Inspection générale des bibliothèques (IGB) a vu ensuite ses fonctions s'élargir après la constitution des bibliothèques universitaires. Le collège Bibliothèques, documentation, livre et lecture (BD2L) fait suite à l'IGB, qui disparaît avec la création de l'IGÉSR.

Les missions du collège BD2L s'inscrivent dans le cadre général de l'évaluation des politiques publiques de la lecture. Elles ont trait au suivi des bibliothèques conformément aux dispositions réglementaires, notamment celles relatives au contrôle technique et scientifique des bibliothèques des collectivités territoriales et à l'inspection des services communs de la documentation des universités.

Les missions d'inspection donnent lieu à des rapports qui ne sont pas rendus publics. Le collège conduit en outre des missions thématiques d'étude ou de prospective, inscrites dans le programme annuel. Ces études sont publiées, après accord du ou des cabinets concernés. Le collège assure la présidence des jurys des concours de recrutement des personnels de la filière bibliothèque de l'État et participe à d'autres jurys. Il participe aux commissions administratives paritaires nationales des personnels de bibliothèques en tant que représentants de l'administration ou expert. Le collège identifie un vivier de personnels susceptibles de prendre des responsabilités supérieures et participe à des jurys de recrutement aux postes de direction de bibliothèques ou d'organismes documentaires, sur invitation des établissements d'enseignement supérieur ou des collectivités territoriales.

Les inspecteurs du collège BD2L assurent le contrôle des bibliothèques des universités. Elle remplit à leur égard un rôle d'évaluation et de conseil. L'inspection exerce le contrôle technique de l'État sur les bibliothèques publiques (bibliothèques municipales, bibliothèques départementales). Cette mission permanente est menée en liaison étroite avec le service du livre et de la lecture du ministère de la Culture et de la Communication. Par décision des ministres de l'Éducation nationale, de l'Enseignement supérieur et de la Recherche ou du ministre de la Culture, ces missions de contrôle, d'évaluation et de conseil peuvent être étendues à d'autres organismes documentaires relevant de leur autorité. Les membres du collège peuvent être chargés par décision conjointe du ministre chargé de l'Enseignement supérieur et des ministres compétents de missions de contrôle, d'évaluation et d'étude concernant des bibliothèques relevant d'autres départements ministériels.

L'inspection générale est compétente en matière de bibliothéconomie, de patrimoine écrit et graphique, d'organisation documentaire, de promotion du livre et de développement de la lecture, ainsi qu'aux conseils de grands établissements documentaires.

Question 69 : Quelles sont les missions du MCC ?

Le ministère de la Culture et de la Communication (MCC) a pour mission de promouvoir la création artistique dans toutes ses composantes et de permettre la démocratisation et la diffusion des œuvres culturelles. Le MCC a pour mission de rendre accessible au plus grand nombre les œuvres capitales de la France et de l'humanité dans les domaines du patrimoine, architecture, arts plastiques, arts vivants, cinéma et communication. Il favorise le développement des œuvres artistiques dans toutes leurs composantes dans les territoires et de par le monde. Il est le garant des enseignements artistiques.

Le MCC intervient dans la politique de préservation et la valorisation du patrimoine culturel et la politique de l'architecture, la définition de la politique concernant les arts du spectacle vivant et les arts plastiques, la gestion du Centre national du cinéma et de l'image animée ainsi que le développement de l'éducation artistique et culturelle des enfants et des jeunes adultes tout au long de leurs cycles de formation. Le ministère participe à la définition et à la mise en œuvre de la politique du gouvernement en développant les liens entre les politiques culturelles de l'État et celles des collectivités territoriales. Il est présent en région par le biais des directions régionales des affaires culturelles (DRAC). Il participe aussi au développement de la culture française dans le monde en assurant le rayonnement francophonie et de la création artistique française en s'appuyant notamment sur l'Institut français et l'Alliance française.
Le ministère de la Culture est composé d'une administration centrale, et dispose d'établissements et services déconcentrés. L'actuelle ministre de la Culture est Rima Abdul Malak.

Question 70 : Sur quelles grandes entités le MCC a-t-il autorité ?

Au sein de l'administration centrale, le ministre de la Culture a autorité sur plusieurs grandes entités :

- la direction générale des patrimoines et de l'architecture est divisée en quatre services qui sont l'architecture, les archives de France, les musées de France et le patrimoine. Sa mission générale est de protéger les biens culturels par une politique de conservation et de restauration des patrimoines matériels et immatériels ;
- la direction générale de la création artistique définit la politique artistique dans une logique d'aménagement et de développement du territoire concernant les arts plastiques (peinture, sculpture, etc.) et le spectacle vivant (danse, musique, théâtre) ;
- la direction générale des médias et des industries culturelles (DGDMIC) conduit la politique du gouvernement dans le domaine de la communication et des médias ;

• les directions régionales des affaires culturelles (DRAC) sont chargées de mettre en œuvre, sous l'autorité du préfet de région et des préfets de département, la politique culturelle définie par le gouvernement ;
• la délégation à la langue française et aux langues de France a pour mission la préservation et la valorisation du français à travers le monde.

Le service du livre et de la lecture est un service de la direction des médias et des industries culturelles. Il a pour mission d'élaborer, coordonner et évaluer l'action du ministère de la Culture et de la Communication dans le domaine du livre et de la lecture ; de veiller à l'équilibre entre les différents acteurs qui interviennent dans le domaine du livre et de la librairie et au développement du secteur de l'édition ; de suivre les questions économiques, juridiques et sociales intéressant la création, l'édition, la diffusion, la distribution et la promotion du livre ; de mettre en œuvre la tutelle sur les opérateurs relevant de son domaine de compétences ; de favoriser le développement de la lecture et de procéder à l'évaluation des politiques dans le domaine de la lecture publique. Il contribue à la modernisation des bibliothèques et des médiathèques, et notamment au renforcement des réseaux et services de coopération. Il veille à la conservation, à l'enrichissement et à la valorisation de leur patrimoine ; d'exercer le contrôle technique de l'État sur les bibliothèques et des médiathèques des collectivités territoriales et enfin de réaliser des enquêtes concernant le livre et la lecture.

Question 71 : Quelles sont les missions du CNL ?

Les missions du Centre national du livre sont placées sous la tutelle du MCC et plus particulièrement du service du livre et de la lecture. Il a pour mission de soutenir et encourager l'activité littéraire des écrivains, des illustrateurs et des traducteurs, par l'attribution de bourses de création et de résidence ; de soutenir l'édition d'œuvres littéraires jugées primordiales par le biais de subventions à destination des éditeurs français ; d'encourager tous les modes d'expression littéraire et concourir à la diffusion, sous toutes ses formes, d'œuvres littéraires en langue française ; de contribuer, par l'aide aux entreprises d'édition et de librairie, au développement économique du secteur du livre ainsi qu'au maintien et à la qualité des réseaux de diffusion du livre et de la lecture ; de participer à la défense et à l'illustration de la langue et de la culture françaises ; de favoriser la traduction d'œuvres étrangères en français et d'œuvres françaises en langues étrangères ; d'accompagner les manifestations construites autour d'un projet littéraire permettant la rencontre et la rémunération des auteurs en s'adressant au plus large public ; d'intensifier les échanges littéraires en France et à l'étranger, et concourir à toutes les actions de promotion du livre et de la lecture susceptibles de contribuer à la diffusion et au rayonnement du livre français et enfin de soutenir les bibliothèques, les établissements culturels et les librairies, en France et à l'étranger, qui commandent des ouvrages de langue française présentant un intérêt culturel, scientifique, technique ou touchant à la francophonie.

Les membres du conseil d'administration interviennent dans la définition des grandes options de la politique de l'établissement. La présidente du CNL, nommée par décret sur proposition du ministre de la Culture, est actuellement Régine Hatchondo.

2| L'ENVIRONNEMENT TERRITORIAL

QUESTIONS 72 À 74

Question 72 : Que sont les EPCI ?
Question 73 : Quelles sont les formes d'intercommunalité ?
Question 74 : Quelles sont les recettes locales ?

RÉPONSES 72 À 74

Question 72 : Que sont les EPCI ?

Selon l'Institut national de la statistique et des études économiques (INSEE), « *Les établissements publics de coopération intercommunale (EPCI) sont des regroupements de communes ayant pour objet l'élaboration de "projets communs de développement au sein de périmètres de solidarité". Ils sont soumis à des règles communes, homogènes et comparables à celles de collectivités locales. Les communautés urbaines, communautés d'agglomération, communautés de communes, syndicats d'agglomération nouvelle, syndicats de communes et les syndicats mixtes sont des EPCI.* »

Un établissement de lecture publique est considéré comme intercommunal s'il y a : une prise de compétence sur l'équipement par l'EPCI, un transfert du personnel à l'EPCI, un budget de fonctionnement intercommunal et les mêmes conditions d'accès à toutes les bibliothèques du réseau intercommunal pour tous les habitants des communes de l'intercommunalité.

Question 73 : Quelles sont les formes d'intercommunalité ?

Les formes d'intercommunalité sont, sous forme d'EPCI : les syndicats de communes (loi du 22 mars 1890), les communautés de communes (loi du 6 février 1992), les communautés urbaines (loi du 31 décembre 1966), les communautés d'agglomération (loi du 12 juillet 1999) et les métropoles (loi du 16 décembre 2010, et modifiées par la loi du 27 janvier 2014).

• Les syndicats de communes sont créés pour une durée déterminée, ou sans limitation de durée, ou pour une opération déterminée. Ils servent les intérêts ou des œuvres au regroupement de communes. Il peut être à vocation unique (SIVU) ou multiple (SIVOM) ou bien encore à la carte.

• Les communautés de communes et les communautés d'agglomérations sont des EPCI à fiscalité propre, c'est-à-dire qu'elles disposent de ressources fiscales propres. La communauté de communes associe des communes au sein d'un territoire commun en vue d'élaborer un projet commun de développement et d'aménagement de l'espace. La loi Notre du 7 août 2015 a fait passer le seuil pour constituer celles-ci de 5 000 à 15 000 habitants et prévoit qu'elles seront organisées autour de bassins de vie. Elle exerce, en lieu et place des communes membres, des compétences obligatoires et des compétences optionnelles, ainsi que des compétences supplémentaires que les communes lui transfèrent. Les communautés d'agglomérations regroupent plusieurs communes sur un territoire d'un seul tenant et sans enclave. Une communauté d'agglomérations doit former, lors de sa création, un ensemble de plus de 50 000 habitants, autour d'une ou plusieurs communes centres de 15 000 habitants. Elle a des compétences obligatoires (aménagement de l'espace, développement économique, équilibre social de l'habitat, politique de la ville) et des compétences optionnelles (trois à choisir parmi : voirie, assainissement, eau, cadre de vie, équipements culturels et sportifs, action sociale). Elle peut en outre exercer des compétences que les communes lui transfèrent.

• Les communautés urbaines regroupent plusieurs communes d'un seul tenant et sans enclave qui forment, à la date de sa création, un ensemble de plus de 250 000 habitants. La communauté urbaine exerce les compétences qui lui sont transférées au lieu et place des communes membres. Certaines de ces compétences sont obligatoires : l'aménagement et développement économique, social et culturel de l'espace communautaire ; l'équilibre social de l'habitat ; la politique de la ville ; la protection et mise en valeur de l'environnement ; la politique du cadre de vie et la gestion des services d'intérêt collectif. D'autres compétences sont transférées sur décision des conseils municipaux.

• La métropole regroupe plusieurs communes d'un seul tenant et sans enclave qui s'associent au sein d'un espace de solidarité pour élaborer et conduire ensemble un projet d'aménagement et de développement économique, écologique, éducatif, culturel et social de leur territoire afin d'en améliorer la compétitivité et la cohésion. Sans limitation de durée, peuvent devenir des métropoles les EPCI qui forment un ensemble de 500 000 habitants à la date de création, ainsi que les communautés urbaines. À sa création, la métropole se substitue de plein droit aux EPCI intégralement inclus dans son périmètre. La métropole exerce de plein droit un certain nombre de compétences, en lieu et place des communes (développement économique, politique locale de l'habitat, gestion des services d'intérêt collectif, comme l'eau et l'assainissement, les cimetières, les abattoirs, etc.), du département (transports scolaires, voirie, etc.) et de la région. Par ailleurs, par convention avec le département ou la région, elle peut recevoir des compétences en matière d'aide sociale, de collèges et de lycées, ou de développement économique. L'État peut également lui attribuer la propriété et la gestion des grands équipements et infrastructures. Sur le plan financier, les métropoles reposent sur le principe de l'unification de l'impôt foncier bâti et une dotation globale de fonctionnement.

Question 74 : Quelles sont les recettes locales ?

Elles sont issues de la fiscalité directe et indirecte, de l'emprunt et de dotations.

1) Les recettes issues de la fiscalité directe sont la taxe foncière sur les propriétés bâties, la taxe foncière sur les propriétés non bâties, la contribution économique et territoriale (CET), l'imposition forfaitaire sur les entreprises de réseau (IFER) et la taxe ou redevance d'enlèvement des ordures ménagères (TEOM).

- La taxe d'habitation était un impôt local qui dépendait des caractéristiques du logement, de sa localisation et de la situation personnelle (revenus, composition du foyer) des occupants au 1er janvier. Devaient s'en acquitter les propriétaires, locataires ou occupants à titre gratuit pour une habitation principale. Il est à noter que la taxe d'habitation a progressivement été exonérée depuis 2018 et n'est plus en vigueur depuis 2023 sur les résidences principales, cependant, elle reste toujours à payer pour les résidences secondaires.

- La taxe foncière sur les propriétés bâties (TFPB) est due par les propriétaires ou usufruitiers de propriétés bâties.

- La taxe foncière sur les propriétés non bâties (TFPNB) est due par les propriétaires ou usufruitiers de propriétés non bâties, au 1er janvier de l'année d'imposition. Elle est encaissée par la collectivité territoriale (la commune ou l'EPCI à fiscalité propre), sur le territoire de laquelle le terrain est situé.

- La contribution économique et territoriale (CET) est composée de la cotisation foncière des entreprises (CFE) qui est due dans chaque commune où l'entreprise dispose de locaux et de terrains et la cotisation sur la valeur ajoutée des entreprises (CVAE) qui est due par les entreprises et les travailleurs indépendants à partir d'un certain chiffre d'affaires et est calculée en fonction de la valeur ajoutée produite par l'entreprise. Elle est affectée aux collectivités territoriales : les communes et leurs groupements, les départements et les régions.

- L'imposition forfaitaire sur les entreprises de réseau (IFER) concerne les entreprises exerçant leur activité dans le secteur de l'énergie, du transport ferroviaire et des télécommunications.

- La taxe ou redevance d'enlèvement des ordures ménagères (TEOM ou REOM), la TEOM sert à financer la collecte des déchets ménagers et celle des déchets non ménagers et est à payer par le propriétaire ou l'usufruitier d'une propriété soumise à la taxe foncière sur les propriétés bâties.

La REOM est due uniquement si l'occupant utilise le service d'enlèvement des ordures ménagères. C'est donc la personne qui habite le logement qui devra la payer. La redevance est calculée en fonction de l'importance du service rendu (volume des ordures et déchets enlevés notamment).

2) Les recettes issues des taxes foncières indirectes sont la taxe de séjour, la taxe d'aménagement et la taxe locale sur l'électricité.

- La taxe de séjour est à payer par les vacanciers séjournant sur les communes. La taxe de séjour est due par personne et par nuit. Son montant varie selon le type d'hébergement.

- La taxe d'aménagement doit être versée à l'occasion de la construction, la reconstruction, l'agrandissement de bâtiments et aménagements de toute nature nécessitant une autorisation d'urbanisme. Elle est due par le bénéficiaire de l'autorisation de construire ou d'aménager.

- Les taxes locales d'électricité sont calculées à partir des quantités d'électricité consommée par les usagers pour une puissance souscrite inférieure ou égale à 250 kVA.

3) Les dotations versées par l'État aux collectivités territoriales répondent majoritairement à une logique de compensation. Elles visent ainsi à stabiliser les budgets locaux. Elles contribuent à la compensation des charges générales des collectivités (dotation forfaitaire de la dotation globale de fonctionnement, la DGF). Elles compensent le coût des transferts de compétences (dotation générale de décentralisation, la DGD et de la dotation régionale d'équipement scolaire, la DRES et de la dotation départementale d'équipement des collèges, la DDEC), des allègements d'impôts locaux et les pertes dues à la suppression de la taxe professionnelle (DCRTP) et enfin, l'assujettissement des collectivités territoriales à l'impôt national (fonds de compensation pour la TVA). Les dotations de péréquation visent explicitement à réduire les inégalités de ressources des collectivités eu égard à leurs charges. Les principales dotations de péréquation sont intégrées dans la DGF. Pour les communes, il s'agit de la dotation de solidarité urbaine et de cohésion sociale (DSU), de la dotation de solidarité rurale (DSR), de la dotation nationale de péréquation (DNP) et de la dotation de développement urbain (DDU). Pour les groupements de communes, il s'agit de la dotation d'intercommunalité. Les départements bénéficient de deux dotations, l'une à vocation urbaine - la dotation de péréquation urbaine (DPU), et l'autre à vocation plutôt rurale - la dotation de fonctionnement minimale (DFM). Pour les régions est instituée la dotation de péréquation régionale à l'occasion de la création de la DGF des régions.

3| L'ENVIRONNEMENT ADMINISTRATIF

QUESTIONS 75 À 81

Question 75 : Qu'implique la fonction des ressources humaines au sein de la fonction publique ?
Question 76 : Qu'est-ce que le RIFSEEP ?
Question 77 : Quels sont les types de management ?
Question 78 : Quelle définition pour le budget ?
Question 79 : Qu'est-ce que la RGPP ?
Question 80 : Quels sont les principes d'un budget ?
Question 81 : Qu'appelle-t-on un marché public ?

RÉPONSES 75 À 81

Question 75 : Qu'implique la fonction des ressources humaines au sein de la fonction publique ?

La fonction des ressources humaines au sein de la fonction publique gère des agents issus de filières différentes.

Pour les bibliothèques de la FPE, ils peuvent être issus des filières : bibliothèques ; ingénieurs, techniciens de recherche et de formation (ITRF) ; administration de l'Éducation nationale et de l'enseignement supérieur (AÉNES). Pour les bibliothèques de la FPT, les agents viennent des filières : culturelle, administrative et animation.

Des outils d'aide à la gestion des compétences et des forces de travail sont mis en place dont les principaux sont : la gestion prévisionnelle des emplois et des compétences (GPEC), les référentiels métiers, les procédures d'évaluation et les plans de formation. La GPEC est un outil qui permet à une bibliothèque de faire corréler les besoins en matière de fonctions et objectifs avec les compétences des agents et ainsi faire un état prospectif de ses besoins. Pour cela elle peut s'appuyer sur les fiches de poste qui sont réalisées en adéquation avec les référentiels métiers ; les entretiens annuels d'évaluation professionnelle qui permettront d'analyser des évolutions, des changements de poste et des formations ; les mouvements prévisibles des personnels (départ en retraite, mutation, disponibilité) et les tableaux de bord permettant de lister les fonctions et missions attribuées à chaque établissement.

Question 76 : Qu'est-ce que le RIFSEEP ?

Au sein de la FPE, le décret n° 2014-513 du 20 mai 2014 met en œuvre le nouveau régime indemnitaire des fonctionnaires, le régime indemnitaire tenant compte des fonctions, des sujétions, de l'expertise et de l'engagement professionnel, le RIFSEEP, qui est le nouvel outil indemnitaire de référence qui remplace la plupart des primes et indemnités existantes dans la FPE, dans le but d'une meilleure lisibilité des primes et d'un levier pour la mobilité des fonctionnaires. Les régimes indemnitaires de la FPT sont adossés sur ceux de la FPE. Ainsi, est déterminé pour chaque cadre d'emplois de la FPT un corps de référence de la FPE. Si un corps de référence de la FPE bénéficie du RIFSEEP alors chaque employeur territorial peut également le mettre en place pour le cadre d'emplois correspondants, par d'une décision de l'assemblée délibérante.

Question 77 : Quels sont les types de management ?

Ils sont au nombre de quatre. Il s'agit du management directif, du management persuasif, du management participatif et du management délégatif.

• Le management directif est centré sur le résultat avec forte implication du manager. Il limite les initiatives et repose sur de nombreuses procédures en surveillant et contrôlant. La confiance du manager en ses collaborateurs est limitée. Sa communication est descendante. C'est probablement, le type de management qui génère le plus de comportements hostiles de la part des collaborateurs, mais aussi des problèmes relationnels et un mal-être au travail. Son avantage est l'obtention rapide de résultats cependant les collaborateurs seront peu motivés. Il peut être appliqué en situation d'urgence.

• Le management persuasif dit aussi management paternaliste, est centré sur le relationnel avec forte implication du manager, il est autoritaire, communique beaucoup, fédère et encourage. Il est plus tourné vers les collaborateurs, il leur apportera assistance si besoin est, cependant ils disposent de peu d'autonomie, mais peuvent donner leur avis. Le manager place un peu de confiance en ceux-ci, cependant il essaie de créer un groupe dont il serait le modèle avec moins de procédures et de règles, il valorise les résultats positifs et est très sensible aux paramètres motivants ou démotivants. Son avantage est le sentiment d'appartenance à un groupe cependant, le sentiment d'ouverture sur l'extérieur sera au minima.

• Le management participatif est centré sur le relationnel avec implication moindre du manager, c'est un management d'ouverture, il repose sur la construction d'une relation de confiance entre le manager et ses collaborateurs et adopte peu de comportements organisationnels. Ceux-ci sont fortement impliqués dans la prise de décisions, disposent d'une grande autonomie. Le manager s'intègre à l'équipe, la responsabilise et l'encadre plus qu'il ne la dirige. Ses avantages sont la motivation et la participation des collaborateurs par contre son inconvénient est qu'il nécessite un réel engagement, une grande capacité d'autonomie et une forte dose de créativité de chaque collaborateur.

• Le management délégatif dit aussi management consultatif, est centré sur le résultat avec implication moindre du manager. Il repose sur la confiance envers les collaborateurs qui sont fréquemment consultés pour la prise de décision et sur l'esprit d'équipe. Chacun des membres de l'équipe est responsabilisé et impliqué. Les résultats attendus et les méthodes sont définis par l'ensemble du système et la communication, tant verticale qu'horizontale. Ses avantages sont la responsabilisation et implication des collaborateurs qui créent une bonne ambiance de travail par contre son inconvénient est le manque de structures qui peut dériver sur un management copain qui laisse faire et qui ne formule pas d'encouragement.

Un *Guide de l'encadrante et de l'encadrant dans la fonction publique* a été édité par le ministère chargé de la Fonction publique, direction générale de l'administration et de la fonction publique. Il est téléchargeable gratuitement en ligne à l'adresse suivante : https://www.fonction-publique.gouv.fr/guide-de-lencadrante-et-de-lencadrant-dans-la-fonction-publique

Question 78 : Quelle définition pour le budget ?

Les règles budgétaires et comptables de l'État ont subi un processus de transformation important avec la loi organique relative aux lois de finances (LOLF), du 1er août 2001. C'est une réforme de la gestion de l'État tout entière, c'est-à-dire la façon dont l'argent public est utilisé par chaque ministère. Cette réforme vise à instaurer une gestion plus démocratique et plus efficace des dépenses publiques. Des moyens sont alloués en vue d'une action précise et la totalité du budget est examinée avec un vote. Les parlementaires sont également en mesure de contrôler l'efficacité des dépenses publiques. Chaque année, l'administration doit rendre compte de son action qui est évaluée par des indicateurs précis. Pour une politique donnée, l'État se fixe des objectifs précis à atteindre, avec des moyens alloués pour atteindre ces objectifs, qui, s'ils sont atteints ou approchés, définissent une politique publique performante. La réforme budgétaire responsabilise davantage les gestionnaires publics. Des responsables de programme doivent définir, chacun à leur niveau, les objectifs, les stratégies et les indicateurs de performances des politiques publiques dont ils sont chargés. Ils disposent d'une plus grande liberté dans la gestion des moyens alloués en contrepartie d'un engagement sur des objectifs de performance. Les gestionnaires ont l'obligation de rendre compte de leur gestion pour expliquer les éventuels écarts entre prévision et réalisation.

Question 79 : Qu'est-ce que la RGPP ?

La révision générale des politiques publiques (RGPP) lancée en juillet 2007 avait pour but de diminuer la dépense publique tout en renforçant l'efficacité et la qualité de l'action publique qui vient appuyer la LOLF. La première vague de la RGPP a consisté en des réformes structurelles (réorganisation de l'administration centrale et des services extérieurs de l'État) et une simplification des procédures administratives. La deuxième vague, lancée en 2010, visait en priorité les fonctions supports de l'État ainsi que l'amélioration du service rendu à l'usager. À partir de 2012, la modernisation de l'action publique (MAP) est mise en place pour une simplification de l'administration, l'accélération de la transition numérique et une évaluation quinquennale de la MAP. En 2017 est lancé le programme Action publique 2022 qui a trois objectifs : l'amélioration de la qualité de service en développant la relation de confiance entre les usagers et l'administration ; un environnement de travail modernisé aux agents publics en les impliquant pleinement dans la définition et le suivi des transformations et un accompagnement de la baisse de la dépense publique.

Question 80 : Quels sont les principes d'un budget ?

Un budget public est l'ensemble des éléments en vertu desquels l'État ou les collectivités, d'une part, anticipent leurs recettes et leurs besoins financiers pour l'année suivante et, d'autre part, sont autorisés juridiquement à les mettre en œuvre. Le budget n'est pas un document comptable. La comptabilité vise à retracer l'exécuté, et elle servira, une fois l'exercice clos, à comparer le réel au prévisionnel. Il existe quatre grands principes budgétaires : l'annualité, la spécialité, l'unité et l'universalité. Le principe d'annualité correspond à l'autorisation budgétaire donnée à l'exécutif pour collecter les recettes publiques et mettre en œuvre les dépenses, cette autorisation est par principe annuelle. Le deuxième grand principe budgétaire est la spécialité, qui correspond à une nomenclature budgétaire c'est-à-dire que l'exécutif doit utiliser les crédits ouverts selon leur destination. Le troisième principe, l'unité, indique que le budget d'un établissement doit figurer sur un document unique pour une meilleure lisibilité et une meilleure transparence. Enfin, le quatrième et dernier principe budgétaire est l'universalité : le budget doit décrire, pour la durée de l'exercice, l'ensemble des dépenses et des recettes.

Le budget est préparé par l'exécutif qui s'appuie sur un état prévisionnel préparé par les différents services, il est voté par les assemblées délibérantes (conseil d'administration, conseil municipal, etc.). Il doit se présenter en deux sections : le fonctionnement et les investissements. Son exécution est liée à quatre phases. Les trois premières sont sous la responsabilité de l'ordonnateur, ce sont : l'engagement (le fait de passer commande), la liquidation de la dépense (l'autorisation du paiement de la dépense) et l'ordonnancement (l'ordonnateur donne l'ordre au comptable de payer la dépense). La quatrième et dernière phase, réalisée par l'agent comptable, est le paiement. En cours d'année, le budget peut faire l'objet de modifications proposées par l'exécutif et votées par l'assemblée délibérante. À la fin de l'année écoulée, les services financiers établissent le compte administratif qui retrace l'ensemble des recettes et des dépenses et qui fait apparaître l'excédent ou le déficit. L'agent comptable établit le compte de gestion qui retrace toutes les opérations budgétaires. Ces deux comptes, administratif et de gestion, doivent être de même présentation et de même résultat.

Question 81 : Qu'appelle-t-on un marché public ?

Pour répondre à ses besoins en matière de travaux, de fournitures et de services, un établissement public doit conclure un marché public avec un fournisseur ou un entrepreneur. Les règles qui s'appliquent à ces contrats sont définies par la législation relative aux marchés publics (ordonnance n° 2015-899 du 23 juillet 2015 relative aux marchés publics). Un marché public est un contrat administratif conclu à titre onéreux entre un organisme public et un fournisseur ou un prestataire. Les marchés qui répondent à un besoin dont la valeur estimée est égale ou supérieure à 25 000 euros hors taxe doivent être conclus par écrit. Un appel d'offres est réalisé afin de respecter la liberté d'accès à la commande publique, l'égalité de traitement des candidats et la transparence des procédures. Le respect de l'égalité de traitement interdit notamment toute discrimination et s'étend à tous les stades de la procédure de la rédaction du cahier des charges qui doit être objective et ne pas orienter le choix, jusqu'à l'examen de toutes les offres arrivées dans le délai demandé, quelles que soient la nationalité ou l'implantation du candidat, en passant par une information de même niveau pour tous les candidats, de plus si l'un d'entre eux pose une question complémentaire, l'acheteur public doit répondre à tous les candidats. Dans les procédures formalisées, les critères de choix sont portés à la connaissance des candidats dès la publicité de l'offre. Ces critères doivent permettre à l'acheteur public de choisir l'offre économiquement la plus avantageuse. Enfin, tout soumissionnaire qui voit son offre rejetée doit en être informé et les motifs de ce rejet doivent lui être précisés.

Les procédures de passation de marchés publics varient en fonction de leur objet : marché de travaux pour la réalisation d'ouvrage, de travaux du bâtiment ; marché de fournitures pour l'achat de matériels, de mobilier ou de produits ; marché de services pour l'achat de services matériels (comme l'entretien des locaux par exemple) ou immatériels (conseil juridique, projet informatique, etc.). La procédure change également en fonction de la valeur estimée du marché : si la valeur estimée du marché est inférieure au seuil de procédures formalisées, l'organisme public peut recourir à une procédure adaptée dont il détermine librement les modalités, au-delà, il doit respecter une procédure formalisée pour passer son marché. Pour les marchés d'une valeur inférieure à 25 000 euros hors taxe, l'acheteur public a pour seule obligation de choisir une offre pertinente, de faire une bonne utilisation des deniers publics et de ne pas contracter systématiquement avec un même fournisseur lorsqu'il y a plusieurs offres susceptibles de répondre à son besoin. À partir de 144 000 euros pour l'État et ses établissements publics et à partir de 221 000 euros pour les collectivités et les établissements publics de santé pour un marché de fournitures ou de services et de 5 548 000 euros pour les travaux, la procédure sera formalisée. Et enfin, la procédure peut changer en fonction de l'acheteur concerné : collectivité territoriale, services de l'État, etc.

BIBLIOTHÈQUES, SERVICES ET RÉSEAUX DOCUMENTAIRES

PARTIE VI

1 | HISTOIRE DU LIVRE ET DES BIBLIOTHÈQUES

QUESTIONS 82 À 85

Question 82 : Où apparaissent les premières bibliothèques ?
Question 83 : Quelle est l'histoire des bibliothèques depuis l'invention de l'imprimerie ?
Question 84 : À quelle époque furent créées les bibliothèques au sein des universités ?
Question 85 : À quelle époque se sont créées la Direction des bibliothèques et celle du livre au sein des ministères ?

■ RÉPONSES 82 À 85

Question 82 : Où apparaissent les premières bibliothèques ?

Dès l'apparition de l'écriture, certains documents ont été conservés dans différents lieux jusqu'à l'apparition du lieu, de l'espace bibliothèque. Le terme *bibliothèkè* (de *biblio* livre et de *thèké* dépôt) est mentionné pour la première fois sur un texte datant de la seconde moitié du IVe siècle avant J.-C. en Grèce. La plus célèbre bibliothèque de cette époque est celle de Ptolémée Sôter (322-283 avant J.-C.), la bibliothèque d'Alexandrie, au sein d'un musée, qui se définissait à l'époque comme une communauté de gens de lettres servant les muses. En parallèle une science bibliothéconomique se développa tant sur l'organisation des collections que sur les conditions de conservation. L'Antiquité était la période où coexistaient le volumen (manuscrits en rouleau) et le papyrus. Au Moyen Âge, ces deux supports, par leur fragilité, furent remplacés par le codex (ouvrage en feuilles pliées) et le parchemin. Les grandes invasions ont conduit à la sauvegarde des collections au sein des clergés qui devinrent des centres non seulement de conservation, mais aussi de copies et d'études. De la civilisation byzantine est venue de grands textes philosophiques, juridiques et scientifiques qui furent un point de développement des bibliothèques au XIIe siècle. Des bibliothèques d'étude se développèrent dont celle de la Sorbonne (1257). Le prêt des ouvrages et les usuels firent leur apparition. Charles V, roi de France, fit traduire en français les œuvres les plus importantes conservées par le clergé. C'est l'Italie qui impulsa la création des bibliothèques publiques qui furent ouvertes aux lettrés. Les premières recommandations sur la constitution d'un fonds idéal pour la création d'une bibliothèque naissaient. Le retour des papes d'Avignon encouragea la création de la bibliothèque du Vatican (1475).

Question 83 : Quelle est l'histoire des bibliothèques depuis l'invention de l'imprimerie ?

À la fin du XVe siècle, les bibliothèques se sont beaucoup développées et les livres étaient déjà présents dans les foyers, notamment en Allemagne. Ce qui impulsa la création de l'imprimerie. En France, la Bibliothèque royale naquit en 1483, des grandes bibliothèques firent leur apparition à Blois, à Fontainebleau où François Ier nomma comme directeur Guillaume Budé qui rassembla les premiers principes en bibliothéconomie dans *Advis pour dresser une bibliothèque* (1627). La règle du dépôt légal fut instituée par l'ordonnance de Montpellier en 1537. Les livres étaient reliés avec des revêtements luxueux. Les guerres religieuses ont dispersé les fonds des bibliothèques notamment en Allemagne où ces fonds remis aux villes constituèrent le noyau des bibliothèques municipales. Le protestantisme aux Pays-Bas et en Angleterre développa les bibliothèques au sein des Universités. Le livre étant considéré comme une arme dans les pays ecclésiastiques, les bibliothèques eurent un nouvel essor. En France, « *les cardinaux-ministres Richelieu et Mazarin, ainsi que le chancelier Séguier, soucieux d'asseoir leur prestige, recherchaient les livres aussi bien que les œuvres d'art. Désormais ceux-ci se trouvent alignés au long de somptueuses galeries, sur des espaces rythmés par les bustes de personnages et d'auteurs célèbres. Là se retrouvaient les écrivains liés au maître du lieu, qui contribuaient à orienter l'opinion au sein de la république des lettres*[1] ». Au XVIIe siècle, ces lieux devinrent publics, des magistrats créèrent leurs bibliothèques. Colbert, voulant réhabiliter la Bibliothèque royale, l'installa rue de Vivienne où travailla Nicolas Clément, qui créa un système de classification qui porte son nom (la cotation Clément). Au début du XVIIIe siècle, la bibliothèque fut divisée en départements, implantée dans l'ancien palais de Mazarin, dotée de personnels qualifiés. Ceci en fut la plus riche et la mieux organisée d'Europe. En Europe, de grandes bibliothèques se développèrent à Munich, à Vienne, à Stockholm, à Saint-Pétersbourg et à Londres où naquit le British Museum (1753).

À l'époque des Lumières, un plus grand public a voulu accéder aux bibliothèques. En Grande-Bretagne et aux États-Unis naquirent alors des bibliothèques de prêt et des cabinets de lecture firent leur apparition au sein des librairies en France. L'édition de livres facilement transportables se développe et l'émergence de l'idée de droit d'auteur et de propriété littéraire se fait grâce à Beaumarchais.

Suite à la Révolution française et aux confiscations des fonds des bibliothèques du clergé qu'elle a entraîné, l'État devenu propriétaire de ces fonds, les transféra à la Bibliothèque royale devenue la Bibliothèque nationale. D'autres bibliothèques en furent bénéficiaires : la bibliothèque Mazarine, Sainte-Geneviève, la bibliothèque de l'Institut, etc. En province, les fonds confisqués furent mis sous la responsabilité des municipalités et intègrent les fonds des bibliothèques existantes. Le décret fixant la création des bibliothèques municipales est signé en 1803 dans un but d'éducation du peuple. De nouvelles techniques voient le jour telles que la stéréotypie, la lithographie et la photogravure, puis vint la création de la rotative qui permet à la presse un essor considérable ainsi que la naissance des romans populaires de Dickens par exemple. En 1881, c'est la loi sur la liberté de la presse, c'est également l'époque de l'apparition des éditeurs tels que Hachette, etc. Le roman le plus populaire de l'époque fut le *Tour de France par deux enfants*. En 1862, une bibliothèque dans chaque école primaire, la Ligue de l'enseignement de Jean Macé milite pour l'essor des bibliothèques populaires et le réseau des bibliothèques pour tous est créé par l'Église.

Question 84 : À quelle époque furent créées les bibliothèques au sein des universités ?

L'université d'État napoléonienne fut créée sans livres contrairement à ses homologues germaniques et britanniques. À la seconde moitié du XIXe siècle fut décidé de créer des bibliothèques au sein des universités en province, bibliothèques à petits budgets qui se développèrent relativement peu. En 1879 le certificat d'aptitude à la fonction de bibliothécaire au sein des bibliothèques universitaires

1. Henri-Jean Martin, « Bibliothèques », *Encyclopædia universalis* : www.universalis-edu.com/encyclopedie/bibliotheques (consulté le 30/10/2021).

est créé et l'Inspection générale des bibliothèques voit le jour en 1822. Au sein de la IIIe République, des bibliothèques publiques ont émergé pour quasi disparaître peu après. En France, l'interprétation des textes religieux sont laissés aux membres du clergé aussi les bibliothèques sont liées à l'État et sont perçues comme éloignées de la vie quotidienne, ce qui n'empêche pas à l'Association des bibliothécaires français (ABF, 1906), aux Heures Joyeuses, bibliothèque jeunesse, et aux bibliothèques d'entreprises dans les années 1930 de voir le jour. La loi de 1931 fait naître le statut de bibliothèque municipale classée (BMC).

Les pays anglo-saxons ont fait appel aux dons d'anciens élèves afin de subventionner leurs bibliothèques universitaires et par leur culture anglicane qui sacralise la lecture individuelle, les bibliothèques municipales se développèrent, parallèlement, de manière associative, qui furent par la suite financées par un impôt spécifique. Leur essor aida à la création de l'American Library Association (1876) qui donnera naissance à l'IFLA (1927). À New York furent créées plusieurs écoles de bibliothécaires sous l'impulsion de Melvil Dewey, bibliothécaire au sein de l'Université de Columbia et qui inventa la classification (1876) qui porte son nom, encore utilisée de nos jours au sein des bibliothèques. Ensuite, le libre accès aux collections vit le jour et devint la règle au sein des pays anglo-saxons.

Question 85 : À quelle époque se sont créées la Direction des bibliothèques et celle du livre au sein des ministères ?

Au lendemain de la Seconde Guerre mondiale voit naître la démocratisation de la culture, l'accès à l'éducation pour tous, l'État français se dote alors d'une direction des bibliothèques et de la lecture publique (1945) dépendant du ministère de l'Éducation nationale qui prit la responsabilité des bibliothèques universitaires ainsi que celles des grands établissements. Quant au ministère de la Culture, sa direction du livre obtint la responsabilité des bibliothèques municipales, des bibliothèques centrales de prêt (créées en 1945), et de la Bibliothèque nationale (1975). Le Centre national du livre voit le jour en 1946.

Les bibliothèques d'études et de recherche se sont développées au Royaume-Uni par la création de grandes bibliothèques universitaires ainsi qu'aux États-Unis qui de leur côté ont fait appel aux dons privés. En France, l'afflux des étudiants entraîne une refonte du système d'enseignement supérieur avec la création d'universités et de bibliothèques jusqu'en 1970 et où en 1962-1963 le libre accès devint la règle. Les moyens financiers ne furent pas à la hauteur des besoins, des bibliothèques de laboratoires, d'UFR, de proximité par rapport à leurs usagers se sont développées dont la gestion fut quelque peu anarchique. En parallèle, des bibliothèques et centres de documentation développent des bases de données de dépouillement de périodiques et s'équipent de système informatique de gestion de bibliothèques (SIGB). En 1963 fut créée l'École nationale supérieure des bibliothèques (ENSB) qui deviendra par la suite l'ENSSIB.

Le droit à la lecture fut inscrit dans la Constitution française de 1947, les usagers des bibliothèques les fréquentent pour s'instruire, mais aussi pour trouver une information sur leur environnement territorial d'où la nécessité des grandes villes d'organiser leur réseau de bibliothèques en fonction de ces usages. Le réseau des bibliothèques municipales s'oriente vers une bibliothèque centrale à caractère patrimonial et des annexes de quartier. En campagne, les bibliothèques centrales de prêt (BCP) sont créées, une par département est prévue, mais l'État donne priorité à la création et au développement des bibliothèques universitaires, aussi, la création de l'ensemble des BCP est étendue dans le temps. Vu le succès de ce nouveau maillage, tant urbain que rural, des nouvelles sections telles que la section jeunesse, et des animations culturelles virent le jour. En 1968, suite à un rapport sur la lecture publique en France qui pointe sa situation catastrophique, Georges Pompidou lança le plan de développement de la lecture publique et entraîna la création de trente-quatre BCP et plus de deux cents bibliothèques sont créées entre 1969 et 1975. La bibliothèque publique d'information naquit en 1977 introduisant l'usage de l'audiovisuel et d'un catalogue automatisé. La crise économique qui suivit ralentit l'essor des bibliothèques. Puis une reprise se réalisa à partir de 1981 où dix-sept BCP virent le jour. Les lois de décentralisation ont transféré les compétences en matière des bibliothèques aux villes pour les bibliothèques municipales et aux départements qui se voit confier la gestion des BCP avec l'aide de la direction régionale des affaires culturelles (DRAC). La coopération territoriale fait que les attentes des usagers deviennent le cœur du métier des bibliothécaires, qui se regroupent afin de mutualiser leurs compétences tant au point de vue bibliothéconomique qu'au point de vue informatique. En 1992, les BCP deviennent les bibliothèques départementales de prêt (BDP).

Les services communs de la documentation sont nés de la loi Savary en 1984. Le rapport Miquel (1989) sur l'état des bibliothèques universitaires amène la mise en place par l'État du schéma Université 2000 avec un programme important de création et de rénovation des BU en les informatisant. La même année du rapport est créé le Conseil supérieur des bibliothèques (CSB) qui a autorité sur l'ensemble des bibliothèques et qui rédigera en 1991 la Charte des bibliothèques, texte essentiel à la profession. En 1994, l'Agence nationale de l'enseignement supérieur naît avec comme mission de mettre en œuvre le catalogue collectif des BU françaises, le Sudoc. La même année est créé le Centre technique du livre afin de permettre aux BU parisiennes de désengorger leur collection et de les y transférer.

Le rôle des bibliothèques nationales s'est accru du fait de l'explosion de la production des produits culturels. La mission de conservation est alors partagée par d'autres établissements, des nouveaux bâtiments furent construits dont en 1988 le site François-Mitterrand pour la BnF qui abrite toutes les collections d'imprimés et audiovisuelles, le site Richelieu conserve toutes les collections des départements spécialisés. En 1997, Gallica, la bibliothèque numérique de la BnF, voit le jour dans l'esprit d'un accès sous toutes ses formes aux collections.

2 | BIBLIOTHÈQUES : TUTELLE, TYPOLOGIE, MISSIONS ET ORGANISATION

QUESTIONS 86 À 94

Question 86 : Quelles sont les bibliothèques relevant du ministère de la Culture ?
Question 87 : Quelle est la particularité de la BSI ?
Question 88 : Quelles sont les bibliothèques relevant du ministère de l'Enseignement supérieur ?
Question 89 : Quelles sont les bibliothèques des grands établissements ?
Question 90 : Quelles sont les bibliothèques relevant du ministère de l'Éducation nationale ?
Question 91 : Quelles sont les bibliothèques relevant des collectivités territoriales ?
Question 92 : Quels autres types de bibliothèques existent ?
Question 93 : Qu'est-ce qu'une bibliothèque de lecture publique ?
Question 94 : Quelles sont les missions d'une bibliothèque ?

RÉPONSES 86 À 94

Question 86 : Quelles sont les bibliothèques relevant du ministère de la Culture ?

Les bibliothèques relevant du ministère de la Culture sont la BnF et la BPI.

La Bibliothèque nationale de France (BnF) a pour mission de collecter, conserver, enrichir et communiquer le patrimoine documentaire national, comme le stipule son décret de création n° 94-3 du 3 janvier 1994.

Elle collecte, catalogue et conserve le patrimoine national *via* le dépôt légal instauré en 1537 et l'enrichissement de ses collections par des acquisitions afin de constituer une collection de référence dans le domaine étranger ou acquisitions prestigieuses et patrimoniales, par des dons, legs et dations puis par des échanges. La BnF en tant qu'agence bibliographique nationale assure un catalogage de référence pour l'identification des documents édités ou diffusés en France.

La BnF a pour mission d'assurer l'accès du plus grand nombre aux collections sur place ou à distance, elle assure celle-ci par ses horaires d'ouverture à hauteur de 71 heures par semaine sur cinq sites : la bibliothèque François-Mitterrand, le site « Richelieu, bibliothèques, musée, galeries », la bibliothèque de l'Arsenal (histoire et littérature), la bibliothèque musée de l'Opéra et la maison Jean-Vilar (arts du spectacle, située à Avignon), en mettant à disposition du public des collections encyclopédiques d'imprimés, audiovisuelles et numériques sur place et à distance. Elle met en place une programmation culturelle et pédagogique riche, gratuite ou payante et concourt à la valorisation du patrimoine et à l'éducation artistique et culturelle. En ligne, la BnF déploie une offre importante et répondant, comme dans les espaces physiques, à des besoins et à des publics divers.

La BnF développe également la coopération nationale et internationale. Sur le plan national, la politique de coopération de la bibliothèque s'appuie sur le réseau des pôles associés de dépôt légal imprimeur et des pôles associés documentaires, sur le Catalogue collectif de France (CCFr), outil de coopération en matière de signalement des collections et de mise en réseau, et sur Gallica, qui donne aujourd'hui accès aux documents numérisés de plus de 300 bibliothèques partenaires et constitue une véritable bibliothèque numérique de France. La BnF contribue par son action internationale à la politique culturelle extérieure de la France, la valorisation et l'accroissement des capacités d'expertise et d'innovation. Enfin, par sa contribution à l'élaboration de normes, par la diffusion de ses données dans les grandes bases internationales elle contribue à la construction de la société mondiale de la connaissance et plus particulièrement de l'Europe de la culture et de l'innovation.

Enfin, la BnF soutient la recherche en conduisant des programmes de recherche en relation avec le patrimoine qu'elle conserve et en lien étroit avec sa mission de classification et d'organisation des savoirs, en mettant en œuvre des programmes de recherche collectifs (plan quadriennal de la recherche, programmes ANR, programmes européens...) et des accueils de chercheurs individuels recrutés par le biais d'appels à chercheurs et, pour certains, financés par des bourses de recherche.

Le président de la BnF est nommé par décret sur proposition du ministre de la Culture. Son actuelle présidente est Laurence Engel. Les dix-neuf membres du conseil d'administration sont des représentants des tutelles, des personnalités extérieures, des représentants du personnel et des représentants des lecteurs. Il délibère sur les orientations de l'établissement, son budget, son compte financier et l'affectation du résultat de l'exercice, son rapport d'activité, l'organisation des services, la politique tarifaire, les propositions de dons et legs, etc. Le conseil scientifique est composé de dix-sept membres, dont des représentants des personnels scientifiques de l'établissement et des personnalités qualifiées extérieures. Il est consulté sur les questions relatives aux orientations de l'établissement et à ses activités de recherche et fait des propositions relatives à la politique scientifique de l'établissement.

La BnF est organisée en quatorze départements de collections qui rassemblent des documents autour d'un thème ou d'un support et qui sont répartis sur cinq sites physiques. Le site François-Mitterrand est consacré aux documents imprimés et audiovisuels, tandis que le site Richelieu abrite les autres documents : manuscrits, estampes, etc. Deux modalités d'accès aux salles de lecture sont proposées au public : la bibliothèque d'étude, dite du haut-de-jardin, site François-Mitterrand, est ouverte à tous à partir de 16 ans, et met à disposition des collections encyclopédiques en accès libre et la Bibliothèque de recherche, sur ce site et les autres sites, permet l'accès, sur accréditation, aux collections patrimoniales. Les quatorze départements sont : les Arts du spectacle, l'Audiovisuel, les Cartes et plans, le département Droit, économie, politique, les Estampes et la photographie, Littérature et art, le département des Manuscrits, le département des Monnaies, médailles et antiques, le département de la Musique, le département de l'Orientation et de la recherche bibliographique, le département Philosophie, histoire, sciences de l'homme, la Réserve des livres rares et le département Sciences et techniques.

La bibliothèque publique d'information (BPI) a des missions qui sont fixées par le décret du 27 janvier 1976 : offrir à tous, et dans la mesure du possible en libre accès, un choix constamment tenu à jour de collections françaises et étrangères de document d'information générale et d'actualité ; constituer un centre de recherche documentaire, en liaison avec les autres centres, bibliothèques, et établissements culturels et participer aux activités culturelles de l'ensemble culturel du Centre Georges-Pompidou. La BPI a également une importante mission de coopération : favoriser par différents programmes d'actions la mutualisation des bonnes pratiques entre les bibliothèques publiques françaises ainsi que développer leur représentation internationale.

La BPI s'est organisée en fonction de trois grands principes : le libre accès gratuit en mettant l'accent sur tout ce qui favorise l'autonomie du lecteur, l'actualité des informations, grâce à une veille constante et à un renouvellement permanent des collections et la recherche des moyens les plus adaptés et innovants pour l'accès aux œuvres et aux informations, y compris à distance. La BPI n'est ni une bibliothèque de prêt, ni une bibliothèque de conservation.

La BPI est gérée par un conseil d'administration dirigé par le président du centre Georges-Pompidou, qui est actuellement Laurent Le Bon. Elle est dirigée par un conservateur nommé par décret sur proposition du ministre de la Culture, après avis du président. L'actuelle directrice de la BPI est Christine Carrier.

Question 87 : Quelle est la particularité de la BSI ?

La Bibliothèque des sciences et de l'industrie (BSI) a la particularité d'avoir une double tutelle. Elle est placée sous tutelle du ministère de la Culture et de celle du ministère de l'Enseignement supérieur et de la Recherche. Elle est une composante de l'établissement public, Universcience qui est issu de la fusion du Palais de la découverte avec la Cité des sciences et de l'industrie. Ses missions sont la médiation scientifique, la valorisation de la démarche scientifique, la diffusion nationale et internationale et l'activité de recherche scientifique. La majorité du personnel est sous contrat de droit privé, car la Cité des sciences est un établissement public à caractère industriel et commercial qui recrute son personnel sur ce type de contrat.

Question 88 : Quelles sont les bibliothèques relevant du ministère de l'Enseignement supérieur ?

Les bibliothèques relevant du ministère de l'Enseignement supérieur et de la Recherche sont les bibliothèques des grands établissements, les BU avec le dispositif CollEx-Persée et la Bibliothèque nationale et universitaire de Strasbourg (BNU).

Les bibliothèques universitaires (BU) sont organisées en majorité en service commun de la documentation (SCD). Cependant elles peuvent également être regroupées en service interétablissements de coopération documentaire (SICD). Des bibliothèques de recherche peuvent être associées ou intégrées au SCD. Celui-ci est placé sous l'autorité du président de l'université, le SICD fonctionne *via* une convention de coopération et est attaché à une université qui en assure la gestion. Le projet d'établissement fixe le niveau de contractualisation avec l'État. Leurs sources de financement sont les subventions accordées par l'État, les crédits universitaires (une part des droits de scolarité payés par les étudiants) et les collectivités territoriales. Les missions des bibliothèques des SCD sont d'accompagner et de soutenir les activités d'enseignement et de recherche, de mettre à disposition des étudiants, des enseignants-chercheurs des ressources documentaires multisupports sur place ou à distance et de former à l'utilisation de ces ressources. Les SCD fonctionnent en réseau grâce à l'Agence bibliographique de l'enseignement supérieur (Abes), le Sudoc (système universitaire de documentation) et les Cadist. Les SCD sont 96 sur l'ensemble du territoire français.

Leurs enjeux soutenus par le ministère sont : faciliter l'accès à l'information, par l'extension des horaires d'ouverture, le développement du libre accès et de l'accès à distance aux collections ; développer les ressources numériques (manuels pédagogiques ; revues scientifiques ; bases de données ; documents numérisés) ; diffuser la production pédagogique et scientifique de l'université (thèses, publications scientifiques, ressources pédagogiques, etc.) et former les étudiants et enseignants-chercheurs à la recherche et à l'exploitation de l'information. Le directeur du SCD est nommé par le ministre de l'Enseignement supérieur et de la Recherche sur proposition du président de l'université. Il a compétence sur les questions budgétaires, la politique documentaire et la gestion de son service. Un SCD est administré par un conseil documentaire dont le rôle est consultatif. Il est constitué de vingt à trente membres, des enseignants-chercheurs, des personnels, des étudiants et personnalités extérieures et du président de l'université ou de son représentant. Il est consulté sur le règlement intérieur, sur le budget, la politique documentaire, les partenariats et les projets du service.

Le dispositif des **CollEx-Persée**, infrastructure de recherche, remplace le réseau Cadist en mettant les services aux chercheurs au cœur des projets de collections. CollEx-Persée, CollEx pour collections d'excellence pour la recherche, est organisée de manière distribuée entre de grandes bibliothèques de recherche, une plate-forme nationale (Persée), la BnF et des opérateurs nationaux en information scientifique et technique (Abes, le Centre technique du livre de l'enseignement supérieur dit CTLes et l'Institut national de l'information scientifique et technique, l'Inist).

Les Cadist étaient un réseau de bibliothèques spécialisées dans un domaine de connaissance. Ils étaient gérés par des BU ou des grands établissements de recherche. Ils devaient acquérir l'exhaustivité de la production en langue française et étrangère sur un domaine précis. Plus de 20 ans après leur création, leur organisation ne permettait toutefois plus de répondre entièrement aux besoins nouveaux qui ont émergé, avec le développement des offres numériques et la restructuration du paysage de l'enseignement supérieur et de la recherche. Le dispositif CollEx-Persée a repris les missions des Cadist avec un périmètre plus large et peut ainsi contribuer pleinement au développement, à la diffusion et à la valorisation de collections d'excellence (imprimées et numériques) auprès des chercheurs. Ces fonds CollEx sont intégrés dans le CCFr.

La Bibliothèque nationale et universitaire de Strasbourg (BNU) est un établissement sous tutelle du ministère de l'Enseignement supérieur et de la Recherche. Elle est rattachée à l'Université de Strasbourg et est gérée par un conseil d'administration qui est présidé par un conservateur nommé par décret ministériel. Le conseil d'administration définit la politique documentaire, se prononce sur les questions budgétaires et les partenariats et vote le règlement intérieur. La BNU a deux missions principales, la conservation et la coopération. Elle gère le dépôt légal imprimeur pour l'Alsace. Elle est labellisée CollEx en sciences religieuses et en langues, littératures et civilisation germaniques, et est un des pôles associés de la BnF.

Question 89 : Quelles sont les bibliothèques des grands établissements ?

Un grand établissement est un établissement public à caractère scientifique, culturel et professionnel (EPSCP). Il dispose d'une autonomie administrative, pédagogique, scientifique et financière renforcée. Ce type d'établissement relève du ministère de l'Enseignement supérieur et de la Recherche. Les bibliothèques de ces grands établissements sont historiquement six : la bibliothèque de l'Institut de France, la bibliothèque de l'Académie nationale de médecine, celle du Muséum d'histoire naturelle, du Musée de l'Homme, de la bibliothèque Mazarine et de la bibliothèque byzantine du Collège de France.

- La bibliothèque de l'Institut de France regroupe les fonds de l'Académie française, de l'Académie des inscriptions et des belles lettres, de l'Académie des Beaux-Arts, de l'Académie des sciences morales et politiques et de l'Académie des sciences. Elle est placée sous l'autorité du chancelier de l'Institut de France. Le personnel et le budget pour la documentation sont affectés à la bibliothèque par le ministère.

- La bibliothèque de l'Académie nationale de médecine est une bibliothèque spécialisée dans l'histoire de la médecine.

- La bibliothèque du Muséum d'histoire naturelle est Cadist en zoologie, biologie végétale et animale et en paléontologie.

- La bibliothèque du Musée de l'Homme : la bibliothèque de recherche Yvonne-Oddon, elle est CollEx en Sciences et histoire de la nature et de l'Homme : Botanique, Zoologie, Biologie animale et végétale, Préhistoire, Paléontologie, Écologie et Biodiversité. Elle réunit un fonds documentaire majeur en préhistoire, en anthropologie biologique, écologie humaine et ethnobiologie. D'autres thématiques sont également représentées comme la muséologie, l'ethnomusicologie, la génétique des populations, la primatologie, la patrimonialisation de la nature, etc. La bibliothèque est au service des chercheurs, des étudiants, de concepteurs d'expositions, mais également de toutes les personnes extérieures justifiant d'un intérêt pour les domaines concernés.

• La bibliothèque Mazarine est rattachée à l'Institut de France. Les mazarinades sont des images et pamphlets hostiles au cardinal Mazarin.

• La bibliothèque byzantine du Collège de France possède un fonds sur la civilisation byzantine et plus particulièrement sur l'archéologie et l'art paléochrétiens et byzantins, l'histoire et la littérature byzantines, l'histoire de l'Église orthodoxe, la liturgie, l'art et l'histoire des pays de rayonnement de la civilisation byzantine, ainsi que sur l'art et la littérature coptes.

D'autres grands établissements prestigieux ont des bibliothèques tels que l'Institut national d'histoire de l'art (INHA), le musée du Quai-Branly, le Conservatoire des arts et métiers (CNAM), l'Observatoire de Paris, l'École pratique des hautes études, la Fondation nationale des sciences politiques, l'Institut français de l'éducation, la fondation Maison des sciences de l'homme et les instituts nationaux supérieurs du professorat et de l'éducation (INSPÉ).

Question 90 : Quelles sont les bibliothèques relevant du ministère de l'Éducation nationale ?

Les bibliothèques relevant du ministère de l'Éducation nationale sont de deux types : les centres de documentation et d'information (CDI) et les bibliothèques centres documentaires (BCD).

• Les CDI sont les bibliothèques des collèges et lycées. Ils sont obligatoires depuis 1974. Ils sont gérés par des professeurs documentalistes certifiés. Chaque établissement scolaire est doté d'un CDI dont le budget est alloué par le conseil d'administration. Les missions d'un CDI sont relatives à l'initiation à la recherche documentaire, au développement de la culture de l'information, à l'encouragement à la lecture et aux informations sur l'orientation professionnelle. Les collèges et lycées sont financés par le conseil départemental et le conseil régional, aussi ces derniers ont aussi une responsabilité sur les CDI.

• Les BCD sont les bibliothèques des écoles primaires. Elles sont officialisées en 1984, mais ne sont pas obligatoires. Elles se caractérisent « *par une mise en situation autonome et active de l'enfant dans son rapport à l'écrit et par l'insertion de l'école dans la vie culturelle du quartier de la ville* » (circulaire n° 84-360 du 1er octobre 1984). La gestion de la BCD est laissée à la bonne volonté des enseignants ou des parents d'élèves qui peuvent être secondés par un professionnel du réseau territorial de lecture publique. Les écoles primaires sont financées par la commune et des intercommunalités, qui ont aussi une responsabilité sur les moyens donnés aux BCD.

Question 91 : Quelles sont les bibliothèques relevant des collectivités territoriales ?

Les bibliothèques dites de lecture publique relèvent des compétences des collectivités territoriales. Ces compétences sont obligatoires dans le cadre de la commune, du département et de la région. Elles sont optionnelles pour les formes d'intercommunalités (communautés de communes, communautés urbaines, etc.). L'État peut soutenir leur développement par le biais du Service du livre et de la lecture, de la Direction régionale des affaires culturelles (DRAC) et du Centre national du livre (CNL). Le collège Bibliothèques, documentation, livre et lecture publique (BD2L) de l'IGÉSR assure le contrôle technique des bibliothèques relevant des collectivités locales. Ces dernières dépendent directement du directeur général des services d'une collectivité ou d'une direction responsable de la culture.

Selon la synthèse nationale des données d'activité 2018 des bibliothèques municipales et intercommunales éditée en 2021 par le ministère de la Culture[2], sur les 35 500 communes françaises (intégrant les départements et régions d'outre-mer), 15 400 sont desservies par une bibliothèque et 7 400 le sont par un point d'accès au livre. Ainsi, 43 % des communes françaises proposent l'accès à une bibliothèque communale ou intercommunale, 21 % des communes proposant un point d'accès au livre. L'accès à un établissement de lecture publique, qu'il s'agisse d'une bibliothèque ou d'un point d'accès au livre et qu'il soit communal ou intercommunal, concerne 64 % des communes. Pour les communes de plus de 2 000 habitants, 78 % d'entre elles sont couvertes par une bibliothèque.

L'Association des bibliothécaires départementaux (ABD) a annoncé en février 2022 le lancement officiel d'une nouvelle typologie pour les bibliothèques coconstruite avec l'Observatoire de la lecture publique du ministère de la Culture, plus représentative que la précédente de l'activité et de la qualité de l'offre des bibliothèques.

Les critères sélectionnés sont au nombre de 9 :

- dépenses documentaires tous documents pour 1 000 habitants ;
- nombre de types d'actions au sein de l'établissement ;
- accès à Internet au sein de l'ELP ;
- diversité de l'offre de collections ;
- nombre d'heures d'ouverture hebdomadaire ;
- surface ;

2. https://www.culture.gouv.fr/Thematiques/Livre-et-lecture/Les-bibliotheques-publiques/Observatoire-de-la-lecture-publique/Syntheses-annuelles/Synthese-des-donnees-d-activite-des-bibliotheques-municipales-et-intercommunales/Synthese-nationale-des-donnees-d-activite-2018-des-bibliotheques-municipales-et-intercommunales-editee-en-2021-par-le-Ministere-de-la-Culture (consulté le 05/03/2023).

- nombre de personnel qualifié ;
- emprunteurs actifs pour 1 000 habitants ;
- nombre de prêts (tous types de documents) pour 1 000 habitants.

Typologie des établissements de lecture selon l'ADB

Caractéristiques	Bibliothèques			Points d'accès au livre	
	Niveau 1	Niveau 2	Niveau 3	Points lecture	Dépôts
Crédits d'acquisitions tous documents	2 euros/habitant	1 euro/ habitant	0,50 euro/ habitant		
Horaires d'ouverture	Au moins 12 h/semaine	Au moins 8 h/semaine	Au moins 4 h/semaine		
Personnel	1 agent catégorie B filière culture pour 5 000 habitants 1 salarié qualifié pour 2 000 habitants	1 salarié qualifié	Bénévoles qualifiés	Deux ou trois critères de niveau 3 sont respectés	Moins de deux critères de niveau 3 sont respectés
Surface	Local réservé à usage de bibliothèque d'au moins 100 m^2 et 0,07 m^2/habitant (0,015 m^2/habitant pour les villes de plus de 25 000 habitants)	Au moins 50 m^2 et 0,04 m^2/ habitant			

ADB : l'Association des directeurs de bibliothèques départementales de prêt

Source : Synthèse nationale des données d'activité 2018 des bibliothèques municipales et intercommunales éditée en 2021 par le Ministère de la Culture

• Les bibliothèques municipales (BM) relèvent des compétences de la ville. Leur budget, leur fonctionnement sont soumis au vote du conseil municipal et sont à la charge de la commune. Leur politique et leurs orientations sont fixées par les élus avec les avis de professionnels. Une BM peut être organisée en réseau avec une bibliothèque centrale, des annexes et des bibliobus.

Le réseau des bibliothèques de la ville de Paris est constitué de bibliothèques municipales de prêt, mais aussi de bibliothèques spécialisées telles que, par exemple, la bibliothèque Forney, spécialisée dans les métiers d'art et les arts décoratifs, la bibliothèque Marguerite-Duras dont la spécialité est l'histoire des femmes et du féminisme. Ces bibliothèques spécialisées ne prêtent pas de document. 58 bibliothèques de prêt et 16 bibliothèques patrimoniales et spécialisées font partie du réseau (chiffres 2022). Leurs missions sont de faciliter l'accès au livre et à la documentation sous toutes ses formes, promouvoir la lecture, répondre aux besoins d'information, de loisirs, d'éducation des habitants. En mars 2022, la bibliothèque Lancry du 10e arrondissement de Paris est devenue la bibliothèque Claire-Brétécher.

En dehors des BM classiques, deux types de BM existent : les bibliothèques municipales classées et les bibliothèques municipales à vocation régionale (BMVR). Les BMC (loi du 31 juillet 1931) sont nommées ainsi car elles sont dépositaires d'un fonds patrimonial appartenant à l'État. Ce fonds est en général issu des confiscations révolutionnaires ou des fonds ecclésiastiques conservés après la séparation de l'Église et de l'État (1905). Elles sont sous contrôle permanent de l'IGB, sont dirigées par un conservateur relevant de la fonction publique d'État et sont au nombre de 54. Les BMVR (loi du 13 juillet 1992) soutiennent et accompagnent des actions et projets de coopération régionale. Elles sont situées dans des communes de plus de 100 000 habitants, disposent d'un fonds minimum de 250 000 documents multisupports et sont dotées d'une surface de 10 000 m² pour les villes de plus de 200 000 habitants. Elles sont au nombre de 12.

• Les bibliothèques départementales (BD) relèvent des compétences du département depuis les lois de décentralisation de 1986. Ce sont les têtes de réseau de la politique du livre et de la lecture d'un département. Elles sont chargées de mettre en œuvre la politique des conseils départementaux en matière de développement de la lecture et d'animation culturelle liée à la lecture publique. Elles ont pour mission principale de desservir un service de lecture publique dans les communes de moins de 10 000 habitants à l'aide de bibliobus ou par l'intermédiaire de dépôts dans les communes, elles ne sont pas ouvertes au public. Les BD sont conseillères auprès des collectivités qui veulent construire une bibliothèque notamment au niveau des recommandations professionnelles sur le nombre de mètres carrés, les collections, les services et le personnel. Elles peuvent également participer au financement du projet de construction et recherchent des subventions en ce sens. Les BD prêtent également des collections, fournissent des animations aux bibliothèques des petites communes du département et conseillent sur les équipements informatiques. Elles participent à la formation du personnel salarié et bénévole du réseau départemental. Elles ont un rôle social important, car elles peuvent intervenir dans les maisons de retraite, les hôpitaux, les maisons d'arrêt, les établissements scolaires, etc. Elles sont 96 sur l'ensemble du territoire national. L'ordonnance n° 2017-650 du 27 avril 2017 modifiant le livre III du code du patrimoine renomme les « bibliothèques départementales de prêt » en « bibliothèques départementales ». L'ADBDP change de nom et de statut lors de son congrès le 20 septembre 2017 à Strasbourg. Elle devient l'association des bibliothécaires départementaux (ABD).

L'Association des bibliothècaires de France (ABF), dans sa collection « Boîte à outils sur les bibliothèques en réseau », a édité une fiche n° 12 intitulée « Bénévoles et réseaux de bibliothèques territoriales » (mai 2020) qui est disponible en ligne à l'adresse suivante : http://www.bibenreseau.abf.asso.fr/wp-content/uploads/2021/07/ABF-Bibenreseau-12-benevoles.pdf (consulté le 02/02/2022).

Question 92 : Quels autres types de bibliothèques existent ?

Des bibliothèques pour des publics spécifiques se sont développées depuis les années 1980 pour un accès à la culture pour tous. Ce sont les bibliothèques de comités sociaux et économiques (CSE), des établissements pénitentiaires, des établissements de santé et les bibliothèques associatives. Les DRAC et la Fédération interrégionale du livre et de la lecture (FILL) jouent un rôle important pour dynamiser et fédérer leurs actions.

• Les comités sociaux et économiques ont en charge les activités sociales et culturelles de l'entreprise, ils disposent également d'un budget. Les bibliothèques de comités d'entreprise (BCE) offrent les services d'une bibliothèque classique : un fonds encyclopédique multisupports en libre accès, des prêts avec un personnel qualifié et une programmation culturelle. Elles sont gérées par des élus des salariés de l'entreprise et sont ouvertes aux salariés et à leur famille. L'Association des bibliothécaires français (ABF) a signé une charte pour le développement de la lecture en entreprise (1992) avec cinq confédérations syndicales.

• Les bibliothèques des établissements pénitentiaires sont au cœur des préoccupations de l'administration pénitentiaire. Leur existence est inscrite dans le code de procédure pénale. La lecture est reconnue comme un droit qui contribue à la formation et à la réinsertion. Elles offrent des services similaires aux bibliothèques classiques avec une programmation d'ateliers d'écriture et de lecture et sont gérées par des détenus qui ont parfois reçu une formation. Leur développement dépend de chaque établissement et des partenaires locaux. Toutefois, sur la fiche technique n° 4 de la circulaire d'application du 3 mai 2012, des préconisations inspirées des recommandations de l'IFLA sont inscrites en termes d'espaces, de collections et d'accès au sein de ces bibliothèques.

• Les bibliothèques des établissements de santé sont situées au sein des hôpitaux, des maisons de retraite, des instituts spécialisés, etc. Elles sont gérées en majorité par des bénévoles. Elles sont ouvertes aux personnes hospitalisées, à leur famille et au personnel de l'établissement. Elles peuvent être gérées par du personnel de l'établissement, en charge de la lecture publique de la collectivité territoriale, par des bénévoles ou par des salariés. Les bibliothèques territoriales sont en général partenaires. L'IFLA, la fédération internationale des associations de bibliothécaires et de bibliothèques, a établi des recommandations vers ces bibliothèques.

• Les bibliothèques associatives complètent l'offre d'accès à la culture *via* la lecture publique sur le territoire français. Elles sont de proximité en général. Leur personnel peut être soit salarié, soit bénévole.

Question 93 : Qu'est-ce qu'une bibliothèque de lecture publique ?

Une bibliothèque de lecture publique est un établissement qui relève d'une tutelle administrative ainsi qu'une bibliothèque relative à un public spécifique telle qu'une bibliothèque associative, pénitentiaire, etc. Elle garantit l'égalité d'accès à la culture pour tous. En 1970, l'UNESCO définissait la bibliothèque ainsi : « *Est considérée comme bibliothèque, quelle que soit sa dénomination, toute collection organisée de livres et de périodiques imprimés ou de tous autres documents, notamment graphiques et audiovisuels, ainsi que les services du personnel chargé de faciliter l'utilisation de ces documents par les usagers à des fins d'information, de recherche, d'éducation ou de récréation.* »

Question 94 : Quelles sont les missions d'une bibliothèque ?

Les missions principales d'une bibliothèque, quelle que soit sa nature, sont l'accueil du public, la communication de la documentation, le traitement physique et intellectuel des collections, la conservation et la valorisation des collections, l'accès à l'information pour tous ainsi que la formation des publics. La conservation des collections est l'une des missions principales de la BnF, des BMC, des BM, de certaines BU et des bibliothèques des grands établissements.

« *Les bibliothèques et les services d'information jouent un rôle clé dans l'accès aux ressources documentaires indispensables. Leur action favorise le développement économique et social, contribue au maintien de la liberté intellectuelle, à la préservation des valeurs démocratiques et des droits civils. Les bibliothèques et les services d'information accueillent leurs utilisateurs sans distinction d'âge, de sexe, de statut professionnel ou économique, de degré d'alphabétisation, d'aptitudes techniques, mentales ou physiques, quelle que soit leur origine culturelle ou ethnique, leur appartenance religieuse ou politique, leur préférence sexuelle. Elles favorisent l'intégration sociale et sont situées géographiquement à proximité des communautés locales qu'elles desservent ou auxquelles elles sont connectées grâce aux TIC* » (*Rôle des bibliothèques dans la société de l'information*, IFLA, 2014).

3| LE RÔLE DES BIBLIOTHÈQUES DANS LA DIFFUSION DU LIVRE ET DE L'INFORMATION

QUESTIONS 95 À 97

Question 95 : Quelle est la raison d'être d'une bibliothèque selon l'IFLA ?
Question 96 : Quels sont les textes essentiels sur le rôle des bibliothèques ?
Question 97 : Quel est le rôle des bibliothèques dans la diffusion du livre ?

RÉPONSES 95 À 97

Question 95 : Quelle est la raison d'être d'une bibliothèque selon l'IFLA ?

Selon son manifeste, l'IFLA définit ainsi la raison d'être d'une bibliothèque : « *Le libre accès à l'information est essentiel à la liberté, l'égalité, la compréhension mondiale et la paix. La liberté intellectuelle est un droit pour chaque individu : avoir une opinion et pouvoir l'exprimer, rechercher l'information et la recevoir est la base de la démocratie. C'est la raison d'être de la bibliothèque. Tout peut présenter de l'intérêt, tout est savoir ou culture offert au monde. Les bibliothèques et les services d'information ont [...] l'obligation de servir tous les membres de leurs communautés, sans considération d'âge, de race, de nationalité, de religion, de culture, d'affiliation politique, de handicaps physiques ou autres, de genre ou d'orientation sexuelle ou quoi que ce soit d'autre* » (*Manifeste pour Internet*, 2002).

Question 96 : Quels sont les textes essentiels sur le rôle des bibliothèques ?

Le 22 décembre 2021 est parue au *Journal officiel* la première loi relative aux bibliothèques et au développement de la lecture publique, la loi dite « Robert »[3], du nom de la sénatrice Sylvie Robert qui a rédigé la proposition de loi. Cette loi définit ce qu'est une bibliothèque municipale ou intercommunale, et en précise les missions.
L'ABF a rédigé un mode d'emploi sous forme d'un décryptage des différents articles de cette loi.
Il est consultable et téléchargeable gratuitement à l'adresse suivante :
https://www.abf.asso.fr/6/46/984/ABF/mode-d-emploi-de-la-loi-robert-sur-les-bibliotheques-territoriales

Les référentiels fondateurs sont des textes, des déclarations, des manifestes, des chartes réalisés par des associations de bibliothécaires et autres structures professionnelles. Ces écrits rassemblent ce qu'est l'essence, ce que doit être une bibliothèque dans la diffusion de l'information.

Parmi eux, la Charte des bibliothèques rédigée en 1991, par le Conseil supérieur des bibliothèques (CSB), qui indique : « *Pour exercer les droits à la formation permanente à l'information et à la culture reconnus par la Constitution tout citoyen doit pouvoir, tout au long de sa vie, accéder librement aux livres et aux autres sources documentaires [article 1]. La bibliothèque doit assurer l'égalité d'accès à la lecture et aux sources documentaires pour permettre l'indépendance intellectuelle de chaque individu et contribuer au progrès de la société [article 3].* »

3. https://www.legifrance.gouv.fr/jorf/id/JORFTEXT000044537514 (consulté le 14/12/2022).

Le manifeste de l'UNESCO sur la bibliothèque publique mis à jour par l'IFLA (1994) mentionne ce que doit être la bibliothèque publique : « *La bibliothèque publique est la clé du savoir à l'échelon local. La bibliothèque publique est par excellence le centre d'information local. Elle doit être à la fois reflet des tendances du moment et de l'évolution de la société, et mémoire de l'entreprise et de l'imagination humaines.* » Et dans ce but, elle doit « *assurer l'accès de la population à toutes sortes d'informations communautaires ; fournir des services d'information appropriés aux entreprises, associations, et groupes d'intérêt locaux ; faciliter l'acquisition des compétences dans le domaine de l'information et de l'informatique* ».

En 2002, la Déclaration de Glasgow sur les bibliothèques, les services d'information et la liberté intellectuelle de l'IFLA affirme : « *Les bibliothèques et les services d'information doivent sans tenir compte des frontières et grâce à la diversité des médias rendre accessibles l'information, les opinions et les créations. Ces ouvertures sur le monde du savoir, de la connaissance, de la pensée et de la culture sont les garants des choix librement effectués, du développement culturel, de la recherche et de la formation continue offerts à la fois aux individus et aux collectivités. Les bibliothèques et les services d'information contribuent au développement et au maintien de la liberté intellectuelle tout en préservant les valeurs démocratiques et les droits civils universels. Leur vocation est donc d'offrir, sans restriction aucune, à leurs usagers l'accès à toutes les ressources et à tous les services nécessaires, et de lutter contre toute forme de censure.* »

L'ABF a rédigé en 2003 le code de déontologie du bibliothécaire, mis à jour en novembre 2020, qui mentionne : « *le bibliothécaire s'engage à assurer la fiabilité des informations, œuvrer à leur mise à jour permanente ; organiser l'accès aux sources d'information pour les rendre disponibles, y compris à distance ; faciliter la libre circulation de l'information* ». L'ABF réaffirme, en 2015, par sa Charte du droit fondamental des citoyens à accéder à l'information et les savoirs par les bibliothèques, le droit d'accéder librement et sans discrimination à toutes les cultures et à une information plurielle : « *Les collections, ressources et contenus disponibles dans ou par les bibliothèques reflètent la pluralité et la diversité de la société et doivent être exemptes de toutes formes de censure idéologique, politique, religieuse ou de pressions commerciales. La neutralité de l'Internet est une condition de l'exercice de ce droit* », ainsi que le droit à un accompagnement attentif et compétent, respectueux des attentes du citoyen « *dans un monde saturé d'informations, les bibliothèques contribuent par leur médiation et leur accompagnement à promouvoir les œuvres, à mettre des contenus en perspectives, à évaluer les ressources et à fournir la clé de compréhension* ».

« *Le patrimoine documentaire est le reflet de la diversité des langues, des peuples et des cultures. Il est le miroir du monde et sa mémoire* » (Programme Mémoires du monde, UNESCO, créé en 1992).

Question 97 : Quel est le rôle des bibliothèques dans la diffusion du livre ?

L'IFLA indique dans sa Déclaration de Glasgow que « *les bibliothèques et les services d'information s'appliqueront à acquérir, conserver et diffuser les documents les plus variés reflétant le pluralisme de la société. Les choix en matière d'achat et de diffusion seront effectués selon des critères professionnels et non selon des considérations politiques, morales ou religieuses* ». L'ABF insiste, dans son code de déontologie, que le bibliothécaire s'engage dans ses fonctions à « *ne pratiquer aucune censure, garantir le pluralisme et l'encyclopédisme intellectuel des collections ; offrir aux usagers l'ensemble des documents nécessaires à la compréhension autonome des débats publics, de l'actualité, des grandes questions historiques et philosophiques* ». Enfin, le CSB, dans l'article 7 de sa Charte, mentionne : « *Les collections des bibliothèques des collectivités publiques doivent être représentatives, chacune à son niveau ou dans sa spécialité, de l'ensemble des connaissances, des courants d'opinion et des productions éditoriales.* »

Par ces écrits et attentes, le rôle des bibliothèques dans la diffusion du livre est vu comme primordial, elles doivent veiller en constituant leurs collections à ce que ces dernières soient représentatives de l'ensemble de la société, mais aussi représentatives du monde éditorial. L'enjeu des bibliothèques est alors double pour le support livre : ses contenus intellectuels doivent non seulement représenter le pluralisme et l'encyclopédisme, mais aussi le pluralisme et la richesse des collections des maisons éditoriales. Pour cela, les bibliothécaires chargés des acquisitions veilleront à s'entourer de libraires locaux qui maîtrisent l'actualité éditoriale et les attentes de leurs publics. Comme le CNL soutient les auteurs et petites maisons d'édition, les bibliothèques offriront à leurs lecteurs une diversité et une richesse éditoriale. Pour l'édition numérique, le ministère de la Culture a donné en 2014 des recommandations pour une diffusion du livre numérique par les bibliothèques publiques et par ce biais il recommande que les bibliothèques publiques doivent avoir accès aux mêmes catalogues des éditions numériques que les particuliers, sous conditions tarifaires et d'utilisation.

4| LES PUBLICS DES BIBLIOTHÈQUES, LEURS COMPORTEMENTS ET LEURS ATTENTES

■ QUESTIONS 98 À 100

Question 98 : Quelles sont les analyses utiles afin de mieux connaître le public ?
Question 99 : Quels sont les types d'usagers des bibliothèques municipales ?
Question 100 : Quels sont leurs comportements et attentes ?

RÉPONSES 98 À 100

Question 98 : Quelles sont les analyses utiles afin de mieux connaître le public ?

Plusieurs analyses sont nécessaires afin de mieux connaître le public d'une bibliothèque. Une analyse de la place de la bibliothèque dans la ville est nécessaire afin de mettre des services en place pour répondre à des besoins éventuels. Des actions particulières peuvent alors se mettre en place, par exemple, vers les populations immigrées dont le milieu d'origine est connu. Il y a une réelle nécessité de segmentation des publics, des usagers réels ou potentiels et d'une étude de chaque segment se situant dans la zone d'influence de la bibliothèque, car les attentes de chacun dépendent de leur origine socioculturelle, professionnelle ou même selon les quartiers. Pour cela, une prise de contact avec des personnes jugées les plus représentatives des différents segments est nécessaire, cela peut être aussi des groupes déjà constitués, par exemple des réunions de parents d'élèves, de communautés de quartier, d'association, etc. Cela favorisera la médiation et tissera un réseau plus dense. La création d'un groupe d'utilisateurs, la formation d'un échantillon représentatif du public ou d'un public cible particulier comme les enseignants, les responsables de CDI, les commerçants, favoriseront la création de besoins et aideront à montrer les avantages que les personnes rencontrées peuvent tirer de ce service public.

Différentes enquêtes peuvent permettre de mieux comprendre, mieux appréhender ce que sont les publics des bibliothèques. Elles peuvent être sociologiques réalisées par un professionnel sous forme d'entretiens, elles permettent de mieux comprendre le fonctionnement du public, ses freins et ses motivations, cependant elles ne fournissent pas d'éléments prospectifs. Des enquêtes qualitatives sous forme d'entretiens distingueront ce qui relève d'une étude de l'existant et de ce qui correspond aux services qui pourront être mis en place. Cela permet d'obtenir une vision prospective et de tester des nouveaux services. Les enquêtes quantitatives sous forme de questionnaires peuvent être faites régulièrement, les questions doivent être nombreuses et doivent pouvoir se croiser pour procurer une vision précise. Suite à ces enquêtes, des priorités, des axes stratégiques en relation avec les moyens et les ressources de la bibliothèque seront définis. Les attentes exprimées par les publics seront conciliées avec les impératifs de la bibliothèque, la définition d'axes de travail sur plusieurs années sera alors réalisée.

Question 99 : Quels sont les types d'usagers des bibliothèques municipales ?

En 2016, 87 % des Français ont fréquenté une bibliothèque municipale au moins une fois dans leur vie. Selon la dernière étude de l'Observatoire du livre et de la lecture datant de 2016, « Publics et usages des bibliothèques municipales », publiée par le ministère de la Culture, les types d'usagers en bibliothèques municipales sont au nombre de trois : l'usager fréquentant, l'usager inscrit et l'usager emprunteur. L'usager fréquentant est une personne, inscrite ou non à la bibliothèque, qui fréquente les locaux sans utiliser nécessairement les ressources, 6 % des plus de 15 ans sont des usagers non-inscrits, cependant en général une personne de leur foyer est inscrite dans une bibliothèque municipale. Son taux de fréquentation est difficilement mesurable sauf en réalisant des enquêtes publiques. L'usager inscrit est une personne qui utilise au moins un service de la bibliothèque, 16 % des plus de 15 ans font partie de cette catégorie. L'usager emprunteur est une personne qui utilise *a minima* le service de prêt de documents.

5 % des Français de plus de 15 ans sont des non-usagers.

Fréquentation sur 12 mois et inscriptions en bibliothèque municipale (en %)

	1981	1989	1997	2005	2016
Usagers des bibliothèques municipales	-	-	26	35	40
Inscrits des bibliothèques municipales	8	13	18	19/21*	16
Part des inscrits parmi les usagers			69	59	39

Base : ensemble de la population.

* 19 % fourchette basse de l'intervalle de confiance et taux évalué dans la synthèse annuelle des données d'activité des bibliothèques municipales, 21 % résultat observé et publié dans le cadre de l'enquête spécifique aux publics des bibliothèques confiée au CRÉDOC en 2005.

Source : Publics et usages des bibliothèques municipales en 2016, ministère de la Culture

Plusieurs types de publics fréquentant les bibliothèques existent :
- le public jeune vient en général accompagné de ses parents ou de professionnels de la petite enfance, ils sont assez bruyants et remuants. Ils ont besoin de collections, de mobilier (étagères à hauteur d'enfants, caisses au sol, etc.) et d'équipements (poufs, coussins, peluches, etc.) très spécifiques. Il plébiscite la lecture à voix haute et les heures du conte. Les bébés et jeunes enfants sont surtout attirés par le livre objet, sont réceptifs à comment est lue l'histoire, à l'imaginaire, à la découverte du monde extérieur ;
- les familles viennent surtout en fin de journée et de semaine et le mercredi. Elles sont en général assez bruyantes. Leurs emprunts sont importants et elles apprécient aussi la lecture à voix haute ;
- les publics scolaires viennent soit seuls ou en groupes, pour travailler ou se détendre. Ils viennent régulièrement en fin de journée et le mercredi. Ils peuvent être bruyants, ont besoin d'un cadre et de médiation. Ils sont très consommateurs d'ateliers pratiques. Les lycéens, lors des périodes de révisions du baccalauréat, fréquentent aussi les bibliothèques universitaires ;

• les étudiants sont le public des bibliothèques universitaires, qu'ils soient usagers de celles de leur université de rattachement ou d'une autre université, bien qu'ils fréquentent aussi assidûment les bibliothèques municipales par manque de places assises dans les premières, notamment en région parisienne ;
• les adultes ont des préoccupations éducatives, sociales et professionnelles. Le public de demandeurs d'emploi est présent et demandeur de conseils, d'ateliers spécifiques d'aide à la rédaction d'un curriculum vitæ, d'une lettre de motivation. Il fréquente aussi les bibliothèques universitaires, certains reprennent des études ou réalisent un stage, une formation et ont besoin non seulement de documents, mais aussi d'un lieu d'étude ;
• les seniors sont des grands emprunteurs, ils fréquentent régulièrement la bibliothèque. Ils ont besoin de confort et de convivialité, de médiation. Ils font appel à des services spécifiques comme le portage à domicile ou à des formations aux usages numériques. Ils fréquentent les animations culturelles telles que les clubs de lecture.

Selon l'arrêté du 26 septembre 2022[4] déterminant pour l'année 2022 le nombre d'usagers inscrits dans les bibliothèques accueillant du public pour le prêt et le montant de la part de la rémunération au titre du prêt en bibliothèque à la charge de l'État, le nombre d'usagers inscrits dans les bibliothèques territoriales aurait baissé de 3 % par rapport à 2021 (6 187 588 usagers inscrits en 2022) et de 9 % pour les bibliothèques d'État (1 052 041 inscrits en 2022).

Question 100 : Quels sont leurs comportements et attentes ?

La majorité des usagers d'une bibliothèque municipale y vient pour faire autre chose qu'emprunter des documents, l'emprunt étant conditionné à l'inscription. Cependant, un peu moins d'un inscrit sur deux (47 %) empruntent des ouvrages à chacune de ses venues à la bibliothèque ce qui en fait leur pratique préférée suivie par la lecture d'ouvrages sur place (38 %) et de la lecture de la presse (19 %). La fréquentation des expositions arrive en quatrième position avec un taux de 17 % pour l'ensemble des usagers et de 8 % pour les usagers réguliers. Ainsi, les publics attendent des bibliothèques une diversification de ses fonctions culturelles et sociales.

64 % d'entre eux viennent à la bibliothèque pour emprunter, 63 % pour lire ou écouter de la musique sur place, 23 % travaillent et 30 % réalisent des activités. 43 % des usagers au cours des douze derniers mois ont eu au moins une activité utilisant l'informatique ou les services en ligne de la bibliothèque telle que la consultation du catalogue, l'utilisation d'un ordinateur, du wifi de la bibliothèque, la pratique de jeux vidéo, l'emprunt d'une liseuse, etc. L'utilisation des services numériques répond à un véritable besoin surtout de la part des utilisateurs intensifs

4. https://www.legifrance.gouv.fr/jorf/id/JORFTEXT000046382476 (consulté le 14/12/2022).

avec toutefois des nuances : l'utilisation des ordinateurs de la bibliothèque n'est pas réalisée par le public jeune du fait de leur équipement personnel en matériel numérique. 19 % de la population française, usagers ou pas, a consulté au cours des douze derniers mois un catalogue en ligne de bibliothèque. 71 % des bibliothèques sont dotées d'un site Internet ainsi que 40 % des points d'accès au livre sur lesquels les utilisateurs recherchent plutôt des informations pratiques (47 %) ou de consulter le catalogue en ligne (46 %) ainsi que de réserver ou renouveler des documents en ligne (24 %) et chercher des recommandations de lecture (16 %). Viennent par la suite : la consultation en ligne d'un journal ou d'un magazine (9 %), l'utilisation des ressources d'autoformation (9 %), la consultation des agendas des manifestations (9 %), de livre numérique (8 %), l'écoute de la musique (5 %) et enfin le visionnage d'un film ou d'une série en VOD (3 %) et la consultation de fonds patrimoniaux numérisés (3 %). Deux différences existent entre les ressources numériques proposées par la bibliothèque et les pratiques qu'en font les usagers : les bouquets d'autoapprentissage sont surreprésentés (16 %) par rapport à leur utilisation (9 %) ainsi que les bouquets de vidéos de l'ordre de 10 % pour leur offre et de 3 % pour leur usage.

Les publics sont aussi en demande de médiation aussi bien pour les usagers que les non-usagers du fait de l'utilisation du service de recommandations de la bibliothèque, qu'elles émanent de bibliothécaires et/ou d'usagers.

Ces chiffres issus de la dernière étude sur les publics et usages en bibliothèques municipales, réalisée en 2016 par le ministère de la Culture, en amènent d'autres sur les images et les représentations que se font les usagers d'une bibliothèque idéale. Pour 52 % d'entre eux, c'est une grande librairie puis c'est, pour 28 %, un espace de détente et de loisirs suivi de près par un espace de travail ou pour étudier. En moindre mesure, certains y voient un club pour les accros de lecture, un lieu de rencontres et d'échanges, un espace multimédia et de services numériques, un lieu d'accès à la musique et au cinéma, un lieu d'animations culturelles et enfin un lieu de formation. C'est un lieu devenu attirant pour 76 % d'entre eux et moins austère (24 %) qu'auparavant (35 % en 2005). Ainsi, l'aménagement des nouveaux espaces réalisés par les bibliothèques ces dernières années correspond bien à une attente de leurs publics.

Au niveau des conditions de prêt, de l'accueil, les attentes sont satisfaites. Par contre, un certain mécontentement persiste sur le choix des documents, les jours et horaires d'ouverture, la diversité des collections et les animations. Le premier mécontentement porte sur les jours et horaires d'ouverture où une grande attente porte sur l'ouverture des bibliothèques le samedi et le dimanche et après 18 heures en semaine.

En raisonnement inverse, une enquête de l'Observatoire des politiques culturelles, réalisée en mars 2019, met en lumière douze impacts positifs des bibliothèques publiques sur les personnes et les territoires : le développement des facultés cognitives individuelles par exemple par la lecture qui favorise les capacités de compréhension ; la maîtrise du langage et du raisonnement, par l'écoute qui développe le quotient intellectuel et les compétences phonologiques ; l'aptitude à comprendre et à exploiter les informations de la vie courante afin d'en tirer des conséquences pratiques ; la construction de soi : l'élaboration de l'imaginaire par les objets présentés dans les bibliothèques ; la formation à la civilité, la bibliothèque est une communauté d'appartenance avec des valeurs ; en donnant accès à un large éventail d'information, la bibliothèque donne aux personnes le pouvoir d'agir sur un territoire ou dans un domaine de compétences ; l'encouragement des pratiques culturelles et numériques ; la densification des réseaux et des partenariats ; la promotion de la démocratisation culturelle et de l'égalité des chances par la culture partagée par et pour tous ; la réussite éducative *via* les apports multiples qu'offrent les bibliothèques ; l'augmentation de l'employabilité par les compétences qui peuvent être acquises au sein des ressources d'information offertes ; l'amélioration de la tranquillité publique par son rôle de troisième lieu ; l'attractivité du territoire, la présence d'une bibliothèque sur un territoire attire et le dynamise.

5| LES GRANDS ORGANISMES DOCUMENTAIRES

■ QUESTIONS 101 À 104

Question 101 : En dehors des bibliothèques, quels sont les établissements et services à vocation nationale traitant de l'information scientifique et technique ?

Question 102 : Quelles sont les missions de l'Inist ?

Question 103 : Quelles sont les missions de l'Abes ?

Question 104 : Quelles sont les missions du CTLes ?

RÉPONSES 101 À 104

Question 101 : En dehors des bibliothèques, quels sont les établissements et services à vocation nationale traitant de l'information scientifique et technique ?

Ces établissements et services en lien avec l'information scientifique et technique sont l'Agence bibliographique de l'enseignement supérieur (Abes), le Centre technique du livre (CTLes), le Centre informatique national de l'enseignement supérieur (CINES), l'Institut de l'information scientifique et technique (Inist) et les ateliers nationaux de reproduction des thèses (ANRT).

• Le CINES est situé à Montpellier. Il a trois missions statutaires nationales stratégiques en synergie : la conservation à long terme des données et documents numériques, le calcul de haute performance et l'hébergement des plates-formes stratégiques de partenaires publics d'envergure nationale tels que le ministère de l'Enseignement supérieur et de la Recherche, l'Abes, l'ISSN, etc.

• L'ANRT, créé en 1971, est situé à Villeneuve-d'Ascq. Il reproduit, sous différents supports (imprimés, microfiches et électroniques) les thèses soutenues en France dans toutes les disciplines, et assure leur diffusion tant institutionnelle que commerciale en France et à l'international. Le catalogue général reprend toutes les thèses reproduites depuis la création de l'ANRT et disponibles sous forme de microfiches. Le catalogue « Thèse à la carte » reprend 7 000 titres qui peuvent être commandés en format livre.

Question 102 : Quelles sont les missions de l'Inist ?

L'Inist, unité propre de service du CNRS localisée à Nancy, facilite l'accès, l'analyse et la fouille de l'information scientifique et valorise la production scientifique (publications et données de recherche). L'accès à l'information scientifique vise à permettre aux chercheurs de se documenter en accédant facilement à la production scientifique internationale. L'Inist a développé et gère BibCNRS, portail multidisciplinaire de ressources électroniques courantes. Il opère avec l'Abes et le consortium Couperin la plate-forme ISTEX. L'Inist participe également au développement d'outils permettant la mesure des usages et la production de tableaux de bord chiffrés pouvant servir pour les négociations, mais aussi aider à construire une véritable politique nationale en matière de documentation. L'analyse et la fouille de la production scientifique textuelle permettent de répondre aux besoins de pilotage scientifique et d'extraction de connaissances, formulés par des structures institutionnelles, fonctionnelles ou des opérateurs de la recherche. Afin de répondre aux critères d'intégrité, de reproductibilité et aux principes FAIR, qui visent à rendre les données Faciles à trouver, Accessibles, Interopérables, Réutilisables, l'Inist opère un ensemble d'outils et de services dédiés ainsi qu'un dispositif d'accompagnement de la communauté de l'enseignement supérieur et de la Recherche, au travers d'actions de formation et d'une plate-forme e-learning. L'Inist forme à la science ouverte, à l'analyse et la fouille de l'information, à la valorisation des données de la recherche et à l'accès à l'information scientifique, il apporte un appui linguistique en matière de traduction et de relectures de documents scientifiques et enfin il informe en continu sur l'actualité de l'information scientifique et technique.

Question 103 : Quelles sont les missions de l'Abes ?

L'Abes est créé en 1994 par décret interministériel afin de mettre en œuvre le système universitaire de documentation, le Sudoc, catalogue collectif des bibliothèques de l'enseignement supérieur. L'établissement est situé à Montpellier. Son directeur est Nicolas Morin depuis fin 2022. L'Abes est administrée par un conseil d'administration dont le président est nommé par le ministre chargé de l'Enseignement supérieur. Ses orientations s'appuient sur un conseil scientifique. Cette instance consultative a pour vocation d'émettre des avis et recommandations sur les orientations de l'Abes, dans une démarche prospective. Sa coopération avec les établissements documentaires de l'enseignement supérieur se fait *via* la commission « Signalement et systèmes d'information » de l'Association des directeurs des bibliothèques universitaires (ADBU). L'Abes veille à la qualité des métadonnées, au signalement des ressources, à la dissémination des données *via* des licences libres, à la valorisation des ressources, à l'expertise et l'innovation et à l'accompagnement des réseaux par la documentation, la formation et l'assistance. Elle veille également à la mutualisation financière *via* des achats sécurisés, des marchés négociés et des subventions, et enfin elle développe des partenariats et des coopérations interinstitutionnelles.

Ses missions sont principalement la gestion des catalogues et le catalogage collectif *via* le Sudoc, Calames (le catalogue des manuscrits et archives de l'enseignement supérieur), IdRef (référentiel des autorités Sudoc), Theses.fr (moteur de recherche des thèses françaises) et Bacon (base de connaissance nationale). Lui sont confiées également des missions sur la normalisation documentaire avec le programme « Transition bibliographique » qu'elle gère avec la BnF, la conversion rétrospective des catalogues et le signalement des thèses.

Elle est l'opérateur national pour les thèses et à ce titre gère trois applications : Star (signalement, dépôt et archivage pérenne des thèses électroniques), Step (signalement des thèses en préparation) et theses.fr (moteur de recherche des thèses françaises).

Elle gère le portage financier pour l'achat des ressources électroniques dans deux cadres. Le premier est celui du groupement de commandes de ressources électroniques négociées par le consortium

Couperin qui est un consortium unifié des établissements universitaires et de recherche pour l'accès aux publications numériques. Le deuxième cadre est l'ISTEX[5], l'information scientifique et technique d'excellence, socle de la bibliothèque scientifique numérique mondiale, à ce titre l'Abes gère la négociation et l'achat de documentation électronique mise à disposition sous forme de licences nationales. Ces acquisitions de corpus de ressources documentaires portent sur des collections rétrospectives de revues et livres électroniques.

Question 104 : Quelles sont les missions du CTLes ?

Le CTLes, crée en 1994, assure la collecte, la conservation et la communication des livres et autres documents imprimés d'intérêt patrimonial et scientifique que lui confient en dépôt temporaire ou lui cèdent les bibliothèques des universités et autres établissements d'enseignement supérieur d'Île-de-France. Il abrite également pour de courtes périodes les collections de bibliothèques en travaux ou confrontées à un problème momentané de conservation. Le CTLes est un opérateur national pour la fourniture des documents originaux dans le cadre du prêt entre bibliothèques, et pour la mutualisation des ressources imprimées, notamment dans le cadre des plans de conservation partagée. Cet établissement public ne reçoit pas de public. Il est implanté à Bussy-Saint-Georges. Il est administré par un conseil d'administration et dirigé par un directeur, Guillaume Niziers, nommé par le ministre de l'Enseignement supérieur.

5. https://www.istex.fr (consulté le 29/10/2021).

6| LES RÉSEAUX DE COOPÉRATION DOCUMENTAIRE

QUESTIONS 105 À 109

Question 105 : Quelle est la définition d'un réseau de coopération documentaire ?

Question 106 : Quelles sont les grandes associations internationales de professionnels de la documentation ?

Question 107 : Quelles sont les autres grandes associations nationales de professionnels de la documentation ?

Question 108 : Quels sont les exemples d'associations sectorielles de professionnels de la documentation ?

Question 109 : Quels sont les organismes de formation aux métiers des bibliothèques ?

RÉPONSES 105 À 109

Question 105 : Quelle est la définition d'un réseau de coopération documentaire ?

Un réseau documentaire est « *un ensemble d'entités qui s'associent selon des critères variés (proximité géographique, thèmes d'intérêt, fonctions assurées, etc.) afin de collaborer à des objectifs communs, comme un catalogue collectif, une banque de données établie par plusieurs producteurs, un dispositif de prêt entre bibliothèques, un réseau de lecture publique, un catalogue d'adresses électroniques sur le réseau Internet, etc.* » (définition de l'ADBS). C'est un enrichissement mutuel en matière de procédures, d'outils, de développement des connaissances et de formation.

Ce sont des associations de professionnels, des entités avec un but précis comme les acquisitions des ressources numériques *via* le consortium Couperin, de ressources de références *via* le réseau des CollEx ; le signalement des collections *via* le CCFr, le Sudoc ; leurs conservations et leurs diffusions (PEB) ; les services virtuels de renseignement à distance comme les réseaux Ubib, Eurêkoi, etc.

Question 106 : Quelles sont les grandes associations internationales de professionnels de la documentation ?

Les associations de professionnels sont nombreuses au sein des professionnels des sciences de l'information et des bibliothèques, métiers de coopération. Elles sont essentielles au devenir de la profession et à son environnement de travail. Elles sont d'envergure internationale comme l'IFLA, et européenne pour Eblida et Liber.

La Fédération internationale des associations et institutions de bibliothèques (IFLA) est fondée en 1971. Elle est la principale organisation représentant les intérêts des bibliothèques et des services d'information et de leurs usagers. Au niveau mondial elle est le porte-parole de la profession des bibliothèques et de l'information. L'IFLA est un organisme indépendant, international, non gouvernemental et sans but lucratif. En 2012, l'IFLA est à l'origine d'un code international de déontologie des bibliothécaires « Code of Ethics for Librarians and other Information Workers[6] ».

L'EBLIDA (*European Bureau of Library, Information and Documentation Associations*), est créée en 1992. L'EBLIDA est une association indépendante d'associations et d'institutions de bibliothèques, d'information, de documentation et d'archives en Europe. Ses préoccupations sont les questions relatives à la société de l'information européenne, y compris le droit d'auteur et les licences, la

6. www.ifla.org/news/ifla-code-of-ethics-for-librarians-and-other-information-workers (consulté le 04/11/2022).

culture et l'éducation. L'EBLIDA encourage l'accès en toute liberté à l'information à l'ère numérique et le rôle des archives et des bibliothèques dans la réalisation de cet objectif.

Née en 1971, Liber, la Ligue des bibliothèques européennes de recherche, regroupe plus de 400 bibliothèques nationales, universitaires ainsi que des partenariats ciblés avec d'autres organisations en Europe et au-delà. Elle œuvre pour des règles communes de la propriété intellectuelle en Europe et à la numérisation de revues scientifiques.

Question 107 : Quelles sont les autres grandes associations nationales de professionnels de la documentation ?

Les autres grandes associations de professionnels de la documentation peuvent être nationales, ce sont la FILL, l'ADBS, l'ABF.

La Fédération interrégionale du livre et de la lecture, la FILL, a été créée en 1985. Elle rassemble au sein d'un réseau national des structures régionales pour le livre, des collectivités territoriales, des institutions nationales, des associations et des personnes qualifiées afin d'accompagner les professionnels du livre, de la lecture et de la documentation. La FILL veille au développement équilibré de l'accès au livre et à la lecture, à l'évaluation et à l'optimisation des politiques culturelles autour de quatre missions principales : la mise en valeur au niveau national des politiques régionales du livre et de la lecture ; la création et l'enrichissement d'un dialogue entre les élus en charge de la culture, les services culturels des régions, des départements et de l'État, les institutions nationales, les organismes culturels, et l'ensemble des professionnels du secteur ; la création et l'animation de débats sur l'accès au livre et à la lecture en proposant des solutions pragmatiques et innovantes, ainsi que la fédération des acteurs de la filière. Par sa connaissance des territoires, elle propose des évaluations et orientations nationales, accélère la diffusion des idées et des débats et elle accompagne les expérimentations et les négociations nécessaires.

L'ABF, l'Association des bibliothécaires de France, est fondée en 1906 et reconnue d'utilité publique en 1969. L'ABF est l'association de tous les bibliothécaires professionnels et bénévoles qui réfléchissent, débattent, se forment et promeuvent le rôle des bibliothèques dans la société. L'ABF a des commissions ouvertes à tous sur les relations internationales, le handicap, la formation, les bibliothèques hybrides, la construction de soi et lutte contre les stéréotypes, la communication, la jeunesse, les comités d'entreprise, les établissements pénitentiaires, les ressources humaines, etc. Elle a rédigé des documents de références comme le code de déontologie du bibliothécaire,

le manifeste des bibliothèques publiques. Son forum AgoraBib[7] est très actif et permet aux professionnels de la documentation d'échanger sur leurs préoccupations.
Créée en 1963, l'Association des documentalistes et bibliothécaires spécialisés (ADBS) a pour mission d'accompagner ses adhérents dans leur employabilité, de promouvoir les métiers du management de l'information et de permettre aux professionnels de se maintenir au meilleur niveau. Elle est présente au niveau national, mais également au niveau régional.

Question 108 : Quels sont les exemples d'associations sectorielles de professionnels de la documentation ?

Les associations sectorielles sont par exemple l'ADBGV, l'ABD et l'ADBU.

Créée en 2002, l'ADBGV est l'Association des directrices et directeurs des bibliothèques municipales et groupements intercommunaux des villes de France. Cette association a pour buts : l'échange, la capitalisation et la diffusion d'informations, d'expériences et de savoir-faire ; la réalisation d'études et d'enquêtes ; la réalisation ou le référencement d'outils répondant à des besoins communs ; la prospective sur l'évolution des missions ; l'ouverture sur les expériences étrangères et enfin la représentation des directeurs des bibliothèques municipales et intercommunales des grandes villes de France auprès de tout partenaire institutionnel, public ou privé.

Fondée en 1987, l'Association des bibliothécaires départementaux, l'ABD, est née de la nécessité de créer un lieu de concertation pour les directeurs des bibliothèques départementales de prêt, alors que celles-ci avaient été placées, depuis le 1er janvier 1986, sous l'autorité des conseils généraux des départements. L'association a pour but de promouvoir le rôle joué par les bibliothèques dans l'accès de tous à l'information, à l'éducation, à la culture et aux loisirs. L'association fait valoir en particulier le rôle que jouent les bibliothèques départementales dans le développement de la lecture publique sur l'ensemble du territoire français. L'ordonnance n° 2017-650 du 27 avril 2017 modifiant le livre III du code du patrimoine renomme les « bibliothèques départementales de prêt » en « bibliothèques départementales ». L'ADBDP change de nom et de statut lors de son congrès le 20 septembre 2017 à Strasbourg. Elle devient l'association des bibliothécaires départementaux (ABD). Peuvent en être membres tous les agents travaillant dans un « service départemental de lecture publique ».

Née en 1970, l'ADBU, l'Association des directeurs et personnels de direction des bibliothèques universitaires et de la documentation, a pour objet de promouvoir et de développer la documentation et les bibliothèques d'enseignement supérieur et de recherche françaises dans l'économie du savoir

7. www.agorabib.fr (consulté le 04/11/2022).

et de l'information ainsi que d'offrir un espace de dialogue, de mutualisation, de veille et d'échange sur les bonnes pratiques, les évolutions et l'organisation nationale et internationale de l'information scientifique et technique.

Question 109 : Quels sont les organismes de formation aux métiers des bibliothèques ?

Les cinq grands organismes de formation au sein des réseaux des bibliothèques et de la documentation sont l'ENSSIB, les CRFCB au sein desquels Médiadix a une place particulière, le CNFPT, l'INET et les URFIST.

L'ENSSIB, née en 1992, l'École nationale supérieure des sciences de l'information et des bibliothèques est un établissement public et est placée sous la tutelle du ministère de l'Enseignement supérieur, de la Recherche et de l'Innovation. Elle est administrée par un conseil d'administration et un conseil scientifique. Elle offre des formations universitaires, réalise les formations post-concours des conservateurs d'État et de la ville de Paris ainsi que celles des bibliothécaires d'État et de la ville de Paris et enfin elle dispense des stages dans le cadre de la formation continue pour les professionnels de l'information et des bibliothèques. Elle est située à Villeurbanne.

Nés en 1986, les CRFCB, les centres régionaux de formation aux carrières des bibliothèques, proposent, à toutes les catégories de personnels des bibliothèques universitaires et territoriales, des stages de formation continue, des journées et voyages d'étude, des préparations aux concours des bibliothèques d'état et territoriales ainsi que des formations longues. Les CRFCB accompagnent les professionnels pour l'adaptation à un poste, l'acquisition de compétences tout au long de leur vie professionnelle, l'évolution dans leur carrière, leur projet d'orientation, d'insertion ou de reconversion professionnelle, la réflexion et la veille sur l'évolution des métiers de bibliothèques et de la documentation. Ils sont au nombre de douze et sont présents sur tout le territoire français. Médiadix est le centre de formation pour Paris et la région parisienne.

Fondé en 1972, le CNFPT, Centre national de la fonction publique territoriale est un établissement public au service des collectivités territoriales et de leurs agents. Sa mission principale est de construire et délivrer les formations obligatoires, qui bénéficient à l'ensemble des agents territoriaux, de toutes catégories, tout au long de leur vie professionnelle : les formations d'intégration, de professionnalisation et celles réglementées et adaptées aux exigences et contraintes de certains métiers. Le CNFPT conçoit et dispense également des formations qui, non obligatoires pour l'agent, lui permettent d'être acteur de sa promotion : les formations de perfectionnement, les formations diplômantes ou certifiantes, les préparations aux concours et examens professionnels de la fonction publique territoriale. Le CNFPT organise plusieurs concours de la fonction publique territoriale.

Il propose également un accompagnement à la validation des acquis de l'expérience (VAE) et organise la reconnaissance de l'équivalence des diplômes (RED). Enfin, il assure la publicité de tous les emplois de cadres de direction et accompagne les fonctionnaires pris en charge.

L'INET est l'Institut national des études territoriales. L'INET est la grande école qui forme les hauts fonctionnaires des grandes collectivités territoriales : conseils régionaux, conseils départementaux, métropoles, communautés urbaines, communautés de communes et grandes villes. Au sein du CNFPT, l'INET est dédié aux cadres et futurs cadres des équipes de direction des grandes collectivités : les lauréats des concours de cadres de direction : administrateurs territoriaux, ingénieurs en chef territoriaux, conservateurs territoriaux des bibliothèques, conservateurs territoriaux du patrimoine ; les cadres supérieurs ou en devenir des collectivités territoriales de plus de 40 000 habitants de toutes filières : administrative, technique, culturelle, ou encore médico-sociale. L'INET forme post-concours pendant dix-huit mois les conservateurs territoriaux des bibliothèques sur trois axes de formations : management territorial et politique publique ; management d'équipe et de projets ; expertise scientifique et technique.

Le réseau des URFIST, unités régionales de formation à l'information scientifique et technique, est né en 1982. Les URFIST sont au nombre de sept implantés sur l'ensemble du territoire français. Ils sont chargés de développer la maîtrise de l'information scientifique et technique (IST) dans l'enseignement supérieur et la recherche. Leurs missions sont la formation, la veille, l'expertise et la production pédagogique et scientifique dans les domaines suivants : culture informationnelle et formation à l'information scientifique et technique ; l'identification des ressources d'IST pour l'enseignement supérieur et la recherche ; méthodes et techniques de recherche, d'analyse et d'exploitation de l'IST ; production, édition, communication et diffusion scientifiques. Les actions de formation des URFIST s'adressent aux publics de l'enseignement supérieur et de la recherche, parmi lesquels en priorité : les enseignants-chercheurs ; les formateurs à la maîtrise de l'IST (ingénierie de formation et pédagogie) ; les professionnels de l'information et de la documentation ; les doctorants (notamment CIES) ; les étudiants avancés (à compter du master 2).

Il faut souligner également que l'ABF dispense une formation et délivre un diplôme d'auxiliaire de bibliothèque. « *Le titre décerné aux lauréats témoigne d'une formation professionnelle qualifiée. Cette formation permet de se présenter aux concours de la fonction publique mais ne donne pas droit à l'attribution automatique d'un poste. La formation est réalisée en collaboration étroite entre les groupes régionaux ABF, les collectivités territoriales ou les Centres nationaux de la fonction publique territoriale (CNFPT), les associations et agences de coopération, les universités et les Directions régionales des affaires culturelles (DRAC). L'objectif de cette formation est d'acquérir les techniques de base du métier de bibliothécaire. Elle s'adresse aux personnes travaillant en bibliothèque (à titre salarié ou bénévole) sans formation et sans diplôme de la filière métiers du livre* » (site ABF[8]).

À noter : Le ministère de la Culture a publié en novembre 2022 un référentiel national[9] des compétences des bibliothèques territoriales. Ce référentiel vise à proposer un cadre national, co-construit et partagé par les différents acteurs, qui offre une vision d'ensemble des compétences nécessaires en bibliothèque territoriale. Une première version est rédigée dans le cadre d'une large concertation, associant organismes de formation, associations d'élus et de cadres territoriaux, associations professionnelles et IGÉSR. Un formulaire[10] est ouvert à l'ensemble des professionnels afin de collecter les propositions d'amélioration dans un but de co-construction.

8. https://www.abf.asso.fr/5/149/20/ABF/formation-d-auxiliaire-de-bibliotheque (consulté el 22/11/2022).

9. https://www.culture.gouv.fr/Media/Thematiques/Livre-et-lecture/OLP-mediatheque/2022-Referentiel-national-des-competences-des-bibliotheques-territoriales (consulté le 22/11/2022).

10. https://enquete.culture.fr/index.php/443571?lang=fr (consulté le 22/11/2022).

LES DOCUMENTS

PARTIE VII

1 | LA PRODUCTION ET LA DIFFUSION DES DOCUMENTS

QUESTIONS 110 À 112

Question 110 : Que nomme-t-on le circuit du livre ?

Question 111 : Quel est le montant maximal de la remise pour les acquisitions réalisées par l'État ?

Question 112 : Qu'aborde la loi Lang du 10 août 1981 ?

■ RÉPONSES 110 À 112

Question 110 : Que nomme-t-on le circuit du livre ?

Le circuit du livre représente ce que devient le livre de l'éditeur vers son point de vente. Les acteurs de la chaîne du livre sont les éditeurs, les diffuseurs et distributeurs, les libraires et autres points de vente, les bibliothèques et les lecteurs.

De l'éditeur à la bibliothèque

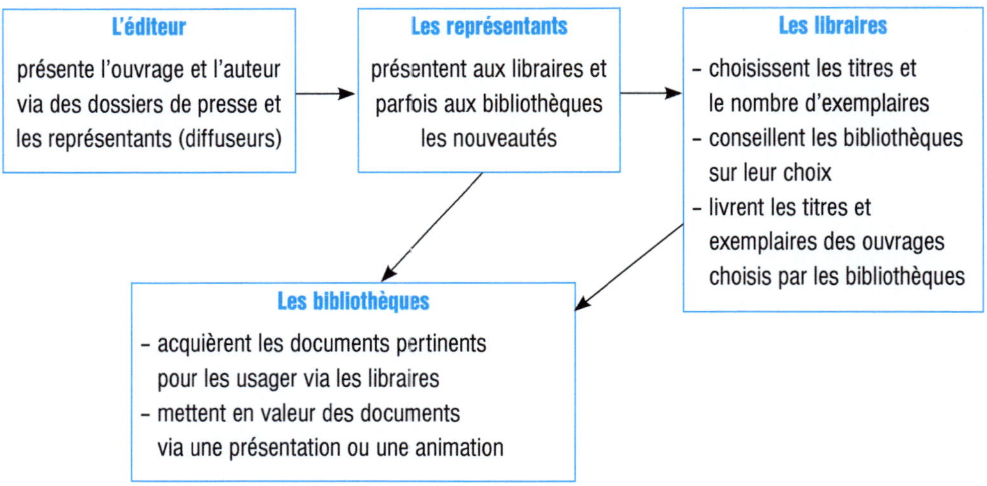

Les éditeurs établissent les contrats d'auteurs, fixent le tirage de l'œuvre en tenant compte du prix de revient, des frais de promotion, des droits d'auteur et des mises en place estimées. Après validation des épreuves par l'éditeur, le « bon à tirer » est transmis à l'imprimeur. En parallèle les éditeurs confient leurs fichiers de nouveautés aux diffuseurs et aux distributeurs pour la revente aux différents points de vente qui par conséquent sont des revendeurs de livres. Certains éditeurs se diffusent et se distribuent eux-mêmes. Un diffuseur est chargé de définir, titre par titre, avec l'éditeur, les quantités de livres à mettre en place sur le marché ; de définir le plan promotionnel ; de faire connaître aux points de vente les livres publiés par l'éditeur ; d'établir l'office et de prendre les commandes ; de remonter l'information des points de vente à l'éditeur, c'est le représentant qui réalise ces trois dernières phases. Les distributeurs assurent les flux physiques et financiers, ils fournissent les factures aux libraires et autres points de vente. Les livres sont vendus par les libraires, mais aussi les grandes surfaces spécialisées, la grande distribution et d'autres commerces.

Question 111 : Quel est le montant maximal de la remise pour les acquisitions réalisées par l'État ?

Une remise spéciale existe pour l'État, les collectivités territoriales, les établissements d'enseignement, les bibliothèques qui leur permet d'acheter les livres avec une remise qui ne peut excéder 9 % du prix du livre. Ce taux plafonné de remise est inclus dans la loi du 18 juin 2003 dite du « droit de prêt » qui inclut également la rémunération des auteurs et des éditeurs à ce titre et au prêt des documents en bibliothèque. 6 % du prix du livre doivent être reversés par les points de vente à la Sofia qui est une société civile de perception et de répartition des droits qui se charge de reverser aux auteurs et aux éditeurs leur part et de prendre en charge une partie des cotisations des auteurs au titre de leur retraite complémentaire. Par cette loi du droit de prêt, l'État verse une somme forfaitaire aux bibliothèques par usager inscrit : 1,50 euro pour les bibliothèques publiques, 1 euro pour les bibliothèques universitaires.

Question 112 : Qu'aborde la loi Lang du 10 août 1981 ?

Depuis la loi Lang du 10 août 1981, le prix du livre est fixe partout en France. Cette loi poursuit trois objectifs l'égalité des citoyens devant le livre, le maintien d'un réseau très dense de points de vente du livre et le soutien du pluralisme dans la création et l'édition. L'éditeur fixe le prix du livre. Le prix doit apparaître sur la quatrième de couverture de chaque ouvrage. Une remise générale maximale de 5 % du prix TTC est autorisée, en magasin. Le modèle du prix unique du livre a été reproduit dans l'univers du livre numérique par la loi du 26 mai 2011.

Pour en savoir plus, le « prix du livre : mode d'emploi » publié en septembre 2021 par le ministère de la Culture regroupe l'ensemble des articles de loi sur le sujet. Le document est disponible gratuitement à l'adresse suivante :
https://mcusercontent.com/1e809b25a8e0be448d87c3d87/files/58d12ff4-f4b2-4253-cf45-c81e24bb7da4/Prix_du_livre_Mode_d_emploi.pdf (consulté le 04/11/2022).

Le prix du livre : répartition par acteur en %

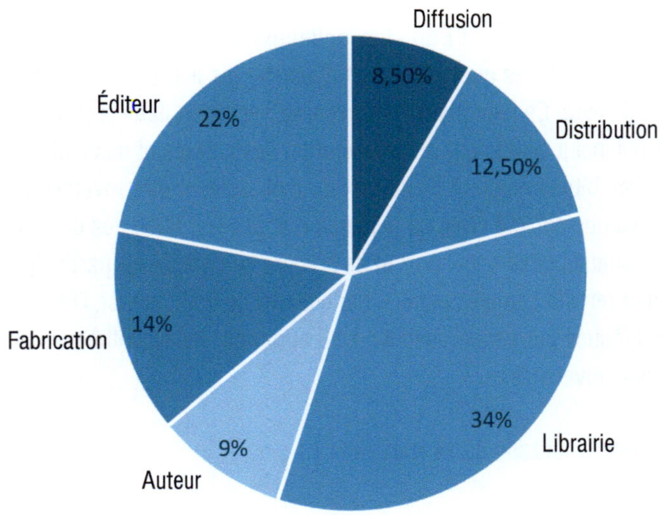

Source : « La situation économique et financière des librairies indépendantes », étude de 2019 pour le SLF https://www.livrelecturebretagne.fr/pdf_export/

Poids et évolution des circuits de vente du livre dans le commerce de détail en 2021 (en valeur TTC)

Circuits	Poids	Évolution
Librairies niveau 1	23,0 %	20,8 %
Librairies niveau 2 + Internet + autres	36,2 %	16,9 %
GSS (grandes surfaces spécialisées)	27,7 %	19,2 %
GSA (grandes surfaces alimentaires)	13,2 %	9,3 %

Source : Synthèse chiffres de l'édition 2021, SNE

2| L'ÉDITION ÉLECTRONIQUE ET MULTIMÉDIA

QUESTIONS 113 À 118

Question 113 : Que sont les supports rencontrés dans l'édition numérique ?

Question 114 : En quoi consiste le dispositif PNB ?

Question 115 : Quel est l'état des lieux de l'édition numérique en France ?

Question 116 : Quel est le but de l'association Réseau Carel ?

Question 117 : Quel est l'environnement numérique pour les bibliothèques de l'enseignement supérieur ?

Question 118 : Qu'est-ce que la BSN ?

■ RÉPONSES 113 À 118

Question 113 : Que sont les supports rencontrés dans l'édition numérique ?

Les supports dans l'édition numérique sont divers et touchent tous les types de documents, qu'ils soient imprimés, musicaux ou audiovisuels. Cependant ils peuvent être rattachés en deux grandes notions, celle de « document numérique » et celle de « base de données ».

Un document numérique est une « *unité d'information à contenu défini, numérique ou numérisé, qui a été créée ou numérisée par la bibliothèque ou acquise sous forme numérique dans le cadre de la collection de la bibliothèque*[1] ».

Ce sont les livres numériques dits aussi livrels, e-books ; les revues numériques, dites aussi e-revues ; les brevets électroniques ; les documents audiovisuels ; les rapports, les documents cartographiques et musicaux, les pré-impressions, etc.

Une base de données est une « *collection de notices descriptives ou d'unités de contenu (y compris les faits, les textes, les images et le son) stockées électroniquement avec une interface utilisateur commune et un logiciel pour la récupération et la manipulation des données* ». Ce sont les archives ouvertes ; les catalogues des bibliothèques, des archives ; les bibliothèques numériques ; les répertoires de sites et les plates-formes éditeurs qui donnent accès aux revues et livres numériques.

Le livre numérique est un livre édité et diffusé en version numérique sous la forme d'un fichier qui peut être lu *via* un écran. Aujourd'hui la plupart des éditeurs proposent à l'achat la version numérique de leurs ouvrages, le prix de vente est en général moins élevé que la version imprimée. Des plates-formes existent telles que Cyberlibris (orienté scolaire, enseignement), EdenLivres (littérature), Numérique Premium (histoire et sciences humaines), etc.

Les quotidiens et revues ont également développé leur plate-forme numérique soit *via* un abonnement direct ou *via* un abonnement sur une plate-forme tel qu'Europresse ou Factiva. Des plates-formes peuvent proposer aussi bien l'accès à des livres numériques qu'à des revues électroniques comme Cairn par exemple. Les revues scientifiques françaises et étrangères sont très présentes en version numérique et quelques-unes sont liées à une plate-forme ayant le monopole telles que Elsevier qui applique un coût très élevé pour un accès par bouquet. Un bouquet est un ensemble de titres de

1. *Information and documentation, Library performance indicators*, ISO 11620, 3e éd. *International Organization for Standardization*, 2014.

revues comprenant des titres très prisés et des titres peu diffusés. Le contenu du bouquet n'est en général pas négociable. Des bases de données spécialisées payantes se sont développées ces dernières années comme Chemical abstrat (SciFinder), base spécialisée en chimie, ou les Techniques de l'ingénieur.

Au niveau de l'édition musicale, le CD est en perte de vitesse, faisant place à des plates-formes payantes. Deux modes d'accès à la musique sont prisés par les usagers : le téléchargement et le streaming. Le téléchargement est proposé sur les plates-formes musicales soit par album ou par chanson, l'usager pouvant ainsi se constituer des playlists. Les plates-formes de téléchargement sont nombreuses : la Fnac, iTunes, etc. Le marché du streaming, c'est-à-dire la lecture par flux sans téléchargement, est dominé par Spotify. Selon la dernière étude sur la consommation mondiale de la musique réalisée par l'IFPI, le streaming audio par abonnement (Spotify, Deezer, Apple Music) est le plus largement plébiscité (24 %), suivi par le streaming vidéo (YouTube, Dailymotion) et par la radio (17 %). Viennent ensuite, par ordre décroissant, les achats de musique (CD, vinyles, téléchargements) à 10 %, le streaming audio gratuit, les vidéos courtes comme TikTok (8 %), puis les réseaux sociaux, la télévision et, enfin, les concerts (4 %).

L'édition des vidéos est soumise aux mêmes usages, le streaming et le téléchargement sont devenus le mode de visionnage des vidéos. Des plates-formes de vidéos à la demande (VOD) sont apparues comme Arte VOD, Canal VOD ainsi que les plates-formes des fournisseurs d'accès Internet qui offrent chacune un accès VOD. Le service de vidéo à la demande par abonnement s'est développé et surtout avec l'arrivée de Netflix qui a révolutionné l'accès en streaming des séries et films.

L'accès aux ressources numériques en bibliothèque s'adapte à ces nouveaux modes d'écoute, de consommations. L'accès à des plates-formes musicales (MusicMe, etc.), des playlists, des ressources musicales comme celles de la Philarmonie de Paris sont proposées aux usagers inscrits. Des médiathèques numériques, partie intégrante de l'offre des bibliothèques, sont fréquentes et donnent accès à tous les types de ressources : vidéos, musique, livres, revues, autoformation, etc.

L'univers du numérique est en pleine mutation, effervescence. Les accès se multiplient, évoluent et les marchés suivent les usages. Les bibliothèques s'adaptent aux usages et au marché ce qui implique un coût tout aussi important que la documentation physique et des évolutions métier importantes.

Question 114 : En quoi consiste le dispositif PNB ?

Depuis 2014, les bibliothèques publiques disposent, grâce à l'appui du ministère de la Culture, d'un cadre unifié facilitant l'accès aux catalogues numériques des éditeurs : le prêt numérique en bibliothèque (PNB). PNB met en relation les différents acteurs de la chaîne du livre pour échanger des informations techniques et commerciales sur les livres numériques et faciliter ainsi le prêt de livres numériques en bibliothèques. Par ce biais, les éditeurs proposent une offre légale aux bibliothèques qui passent commande auprès de leur libraire.

Le prêt du livre numérique en bibliothèques en chiffres

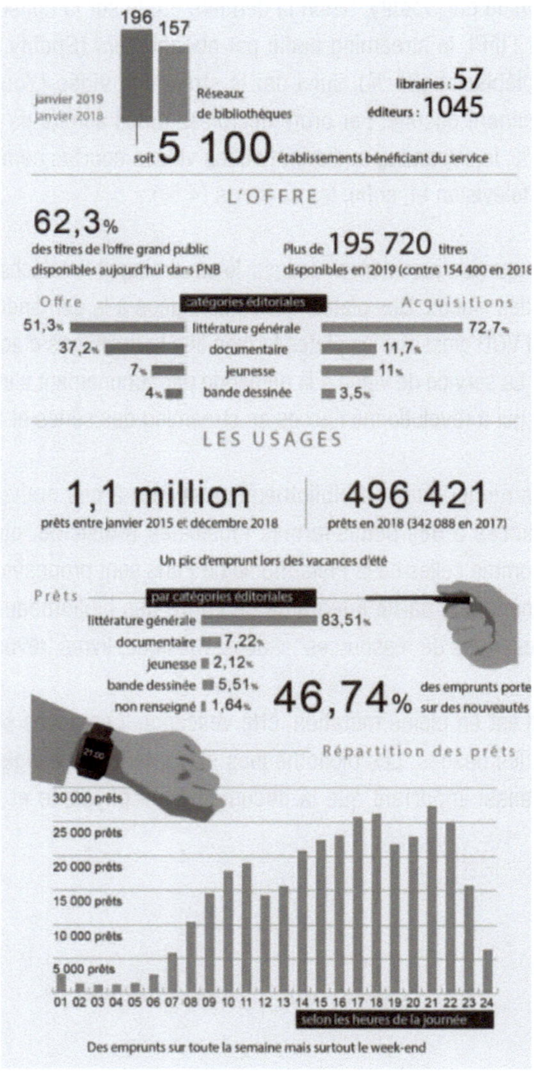

Source : *Éléments d'évaluation du dispositif Prêt numérique en bibliothèque*, mars 2019, ministère de la Culture

Question 115 : Quel est l'état des lieux de l'édition numérique en France ?

En 2021, le marché de l'édition numérique, tous supports et toutes catégories éditoriales confondus, est en progression de 3,6 % par rapport à 2020. Il représente 9,3 % du chiffre d'affaires (CA) des ventes de livres des éditeurs (chiffres SNE). Sa progression continue d'augmenter d'année en année. Le marché est surtout porté par l'édition professionnelle et universitaire (67 % du total des ventes en valeur). L'édition numérique grand public (hors scolaire et édition professionnelle) représente 6,6 % du CA de l'édition. La littérature est en tête des ventes suivie par les livres pratiques.

Répartition du CA de l'édition numérique (273,2 M d'euros) par catégorie éditoriale

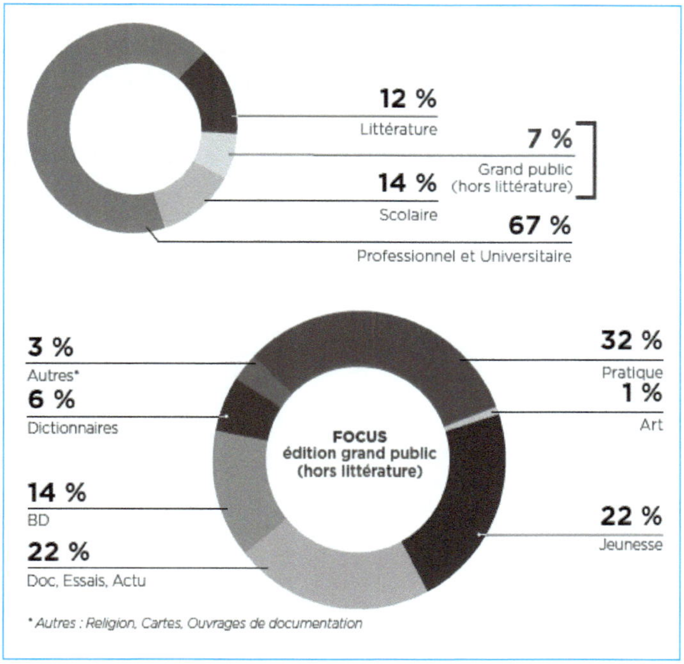

Répartition des ventes par support

Ventes de livre numériques sur support physique (CD, DVD, clé USB)	2,1 %
Ventes de livre numériques à l'unité (téléchargement ou streaming)	48,8 %
Ventes d'applications	0,1 %
Abonnements et ventes de licences d'utilisation de contenus (bouquets, portail)	49,0 %

Source : Synthèse chiffres de l'édition 2021, SNE

Le 12e baromètre sur les usages des livres numériques et audio réalisé par la Sofia, le SNE et le SGDL, paru en 2022, est disponible gratuitement sur le site de la Sofia.
25 % des Français de plus de 15 ans et plus ont déjà lu un livre numérique, 15 % d'entre eux ont déjà écouté un livre audio physique et 12 % un livre audio numérique. Ce lectorat est plus masculin. 22 % des lecteurs de livres numériques sont des grands lecteurs. Le smartphone est l'équipement prédominant pour l'écoute des livres audio numériques et pour le livre numérique, aux dépens de la tablette et de la liseuse. S'agissant des livres numériques, le « gratuit légal » est le mode d'obtention le plus souvent cité par les personnes interrogées (69 % pour le livre numérique, 59 % pour le livre audio numérique), suivi du paiement à l'acte (61 % et 55 %). Le prêt numérique *via* une bibliothèque est cité par 31 % des répondants pour le livre numérique et 41 % pour l'audio numérique.

Selon la Fédération internationale de l'industrie phonographique (IFPI), en 2021, le marché mondial de la musique enregistrée a progressé de 18,5 %. Le streaming représente 65 % du marché.

Place du streaming dans le chiffre d'affaires de la musique enregistrée

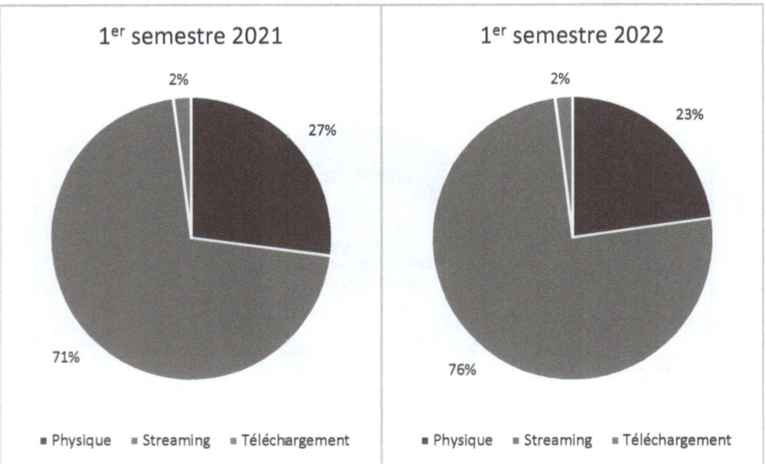

Source : « Croissance du marché français de la musique enregistrée au 1er semestre 2022 », Dossier de presse, SNEP https://snepmusique.com/wp-content/uploads/2022/09/DP-1er-sem-2022.pdf

Le temps d'écoute moyen est de 16,6 heures par semaine. 36 % des consommateurs écoutent de la musique via des abonnements de streaming audio.

Le marché français tire près de 3/4 de ses revenus des exploitations numériques. Le rapport de l'IFPI « La consommation de musique 2022 » est téléchargeable gratuitement à l'adresse suivante : https://snepmusique.com/wp-content/uploads/2022/11/11-2022-IFPI_EngagingWithMusic-2022.pdf

Répartition du temps d'écoute de musique par mode de consommation en France et dans le monde en 2022 (en %)

Mode de consommation	France	Monde
Streaming audio par abonnement *(par ex. : Spotify, Apple Music, Deezer)*	22	24
Streaming public financé par la publicité *(par ex. : l'offre gratuite de Spotify ou Deezer)*	7	8
Streaming vidéo *(par ex. : YouTube, Dailymotion)*	17	19
Applications de vidéos courtes *(par ex. : TikTok)*	7	8
Réseaux sociaux *(par ex. : Facebook, Instagram)*	5	5
Musique à la radio *(diffusion en direct, replay, webradio)*	22	17
Achat de musique *(par ex. : CD, vinyle, DVD, téléchargements)*	12	10
Concerts *(y compris live streaming)*	3	4
Autres modes de consommation de musique *(TV, service de vidéo premium à la demande, tels que Netflix, échange de musique avec la famille et les amis)*	2	6

Source : chiffres IFPI

Évolution du chiffre d'affaires du marché de la vidéo en France en 2021

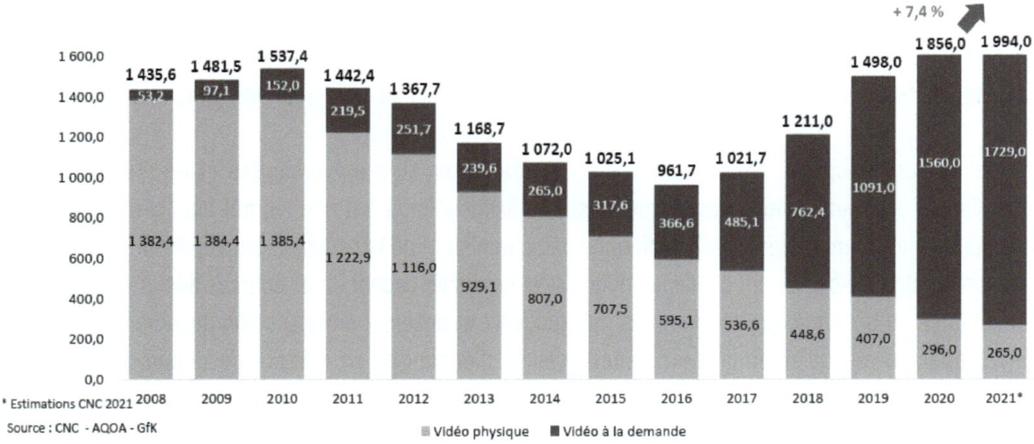

Source : « Observatoire de la vidéo à la demande – décembre 2021 », CNC

À noter : une infographie d'un baromètre sur les équipements et usages du numérique, réalisée en 2020, est disponible à l'adresse suivante : https://www.arcep.fr/uploads/tx_gspublication/rapport-barometre-numerique-edition-2021-infographie.pdf (consulté le 31/12/2021). L'étude complète est accessible *via* ce lien : https://www.arcep.fr/uploads/tx_gspublication/rapport-barometre-numerique-edition-2021.pdf (consulté le 31/12/2021).

Question 116 : Quel est le but de l'association Réseau Carel ?

L'association Réseau Carel (Coopération pour l'accès aux ressources numériques en bibliothèques) a été mise en place et a été fondée en 2012 au sein de la BPI afin d'intervenir dans le dialogue entre les éditeurs de ressources numériques et les bibliothèques publiques. Sa mission est de rendre plus visible et transparente l'offre des éditeurs sur leurs contenus numériques. Le réseau assiste les établissements membres dans leurs acquisitions en leur proposant des ressources numériques aux tarifs négociés ; il est leur porte-parole dans tous les débats publics et professionnels sur les ressources numériques, il leur propose des journées d'information, de formation ou d'étude, il leur apporte assistance technique, expertise et conseil et enfin il coopère avec leurs associations professionnelles. Elle publie sur son site les grilles tarifaires des abonnements à leurs plate-formes, et quand elles sont négociées par les bibliothèques, celles-ci peuvent indiquer combien elles paient afin d'en informer les autres établissements. Elles peuvent également y mettre une notation qui peut faire pression sur les éditeurs afin qu'ils proposent une nouvelle offre.

Question 117 : Quel est l'environnement numérique pour les bibliothèques de l'enseignement supérieur ?

L'environnement des ressources numériques, plus souvent nommées « documentation électronique » au sein des bibliothèques universitaires est spécifique à l'enseignement supérieur et la recherche.

Le consortium Couperin, consortium unifié des établissements universitaires et de recherche pour l'accès aux publications numériques, est une association à but non lucratif financée par les cotisations de ses membres et subventionnée par le ministère de l'Enseignement supérieur et de la Recherche. Ses missions sont d'évaluer, négocier et organiser l'achat de ressources documentaires numériques au bénéfice de ses membres ; de recueillir et analyser leurs besoins documentaires ; développer un réseau national de compétences et d'échanges en matière de documentation électronique notamment concernant les politiques d'acquisitions, les plans de développement de collections, les systèmes d'information, les modèles de facturation des éditeurs, l'ergonomie d'accès, les statistiques d'usage ; contribuer à clarifier et à faire évoluer les relations contractuelles avec les éditeurs ; contribuer au développement d'une offre de contenu francophone ; œuvrer à l'amélioration de la communication scientifique et favoriser la mise en place de systèmes non commerciaux de l'information scientifique et technique (IST) par le développement d'outils adéquats et enfin de favoriser la coopération nationale, européenne et internationale dans le domaine de la documentation et des publications électroniques. Le consortium Couperin a porté le projet ISTEX (l'information scientifique et technique d'excellence), qui est devenu la bibliothèque scientifique numérique nationale. À la fin 2021, elle offre un accès à plus de 23 millions de documents provenant de 31 corpus de littérature scientifique dans toutes les disciplines, soit plus de 9 318 revues et 348 769 e-books entre 1473 et 2019 (chiffres 2021 ISTEX). ISTEX résulte d'un partenariat entre le CNRS, l'Abes, le consortium Couperin et l'Université de Lorraine.

Question 118 : Qu'est-ce que la BSN ?

Dans le cadre de la mise en place de la « Bibliothèque scientifique numérique », l'Abes a été mandatée par le ministère de l'Enseignement supérieur et de la Recherche fin 2010 pour négocier et acquérir des ressources sous forme de licences nationales en s'appuyant sur les expertises du consortium Couperin et de l'Inist-CNRS. Les licences nationales consacrent un droit d'accès à des ressources électroniques (natives ou numérisées) étendu à une vaste communauté selon des modalités strictement identiques. Elles entérinent le principe de l'équité dans la documentation pour les étudiants et les chercheurs. Le site licencesnationales.fr a pour objectif de centraliser les informations concernant les ressources documentaires acquises sous la forme de licences nationales. Y sont notifiées des informations sur ces ressources (contenu, périmètre des bénéficiaires, licence, signalement, etc.) ainsi que sur les négociations en cours. C'est également par le biais de ce site que les établissements déclarent leurs adresses IP afin de bénéficier de l'accès à ces ressources.

3| LA POLITIQUE DOCUMENTAIRE

■ QUESTIONS 119 À 123

Question 119 : Qu'est-ce que la politique documentaire ?
Question 120 : Quels sont les indicateurs d'évaluation des collections ?
Question 121 : Que contient une charte documentaire ?
Question 122 : Qu'est-ce qu'un PDC ?
Question 123 : Quelle est l'utilité de la méthode loupi ?

RÉPONSES 119 À 123

Question 119 : Qu'est-ce que la politique documentaire ?

Selon l'ENSSIB, la politique documentaire recouvre au sein d'une bibliothèque l'ensemble des processus visant à contrôler le développement des collections. Elle recouvre la politique d'acquisition, la politique de conservation (incluant le désherbage) et la politique d'accès (incluant les modalités d'organisation et de communication des collections). Une définition extensive, utilisée particulièrement dans les universités, considère la politique documentaire comme l'ensemble des objectifs et processus pilotant la gestion de l'information, incluant non seulement les activités des bibliothèques, mais également, la formation des étudiants à la maîtrise de l'information et les flux des ressources documentaires qui irriguent les composants de l'université.

Mettre en place une politique documentaire, c'est réfléchir à ses publics, évaluer ses collections, acheter de manière raisonnée et gérer les collections de manière prospective en réseaux. La politique documentaire fixe les objectifs et les grands principes qui dictent le choix des documents pour la constitution et le développement des collections.

La politique documentaire d'un établissement doit refléter ses exigences envers ses usagers en leur proposant des collections adaptées à leurs besoins, le tout doit correspondre aux missions de l'établissement. Elle doit comprendre la liste des actions à mener, les objectifs poursuivis par chacune, les échéances et les moyens d'évaluation afin de faire évoluer cette politique au fur et à mesure des changements sociétaux, structurels impactant sur sa formalisation.

Une politique documentaire doit définir une charte documentaire et un plan de développement des collections.

Question 120 : Quels sont les indicateurs d'évaluation des collections ?

Une politique documentaire suppose un suivi des collections *via* des indicateurs d'évaluation des collections générés automatiquement par les SIGB. Ces indicateurs sont, pour une collection donnée, le nombre d'auteurs ou de titres, l'âge médian des collections selon leurs natures (l'âge médian de la collection informatique devrait être plus récent que celle de l'histoire par exemple), le pourcentage de prêts de la collection par rapport à l'ensemble de ses titres, de sa représentativité par rapport à l'ensemble des collections de la bibliothèque, qui emprunte quoi, le taux de rotation de chacune des collections (nombre d'exemplaires empruntés sur nombre d'exemplaires total ainsi que le nombre de titres empruntés sur le nombre de titres d'une collection), le budget, etc. Chaque établissement définira les indicateurs qui seront les plus pertinents à la satisfaction de ses usagers et de ses missions avec les moyens qui lui seront octroyés.

Question 121 : Que contient une charte documentaire ?

Une charte documentaire est un document qui formalise les grands axes de développement des collections. C'est un document interne, mais aussi un document externe qui sert à communiquer sur la politique d'acquisition d'un établissement. Une version publique peut alors être adaptée pour être un outil de communication vers sa tutelle et ses publics.

Elle procède de la mise en œuvre du projet porté par un établissement au service d'une communauté en adéquation avec la production éditoriale. Ce projet répond aux missions statutaires, aux publics accueillis et à la richesse des collections. Elle répond également aux démarches de coopération à l'échelle locale, régionale ou nationale. Elle définit la politique générale documentaire d'un établissement qui fut élaborée de manière concertée avec les personnes chargées des acquisitions sur chaque domaine intellectuel. La charte documentaire d'un établissement définit les principes et les règles, les méthodes d'acquisition pour chaque segment de ses collections, proportionnellement à son importance au sein de l'ensemble des collections. Elle peut également transcrire les principes et règles pour le désherbage et la préservation des collections.

Question 122 : Qu'est-ce qu'un PDC ?

Un PDC est un plan de développement des collections qui est un outil pragmatique portant sur l'ensemble des collections d'une bibliothèque. C'est l'application concrète de la charte documentaire. C'est la réalisation d'un tableau de bord. Chacune des collections est reprise avec des objectifs d'acquisition, de désherbage en établissant des priorités. Il est le document des personnes chargées des acquisitions pour chacun des segments documentaires. C'est un outil de pilotage pour développer, conserver ou éliminer. Il prévoit les coûts et permet une gestion financière raisonnée.

Question 123 : Quelle est l'utilité de la méthode Ioupi ?

La méthode Ioupi est un outil qui aide à désherber c'est-à-dire à sélectionner les documents au sein d'un segment documentaire qui peuvent être conservés, donnés ou pilonnés. Ce travail doit être réalisé régulièrement afin que les collections d'un établissement demeurent en adéquation avec la politique documentaire en place. Cette méthode a été mise en place par la Bibliothèque publique d'information, la BPI. Chaque lettre correspond à un état du document tant dans son contenu que sur ses matériaux. Si à un document est associé un critère Ioupi, ce document est susceptible de ne pas être conservé.

I	Incorrect, fausse information
O	Ordinaire, superficiel, médiocre
U	Usé, détérioré, laid
P	Périmé
I	Inadéquat, ne correspond pas au fonds

En général les lettres sont associées à deux chiffres. L'un indique le critère d'âge d'un document et l'autre la dernière année du prêt du document. Ainsi une formule 10/3/Ioupi se lit : tout livre de cet indice Dewey qui a plus de dix ans, dont le dernier prêt remonte à plus de trois ans et qui possède un ou plusieurs facteurs Ioupi est candidat à l'élimination.

Le processus du désherbage répond à une démarche et des questions. En voici un exemple :

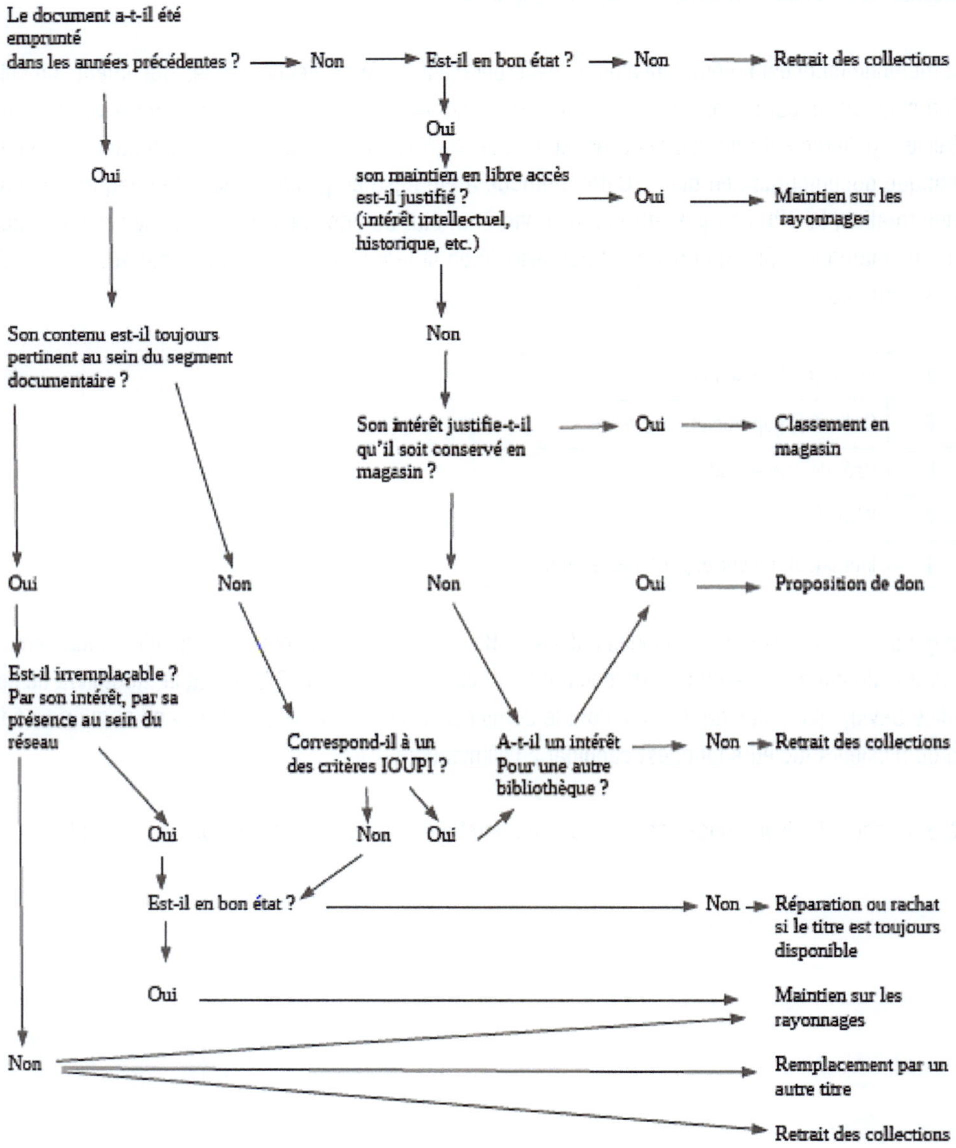

Le désherbage est un travail intellectuel complexe qui demande du temps et une organisation rigoureuse tant sur le plan matériel qu'humain. Une fois l'ouvrage retiré des rayonnages, l'exemplaire (et le titre, si besoin est) sera retiré du catalogue, une mention « rayé à l'inventaire » sera apposée sur le document. Une liste de l'ensemble des exemplaires retirés des collections sera présentée soit au conseil municipal, soit au conseil documentaire pour validation.

4| MODE D'ACCROISSEMENT DES COLLECTIONS

QUESTIONS 124 À 127

Question 124 : Quels sont les accroissements à titre gratuit ?
Question 125 : Qu'est-ce que le dépôt légal ?
Question 126 : Quel est le rôle du dépôt légal ?
Question 127 : Quels sont les accroissements à titre onéreux ?

RÉPONSES 124 À 127

Question 124 : Quels sont les accroissements à titre gratuit ?

Les accroissements à titre gratuit sont les dons, les legs, la dation et le dépôt légal. Ils sont réalisés sans contrepartie.

Un don est l'action de donner, de céder quelque chose que l'on possède à une institution, une œuvre. En général un agent de la bibliothèque est responsable des dons. Dans l'idéal, le donateur doit fournir une liste des documents mentionnant le titre, l'auteur, l'éditeur et l'année d'édition. Ainsi, la bibliothèque peut choisir sur liste les documents qui l'intéressent. La multiplication des dons et le manque fréquent d'espaces disponibles obligent les établissements à appliquer cette demande voir à refuser des dons.

Exemple de convention de don

Objet : Don de documents

Affaire suivie par :
[X]
[Service commun
de la documentation]

[Université X]

[Adresse postale]

Convention de don de documents à l'Université [X]

Entre les soussignés
L'Université [X], représenté par [X], ci-après dénommé le Donataire ;

Et
[X], ci-après dénommé le Donateur ;

Vu
Vu la demande présentée en date du [JJ/MM/AAAA] sur les documents dont le transfert est demandé, dénommées ci-dessous « Fonds » ;
Vu l'alinéa [X] de l'article [#.#] de la Charte documentaire de l'Université [X], approuvée en Conseil d'administration le [JJ/MM/AAAA] ;

Préambule
Le [Service commun de la documentation] de l'Université [X], garante de l'accès de l'ensemble de la communauté universitaire à la documentation, a pour missions de :
- [mission 1] ;
- [mission 2].

Pour ce faire, elle communique aux publics, par le biais de ses bibliothèques, une importante collection de livres et de périodiques, dont une partie provient de dons de professeurs ou de sociétés savantes.

L'intégration du Fonds dans cette collection permet également d'en assurer la bonne conservation et de le mettre à disposition du public.

En conséquence, il est convenu ce qui suit :

Article 1. Objet

La présente convention a pour objet le don matériel du Fonds, qui sera conservé par le Service commun de la documentation. Le transfert s'effectue à titre gratuit.

Article 2. Descriptif du Fonds objet du don

Le Fonds se compose de :

- [lot 1] ;
- [lot 2].

Article 3. Cession

Le donateur atteste sur l'honneur, avant cession, posséder la propriété pleine et entière sur le fonds et que, à ce titre, il peut en disposer comme il l'entend. Dès effet de la présente convention, le donateur s'engage à céder le fonds :

- sans délai ;
- gracieusement et sans contreparties ;
- en totalité et en l'état ;
- sans conditions ;
- sans réserves sur l'usage ultérieur qui en sera fait ;
- au donataire, qui acquiert, *de facto*, la propriété exclusive du Fonds et en prend la gestion à sa charge.

Article 4. Exploitation

Chaque document du Fonds sera susceptible d'être communiqué et prêté au public, sauf s'il présentait des caractéristiques contre-indiquées, comme un état matériel dégradé incompatible, ou une rareté particulière.

Par ailleurs, il est rappelé qu'un document du Fonds est susceptible d'être :

- reproduit pour copie individuelle ou à des fins de conservation, sur tout type de support ;
- diffusé sous forme d'extrait.

En outre, chaque document du Fonds peut, si nécessaire, être exposé à des fins scientifiques ou pédagogiques pour des représentations collectives, telles que des expositions ou des colloques, à l'intérieur et à l'extérieur des emprises de l'Université [X].

Cette exploitation sera effectuée dans les limites fixées par la loi et la réglementation en vigueur, notamment en matière de propriété intellectuelle.

Article 5. Traitement

Le Service commun de la documentation prendra toutes les mesures diligentes pour le traitement du Fonds, comportant des travaux de diverses natures, notamment en termes de sélection, de tri, de réparations éventuelles et de conditionnement.

Les documents du Fonds pourront être, si besoin, répartis entre les différentes bibliothèques du service commun de la documentation.

Article 6. Conservation

Le Fonds sera conservé dans des conditions matérielles appropriées. Une attention sera portée à sa sécurité, notamment pour prévenir les risques de déprédations.

Le donataire se réserve la possibilité de se séparer de certains documents du Fonds, si ces documents trouvaient une place plus pertinente auprès de tiers comme, par exemple, des institutions publiques ou des associations à but non lucratif. Cette session à un tiers peut prendre la forme, notamment, d'un échange ou d'un don à titre non onéreux.

Par ailleurs, l'élimination de certains documents du Fonds est possible en raison de :

- la politique documentaire menée par le service commun de la documentation de l'Université [X] ;
- la nécessité de les communiquer au public ;
- leur état matériel dégradé ;
- l'intérêt documentaire et scientifique de lots de documents pouvant être conservés sous la forme d'un échantillon représentatif.

Article 7. Signalement

Les documents du Fonds seront signalés au public, à l'aide d'un catalogue en ligne et de tout autre outil en ligne utilisé par le service commun de la documentation.

L'identité du donateur, s'il le souhaite, sera indiquée dans la mention de provenance du don.

Article 8. Effets

La présente convention prend effet à la date de remise du fonds par le donateur. Ses effets sont réputés définitifs. Aucune rétrocession ne pourra être effectuée.

Les éventuels compléments en don de documents feront l'objet d'un avenant à la présente convention, dont les conditions demeureront identiques.

Article 9. Règlement des litiges

Si un différend devait survenir entre le donateur et le donataire à propos de la présente convention, les deux parties s'engagent à se concerter préalablement.

Tout litige ou contestation, en rapport avec la présente convention, qui ne trouverait pas de solution à l'amiable dans un délai raisonnable, relèvera du tribunal administratif de [X].

Convention remise en deux exemplaires, dont une pour chaque partie,

Le donataire,	**Le donateur,**
Le,	**Le,**
À	**À**
Signature	**Signature**

Source : Modèle de convention de don de documents, J.-Y. Keslick-Galipienso, 2018
http://poldoc.enssib.fr/node/1225

Le legs est un acte testamentaire qui permet à une personne de transmettre son patrimoine à un établissement, une institution. Les dispositions du légataire peuvent être restrictives quant à l'exécution du legs et peuvent prévoir des conditions d'exécution comme la conservation des collections dans un espace particulier, une cotation propre, des modes de communication exceptionnels, etc. La dation est une opération juridique par laquelle, en règlement de tout ou partie du montant de sa dette, un débiteur cède la propriété d'un bien, d'un ensemble de biens ou de droits, lui appartenant (loi n° 68-1251 du 31 décembre 1968 pour favoriser la conservation du patrimoine artistique).

Question 125 : Qu'est-ce que le dépôt légal ?

Le dépôt légal est conçu comme la mémoire du patrimoine culturel diffusé sur le territoire national et englobe donc des œuvres étrangères éditées, produites ou diffusées en France. Institué en 1537 par François Ier, il permet la collecte, la conservation et la consultation de documents de toute nature, afin de constituer une collection de référence : imprimés (1537), estampes, cartes et plans (1648), partitions musicales (1793), photographies et phonogrammes (1925), affiches (1941), vidéogrammes et documents multimédias composites (1975), multimédias, logiciels, bases de données (1992) et Internet (2006).

Le dépôt légal est l'obligation pour tout éditeur, imprimeur, producteur, importateur de déposer chaque document qu'il édite, imprime, produit ou importe en France à la BnF ou auprès de l'organisme habilité à recevoir le dépôt en fonction de la nature du document. La BnF a pour mission de collecter au titre du dépôt légal, dès lors qu'ils sont mis à la disposition d'un public, les documents imprimés, graphiques, photographiques, sonores, audiovisuels, multimédias, quel que soit leur procédé technique de production, d'édition ou de diffusion, ainsi que les logiciels et bases de données, quelle que soit la nature de leur support. Il en est de même pour les signes, signaux, écrits, images, sons ou messages de toute nature faisant l'objet d'une communication au public par voie électronique (Internet). Inscrite dans le code du patrimoine, l'obligation de dépôt légal est l'obligation pour tout éditeur, imprimeur, producteur, importateur, de déposer chaque document qu'il édite, imprime, produit ou importe, à l'un des organismes dépositaires du dépôt légal : la Bibliothèque nationale de France, l'Institut national de l'audiovisuel (INA), le Centre national du cinéma et de l'image animée (CNC) et les bibliothèques habilitées par arrêté du ministre chargé de la Culture. Le dépôt légal est lié à un support plutôt qu'à la notion d'œuvre. Ainsi, une même œuvre peut être déposée plusieurs fois sur différents supports.

Question 126 : Quel est le rôle du dépôt légal ?

Le dépôt légal d'un document à la BnF permet d'assurer sa collecte et sa conservation, la constitution et la diffusion de notices bibliographiques, sa consultation en bibliothèque de recherche et l'enrichissement des fonds de bibliothèques partenaires pour les documents imprimés. Le dépôt légal est une source d'accroissement des collections des bibliothèques habilitées à recevoir le dépôt légal imprimeur.

Question 127 : Quels sont les accroissements à titre onéreux ?

Les accroissements à titre onéreux sont les échanges et les achats. Ils sont réalisés avec une contrepartie en nature ou monétaire.

Les acquisitions se réalisent selon la politique documentaire de l'établissement. Des outils d'aide à la décision existent comme Electre, base de données bibliographique, pour les monographies ; les sites entrevues.org, la base de données des Nouvelles messageries de la presse parisienne nmpp.fr, Ebsco pour les périodiques ; l'Adav (Atelier de diffusion pour l'audiovisuel), le CVS et Colaco pour les documents audiovisuels.

5| LES DIFFÉRENTS TYPES DE DOCUMENTS

QUESTIONS 128 À 134

Question 128 : Quels sont les différents types de documents imprimés ?
Question 129 : Quelle est la définition d'un périodique ?
Question 130 : Qu'est-ce qu'une publication en série ?
Question 131 : Quels sont les documents qui ne sont pas définis comme une publication en série ?
Question 132 : Que signifient les différents segments de chiffres d'un numéro ISBN ?
Question 133 : Quels sont les autres types de documents ?
Question 134 : Qu'est-ce qu'un support optique ?

RÉPONSES 128 À 134

Question 128 : Quels sont les différents types de documents imprimés ?

Les documents imprimés sont les livres, les périodiques, les thèses et la littérature grise.

Un livre est un « *volume reliant des feuilles comportant des signes graphiques* » (*Encyclopédie Universalis* en ligne). Plusieurs éléments constituent un livre : la couverture ; la quatrième de couverture qui donne en général des informations sur l'auteur et un descriptif de l'ouvrage ; la page de titre sur laquelle sont mentionnés le nom de l'auteur, le titre de l'ouvrage ainsi que l'éditeur ; le verso de la page de titre sur lequel est mentionné le copyright c'est-à-dire la date d'édition ; l'achevé d'imprimer qui se situe à la dernière page du livre qui est constitué de la date d'impression du document, le nom de l'imprimeur et la date du dépôt légal ; l'ISBN (International Standard Book Number) qui est attribué à chaque ouvrage et enfin le prix du livre.

Les manuscrits sont des documents antérieurs à l'invention de l'imprimerie (avant 1440), ce sont aussi les documents écrits de la main de l'auteur.

Les livres peuvent être de différents types : les incunables, les livres contemporains, livres en gros caractère, livres d'artiste, pop-up, livres animés, etc. Ils peuvent être également en braille et/ou sous forme audio.

Une thèse est un document qui fait suite à un travail universitaire qui permet d'obtenir le grade de docteur. Son dépôt est obligatoire sous forme électronique. L'ensemble des thèses soutenues depuis 1985 ainsi que les thèses en préparation sont signalées sur theses.fr, base réalisée par l'Agence bibliographique de l'enseignement supérieur (Abes).

La littérature grise regroupe, selon l'Agence française de normalisation (AFNOR), tout « *document dactylographié ou imprimé, souvent à caractère provisoire, reproduit et diffusé à un nombre d'exemplaires inférieur au millier, en dehors des circuits commerciaux de l'édition et de la diffusion* ». Ce sont les rapports, des actes de conférences, de colloques, les brevets, les normes, les circulaires, des documents internes d'une entreprise, d'une administration, etc.

Question 129 : Quelle est la définition d'un périodique ?

Un périodique est une publication en série, qui est dotée d'un titre dont le contenu est un ensemble d'articles répertoriés en sommaire, écrits par plusieurs auteurs et qui sont publiés à des intervalles réguliers.

Un périodique est identifié par l'ISSN (International Standard Serial Number) qui renseigne le type de publication (revue, collection de livres, etc.). Les ISSN sont établis par le Centre international ISDS (International Serial Data System) et sont attribués par les centres nationaux, c'est la BnF pour la France. À noter qu'un ISSN et un ISBN peuvent cohabiter dans le cadre d'une collection de livres. Les périodiques sont la presse quotidienne, nationale ou régionale ; la presse magazine à caractère en général thématique et enfin les revues qui sont plus spécialisées.

Question 130 : Qu'est-ce qu'une publication en série ?

Une publication en série est un imprimé ou non qui paraît de façon régulière, en fascicules ou en volumes qui s'enchaînent de façon numérique et chronologique, pendant une durée non définie à l'avance. Une publication en série est une œuvre collective. Différentes périodicités de parution existent : quotidien, hebdomadaire (une fois par semaine), mensuel (une fois par mois), bimensuel (deux fois par mois), bimestriel (tous les deux mois), trimestriel (tous les trois mois), semestriel (tous les six mois), annuel (une fois par an), etc. Les journaux, les revues, les annuaires, les collections de monographies sont des publications en série.

Question 131 : Quels sont les documents qui ne sont pas définis comme une publication en série ?

Ce qui n'est pas défini comme une publication en série l'est comme une monographie qui peut être : un livre, un tiré à part, un mémoire, une brochure. Une brochure est un document entre cinq et quarante-huit pages. Une monographie est définie comme telle par l'AFNOR : « *Ouvrage formant un tout, en un ou plusieurs volumes, soit qu'il paraisse en une seule fois, soit que sa publication s'étende sur une durée limitée selon un plan établi à l'avance.* »

Question 132 : Que signifient les différents segments de chiffres d'un numéro ISBN ?

L'ISBN comporte treize chiffres répartis en plusieurs segments : le premier segment est 978 ou 979, il indique que le document est un livre ; le deuxième stipule le secteur géolinguistique, pour les pays francophones c'est le 2 ; le troisième segment mentionne le numéro d'éditeur (7590 pour Studyrama) ; le quatrième groupe de chiffre est le numéro d'ordre de l'ouvrage dans la production éditoriale de l'éditeur et enfin le dernier chiffre est une clé de contrôle informatique. L'ISBN est attribué par l'AFNIL (Agence francophone pour la numérotation internationale du livre) qui est localisée à la BnF (Bibliothèque nationale de France).

Question 133 : Quels sont les autres types de documents ?

Les autres types de documents sont les documents sonores (phonogrammes), les documents audiovisuels, les documents graphiques (estampes et photographies), les supports optiques, les documents électroniques, les œuvres d'art et les jeux.

• Les documents sonores ou phonogrammes sont les vinyles et les disques compacts (CD). Les vinyles sont des disques noirs microsillon. Les collections de documents sonores se nomment des discothèques.

• Les documents audiovisuels ou vidéogrammes sont les DVD, des pellicules de films sous plusieurs formats dont les plus fréquents sont de 16 et 35 millimètres. Les images animées sont : les films de fiction, les documentaires et les films d'animation. Les collections sont nommées des vidéothèques.

• Les documents graphiques sont des images fixes comme les estampes, les cartes et plans, les affiches, les photographies, les cartes postales, les dessins. L'estampe est une œuvre d'art obtenue par impression d'une plaque gravée de métal ou de bois. Par ce procédé, elle peut être reproduite plusieurs fois. En général, son tirage est numéroté. Plusieurs techniques produisent ainsi des estampes : la xylogravure ou la gravure sur bois, la gravure sur cuivre, la gravure sur cuivre à l'eau-forte où la plaque une fois gravée est plongée dans un acide qui creuse la gravure, la lithographie réalisée à partir d'une pierre de calcaire et la sérigraphie qui utilise la technique du pochoir sur bois ou sur verre. Les cartes et plans, dits documents cartographiques, comprennent aussi les globes, des photographies aériennes, des guides topographiques, etc. Les affiches et les cartes postales font partie des documents iconographiques au même titre que les cartes de vœux, les almanachs, etc.

• Les documents électroniques sont les cédéroms ou se présentent sous forme virtuelle : les sites Internet, les revues numériques, livrels ou e-books, bases de données. Une ressource dans un environnement numérique sera identifiée par un DOI (Digital Object Identifier) qui est une numérotation internationale équivalente à l'ISBN d'un livre pour les ressources numériques.

• Les monnaies et médailles sont des collections représentées en bibliothèque et notamment à la BnF qui y consacre un département. Ce département peut comprendre des objets variés non monétaires : des camées, intailles, plombs, verres, bronzes, etc.

• Les artothèques sont présentes en bibliothèques municipales essentiellement. Elles sont apparues dans les années 1980, elles correspondent à une volonté du ministère de la Culture qui veut établir une médiation plus directe entre l'art et un public fréquentant peu les musées, tout en soutenant la production artistique.

• Les jeux/jouets sont présents dans des bibliothèques municipales ou universitaires, ce sont des jeux éducatifs ou non. Ils peuvent être empruntés ou non.

Les documents patrimoniaux sont des documents à statut particulier. Le décret n° 2020-195 du 4 mars 2020[2] portant diverses dispositions relatives aux bibliothèques les définit comme tels : « *Sont des documents patrimoniaux, au sens du présent livre, les biens conservés par les bibliothèques relevant d'une personne publique, qui présentent un intérêt public du point de vue de l'histoire, de l'art, de l'archéologie, de la science ou de la technique, notamment les exemplaires identifiés de chacun des documents dont le dépôt est prescrit aux fins de constitution d'une mémoire nationale par l'article L. 131-2 du présent code et les documents anciens, rares ou précieux. En application de l'article L. 2112-1 du code général de la propriété des personnes publiques, ces documents patrimoniaux font partie du domaine public mobilier de la personne publique propriétaire.* »

Question 134 : Qu'est-ce qu'un support optique ?

C'est un disque où sont stockées des données (texte, images fixes ou animées, son) qui peuvent être lues rapidement *via* un rayon laser. Différents supports optiques existent : le disque compact (CD), le CD-Rom (Compact Disc Read Only Memory) et le DVD (Digital Versatile Disc)

2. https://www.legifrance.gouv.fr/eli/decret/2020/3/4/MICB1928758D/jo/texte (consulté le 04/11/2022).

6| CATALOGUES, CATALOGUES COLLECTIFS ET BIBLIOTHÈQUES NUMÉRIQUES

QUESTIONS 135 À 141

Question 135 : Qu'est-ce qu'un catalogue de bibliothèque ?
Question 136 : Quels sont les grands types de catalogues ?
Question 137 : Que comprend le Catalogue général ?
Question 138 : Qu'est-ce que le Sudoc ?
Question 139 : À quelle bibliothèque appartient le CCFr ?
Question 140 : Quels sont les autres grands catalogues collectifs ?
Question 141 : Que sont Gallica et Europeana ?

RÉPONSES 135 À 141

Question 135 : Qu'est-ce qu'un catalogue de bibliothèque ?

Un catalogue de bibliothèque est la liste des documents physiques et virtuels que possède une bibliothèque. Le catalogue permet de les localiser, vérifier leur disponibilité et réaliser une recherche documentaire selon des critères. Il est très souvent informatisé et disponible sur le web.

Un catalogue dit collectif est un catalogue partagé par plusieurs bibliothèques qu'elles soient territoriales tel qu'un réseau des bibliothèques d'une ville ou universitaires. Il peut être de différentes envergures : régionales, nationales, européenne ou mondiale par exemple. Il permet une mutualisation des tâches et un partage des coûts ainsi qu'une visibilité plus importante des ressources documentaires.

Chaque document est décrit sur une notice bibliographique sur laquelle sont mentionnés les éléments descriptifs dudit document et des accès, de différentes natures, dotés d'hyperlien renvoyant à d'autres notices. La notice bibliographique est complétée par une notice d'exemplaire où sont mentionnées la localisation (dans quelle bibliothèque, quel étage, quelle salle, se situe le document décrit) et la cote du document.

Question 136 : Quels sont les grands types de catalogues ?

Il existe deux grands types de catalogues : les catalogues sur fiches et les catalogues informatisés.

Les catalogues sur fiches apparaissent pendant la Révolution au dos de cartes à jouer, ils avaient une fonction d'inventaire et étaient classés en général par auteur. Fin XIXe et au XXe, ils se multiplient et deviennent de vrais outils professionnels, une fiche est réalisée pour chaque accès. La mise à jour des fiches se fait par d'autres fiches nommées « intercalation ». Après la Seconde Guerre mondiale, le format ISBD (International Standard Book Description) est appliqué pour la rédaction de la description d'un document.

Organisation des fichiers d'un catalogue à partir d'une fiche de base type

	Type de catalogue (fichiers)	Type de fiche	Spécificité de la fiche
Fiche de base	Catalogue alphabétique Auteurs et titres d'anonymes	Auteur	Fiche(s) avec Vedette auteur
		Titre d'anonyme	Fiche identique à la fiche de base
		Renvoi	Fiche de renvoi
	Catalogue alphabétique Matières	Matière	Fiche avec Vedette matière
		Renvoi	Fiche de renvoi
	Catalogue alphabétique Titre	Titre	Fiche identique à la fiche de base
	Catalogue topographique	Cote	Fiche identique à la fiche de base

Les catalogues informatisés sont apparus dans les années 1960, le format MARC (Machine Readable Catalog) voit le jour en 1965. Ces catalogues, dont l'interface publique est nommée OPAC (Online Public Access Catalog), sont alimentés grâce à un logiciel nommé SIGB (système de gestion intégré de bibliothèque). Il permet d'automatiser les acquisitions, le traitement intellectuel et les accès des documents, la gestion et la circulation des documents, la gestion des usagers et la recherche documentaire. D'autres modules complémentaires peuvent y être intégrés tels que le récolement, le désherbage, les statistiques, etc. La recherche documentaire peut alors se réaliser en croisant différents accès (auteur, titre, matière, etc.) tout en appliquant, si besoin est, des opérateurs booléens (et, ou, sauf) et des critères de tri (date d'édition, types de documents, etc.).

Question 137 : Que comprend le Catalogue général ?

Le Catalogue général de la Bibliothèque nationale de France (BnF) comprend, en 2016, plus de treize millions de notices de références bibliographiques, et près de cinq millions de notices d'auteurs (noms de personnes, collectivités), de titres d'œuvres, de sujets, etc. Il s'enrichit régulièrement grâce au traitement bibliographique des collections entrées au titre du dépôt légal, par acquisition et don, et aux conversions rétrospectives d'anciens catalogues. Il décrit et recense les documents conservés ou directement accessibles sur tous les sites de la BnF : imprimés (livres, périodiques, recueils), documents sonores (disques, disques compacts, cassettes audios, etc.), images animées (cassettes vidéo, DVD vidéo...), multimédias multisupports, ressources électroniques sur supports (cédéroms, consoles de jeux...) et dématérialisées (tout type de contenu), musique notée (imprimée et manuscrite), documents iconographiques (dessins, estampes, photographies...), documents cartographiques (cartes, plans, atlas...), objets dont les objets monéiformes, manuscrits et documents d'archives et enfin les documents numérisés.

Question 138 : Qu'est-ce que le Sudoc ?

Le catalogue du Système universitaire de documentation, le Sudoc, est le catalogue collectif français réalisé par les bibliothèques et centres de documentation de l'enseignement supérieur et de la recherche. Il est administré par l'Abes. Il comprend plus de 13 millions de références bibliographiques qui décrivent tous les types de documents - livres, thèses, revues, ressources électroniques, documents audiovisuels, microformes, cartes, partitions, manuscrits hors Calames et livres anciens...

Le catalogue Sudoc décrit également les collections de revues et journaux d'environ 2 000 établissements documentaires hors enseignement supérieur (bibliothèques municipales, centres de documentation, etc.). Enfin, il a pour mission de recenser l'ensemble des thèses produites en France. Une recherche dans le catalogue Sudoc permet d'obtenir la description bibliographique du document, de constituer une bibliographie par le téléchargement ou l'export de notices, de sauvegarder dans son panier, au fil de la recherche des enregistrements (jusqu'à 100) pour pouvoir les télécharger, d'accéder au texte intégral du document si celui-ci est accessible en ligne et enfin de localiser un document dans une des bibliothèques du réseau Sudoc afin de pouvoir le consulter, en demander le prêt ou la reproduction.

Question 139 : À quelle bibliothèque appartient le CCFr ?

Le catalogue collectif de France, le CCFr, est géré par la BnF. Il localise plus de 40 millions de documents conservés dans les bibliothèques françaises et donne accès au Répertoire national des bibliothèques et des fonds documentaires. Actuellement, le CCFr donne accès aux catalogues suivants :

- BnF-CG, le Catalogue général de la Bibliothèque nationale de France ;
- Sudoc, le catalogue des bibliothèques de l'enseignement supérieur ;
- Base patrimoine, un catalogue de plus de 8 millions de documents (fonds anciens, locaux ou spécialisés) conservés dans 211 bibliothèques françaises ;
- Bases manuscrits et archives, un catalogue de quatre bases dédiées aux manuscrits : le Catalogue général des manuscrits (CGM), BnF Archives et manuscrits, le Répertoire des manuscrits littéraires français du XXe siècle (Palme), et Calames (manuscrits conservés dans les établissements relevant de l'enseignement supérieur) ;
- plusieurs catalogues intégraux de bibliothèques municipales : Dijon, Limoges, Rennes, Bordeaux, Montpellier, les villes-centres de la région Rhône-Alpes à travers le catalogue Lectura (Bourg-en-Bresse, Chambéry, Grenoble, Lyon, Roanne, Saint-Étienne, Valence) et les onze bibliothèques patrimoniales de la ville de Paris ;

• Rachel, le catalogue collectif du Réseau européen des bibliothèques judaica et hebraica, sept bibliothèques spécialisées dans le domaine de la culture juive ;
• Réseau Valdo, le catalogue du réseau européen de bibliothèques d'institutions protestantes ou associées.

Le Répertoire national des bibliothèques et des fonds documentaires recense plus de 5 200 bibliothèques et centres de documentation. Il fournit à la fois des informations pratiques et des renseignements sur les collections des établissements. Le Répertoire permet en outre d'accéder à la description de plus de 3 800 fonds conservés dans plus de 500 bibliothèques tels que les fonds Montesquieu à la Bibliothèque municipale de Bordeaux ou le fonds gourmand à Dijon.

Question 140 : Quels sont les autres grands catalogues collectifs ?

Les autres grands catalogues collectifs sont : Explore the British Library, Karlsruher Virtueller Katalog et Worldcat.

Explore the British Library est le catalogue principal de la bibliothèque nationale du Royaume-Uni. Le catalogue principal contient 80 millions de notices de livres, revues, journaux, cartes imprimées, partitions, ressources électroniques, documents d'archives sonores, etc., soit environ 15 millions de notices pour les collections de livres, revues, journaux, conférences, cartes, partitions, etc. ; environ 58 millions de notices d'articles de journaux ; des milliers de notices pour les pages Web de la British Library et environ 5,5 millions d'enregistrements d'archives sonores ; 14 000 documents commerciaux recueillis depuis le milieu des années 1980. Le catalogue comprend également des notices de contenu en ligne gratuit, sélectionnées par les conservateurs. Il s'agit, par exemple, des registres des librairies de l'UE et des documents du gouvernement fédéral américain.
Certains contenus sont en dépôt légal ou par abonnement et ne sont accessibles qu'aux lecteurs.

Le Karlsruher Virtueller Katalog, le KVK, est un métamoteur de recherche pour l'indexation de plusieurs centaines de millions de livres, périodiques et autres médias dans les bibliothèques et les catalogues spécialisés du monde entier. Il est géré par la bibliothèque universitaire de Karlsruher (Allemagne). Les requêtes de recherche saisies sont transmises simultanément à plusieurs catalogues de bibliothèques allemandes et/ou internationales et les listes d'occurrences correspondantes sont affichées. Le KVK ne dispose pas de sa propre base de données. Cela dépend de la disponibilité des systèmes cibles sur Internet. Il ne peut pas non plus offrir plus de fonctionnalités dans la recherche exploratoire que les systèmes cibles individuels eux-mêmes.

Worldcat, géré par l'OCLC (Online Computer Library Center), donne accès aux collections et aux services de plus de 15 000 bibliothèques à travers le monde. 3 milliards d'ouvrages sont disponibles *via* son interface. Les trois catalogues de bibliothèques les plus visitées sont celui de l'Université de Washington, celui de l'Université de Cornell (Ithaca, New York) et enfin celui de l'Université de McGill (Montréal, Québec, Canada). Worldcat donne la possibilité de générer des bibliographies, de rédiger et de publier des critiques, de publier et rendre publique des listes, etc.

Question 141 : Que sont Gallica et Europeana ?

Gallica et Europeana sont des bibliothèques numériques. Une bibliothèque numérique est un ensemble organisé de documents électroniques, qui offre également des services à son public.

Gallica est la bibliothèque numérique de la Bibliothèque nationale de France et de ses partenaires. En ligne depuis 1997, elle s'enrichit chaque semaine de milliers de nouveautés et offre aujourd'hui accès à plusieurs millions de documents. Elle est l'une des plus importantes bibliothèques numériques accessibles gratuitement sur l'Internet. Elle offre l'accès à tous types de documents : imprimés (livres, presse et revues) en mode image et en mode texte, manuscrits, documents sonores, documents iconographiques, cartes et plans. Fin 2022, elle offre un accès à plus de 9 millions de documents numérisés.

La Bibliothèque nationale de France soutient la numérisation des collections patrimoniales des bibliothèques françaises, dans une optique d'enrichissement raisonnée de corpus en ligne et selon une politique de complétude documentaire avec les ressources patrimoniales numérisées provenant des collections de la BnF. Les corpus numériques ainsi constitués font l'objet d'une diffusion libre et gratuite sur Gallica et toute autre bibliothèque numérique interopérable avec Gallica.

Le réseau des partenaires de Gallica regroupe 270 partenaires de tous types : les partenaires des territoires (bibliothèques et archives des collectivités territoriales, structures régionales de coopération, sociétés savantes), les partenaires de l'enseignement supérieur et de la Recherche et les autres partenaires (bibliothèques spécialisées essentiellement, avec des statuts variés, et rattachées à des tutelles très diverses).

Gallica en chiffres

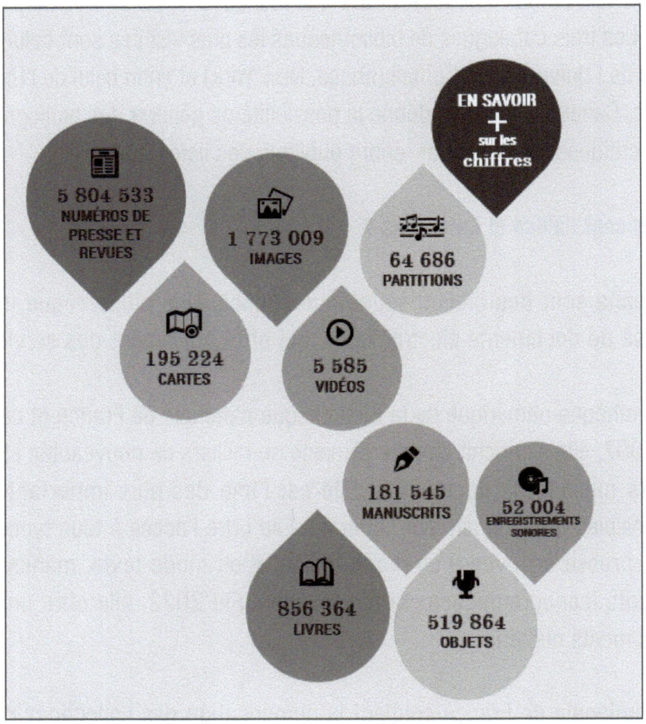

Source : Gallica.fr (consulté le 19/12/2022)

Europeana est la bibliothèque numérique européenne. Elle donne accès à plus de 58 millions de titres numérisés (livres, musique, œuvres d'art et plus encore) par l'intermédiaire d'outils de recherche et de filtres sophistiqués. Ces collections sont issues de plus de 3 300 institutions (bibliothèques, archives, musées et collections audiovisuelles) et permettent d'explorer l'histoire de l'Europe, de l'Antiquité à nos jours.

Europeana en chiffres

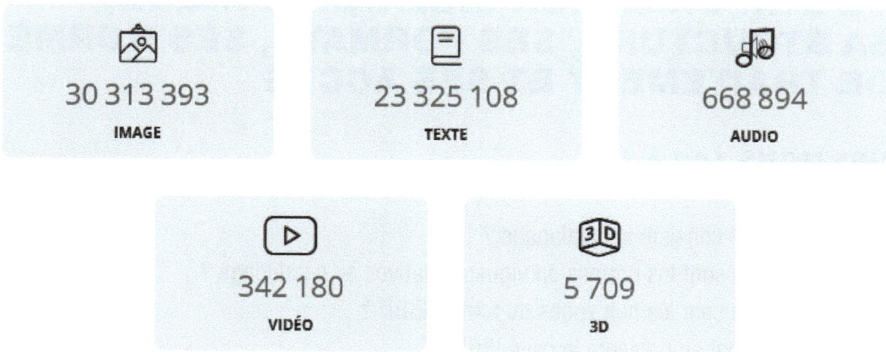

Source : Europeana.fr (consulté le 09/12/2022)

Europeana est une initiative de l'Union européenne, financée par « Connecting Europe Facility » de l'Union européenne et de ses États membres. Les services d'Europeana, y compris le présent site web, sont exploités par un consortium dirigé par la fondation Europeana dans le cadre d'un contrat de service avec la Commission européenne. Le site web de la bibliothèque européenne a été lancé en 2005 avec une volonté politique de devenir la bibliothèque numérique européenne. Le prototype d'Europeana est lancé fin 2008 et devient opérationnel pendant l'été 2010. En 2012, ses métadonnées sont publiées dans le cadre de l'attribution du domaine public universel (Creative Commons), stimulant les possibilités d'innovations et de créativités numériques.

7| LE TRAITEMENT INTELLECTUEL DE L'INFORMATION BIBLIOGRAPHIQUE, SA STRUCTURE, SES FORMATS, SES NORMES DE TRAITEMENT ET SES ACCÈS

QUESTIONS 142 À 146

Question 142 : En quoi consiste le catalogage ?
Question 143 : Quelles sont les normes en vigueur relatives au catalogage ?
Question 144 : Quelles sont les huit zones du format ISBD ?
Question 145 : Comment se présente le pavé ISBD ?
Question 146 : Quels sont les huit blocs du format Unimarc ?

RÉPONSES 142 À 146

Question 142 : En quoi consiste le catalogage ?

Le catalogage « *consiste à transcrire les éléments nécessaires à l'identification d'un ouvrage, à créer sa carte d'identité pour le retrouver*[3] ». Ces éléments sont d'une part intellectuels et éditoriaux, c'est la description bibliographique et d'autre part la description matérielle du document. Un format est une structure de données, une structuration de l'information. Ces données sont réalisées sous une norme internationale, le format ISBD (International Standard Bibliographic Description) qui existe pour tous les supports. À la description ISBD, dit pavé, est ajouté des accès au document transcrit tels que l'auteur, le titre, sujet, etc. Le pavé ISBD et les accès forment la notice bibliographique d'un document. L'ensemble des notices des documents d'une bibliothèque constitue le catalogue de la bibliothèque.

Le format Unimarc (Universal Machine Readable Cataloging) est utilisé dans le cadre d'un catalogage automatisé, c'est un format bibliographique d'échange pour le traitement de l'information qui permet l'interrogation des données en réseau et le partage du travail.

Le catalogage est une technique qui ne peut se maîtriser qu'avec beaucoup de pratiques et en application des normes françaises. Il est nécessaire de se référer à plusieurs ouvrages professionnels sur ces normes tant pour la description bibliographique que pour les accès.

Question 143 : Quelles sont les normes en vigueur relatives au catalogage ?

Les normes en vigueur relatives au catalogage sont les suivantes :

3. *Mémento du bibliothécaire*, ABF (Médiathèmes), 3e éd. revue et augmentée, 2013.

Description bibliographique : les normes AFNOR

Type de document	Normes AFNOR		
	Numéro	Intitulé	Date de parution
Documents cartographiques	Z 44-067	Documentation - Catalogage des documents cartographiques - Rédaction de la notice bibliographique	Septembre 1991
Enregistrements sonores	Z 44-066	Documentation - Catalogage des enregistrements sonores - Rédaction de la notice phonographique	Décembre 1988
Images fixes	FD Z 44-077	Documentation - Catalogage de l'image fixe - Rédaction de la description bibliographique	Septembre 1997
Monographies imprimées	Z 44-050	Documentation - Catalogage des monographies - Textes imprimés - Rédaction de la description bibliographique	Avril 2005
	Z 44-073	Documentation - Catalogage des monographies - Description allégée	Avril 2005
Musique imprimée	Z 44-069	Documentation - Catalogage de la musique imprimée - Rédaction de la notice bibliographique	Octobre 1993
Ressources continues	FD Z 44-063	Documentation - Catalogage des ressources continues - Rédaction de la description bibliographique	Août 2007
Ressources électroniques	FD Z 44-082	Documentation - Catalogage des ressources électroniques - Rédaction de la description bibliographique	Décembre 1999
Vidéogrammes	FD Z 44-065	Documentation - Catalogage des vidéogrammes - Rédaction de la description bibliographique	Septembre 1998

À noter : la documentation sur les sources principales d'information mentionnées dans la norme Z44-050 est remplacée par le chapitre 2.2 : source d'information du code RDA-FR.

Les accès : les normes AFNOR

Type d'accès	Normes AFNOR		
	Numéro	Intitulé	Date de parution
Choix des accès	Z 44-059	Documentation - Catalogage - Choix des accès à la description bibliographique	Décembre 1987
Classement bibliographique	NF Z 44-080	Documentation - Règles de classement bibliographique	Février 1986
Noms des collectivités	NF Z 44-060	Documentation - Catalogue d'auteurs et d'anonymes - Forme et structure des vedettes de collectivités-auteurs	Décembre 1996
Noms géographiques	NF Z 44-081	Documentation - Catalogage des documents cartographiques - Forme et structure des vedettes noms géographiques	Septembre 1993
Titres musicaux	NF Z 44-079	Documentation - Catalogage - Forme et structure des vedettes titres musicaux	Novembre 1993

La mise en application des nouvelles règles de catalogage *via* le code RDA-FR est progressive. Dès la publication des nouveaux éléments et leur date d'application, ils remplacent les normes AFNOR Z44-xx préexistantes.

Il existe un recueil « Normes de catalogage » aux éditions AFNOR en trois volumes pour la formation des bibliothécaires et des documentalistes. Le tome 1 est plus spécialement destiné à l'enseignement professionnel de base. Il regroupe les normes qui constituent le socle de la pratique catalographique, qu'il s'agisse de points d'accès, de description ou de références bibliographiques. Le tome 2 rassemble les normes nécessaires pour décrire les ressources musicales, les enregistrements sonores et l'image, fixe ou animée. Et enfin, le tome 3 est consacré à deux autres types de ressources d'une part les ressources cartographiques, d'autre part les ressources de texte imprimé.

Question 144 : Quelles sont les huit zones du format ISBD ?

Pour une monographie imprimée, les sources d'information qui vont permettre d'identifier l'élément propre à chaque zone, vont se situer par ordre d'importance : sur la page de titre, au dos de la page de titre, sur la couverture (recto, verso et dos), sur l'achevé d'imprimé, en tête et en pied de page, et enfin au niveau de l'introduction, du prologue, du préambule, de la préface, etc.

Monographie imprimée, pavé ISBD : les huit zones (en conformité avec le code RDA-FR)

Zones ISBD	Libellé de la zone	Remarques	Sources d'information
Zone 0	Zone de la forme de contenu, du type de médiation et du type de support	**Issu de RDA-FR** La forme de contenu remplace la notion de [texte imprimé] qui apparaissait dans la zone 1. Le type de médiation indique le moyen par lequel on accède à la ressource décrite. Par exemple pour les imprimés, on utilisera la mention « sans médiation » ; pour les e-books, « électronique ». Le type de support correspond au dispositif de médiation pour visionner, faire fonctionner, etc., le contenu de la ressource « volume », « carte », « fascicule », etc.	
Zone 1	Zone de titre et de la mention de responsabilité auteur(s)	Cette zone doit être le reflet de la page de titre, toutes les informations mentionnées doivent y être inscrites. • Si deux titres sont mentionnés, l'un en français, l'autre en anglais par exemple, cela sera mentionné comme tel : Titre en français = Titre en anglais • Des points d'accès sont établis jusqu'à trois noms de personnes ou collectivités pour chaque type de responsabilité, par exemple : trois auteurs, trois éditeurs scientifiques, etc. Il est obligatoire de citer les trois premiers noms suivis de « [et al.] » pour les noms non retenus.	Page de titre
Zone 2	Zone de l'édition	Il ne s'agit pas de la mention de l'éditeur mais par exemple : 2e édition revue et corrigée.	Page de titre, à son verso, sur la couverture ou l'achevé d'imprimé
Zone 3	Utilisée pour certains types de documents comme les cartes et plans, les CD-Roms		

Zones ISBD	Libellé de la zone	Remarques	Sources d'information
Zone de l'adresse bibliographique	Mention de publication, production, diffusion, fabrication	Remplace la zone 4, zone de l'adresse. Section 1, chapitre 2 (2.7 à 2.11) du code RDA-FR.	
Zone 5	Zone de la collation : nombre de pages, taille du document, mention d'illustrations	• Pour les numéros de pages, indiquer la dernière page numérotée. • Le format sera soit mentionné en centimètres, soit inscrit hauteur × largeur. • Pour les illustrations, elles seront mentionnées par exemple comme tel : ill. couv. ill. en coul. *(si plus de trois couleurs)* couv. ill. *(si en noir et blanc)*	Le document lui-même
Zone 6	Zone de la collection : collections éditoriales ou monographies en plusieurs volumes		Peut être mentionné à plusieurs endroits sur le document
Zone 7	Zone des notes : peu de notes sont obligatoires et normalisées	Les notes facultatives recommandées sont les mentions d'index, de glossaires et de bibliographie.	
Zone 8	Zone des numéros normalisés tels que l'ISBN, l'ISSN		Peut être mentionné à plusieurs endroits sur le document

Question 145 : Comment se présente le pavé ISBD ?

La présentation du pavé ISBD se fera ainsi en respectant les signes et ponctuation, les accès se mettant en dessous du pavé :

Forme de contenu (Type de médiation) / Type de support
Titre : sous-titre / Mention de responsabilité n° 1, Mention de responsabilité n° 2 - Mention d'édition - Lieu d'édition : Nom de l'éditeur, Date d'édition - Nombre de volumes (nombre de pages), Format - (Nom de la collection / Responsable ou directeur de la collection, ISSN ; numéro dans la collection).

Note n° 1 obligatoire de dépouillement, de traduction et de thèse ou note facultative - Note n° 2 obligatoire de dépouillement, de traduction et de thèse ou note facultative - ISBN n° 1 - ISBN n° 2

Accès :
Point d'accès auteur(s)
Point d'accès auteur(s) avec précision de fonction
Point d'accès sujet

Exemple :

Texte (sans médiation) / volume
Éloge de la lecture : la construction de soi [texte imprimé] / Michèle Petit. - Paris : Belin, 2016. - 1 vol. (198 p.) ; 18 cm.

ISBN 978-2-7011-9714-2

Petit, Michèle
Indexation alphabétique matière

Question 146 : Quels sont les huit blocs du format Unimarc ?

Le bloc est l'unité de base d'une notice en Unimarc. Chaque bloc correspond à une zone du pavé ISBD et est composé :

- d'une étiquette de trois chiffres, le premier correspond au numéro du bloc auquel il est rattaché ;
- de deux indicateurs de traitement qui donnent une indication sur l'étiquette et permettent tri, classement et indexation. Ces deux indicateurs peuvent être #, 0, 1, 2 ;
- de sous-blocs qui sont identifiés par un séparateur $ suivi d'une lettre ou d'un chiffre.

Unimarc : les huit blocs

Les blocs		Les étiquettes		Les indicateurs	Les sous-blocs	Remarques
N°	Libellé	Libellé	N°			
0XX	Identification Correspond à la zone 8 du pavé ISBD	ISBN	010	##	$a ISBN10	Étiquette répétable : s'il y a un deuxième ISBN, on crée une seconde étiquette 010 ISBN à saisir avec tirets
					$A ISBN13	
					$b broché ou relié	
					$d prix	
		Publication en série	011	##	$a ISSN	ISSN à saisir avec tirets
				0#		
				1#		
1XX	Informations codées	Données générales	100	##	$a	Ce sont : la date de saisie de la notice, du type de publication, la date de publication, le type de public, si c'est une publication officielle ou pas, etc.
		Langue du document	101	0#	Langue originale	
				1#	Traduit	
				2#	Contient des traductions	
					$a Langue du texte	
					$c Langue du texte original	
					$d Langue du résumé	Doit correspondre à la 330 $z obligatoire à partir de janvier 2023

Les blocs		Les étiquettes		Les indicateurs	Les sous-blocs	Remarques
N°	Libellé	Libellé	N°			
1XX		Pays de publication	102	##	$a Pays de publication	
					$b Région, département	
		Ressources textuelles	105	##	$a	Signale la présence de : illustrations, bibliographie, index, etc. Identifie : congrès, thèses, mélanges, etc.
		Forme de la ressource	106	##	$a	Précise la présentation matérielle : braille, gros caractères, etc.
		Ressources électroniques	135	##	$a	Précise le type de ressources électroniques : texte, jeu, service en ligne, etc.
		Forme de contenu	181	#0 #1 #2	$a	Précise le contenu : texte, image, musique, etc.
		Type de médiation	182	#0 #1 ##	$a	Indique le type de médiation : sans médiation (livre imprimé), électronique (pour des ebooks), etc.
		Type de support matériel	183	##	$a	Indique le support de la ressource

Les blocs		Les étiquettes		Les indicateurs	Les sous-blocs	Remarques
N°	Libellé	Libellé	N°			
2XX	Informations descriptives Correspond aux zones 1 à 6 du pavé ISBD	Titre et mention de responsabilité Zone 1 du pavé ISBD	**200**	1#	Titre significatif	
				0#	Titre non significatif	
					$a Titre propre	
					$b Type de document	Exemple : Texte imprimé Ne pas ajouter si présence de 181-182
					$d Titre parallèle	Lié au **$z** langue du titre parallèle
					$e Complément du titre	
					$f 1re mention de responsabilité	
					$g Introduit mention de responsabilité(s) suivantes	Répétable pour chaque responsabilité différente
					$z Langue du titre parallèle	Lié au **$d** titre parallèle
		Mention d'édition Zone 2 du pavé ISBD	**205**	##	**$a** 2e édition par exemple	À saisir le cas échéant : si aucune information ne concerne cette étiquette, le traitement se poursuit avec l'étiquette suivante
					$b Mention d'édition de l'édition parallèle	
					$f Mention de responsabilité relative à l'édition	
					$g Mention de responsabilité suivante	

Les blocs		Les étiquettes		Les indicateurs	Les sous-blocs		Remarques
N°	Libellé	Libellé	N°				
2XX		Mention de production, publication, diffusion/ distribution, fabrication, copyright	214	#-	Pour les monographies	Pour les ressources continues, selon la mention d'adresse	Données à transcrire telles qu'elles apparaissent sur la ressource (pas d'abréviations)
				0- 1-	Pour les ressources continues, selon la mention d'adresse		
				-#	Adresse bibliographique (publication ancienne)		
				-0	Mention de publication		
				-1	Mention de production		
				-2	Mention de diffusion/ distribution		
				-3	Mention de fabrication/impression		
				-4	Date de copyright/de protection		
					$a Lieu (publication, production, diffusion/ distribution, fabrication)		Consulter : http://documentation.abes.fr/sudoc/formats/unmb/zones/214.htm
					$b Adresse (éditeur, producteur, diffuseur/ distributeur, fabricant)		
					$c Nom (éditeur, producteur, diffuseur/ distributeur, fabricant)		
					$d Date (publication, production, diffusion/ distribution, fabrication, copyright/ protection)		

Les blocs		Les étiquettes		Les indicateurs	Les sous-blocs	Remarques
N°	Libellé	Libellé	N°			
2XX		Collation Zone 5 du pavé ISBD	215	##	$a Type de présentation matérielle	Ce sont les mentions de volume et le nombre de pages
					$c Caractéristiques	Ce sont les illustrations, les cartes, etc.
					$d Dimensions	En cm
					$e Matériel d'accompagnement	Exemple : 1 livret
		Collection Zone 6 du pavé ISBD	225	0#	Collection différente de la forme d'autorité	
				1#	Le catalogue n'utilise pas de forme d'autorité	
				2#	La collection est identique à la forme d'autorité	
					$a Titre de collection	
					$d Titre parallèle de la collection	
					$e Complément du titre	
					$f Mention de responsabilité	C'est le directeur de la collection
					$i Titre de la sous collection	
					$v Numéro du volume dans la collection	
					$x ISSN de la collection	

Les blocs		Les étiquettes		Les indicateurs	Les sous-blocs	Remarques
N°	Libellé	Libellé	N°			
3XX	Notes La saisie des données sur le bloc des notes se fait selon la logique de catalogage, par exemple les notes de thèse s'indexeront avant les notes sur les bibliographies, la 328 avant la 320	Note générale	300	##	$a Texte de la note	
		Note sur les numéros d'identification	301	##	$a Texte de la note	Si une demande d'ISSN est en cours, par exemple
		Note sur les informations codées	302	##	$a Texte de la note	Si le texte est une traduction, par exemple
		Note sur le titre ou la mention de responsabilité	304	##	$a Texte de la note	Obligatoire pour les ressources électroniques
		Note sur l'édition et l'histoire bibliographique	305	##	$a Texte de la note	Exemple : autre tirage : 2018
		Note sur la publication, la production, la diffusion, etc.	306	##	$a Texte de la note	
		Note sur la collation	307	##	$a Texte de la note	
		Note sur les collections	308	##	$a Texte de la note	
		Note sur les titres associés	312	##	$a Texte de la note	En lien avec 512, 517
		Sur les index et bibliographies	320	##	$a Texte de la note	
		Note de contenus	327	##	$a Texte de la note	Signale la présence et/ ou la nature d'un contenu intéressant dans le volume décrit Ne doit pas être confondue avec 359 dans le Sudoc (Sommaire)

Les blocs		Les étiquettes		Les indicateurs	Les sous-blocs	Remarques
N°	Libellé	Libellé	N°			
3XX		Note sur les thèses	328	##	$a Texte de la note	
				#0	$b Mention du diplôme	
					$c Discipline	
					$d Année de soutenance	
					$e Établissement de soutenance	
		Résumé ou extrait	330	##	$a Texte du résumé ou de l'extrait ou Note introductive	Le $z est obligatoire à partir de janvier 2023 Il devra être conforme à celui enregistré en zone 101 $d
					$z Langue du résumé	

Les blocs		Les étiquettes		Les indicateurs	Les sous-blocs	Remarques
N°	Libellé	Libellé	N°			
4XX	Liens entre notices bibliographiques	ou Note introductive	410	#0	Ne génère pas de note	
				#1	Génère une note	
				##	$t Titre de la collection	En lien avec 225
					$0 Numéro de la notice de la collection	Génère un lien hypertexte dans le Sudoc
		Est publié avec	423		$t Pour les monographies	Indexe le titre de l'œuvre d'un auteur qui est publiée avec l'œuvre d'un autre auteur
					$0 Pour les ressources continues	Pour le $0 génère un lien hypertexte dans le Sudoc
		Traduit sous le titre	453		$t Pour les monographies	En lien avec 304
					$0 Pour les ressources continues	Pour le $0 génère un lien hypertexte dans le Sudoc
		Titre original, est une traduction de	454		$t Pour les monographies	En lien avec 304
					$0 Pour les ressources continues	Pour le $0 génère un lien hypertexte dans le Sudoc

Les blocs		Les étiquettes		Les indicateurs	Les sous-blocs	Remarques
N°	Libellé	Libellé	N°			
4XX		Indexation du titre principal d'une monographie en plusieurs volumes	461		$t Pour les monographies	Indexe le titre d'ensemble
					$0 Pour les ressources continues	Pour le $0 génère un lien hypertexte dans le Sudoc
		Indexation des différents titres d'une monographie en plusieurs volumes	463		$t Pour les monographies	Indexe les différents titres contenus dans un ensemble
					$0 Pour les ressources continues	Pour le $0 génère un lien hypertexte dans le Sudoc
5XX	Titres associés Points d'accès en relation	Titre uniforme	500	00 ou 01 ou 10 ou 11	$a	Même titre sur toutes les éditions / Titre identifiant une œuvre parue sous différents titres Par exemple : *La Bible*
		Titre de forme	503	0# ou 00 ou 01 ou 1# ou 10 ou 11	$a	Regroupe les ouvrages d'une même forme (mélanges, expositions, etc.)
		Titre parallèle indexé	510	0# ou 1#	$a Titre parallèle (dans la langue du titre parallèle)	En lien avec 200 $d
					$e Complément de titre parallèle	
					$z Code de la langue du titre parallèle	En lien avec 200 $z

Les blocs		Les étiquettes		Les indicateurs	Les sous-blocs	Remarques
N°	Libellé	Libellé	N°			
5XX		Titre de couverture indexé	512	1#	Titre significatif	Titre différent de la page de titre En lien avec 312
				0#	Titre non significatif	
					$a Titre de couverture	
					$e Complément de titre de couverture	
					$n Autres informations	Exemple : Édition de poche
		Autres variantes de titre (Si 510 à 516 ne s'appliquent pas)	517	0# ou 1#	$a	En lien avec 312
6XX	Indexation matière (Langage normalisé) Et histoire bibliographique Les étiquettes de 600 à 608 correspondant à l'indexation RAMEAU	Nom de personne – Point d'accès sujet	600	#0	Dans l'ordre direct	
				#1	Nom d'entrée au nom de famille	
					$a Élément d'entrée	
					$2 Code du système d'indexation	$2 Rameau
		Collectivités – Point d'accès sujet	601	0-	Collectivité	
				1-	Congrès	
				-0	Inversion	
				-1	Nom de lieu comme 1er élément	
				-2	Nom d'entrée sous forme directe	
					$a Élément d'entrée	
					$2 Code du système d'indexation	$2 Rameau
		Titre uniforme – Point d'accès sujet	605	##	$a Élément d'entrée	En lien avec 500
					$2 Code du système d'indexation	$2 Rameau

Les blocs		Les étiquettes		Les indicateurs	Les sous-blocs	Remarques
N°	Libellé	Libellé	N°			
6XX		Nom commun - Point d'accès sujet	606	0#	Aucun niveau spécifié	
				1#	Terme primaire	Sujet principal du document
				2#	Terme secondaire	Sujet secondaire du document
				##	Aucune information donnée	
					$a Élément d'entrée	
					$x Élément subordonné au point d'accès de sujet	Précise le sujet
					$y Élément subordonné au point d'accès géographique	
					$z Élément subordonné au point d'accès chronologique	
					$2 Code du système d'indexation	$2 Rameau
		Nom géographique - Point d'accès sujet	607	##	$a Élément d'entrée	
					$2 Code du système d'indexation	$2 Rameau
		Forme, genre, ou carac-téristiques physiques	608	##	$a Élément d'entrée	Consulter : http://documentation.abes.fr/sudoc/formats/unmb/zones/608.htm
					$x Élément subordonné au point d'accès de sujet	
					$y Élément subordonné au point d'accès géographique	
					$z Élément subordonné au point d'accès chronologique	
					$2 Code du système d'indexation	$2 Rameau
		Classification décimale Dewey	676	##	$a Indice de la CDD	

Les blocs		Les étiquettes		Les indicateurs	Les sous-blocs	Remarques
N°	Libellé	Libellé	N°			
7XX	Accès de responsabilités - Noms de personnes : étiquettes 700, 701, 702 - Collectivités : étiquettes 710, 711, 712 - Auteur (niveau de l'œuvre ou de l'expression) : étiquettes 700, 710 - 2e auteur (coauteur, niveau de l'œuvre ou de l'expression) : étiquettes 701, 711, répétable - Auteur (niveau de la manifestation ou de l'item) : 702, 712, répétable autant de fois que de fonctions, précision de la fonction en $4	Auteur (niveau de l'œuvre ou de l'expression)	700	#0	$a Ordre direct (pas d'inversion)	Exemple : $a Christine de Pisan
				#1	Inversion	Nom entré au patronyme
					$a Élément d'entrée	C'est la partie du nom utilisé pour le classement Exemple : $a Hugo
					$b Élément rejeté	C'est la partie autre que l'élément d'entrée Exemple : $b Victor
					$4 Code de fonction	https://www.transition-bibliographique.fr/wp-content/uploads/2021/06/BAnnC-2021.pdf
					$3 Numéro de la notice d'autorité	Génère un lien hypertexte dans le Sudoc
7XX		2e auteur (coauteur, niveau de l'œuvre ou de l'expression)	701	Mêmes indicateurs qu'en 700	Mêmes sous-blocs qu'en 700	
		Auteur (niveau de la manifestation ou de l'item)	702	Mêmes indicateurs qu'en 700	Mêmes sous-blocs qu'en 700	

Les blocs		Les étiquettes		Les indicateurs	Les sous-blocs	Remarques
N°	Libellé	Libellé	N°			
7XX		Collectivité auteur (niveau de l'œuvre ou de l'expression)	710	0-	Collectivité	
				1-	Congrès	
				-0	Inversion de l'ordre des mots du point d'accès	
				-1	Le premier élément est un nom de lieu	
				-2	Sans inversion de l'ordre des mots du point d'accès	
					$a Élément d'entrée qui sert pour le classement	
					$b Élément subordonné du point d'accès	
					$c Qualificatif	
					$d Numéro du congrès	
					$e Lieu du congrès	
					$f Date du congrès	
					$4 Code de fonction	Consulter : https://www.transition-bibliographique.fr/wp-content/uploads/2018/07/BAnnCparcodes-6-2011.pdf
					$3 Numéro de la notice d'autorité	Génère un lien hypertexte dans le Sudoc
		2e collectivité auteur (coauteur, niveau de l'œuvre ou de l'expression)	711	Mêmes indicateurs qu'en 710	Mêmes sous-blocs qu'en 710	

Les blocs		Les étiquettes		Les indicateurs	Les sous-blocs	Remarques
N°	Libellé	Libellé	N°			
7XX		Collectivité auteur (niveau de la manifestation ou de l'item)	712	Mêmes indicateurs qu'en 710	Mêmes sous-blocs qu'en 710	
856	Ressources en ligne : adresse électronique et mode d'accès	Adresse électronique et mode d'accès http://documentation.abes.fr/sudoc/formats/unmb/zones/856.htm	856		$q Format du fichier	Exemple : PDF
					$u URL	
					$2 Note publique	Exemple : Accès réservé aux abonnés

Source : Aurélie Bec, SCD de l'université d'Amiens et Valérie Schietecatte – SCD de l'université de Nantes

Les notices bibliographiques et les fichiers d'autorité de la BnF, établis selon des normes, sont mis à la disposition de tous, sous licence ouverte de l'État, à travers des interfaces ou des protocoles de récupération en ligne. D'autres sites de récupérations de notices existent : Moccam en ligne, Zebris et Electre.

8| MÉTADONNÉES

QUESTIONS 147 À 149

Question 147 : Qu'est-ce que la transition bibliographique ?
Question 148 : En quoi le code RDA et le code FRBR sont-ils liés ?
Question 149 : Quels sont les enjeux de la transition bibliographique ?

RÉPONSES 147 À 149

Question 147 : Qu'est-ce que la transition bibliographique ?

Afin de répondre au besoin d'une évolution des règles de description bibliographique qui permette aux catalogues de bibliothèques de répondre pleinement aux nouveaux usages du web, la bibliothèque du Congrès, en 2010, élabore le code de catalogage « Ressource : Description et Accès » (RDA) afin de s'adapter aux nouvelles Fonctionnalités requises des notices bibliographiques (FRBR). Les deux agences bibliographiques nationales, l'Abes et la BnF ont publié en novembre 2014 un communiqué synthétisant la position française. Le RDA est le code à utiliser, mais non pleinement satisfaisant afin de répondre aux FRBR. Aussi, la France fait donc le choix d'engager un processus d'adaptation de RDA : le programme intitulé « Transition bibliographique » naît. Il se déploie en trois volets : publication et adoption d'un nouveau code de catalogage ; information et conseil aux bibliothèques et aux éditeurs de logiciels pour l'évolution des applications ; accompagnement de la communauté française de la documentation par des actions de sensibilisation et de formation.

Question 148 : En quoi le code RDA et le code FRBR sont-ils liés ?

L'IFLA publie en 1988 les Fonctionnalités requises des notices bibliographiques, les FRBR (Functional Requirements for Bibliographic Records). Ils sont un modèle d'organisation des données bibliographiques tourné vers les utilisateurs. Trois groupes d'entités sont définies et peuvent être liées entre elles : le niveau de l'œuvre, ses différentes expressions et ses manifestations ; les entités auteurs et enfin les entités sujet. Une des premières étapes de ce modèle consiste à rassembler, derrière une œuvre, toutes les éditions de cette œuvre. Le code RDA permet en partie de répondre à ce modèle d'organisation que sont les FRBR. Il permet aux données des catalogues des bibliothèques de circuler sur le web *via* un catalogage adapté qui utilise l'échange des métadonnées. Le catalogage sera alors un réseau de relations entre les entités, structure proche de la diffusion de l'information sur le web de données. Le code RDA est adapté aux problématiques des catalogues français, il est nommé alors le RDA-FR. En 2017, le modèle FRBR a évolué vers un modèle unique qui se nomme IFLA-LRM (*Library Reference Model*).

Depuis avril 2017, le groupe Normalisation « RDA en France », chargé d'élaborer le futur code français de catalogage, a publié plusieurs sections et un glossaire qui transposent le RDA vers le RDA-FR. Les différentes sections portent sur l'enregistrement des attributs, des manifestations et des items (section 1), l'enregistrement des attributs, des œuvres et des expressions (section 2), enregistrement des attributs des agents (section 3) et l'enregistrement des relations principales entre l'œuvre, l'expression, la manifestation et l'item (section 5), par exemple. Elles sont téléchargeables gratuitement à l'adresse suivante : https://www.transition-bibliographique.fr/rda-fr/normalisation-en-cours/. Des vidéos pédagogiques sont à disposition des professionnels de l'information-documentation, elles sont intégrées dans le module d'e-formation du CNFPT intitulé « Les nouvelles normes de catalogage : l'alimentation future de votre catalogue » ainsi que des supports de formation[4] sont disponibles sur le site de la transition bibliographique.

Question 149 : Quels sont les enjeux de la transition bibliographique ?

L'enjeu de la FRBRisation consiste, *via* le web sémantique, à donner vie aux relations entre les entités. La recherche dans un catalogue se fera de manière plus lisible et plus pertinente pour les utilisateurs en suggérant des liens vers d'autres notices. L'interopérabilité des données sera alors effective. Le Web sémantique est une extension du web standardisée par le World Wide Web Consortium (W3C). Ces standards encouragent l'utilisation de formats de données et de protocoles d'échange normés sur le Web, en s'appuyant sur le modèle Ressource Description Framework (RDF). Le web sémantique fournit un modèle qui permet aux données d'être partagées et réutilisées entre plusieurs applications, entreprises et groupes d'utilisateurs.

Des vidéos pédagogiques[5] sont publiées par la BnF et le CNFPT sur les concepts clés concernant l'évolution des catalogues de bibliothèques vers le web de données. Six nouvelles vidéos pédagogiques dédiées aux bibliothèques de lecture publique ont été tournées en juin 2018 avec des experts du département des métadonnées. L'une expose en quoi la visibilité des bibliothèques dans le web de données est un enjeu stratégique pour valoriser une pratique métier de structuration des données, une autre explicite le rôle stratégique joué par les données d'autorité pour faire évoluer les catalogues, et enfin d'autres présentent les différents travaux liés au RDA-FR.

4. www.transition-bibliographique.fr/se-former/supports (consulté le 04/11/2022).

5. https://cdip.bnf.fr/Record.htm?idlist=1&record=19121981124919491639 (consulté le 04/11/2022).

9| LANGAGES D'INDEXATION, CLASSIFICATIONS ET CLASSEMENTS

■ QUESTIONS 150 À 157

Question 150 : Quelle est la définition d'un langage d'indexation ?
Question 151 : Que signifie Rameau ?
Question 152 : Quel mode d'interrogation rend possible Rameau ?
Question 153 : Quels sont les différents langages d'indexation ?
Question 154 : Quelle est la différence entre classification et classement ?
Question 155 : Quelle est la classification la plus utilisée en bibliothèque ?
Question 156 : Quelles sont les principales classifications utilisées en bibliothèque ?
Question 157 : Quelle est la spécialité de la classification NLM ?

RÉPONSES 150 À 157

Question 150 : Quelle est la définition d'un langage d'indexation ?

Selon l'ADBS, un langage d'indexation est un « *processus destiné à représenter, au moyen des termes ou indices d'un langage documentaire ou au moyen des éléments d'un langage libre, les notions caractéristiques du contenu d'un document (ressource, collection) ou d'une question, en vue d'en faciliter la recherche, après les avoir identifiées par l'analyse. Les combinaisons possibles des notions identifiées sont représentées explicitement (indexation pré-coordonnée) ou non (indexation post-coordonnée) en fonction des possibilités du langage documentaire utilisé* ».

Question 151 : Que signifie Rameau ?

Rameau (Répertoire d'autorité-matière encyclopédique et alphabétique unifié) est le langage d'indexation matière utilisé, en France, par la Bibliothèque nationale de France, les bibliothèques universitaires, de nombreuses bibliothèques de lecture publique ou de recherche ainsi que plusieurs organismes privés.

Il est élaboré depuis 1980, de façon autonome, en relation avec le Répertoire de vedettes-matières de l'Université Laval à Québec, et avec la liste de vedettes-matières de la bibliothèque du Congrès (Library of Congress Subject Headings).

Le langage d'indexation pré-coordonné Rameau se compose d'un vocabulaire de termes reliés entre eux, ce sont les « autorités Rameau » et d'une syntaxe indiquant les règles de construction des points d'accès sujet (anciennement nommés vedettes-matières) à l'indexation. L'ensemble des notices d'autorité, dont le noyau est formé de noms communs et de noms géographiques, constitue les autorités Rameau. Elles sont complétées par un « Guide d'indexation Rameau[6] » qui en assure le bon usage.

Le centre national Rameau est géré par la BnF. Il est chargé de la gestion intellectuelle du langage et par ce rôle, il traite les demandes d'enrichissement, il est chargé de l'élaboration et de la diffusion des règles d'indexation.

Pour permettre au vocabulaire Rameau de faire face à un environnement en pleine mutation (web de données, interopérabilité des données, nouveaux outils de recherche), dans lequel la chaîne d'indexation Rameau devenait de plus en plus difficile à exploiter, à interroger et à échanger, le

6. Rameau.bnf.fr/sites/default/files/docs_reference/pdf/guide_rameau_2017.pdf

comité opérationnel Rameau a mandaté en mars 2016 un Groupe de travail national, composé de représentants des utilisateurs professionnels (Abes, bibliothèques de lecture publique, bibliothèques universitaires, BnF) et chargé de formuler des préconisations sur les nécessaires évolutions de sa syntaxe. Ce groupe de travail a remis un rapport en mars 2017 et une feuille de route inscrivant les décisions à mettre en œuvre (2017-2022). Le pilotage de la mise en œuvre de cette réforme revient au Groupe de travail reconduit, élargi, et devenu le groupe « Concepts, Lieux, Temps » au sein du groupe Normalisation de la Transition bibliographique.

Schéma d'une construction d'une vedette-matière avant la réforme Rameau

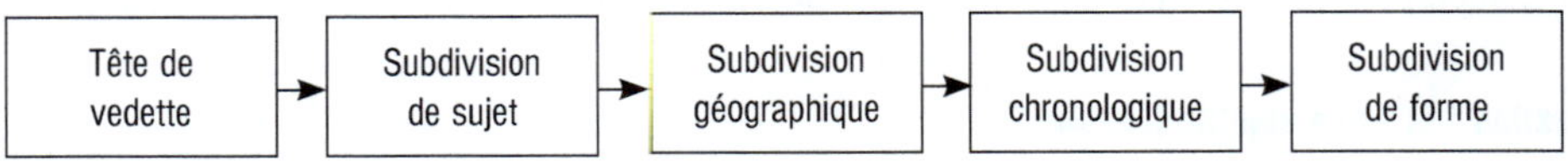

Schéma de construction d'un point d'accès sujet après la réforme Rameau

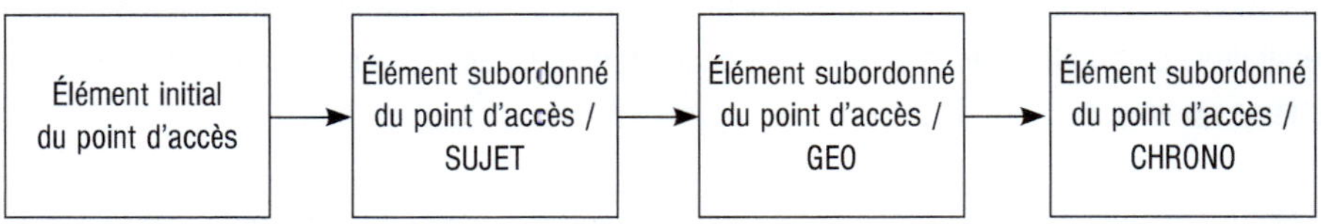

Source : Armelle Thévenot

Des supports de cours et des exercices téléchargeables gratuitement sont disponibles sur le site : https://rameau.bnf.fr/formation/docpeda#diaporama

Question 152 : Quel mode d'interrogation rend possible Rameau ?

Au niveau des établissements documentaires, le langage Rameau rend possibles plusieurs modes d'interrogation par sujet dans les catalogues :

- en tant que langage contrôlé associant formes retenues (ou points d'accès) et formes rejetées (ou termes exclus), il permet une recherche par mots-clés ;
- en tant que langage pré-coordonné régi par une syntaxe, il permet une interrogation par feuilletage d'index ;
- enfin, en tant que langage hiérarchisé à la manière d'un thésaurus (ou d'une ontologie), il permet une navigation sémantique dans le vocabulaire en suivant les relations génériques, spécifiques et associatives entre les termes.

Ces différents modes d'interrogation peuvent être utilisés indépendamment les uns des autres, ou additionnés pour un meilleur service des utilisateurs. Il appartient aux bibliothèques et autres établissements documentaires de choisir, pour leurs catalogues, les systèmes d'interrogation les mieux à même d'exploiter ces possibilités sur un plan technique (la gestion des termes exclus étant un impératif minimal), notamment grâce à la récupération des notices d'autorité Rameau fournies par la BnF.

Question 153 : Quels sont les différents langages d'indexation ?

D'autres langages d'indexation existent. Les langages documentaires sont également des classifications.

Tableau comparatif de quelques langages documentaires

Langages	Avantages	Inconvénients	Observations
Classifications encyclopédiques (type CDU)	Système universel Regroupement des notions sous un indice précis Classement sur les rayonnages suivant le classement des fiches/notices	Manque de souplesse Volume important des tables Peu adaptées aux domaines spécifiques Indices longs et complexes	Plus adaptées aux bibliothèques qu'aux centres de documentation
Classifications spécialisées	Notions sous un indice précis Adaptées aux besoins des usagers Classement sur rayonnages suivant classement des fiches/notices	Manque de souplesse Difficulté pour introduire des notions nouvelles Difficulté pour classer des notions hors sujets	Peuvent être adoptées pour une bibliothèque ou un service de documentation spécialisé
Lexiques de mots (mots-clés, vedettes-matières)	Grande souplesse Indexation fine Mises à jour sans problème Adaptés à l'automatisation	Encombrement du fichier matières Manque de hiérarchisation Impossible de classer les documents sur rayonnages	Conviennent mieux à un service de documentation
Thesaurus	Grande souplesse Hiérarchisation Universalité dans son domaine Indexation en profondeur Automatisation	Encombrement des fichiers dans les systèmes manuels Rangement sur rayonnages différent du classement dans le fichier	Convient à un service de documentation automatisé Outil de recherche des bases de données

Source : L'Indexation avec un thésaurus, M.-H. Paturel, 2007

Question 154 : Quelle est la différence entre classification et classement ?

Une classification est, selon l'ADBS, un « *langage documentaire permettant l'organisation d'un ou plusieurs domaines de la connaissance en un système ordonné de classes et sous-classes. Celles-ci ainsi que leurs relations peuvent être représentées par les indices d'une notation.*
Ces indices sont explicités par un libellé textuel. Différents critères peuvent être choisis pour différencier les classifications : le mode de division et de structuration (classification à facettes) ; la notation décimale ou alphanumérique ; la couverture des domaines de la connaissance traités (classification encyclopédique telles la CDU et la classification de Dewey, spécialisée ou sectorielle) ; leur structure et organisation (classification hiérarchique), etc. ».

Le classement est le mode d'organisation physique de documents dans lequel la position du document est signalée par une cote. Il peut être lié à une classification ou à un type de documents. Le plan de classement est un « *document qui présente une classification de manière ordonnée, en faisant apparaître la signification donnée à chaque indice et, le cas échéant, les relations entre les classes. Le plan de classement peut également inclure des recommandations ou des consignes quant à l'utilisation de la classification pour, par exemple, l'ordre de rangement des documents sur les rayonnages* » (ADBS).

Une cote est un ensemble alphabétique ou alphanumérique qui aide au classement des documents. Elle peut être le reflet d'une classification. La cote indique la place physique du document dans la bibliothèque. Elle est apposée sur chaque document. Elle doit être la plus adaptée possible aux besoins des usagers, mais aussi, elle doit faciliter la tâche des agents qui sont chargés du rangement des collections. Dans les bibliothèques de lecture publique, la nature des œuvres influence la cotation des documents, ainsi les œuvres de fiction telles que les romans pourront avoir une cote du type R pour *roman* suivi des trois premières lettres du nom de l'auteur, par exemple R HEM pour les romans d'Ernest Hemingway. Cette cotation peut avoir des déclinaisons comme RP pour les romans policiers, SF pour les romans de science-fiction et BD pour les bandes dessinées.

Question 155 : Quelle est la classification la plus utilisée en bibliothèque ?

Née en 1876, la Classification décimale Dewey (CDD) est un système de classification numérique encyclopédique, couvrant tous les champs de la connaissance. Traduit dans de nombreuses langues, c'est le système de classification le plus utilisé dans le monde. La Dewey est développée et mise à jour régulièrement par le Decimal Classification Editorial Policy Committee, OCLC/Forest Press afin de tenir compte de l'évolution des connaissances. Cette classification porte le nom de son auteur :

Melvil Dewey, bibliothécaire américain, qui publia pour la première fois *Classification and Subject Index for Cataloguing and Arranging the Books and Pamphlets of a Library*[7].

Le système de classification Dewey répartit les connaissances humaines en dix grandes classes, cent divisions, mille sections et des sous-sections.
Exemple :

611.347
600 TECHNOLOGIE (sciences appliquées) [classe]
610 Sciences médicales Médecine [division]
611 Anatomie humaine [section]
611.3 Organes de l'appareil digestif [sous-section]
611.34 Intestins
611.347 Gros intestin

611.347 est l'indice de l'ouvrage et en indique le sujet.

Source : École de bibliothéconomie et des sciences de l'information de Montréal (Canada, Québec)

Cet indice sera complété par des lettres, généralement les trois premières lettres du nom de l'auteur, et des chiffres.

7. https://archive.org/stream/classificationan00dewerich#mode/2up (consulté le 04/11/2022).

Classification décimale Dewey en 1 page

000 Généralités	100 Philosophie et psychologie
- 010 Bibliographie - 020 Bibliothéconomie et sciences de l'information - 030 Encyclopédies générales - 040 *Non attribué* - 050 Publications en série d'ordre général - 060 Organisations générales et muséologie - 070 Médias d'information, journalisme, édition - 080 Recueils généraux - 090 Manuscrits et livres rares	- 110 Métaphysique - 120 Théorie de la connaissance, causalité, genre humain - 130 Phénomènes paranormaux - 140 Écoles philosophiques particulières - 150 Psychologie - 160 Logique - 170 Morale - 180 Philosophie ancienne, médiévale, orientale - 190 Philosophie occidentale moderne
200 Religion	**300 Sciences sociales**
- 210 Philosophie et théorie de la religion - 220 Bible - 230 Christianisme Théologie chrétienne - 240 Théologie morale et spirituelle chrétiennes - 250 Églises locales et ordres religieux chrétiens - 260 Théologie chrétienne et société et ecclésiologie - 270 Histoire du christianisme et de l'Église - 280 Confessions et sectes chrétiennes - 290 Religions comparées et autres religions	- 310 Statistiques générales - 320 Science politique - 330 Économie politique - 340 Droit - 350 Administration publique et science militaire - 360 Problèmes et services sociaux; associations - 370 Éducation - 380 Commerce, communication, transports - 390 Coutumes, étiquette, folklore
400 Langues	**500 Sciences naturelles et mathématiques**
- 410 Linguistique - 420 Anglais et vieil anglais - 430 Langues germaniques Allemand - 440 Langues romanes Français - 450 Italien, roumain, rhéto-roman - 460 Espagnol et portugais - 470 Langues italiques Latin - 480 Langues helléniques Grec classique - 490 Autres langues	- 510 Mathématiques - 520 Astronomie et sciences connexes - 530 Physique - 540 Chimie et sciences connexes - 550 Sciences de la terre - 560 Paléontologie Paléozoologie - 570 Sciences de la vie Biologie - 580 Plantes - 590 Animaux
600 Technologie (Sciences appliquées)	**700 Arts Beaux-arts et arts décoratifs**
- 610 Sciences médicales Médecine - 620 Ingénierie et techniques connexes - 630 Agriculture - 640 Économie domestique et vie familiale - 650 Gestion et services auxiliaires - 660 Génie chimique - 670 Fabrication industrielle - 680 Fabrication de produits à usages particuliers - 690 Bâtiments	- 710 Urbanisme et art du paysage - 720 Architecture - 730 Arts plastiques Sculpture - 740 Dessin et arts décoratifs - 750 Peinture et peintures - 760 Arts graphiques Gravures - 770 Photographie et photographies - 780 Musique - 790 Loisirs et arts du spectacle
800 Littérature et techniques d'écriture	**900 Géographie et histoire**
- 810 Littérature américaine en anglais - 820 Littératures anglaise et du vieil anglais - 830 Littératures des langues germaniques - 840 Littératures des langues romanes - 850 Littératures italienne, roumaine, rhéto-romane - 860 Littératures espagnole et portugaise - 870 Littératures des langues italiques Littérature latine - 880 Littératures helléniques Littérature grecque classique - 890 Littératures des autres langues	- 910 Géographie et voyages - 920 Biographies, généalogie, emblèmes, insignes - 930 Histoire du monde antique jusque vers 499 - 940 Histoire générale de l'Europe - 950 Histoire générale de l'Asie Extrême-Orient - 960 Histoire générale de l'Afrique - 970 Histoire générale de l'Amérique du Nord - 980 Histoire générale de l'Amérique du Sud - 990 Histoire générale des autres aires géographiques

Source : École de bibliothéconomie et des sciences de l'information de Montréal (Canada, Québec)

Question 156 : Quelles sont les principales classifications utilisées en bibliothèque ?

Les principales classifications utilisées en bibliothèques sont, en dehors de la Dewey, la CDU et la classification de la bibliothèque du Congrès.

La classification décimale universelle, la CDU, est une classification systématique qui regroupe les principaux domaines de la connaissance en dix grandes catégories, numérotées de 0 à 9. Elle tire son origine de la Dewey et fut conçue par Paul Otlet et Henri La Fontaine. Elle est publiée pour la première fois en 1905. Elle fut longtemps la classification préconisée au sein des bibliothèques universitaires. Sa construction complexe et sa non-mise à jour font qu'elle est abandonnée progressivement au profit de la Dewey. Les dix classes sont les suivantes :

0 - Généralités
1 - Philosophie
2 - Religion
3 - Sciences sociales
4 - Classe non attribuée (contenu intégré au sein de la classe 8)
5 - Sciences pures
6 - Sciences appliquées, techniques
7 - Beaux-Arts
8 - Littérature et linguistique
9 - Histoire et géographie

Ses indices peuvent inclure des signes. Les deux points indiquent que deux domaines sont mis en relation, par exemple 32:1 Philosophie politique. Un indice suivi d'un chiffre entre parenthèses précise une subdivision géographique, par exemple 820(73) littérature anglaise des États-Unis. Plusieurs signes peuvent être présents sur un même indice. Quand un indice est constitué de deux parties numériques séparées par un signe de ponctuation, ces subdivisions apparaissent dans l'ordre suivant :

Signe	Libellé
/	Signe d'extension
:	Signe de relation
» «	Division commune de temps
=	Division commune de langue
(0)	Division commune de forme
A/Z	Partie alphabétique de l'indice
-	Division analytique
.0	Division analytique
(1/9)	Division commune de lieu

Née en 1891, la classification de la Library of Congress (LC) est organisée en classes, identifiées chacune par une lettre.

Chaque classe peut être sous-divisée par une ou deux lettres supplémentaires, puis par une série de chiffres. Les classes sont les suivantes :

A : Généralités
B : Philosophie. Psychologie. Religion
C : Sciences auxiliaires de l'histoire
D : Histoire du monde et histoire de l'Europe, l'Asie, l'Afrique, l'Australie, la Nouvelle-Zélande, etc.
E : Histoire des Amériques (généralités et États-Unis)
F : Histoire des Amériques (autres pays d'Amérique)
G : Géographie. Anthropologie. Loisir
H : Sciences sociales
J : Sciences politiques
K : Droit
L : Éducation
M : Musique et livres sur la musique
N : Beaux-Arts
P : Langage et littérature
Q : Sciences
R : Médecine
S : Agriculture
T : Technologie
U : Science militaire
V : Science navale
Z : Bibliographie. Bibliothéconomie. Ressources d'information

Question 157 : Quelle est la spécialité de la classification NLM ?

Née en 1944, La NLM est la classification de la National Library of Medecine (États-Unis) dans le domaine de la médecine et des sciences connexes utilisés à l'échelle internationale en utilisant les annexes QS-QZ et W-WZ, définitivement exclues des annexes de classification de la Library of Congress (LC). Les différentes annexes de la classification LC complètent la classification NLM pour les sujets limitrophes de la médecine. Les annexes de la LC pour l'anatomie humaine (QM), la microbiologie (QR) et la médecine (R) ne sont pas du tout utilisées par la National Library of Medicine puisqu'elles chevauchent la classification NLM. Les annexes, avec leurs exigences particulières pour l'utilisation avec tous les types et toutes les formes de documents, ne permettent pas de respecter strictement l'ordre hiérarchique des points d'accès sujets médicaux, le MeSH, le thésaurus de la bibliothèque médicale pour l'indexation et le catalogage.

La LNM

Domaines	Annexes
Q Sciences précliniques	QS Anatomie QT Physiologie QU Biochimie QV Pharmacologie QW Microbiologie, immunologie QX Parasitologie QY Pathologie clinique QZ Pathologie
Médecine et spécialités	
W Professions de la santé	WA Santé publique WB Pratique de la médecine WC Maladies infectieuses WD Troubles liés à des causes systémiques, métaboliques ou environnementales WE Système musculaire WF Système respiratoire WG Système cardiovasculaire WH Système sanguin et lymphatique WI Système digestif WJ Système urogénital WK Système endocrinien WL Système nerveux WM Psychiatrie WN Radiologie. Imagerie WO Chirurgie WP Gynécologie WQ Obstétrique WR Dermatologie WS Pédiatrie WT Gériatrie. Troubles chroniques WU Chirurgie dentaire. Chirurgie bucco-dentaire WV Otorhinolaryngologie WW Ophtalmologie WX Hôpitaux et autres établissements de santé WY Soins infirmiers WZ Histoire de la médecine

10| PRÉSERVATION, CONSERVATION DES COLLECTIONS ET CONSERVATION PARTAGÉE

■ QUESTIONS 158 À 163

Question 158 : Quels sont les facteurs internes de dégradation qui sont liés aux documents ?

Question 159 : Quels sont les facteurs externes de dégradation qui sont liés aux documents ?

Question 160 : Quelles sont les contraintes mécaniques de dégradation ?

Question 161 : Quelle est la procédure à suivre en cas de dégât des eaux ?

Question 162 : Que signifie une conservation partagée ?

Question 163 : Quel est le nombre de plans régionaux de conservation partagée ?

RÉPONSES 158 À 163

Question 158 : Quels sont les facteurs internes de dégradation qui sont liés aux documents ?

Les facteurs dits internes sont les matériaux de mauvaise qualité. C'est le papier acide sur lequel les documents sont imprimés à partir du XIXe siècle, il s'autodétruit dans le temps, il jaunit, casse et tombe en poussière. Il n'existe pas de mesure préventive. Un processus de désacidification de masse existe cependant cela reste onéreux et malgré le traitement le document continue à s'autodétruire. L'encre corrosive est un autre facteur interne de dégradation qui touche uniquement les manuscrits, l'encre métallogallique s'altère avec le temps et le sulfate qu'elle contient se dégrade en acide qui entraîne la formation de trous dans le papier. La solution pour conserver les documents et manuscrits est la numérisation et l'arrêt de leur communication au public. Le dernier facteur interne est le *foxing* qui se caractérise par des taches de couleur rouille souvent irrégulières touchant une ou les deux faces de la feuille. C'est la présence d'un réseau de filament qui pourra confirmer l'origine biologique de ces « rousseurs ». Ces taches sont surtout présentes sur les papiers médiévaux du XVIIIe siècle et sur les gravures, elles n'entraînent pas la destruction du papier.

Question 159 : Quels sont les facteurs externes de dégradation qui sont liés aux documents ?

Les facteurs dits externes sont les facteurs environnementaux et les facteurs biologiques. Parmi les facteurs environnementaux se trouvent la lumière, la température, l'humidité et la pollution. La lumière visible, les ultraviolets (UV) et les infrarouges font partie des facteurs environnementaux. Les UV sont très dangereux, car ils produisent beaucoup d'énergie, les infrarouges dégagent de la chaleur, la lumière naturelle déclenche des réactions chimiques ou les favorisent. Les reliures changent de couleur, le papier jaunit et perd de sa souplesse. La solution de conservation préconisée est d'exposer les documents à la lumière uniquement quand c'est nécessaire dans des locaux de conservation adaptés, c'est-à-dire sans fenêtre, dits magasins aveugles avec des filtres anti-UV sur les néons. Lorsque des documents sont exposés, sous vitrine par exemple, la lumière ne doit pas dépasser les 100 lux et pour les manuscrits, dessins et aquarelles les 50 lux. Les documents ne doivent pas être exposés plus de trois mois d'affilée. Dans ce sens, les photocopies et scanners sont à éviter.

La température et l'humidité sont également des facteurs environnementaux, notamment le taux d'humidité relative, c'est le taux de vapeur d'eau dans un cube de masse d'air avant qu'il ne se mette à pleuvoir. Plus la température baisse, plus ce taux augmente et inversement. C'est un problème très important et qui peut entraîner des dégâts rapidement. Plus il fait chaud, plus les dégradations sont rapides. Lorsque le taux d'humidité relative est inférieur à 40 %, le phénomène de dessèchement s'active. Lorsque ce taux est supérieur à 60 %, des moisissures apparaissent. Si le taux est fluctuant, cela entraîne des déformations et des déchirements sur les documents. Aussi, il existe des recommandations de conservation concernant l'Europe occidentale afin de préserver au mieux l'ensemble des documents en prenant en compte le climat, la consultation des lecteurs et la climatisation : la température doit être de 18 degrés à plus ou moins 3 degrés et le taux d'humidité relative à 55 % à plus ou moins 3 %. Pour cela, il est recommandé aux établissements de se doter de thermohygrographes, appareils qui mesurent et enregistrent, et/ou de thermohygromètres qui enregistrent uniquement ; d'humidificateurs si l'air est sec ou de déshumidificateurs si l'air est humide. Il faut éviter les chocs thermiques, les grandes différences de températures. C'est pourquoi la mise en place d'une climatisation n'est pas conseillée, car lorsqu'une panne se déclare, les documents sont en danger. Le troisième et dernier facteur environnemental est la pollution. Elle est de trois types : gazeuse, liquide et solide. La pollution de type gazeux est celle atmosphérique chargée en gaz de dioxyde de soufre, d'oxyde d'azote, etc. qui favorisent les dégradations chimiques par des procédés d'oxydation et d'hydrolyse. La pollution liquide est la sueur humaine et certains plastifiants qui en vieillissant deviennent collants. Enfin, la pollution solide est la poussière. Les solutions de préservation sont un nettoyage du sol du magasin dans l'idéal une fois par semaine et des tablettes une fois tous les cinq ans. Le nettoyage doit se faire de haut en bas avec un aspirateur à filtration absolue. Pour la manipulation des documents précieux, le port de gants est recommandé.

Les facteurs biologiques sont les moisissures, les insectes (poissons d'argent, vrillettes, termites, blattes, etc.) qui viennent des canalisations, les rongeurs qui se servent du papier pour constituer leur nid. La prévention est une surveillance régulière des espaces et des collections, de réaliser un ménage régulier et de contrôler la température et le taux d'humidité relative. Si des collections sont touchées, un nettoyage avec un aspirateur ou une désinfection totale des locaux pourront être mis en place selon l'importance des dégradations. Par la suite, leurs causes devront être identifiées afin de ne pas reproduire.

La BnF met à disposition des professionnels des bibliothèques et de la documentation des fiches pratiques[8] sur la préservation des documents. Ces fiches pratiques ont pour thèmes : le dépoussiérage ; le gommage ; l'entretien du cuir ; la préservation des journaux ; le dépoussiérage et entretien des fonds anciens, rares et précieux ; la conservation des documents sonores et audiovisuels ; le conditionnement des documents de bibliothèques ; l'estampillage, le marquage et la protection antivol des documents patrimoniaux ; la contribution à l'étude du vieillissement des CD.

8. https://www.bnf.fr/fr/ressources-en-conservation-du-patrimoine-ecrit-et-numerique (consulté le 04/11/2022).

Question 160 : Quelles sont les contraintes mécaniques de dégradation ?

Les contraintes mécaniques de dégradation peuvent être d'origine naturelle (tremblements de terre, tsunami), accidentelle (chute d'une étagère, d'un plafond), et peuvent également émaner d'une manipulation (transport, lecture), d'un lieu de stockage ou d'exposition ou du conditionnement. Les ouvrages ne devront pas être trop serrés sur les rayonnages et ne devront pas être pris par la coiffe surtout pour les ouvrages patrimoniaux. Certains documents devront être conservés à plat tels que les in-plano, les cartes et plans ainsi que les feuilles et brochures qui seront conditionnées au mieux en boîtes de papier permanent (papier au pH neutre) adaptées au format des documents ou alors entourées de papier kraft par exemple. L'utilisation de trombones ou d'agrafes (elles rouillent), de post-it (enlève le papier) et de scotch est prohibée. La formation du personnel est la meilleure prévention qui soit.

Question 161 : Quelle est la procédure à suivre en cas de dégât des eaux ?

Lors d'un dégât des eaux, il faut identifier les collections non atteintes et les bâcher. Les collections les plus mouillées seront à évacuer en laissant dans leur état, c'est-à-dire qu'un livre ouvert ne devra pas être fermé ou inversement. Elles devront ensuite être congelées à moins 30 degrés dans des sacs sur lesquels seront notées la cote et leur localisation. Le cuir, les photographies et calques ne supportent pas la congélation. Pour les documents dits humides, il faudra les faire sécher dans une grande pièce chauffée et ventilée en intercalant du papier essuie-tout entre chaque page, qui sera changé régulièrement.

Il est essentiel qu'une bibliothèque mette en place un plan d'urgence en amont. Elle met en place une méthodologie d'intervention des différents services et agents concernés par un incident majeur. La BnF met à disposition des professionnels des bibliothèques et de la documentation un document intitulé « Plan d'urgence pour le sauvetage des collections en cas de sinistre : du projet au déploiement[9] » qui présente l'estimation des risques réels de sinistre, la mise en place du plan, la définition d'une stratégie de sauvetage et l'évacuation et le traitement des documents. Au fil des siècles, la BnF a développé des techniques appropriées à sa mission de conservation qu'elle soit curative ou préventive (surveillance de l'état et protection des collections, conditions climatiques des magasins, restauration...). Elle dispose pour cela de plusieurs ateliers spécialisés selon les types de documents et les techniques de conservation ainsi que d'un laboratoire. Elle a également mis en place un système de préservation de ses données numériques.

9. www.bnf.fr/fr/plan-durgence (consulté le 04/11/2022).

Un rapport de l'IGÉSR intitulé « Les plans d'urgence dans les bibliothèques patrimoniales françaises : pour une politique nationale de prévention des risques », paru en octobre 2022, met en évidence le degré d'impréparation élevé face aux risques de perte irrémédiable de documents uniques ou exceptionnels. La mission émet 17 recommandations, dont celle de coordonner l'action sur le plan national et de la décliner en régions de façon transverse, en associant les bibliothèques d'un même territoire. Sur le plan réglementaire, une directive nationale d'orientation permettrait de fixer un cadre stratégique autour de l'obligation faite à chaque bibliothèque conservant du patrimoine de disposer d'un plan d'urgence. Le rapport est téléchargeable gratuitement à cette adresse :
https://www.enseignementsup-recherche.gouv.fr/sites/default/files/2022-10/rapport-igesr-2022-129-24922.pdf
L'association de protection du patrimoine culturel en cas de catastrophe naturelle ou de conflit armé, le bouclier bleu, a rédigé un guide intitulé « Rédiger un plan d'urgence en dix étapes » en mars 2022. Il est téléchargeable gratuitement à l'adresse suivante :
https://www.bouclier-bleu.fr/wp-content/uploads/2022/03/Plan-durgence-en-10-e%CC%81tapes.pdf

Question 162 : Que signifie une conservation partagée ?

Une conservation partagée est une répartition de la conservation des collections entre plusieurs bibliothèques. Un plan de conservation partagée est mis en place pour certains supports, les périodiques, ou par thématique, la médecine ou la jeunesse par exemple. Il est en général d'envergure régionale. C'est une conservation raisonnée qui donne une meilleure visibilité et accessibilité aux collections concernées. Les établissements participants en maintiennent ainsi l'exhaustivité, l'intégrité et la conservation. Les premiers plans de conservation partagée ont été mis en place par les structures régionales pour le livre (SRL) dans les années 1990 pour les collections de périodiques.

Les CollEx, collections d'excellence pour la science font l'objet d'une conservation partagée. La pérennité des collections, matérielles et numériques, est un enjeu majeur pour la science. Elle doit être prise en charge collectivement.

CollEx-Persée a pour mission d'accompagner la mise en œuvre des actions de préservation mutualisées menées en coopération entre les bibliothèques de recherche et les opérateurs en information scientifique et technique sur lesquels elles peuvent s'appuyer (Centre technique du livre de l'enseignement supérieur, Bibliothèque nationale de France, CNRS-Inist, CINES). CollEx-Persée s'appuie en particulier sur le Centre technique du livre, le CTLes, pour soutenir la montée en puissance des plans de conservation partagée (PCP) disciplinaires des périodiques, qui permettent de garantir aux chercheurs l'accès à des collections de revues complètes et dans le meilleur état possible, sur site dans des bibliothèques de conservation ou à distance par la fourniture de documents, tout en permettant aux autres établissements partenaires du PCP de libérer l'espace nécessaire au développement de leurs collections, ou de le réaffecter à d'autres fonctions lorsqu'ils passent au « tout numérique ». Une autre mission de CollEx-Persée portera par ailleurs sur le développement de la conservation partagée des collections numériques.

Le CTLes gère un catalogue en ligne des PCP des périodiques qui propose seize thématiques accessibles à cette adresse : https://pcp.docressources.fr/index.php

Question 163 : Quel est le nombre de plans régionaux de conservation partagée ?

Trente-neuf plans partagés régionaux de périodiques, impliquant 770 bibliothèques, sont signalés dans le Sudoc, dont trois nouveaux ont été conclus en 2021. Une convention entre le Sudoc et la Fédération interrégionale du livre et de la lecture, la FILL, a été signée en juillet 2010. Cette convention facilite les partenariats entre les centres du réseau Sudoc-PS, représentés par l'Abes, et les structures régionales du livre (SRL) membres de la FILL, représentées par la FILL. Elle concerne toute action de coopération et notamment la mise en œuvre et le développement des plans de conservation partagée des périodiques (PCPP). L'Abes a publié en décembre 2021 un état des lieux actualisé des PCPP en France[10].

En 2018, la FILL a mis à jour des guides pour accompagner les plans de conservation partagée, collection jeunesse[11]. La conservation partagée des documents pour la jeunesse est née de la volonté de sauvegarder un patrimoine souvent fragile et éphémère, de le conserver et de le faire connaître à un public le plus large possible. Cette préoccupation s'est généralisée tant à l'échelon national que régional. Au niveau national, la conservation des collections jeunesse est assurée principalement par trois institutions la BnF, qui a intégré en 2008 la Joie par les livres, devenue le Centre national de la littérature pour la jeunesse (CNLJ) ; la médiathèque Françoise-Sagan à Paris qui ouvre ses portes en 2015 en intégrant le fonds patrimonial de l'Heure joyeuse et la Cité internationale de la bande dessinée et de l'image (CIBDI) à Angoulême pour la BD. Néanmoins, ces institutions ne conservent pas l'intégralité de la production éditoriale.

10. https://abes.fr/publications/enquetes-et-etudes/pcpp-comparatif-2019-2021-un-etat-de-lart-quantitatif-et-qualitatif/ (consulté le 04/11/2022).

11. http://fill-livrelecture.org/?s=plan+de+conservation+partag%C3%A9e (consulté le 04/12/2022).

1 | LE CIRCUIT DU DOCUMENT ET LA COMMUNICATION DES DOCUMENTS

■ QUESTION 164 À 167

Question 164 : Qu'appelle-t-on le circuit du document en bibliothèque ?
Question 165 : Quels sont les différents types d'accès aux documents ?
Question 166 : Sur quels types de supports l'accès semi-direct est-il mis en place ?
Question 167 : Qu'est-ce que l'accès distant d'une ressource documentaire ?

RÉPONSES 164 À 167

Question 164 : Qu'appelle-t-on le circuit du document en bibliothèque ?

Ce qu'est nommé « circuit du document » correspond aux différentes étapes de vie du document à partir du moment où il est sélectionné par les acquéreurs. Le bon de commande est alors transmis pour validation et signature à l'ordonnateur de l'établissement. Une fois signé, le bon est remis au fournisseur. Lors de la livraison des documents, l'état de ceux-ci sera vérifié, c'est la collation, qui comprend la vérification au niveau des pages, des manquantes, abîmées, inversées sont-elles constatées ? Si oui, il sera procédé à un échange ou à un avoir. La liste des documents inscrits sur le bon de livraison ou la facture sera comparée avec le bon de commande tant sur les quantités que sur les titres et édition. Une fois la conformité constatée, les documents reçoivent un numéro d'inventaire qui peut être un code informatique. Ils sont ensuite transmis aux personnes chargées du catalogage qui vont les traiter intellectuellement, les indexer, les signaler au sein du catalogue et leur attribuer une cote ainsi qu'un code-barres. Ce travail réalisé, les documents seront équipés, c'est-à-dire qu'ils seront estampillés au nom de la bibliothèque d'appartenance, couverts ou non, anti-volés et la cote sera apposée au dos du document. Les documents seront alors rangés sur les rayonnages, ils sont prêts à être empruntés. La vie du document au fur et à mesure des emprunts, consultations ou pas, peut s'orienter selon son état vers une mise en magasin, un don, un échange ou le pilon, c'est la phase du désherbage.

Le circuit du document en bibliothèque

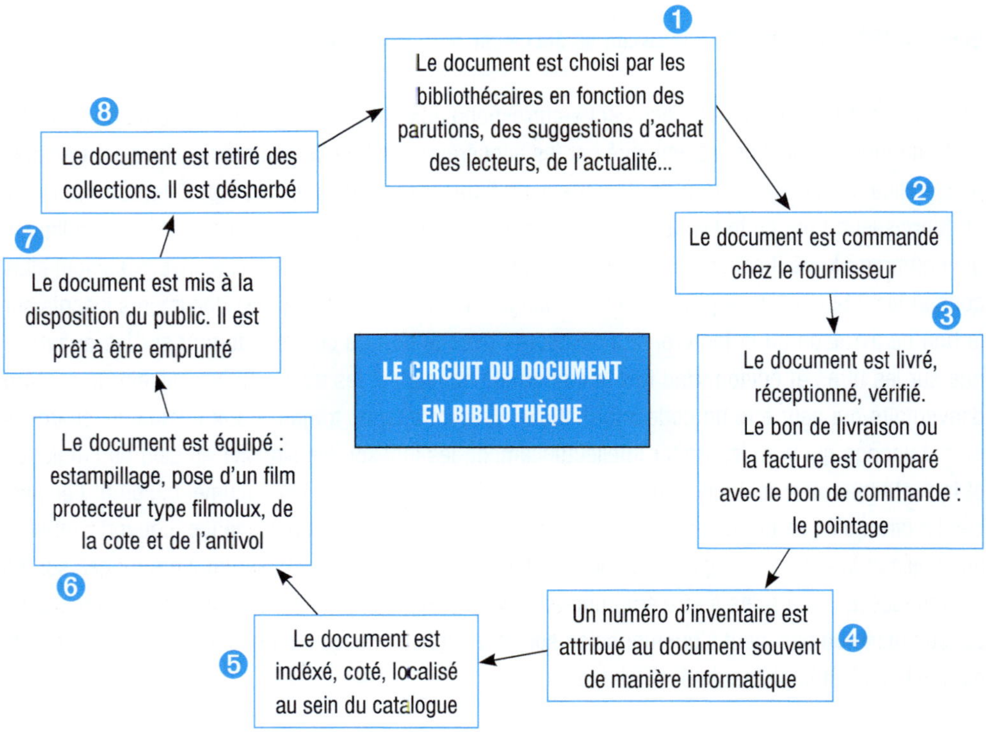

Question 165 : Quels sont les différents types d'accès aux documents ?

Les types d'accès aux documents sont au nombre de quatre : l'accès direct, l'accès semi-direct, l'accès indirect et l'accès réservé.

Le libre accès implique que les documents soient à disposition directe des usagers. Leur mode de classement doit leur permettre de trouver l'information recherchée sans consulter de manière systématique le catalogue de la bibliothèque. Les lecteurs doivent pouvoir papillonner parmi les rayonnages. Pour cela, il faut une signalétique adaptée, claire et avec une charte graphique définie par l'établissement. Ces dernières années, la présentation des documents en libre accès est travaillée de manière à être mieux adaptée aux usages des lecteurs. Les nouveaux titres acquis sont mis en avant, des présentations thématiques sont réalisées, les différents supports (revues, ouvrages, documentaires) d'une même thématique sont regroupés, des présentations ou avis personnalisés sont réalisés par les bibliothécaires et apposés sur les ouvrages eux-mêmes. Le mobilier correspond plus, également, aux besoins des lecteurs, les rayonnages sont moins hauts de manière à ce que tous les documents soient à la portée de tous. L'aménagement de la bibliothèque doit être pensé comme un lieu de bien-être et de travail qui doit allier un accès adapté des collections, des places assises suffisantes pour permettre aux usagers de consulter et de travailler sur les ouvrages, des espaces de détente. Ces différents lieux de vie doivent être harmonieux et les usagers doivent s'y sentir au mieux en trouvant les collections adaptées à leurs besoins.

L'accès indirect est appliqué aux documents qui sont mis en magasin, et par ce fait, le lecteur doit passer par un professionnel avant d'y avoir accès. L'usager doit obligatoirement consulter un catalogue pour trouver les informations utiles qui serviront à localiser le document au sein des magasins, remplir un formulaire de demande sur lequel il annotera son nom et les informations précédemment citées, ce papier restera à la place de l'ouvrage, en langage bibliothéconomique, c'est un « fantôme », qui sera enlevé dès que le document reviendra à sa place sur les rayonnages du magasin.

L'accès réservé est mis en place pour les documents patrimoniaux ou pour les documents dont l'état est fragile. Le support sera alors consulté dans une pièce aménagée et sous surveillance d'un professionnel.

Question 166 : Sur quels types de supports l'accès semi-direct est-il mis en place ?

L'accès semi-direct est mis en place pour les supports qui comprennent soit un matériel d'accompagnement tel que les méthodes de langues et leurs CD et les DVD. Le support optique est mis en boîtier placé derrière la banque de prêt en général (accès indirect) et le boîtier vide du film ou documentaire, le livre est mis en accès direct. Ce type d'accès est souvent remplacé par un système antivol efficace et adapté aux documents concernés, cela évite des manipulations à la banque de prêt pour les agents en place et une détérioration des matériels d'accompagnement.

Question 167 : Qu'est-ce que l'accès distant d'une ressource documentaire ?

L'accès distant d'une ressource documentaire concerne la documentation électronique, les ressources numériques telles que les livrels ou e-books, les revues en ligne, les bases de données, etc. *Via* un système d'authentification, l'usager peut consulter la documentation proposée hors de l'établissement.

2| CONDITIONNEMENT, RELIURE, RÉPARATIONS

■ QUESTIONS 168 À 172

Question 168 : Pourquoi le conditionnement des documents est-il important ?

Question 169 : Qu'appelle-t-on un train de reliure ?

Question 170 : Qu'appelle-t-on un train de numérisation ?

Question 171 : En quoi consiste la restauration d'un document ?

Question 172 : Qu'appelle-t-on les petites réparations en bibliothèque ?

RÉPONSES 168 À 172

Question 168 : Pourquoi le conditionnement des documents est-il important ?

Le conditionnement est important, car il fait partie de la conservation préventive, un document correctement conditionné vieillira sans trop de dommages. Ce conditionnement a un coût qui doit être prévu au mieux dans le budget de l'établissement. Il représente aussi un temps de travail non négligeable, des programmes de campagnes de conditionnement et de reconditionnement seront si possible programmées. L'utilisation de boîtes de conservation en papier permanent dont le pH est neutre est fortement recommandée pour les documents patrimoniaux. Toutefois leur coût assez élevé peut être prohibitif pour certains établissements. Dans ce cas, d'autres types de conditionnement sont admis, tel l'enliassage ou la boîte d'archives ordinaire. À l'intérieur des boîtes, les documents doivent être protégés individuellement ou par petits paquets, ils peuvent l'être sous pochette en papier permanent.

Les documents de grand format doivent être conservés dépliés et à plat, dans des cartons à dessin solides de format supérieur à celui du plus grand document contenu. Des sociétés spécialisées commercialisent des cartons à dessin de conservation assez onéreux. Pour des raisons économiques, des cartons à dessin ordinaires peuvent être utilisés tout en protégeant les documents de tout contact avec ces cartons par une double enveloppe de carton souple et de papier de conservation. Une séparation individuelle de chaque pièce s'impose. Les cartes et plans demandent un conditionnement adapté, dans un meuble à cartes où entre chaque carte, si possible, sera insérée une feuille en papier permanent. Pour un gain de place et un coût financier moindre, ce type de documents pourra être conditionné dans des tubes.

Question 169 : Qu'appelle-t-on un train de reliure ?

Un train de reliure est la sélection de documents qui seront envoyés au relieur.

Un train de reliure est une opération qui doit répondre à certains critères bien précis qui sont précieux pour le relieur et les bibliothécaires. L'appel à un relieur se fait en général par le biais des marchés publics. L'envoi et la réception des documents concernés se feront ainsi sans craindre des erreurs de travail ou d'organisation. Les documents sélectionnés pour le train de reliure doivent être classés selon le degré de réparation souhaité (simple renforcement, réparation plus sérieuse, reliure à réaliser en intégralité, etc.) et/ou selon le type de reliure désiré (à la française, à la Bradel, dos collé, etc.) et selon leur format (in-folio, in-quarto, etc.). Un bordereau doit être dressé, qui identifie correctement chaque document (auteur, titre, édition, cote) et la nature de la réparation ou de la reliure.

Les documents avec leur bordereau sont envoyés chez le relieur. Au retour du train, une collation générale sera réalisée afin de vérifier la qualité du travail effectué et sa conformité avec la commande. Les documents envoyés à la reliure sont en général des livres et des revues qui sont reliées par année ou par volume selon l'ampleur de la collection.

Question 170 : Qu'appelle-t-on un train de numérisation ?

Un train de numérisation est la sélection de documents qui seront envoyés à la numérisation.

Un train de numérisation correspond à la préparation de documents en vue d'une numérisation. Il peut s'agir d'une collection de périodiques qui intégrerait une bibliothèque numérique par exemple. Un double de la collection sera alors préparé feuille par feuille, dont l'état aura été vérifié. Un ensemble cohérent d'ouvrages peut être également sélectionné sur une thématique particulière. Les documents, quel que soit le support, doivent être édités en France et être libres de droits. L'ensemble des pages, y compris les pages non numérotées, sont comptées. Une fiche sera insérée dans chacun d'entre eux mentionnant son état. Un cahier des charges sera alors rédigé mentionnant le nombre de pages et la précision du travail à effectuer. Les documents seront classés selon l'ordre sur lequel ils sont inscrits sur le cahier des charges afin de faciliter le travail de numérisation.

Question 171 : En quoi consiste la restauration d'un document ?

La restauration d'un document consiste à le consolider pour en permettre la consultation le plus rarement, mais le plus longtemps possible. Le but de la restauration est de respecter au maximum l'intégrité du document, de ne lui ajouter que des matériaux compatibles avec les matériaux d'origine. Le travail de restauration doit être réversible, c'est-à-dire que tous les éléments ajoutés doivent pouvoir être retirés sans abîmer ceux d'origine. Pour cela, un appel à un personnel qualifié sera fait. Le restaurateur établira un devis avant travaux et un compte rendu des différentes opérations effectuées en y indiquant la provenance des matériaux utilisés. Ces éléments seront gardés par la bibliothèque et constitueront ainsi l'histoire du document.

Pour en savoir plus sur la restauration des documents, la BnF met à disposition des professionnels de bibliothèques et de la documentation des fiches pratiques[12] portant sur la dépose des rubans adhésifs à l'aide de Gore-Tex®, le nettoyage aqueux et la désacidification, le colmatage, le doublage, le clivage, le rattachement des plats, la coque moulée, la restauration des ais de bois, la reliure de conservation, le traitement de conservation des reliures anciennes en cuir effectué avec du papier japonais et le traitement de conservation des reliures anciennes en cuir effectué avec du cuir.

12. www.bnf.fr/sites/default/files/2018-11/depose_rubans_adhesifs.pdf (consulté le 04/11/2022).

Question 172 : Qu'appelle-t-on les petites réparations en bibliothèque ?

Les petites réparations en bibliothèques sont d'un côté des opérations de maintenance et d'entretien des documents : le dépoussiérage, le découronnage, le gommage, le nettoyage et cirage des cuirs, le redressage d'un coin, la remise à plat d'une feuille, la suppression d'étiquette et d'un autre côté c'est la réalisation de petites réparations du papier et du corps d'ouvrage : la réparation d'une déchirure et d'un fond de cahier, insertion d'errata et d'encarts, doublage d'un feuillet, remboîtage avec soufflet ou avec charnière, couture d'un monocahier, fixation d'une coiffe, et consolidation d'un dos broché.

LES SERVICES AUX USAGERS

PARTIE VIII

1 | L'OFFRE DE SERVICE DES BIBLIOTHÈQUES

QUESTIONS 173 À 176

Question 173 : Quels sont les services offerts dans une bibliothèque ?
Question 174 : Quels sont les services numériques offerts dans une bibliothèque ?
Question 175 : Quels sont les services des bibliothèques de la ville de Paris ?
Question 176 : Quels sont les outils adaptés pour un public de déficients visuels ?

■ RÉPONSES 173 À 176

Question 173 : Quels sont les services offerts dans une bibliothèque ?

Les services liés à l'inscription en bibliothèque, dont le prêt de livres figure au premier rang, touchent le plus grand nombre de personnes. L'usage d'une même carte par plusieurs inscrits au sein d'un même foyer est courant et s'est même accentué ces dernières années du fait d'un assouplissement des règles de prêt tels que l'augmentation du nombre de documents empruntables par carte, la gratuité ou quasi-gratuité du service, etc.

Activités pratiquées par les usagers lors de leurs visites les 12 derniers mois

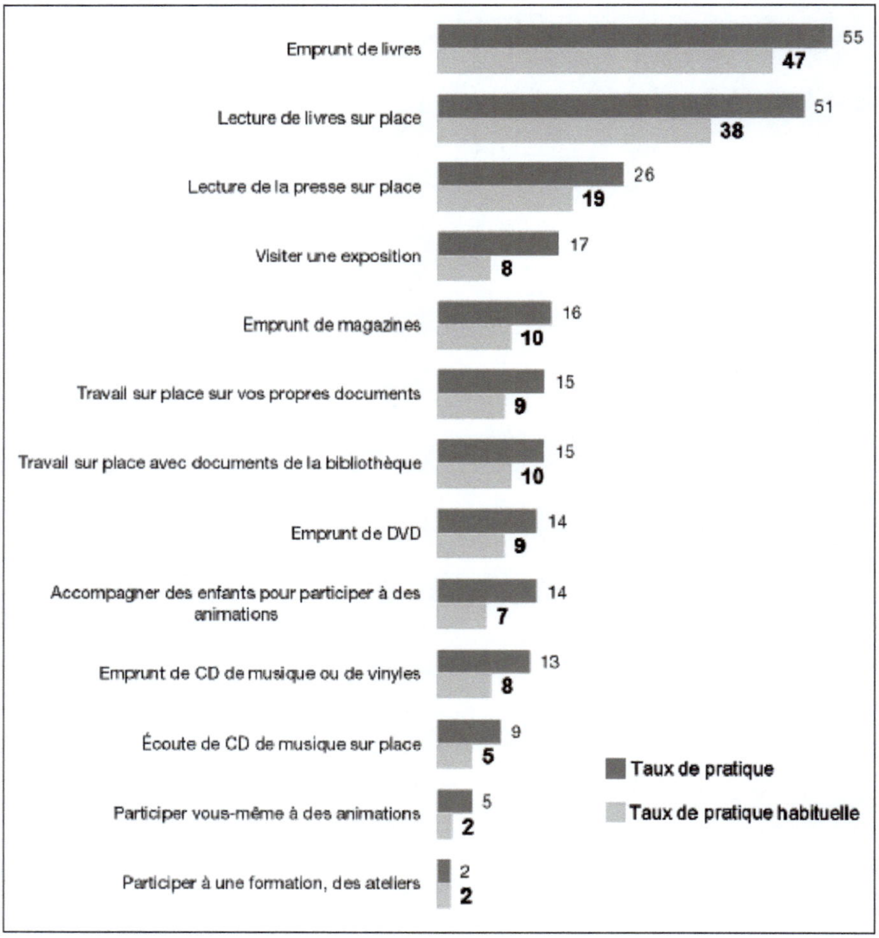

Source : Publics et usages des bibliothèques municipales en 2016, ministère de la Culture

Selon l'étude sur les publics et usages en bibliothèques municipales en 2016 réalisée par le ministère de la Culture, une étude sur les pratiques par les usagers des services offerts par la bibliothèque montre une hiérarchie parmi celles-ci. Le prêt de livre reste le service le plus apprécié des usagers. Un peu moins d'un usager sur deux (47 %) emprunte un livre à chacune de ses venues à la bibliothèque.

Des services hors les murs peuvent être mis en place tels que le bookcrossing qui consiste à déposer un livre dans un lieu inhabituel pour qu'une personne le trouve, le lise et le remette en circulation. Des services temporaires d'assistance aux usagers peuvent également être mis en place lors de phases particulières d'une bibliothèque, par exemple une nouvelle implantation des collections, des petites attentions envers les usagers comme du papier, des stylos, la réservation à l'avance d'un espace de travail, des prises pour un ordinateur portable, des éclairages individuels, la gestion des objets perdus, des panneaux de petites annonces bien gérés, des fontaines à eaux, sont des services très appréciés par les usagers.

Question 174 : Quels sont les services numériques offerts dans une bibliothèque ?

Selon la dernière étude réalisée sur les publics et usagers des bibliothèques municipales par le ministère de la Culture datant de 2016, les services numériques offerts par les bibliothèques et utilisés par les usagers, qui viennent largement en tête sont la consultation du catalogue en ligne sur place (19 %), l'utilisation d'un ordinateur de la bibliothèque pour une connexion Internet (13 %) ou sans (13 %), l'utilisation du réseau wifi de l'établissement (11 %) puis viennent la pratique de jeux vidéo (3 %), l'emprunt d'une liseuse (3 %) et la participation à un atelier numérique (3 %).

Selon la taille de la collectivité desservie, il existe une disparité parmi les bibliothèques offrant des ressources numériques : 13 % d'entre elles desservent une population entre 2 000 et 5 000 habitants et 67 % plus de 100 000. Parmi ces ressources, sont offerts par ordre d'importance, des bouquets de ressources d'autoapprentissage (16 %), presse (12 %), vidéo (10 %), des livres à l'unité (9 %), et des bouquets de musique (7 %) et de livres (7 %).

Des services mis en place dans les grandes bibliothèques telles que la BPI ou au sein de bibliothèques universitaires leur sont spécifiques. Ce sont des services comme le prêt entre bibliothèques (PEB), le service de réponse à distance (Ubib, Eurêkoi, etc.). La BnF a lancé en novembre 2021 le service Platon (plate-forme de transfert des ouvrages numérique), qui permet l'accessibilité des œuvres imprimées aux personnes empêchées de lire en raison d'un trouble ou d'un handicap (malvoyants, dyslexiques, etc.). Elle propose un service de téléchargement des adaptations numériques disponibles.

Question 175 : Quels sont les services des bibliothèques de la ville de Paris ?

Les bibliothèques municipales de prêt de la ville de Paris proposent, en dehors des services classiques des bibliothèques, des services tels que le portage (port'âge) à domicile, l'accompagnement scolaire (coup2pouces) ainsi que le service de la « main tendue » qui est l'accompagnement des publics francophones ou non découvrant la bibliothèque, des ateliers de conversation en français, le déploiement de l'*Ideas box*, des bibliothèques hors les murs (BHLM), d'animations, etc. Un accueil individuel ou par groupe (scolaire ou non) en langue des signes des publics sourds et malentendants est mis en place dans certaines bibliothèques.

Question 176 : Quels sont les outils adaptés pour un public de déficients visuels ?

Les bibliothèques peuvent mettre en place un accueil en langue des signes, un accompagnement dans la prise en main des outils spécifiques et des animations accessibles.

Les outils sont variés afin que les documents soient accessibles à un public de déficients visuels. Cela peut être des vidéos en langue des signes (LSF), des DVD en audiodescription, des livres et revues en format DAISY, des livres en gros caractères, des services en ligne permettant d'écouter plusieurs titres de la presse française, des postes équipés d'une synthèse vocale et d'un agrandisseur de caractères, des outils d'accès aux textes comme des machines à lire, des télé-agrandisseurs, des plages braille, etc.

L'heure du conte, les récits pour les enfants sourds et muets peuvent se faire en langue des signes.

2| ACCUEIL ET FORMATION DES USAGERS

QUESTIONS 177 À 181

Question 177 : En quoi consiste le programme national services publics + en bibliothèque ?
Question 178 : Quels sont les neuf engagements du programme national services publics + ?
Question 179 : Quels sont les objectifs de la commission pédagogie et documentation de l'ADBU ?
Question 180 : Quelles sont les recommandations de cette commission en matière de formation ?
Question 181 : Quelles sont les collaborations à mettre en place entre les services documentaires et les services pédagogiques des établissements de l'enseignement supérieur ?

■ RÉPONSES 177 À 181

Question 177 : En quoi consiste le programme national services publics + en bibliothèque ?

L'accueil est le premier des services rendus par la bibliothèque aux usagers. C'est assurer à l'usager une écoute de ses besoins ; une disponibilité de services aux meilleurs horaires pour lui, un confort optimal dans son utilisation de l'espace, aussi bien pour sa recherche documentaire que pour sa lecture, son travail ou sa détente ; un traitement rapide et fiable, quelles que soient l'affluence et les difficultés rencontrées ; une sécurité optimale et c'est aussi retenir l'usager de passage par une qualité de l'offre, une prise en compte de ses besoins potentiels propres à le séduire et faire ainsi de lui un usager régulier.

Le programme national services publics +[1] prend la suite du référentiel Marianne. Cette démarche services publics + est animée par la direction interministérielle de la transformation publique (DITP). Services publics + est le programme d'amélioration continue des services publics qui vise à offrir aux usagers des services toujours plus proches, plus simples et plus efficaces. Il fixe neuf engagements pour répondre aux attentes des usagers portant notamment sur la rapidité dans le traitement des demandes, une simplification des démarches administratives, des services publics plus facilement joignables et un suivi personnalisé des dossiers des usagers.

Le programme services publics +

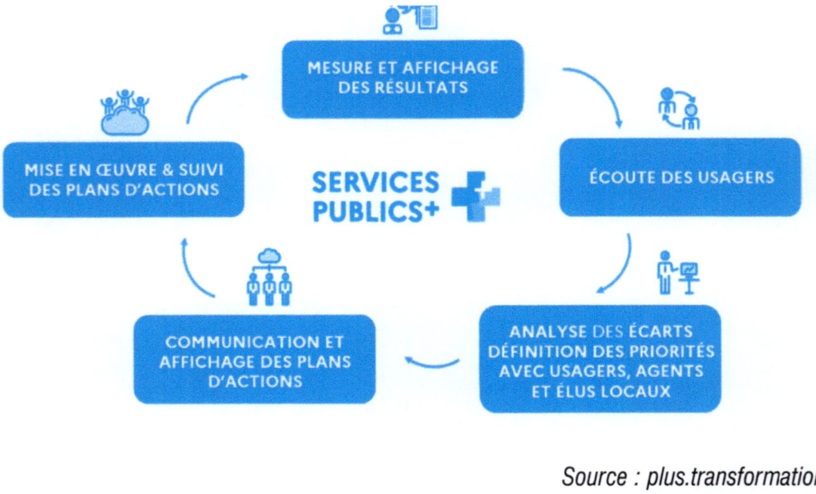

Source : plus.transformation.gouv.fr

1. https://www.plus.transformation.gouv.fr/ (consulté le 04/12/2022).

L'application en bibliothèque est un moyen de formaliser, d'affiner et d'harmoniser les pratiques d'accueil en fonction des différents publics et de valoriser le service d'accueil. C'est une démarche qualité.

Question 178 : Quels sont les neuf engagements du programme national services publics + ?

Les neuf engagements du programme services publics + sont les suivants.

Un service public plus proche :
1. Dans le respect mutuel, vous êtes accueillis avec courtoisie et bienveillance et, dans les conditions prévues par la loi, vous avez le droit à l'erreur
2. Nous sommes joignables par téléphone ou sur place et nous facilitons vos démarches en ligne
3. Vous bénéficiez d'un accompagnement adapté à votre situation personnelle

Un service public plus efficace :
4. Nous vous orientons vers la personne compétente pour traiter votre demande
5. Vous recevez une réponse à vos demandes dans les délais annoncés et vous êtes informés sur l'avancement de votre dossier
6. Vous avez accès à nos résultats de qualité de service

Un service public plus simple :
7. Vos avis sont pris en compte pour améliorer et simplifier nos démarches
8. Nous développons en permanence nos compétences et nous améliorons en continu
9. Nous sommes écoresponsables

Chaque engagement est détaillé sur le site de services publics +.

Le code de déontologie du bibliothécaire réalisé par l'ABF mentionne les engagements du bibliothécaire vis-à-vis de l'usager. « *Le bibliothécaire est d'abord au service des usagers de la bibliothèque. L'accès à l'information et à la lecture étant un droit fondamental, le bibliothécaire s'engage dans ses fonctions à respecter tous les usagers ; offrir à chacun une égalité de traitement ; garantir la confidentialité des usages ; répondre à chaque demande, ou, à défaut, la réorienter ; assurer les conditions de la liberté intellectuelle par la liberté de lecture ; assurer le libre accès de l'usager à l'information sans laisser ses propres opinions interférer ; permettre un accès à l'information respectant la plus grande ouverture possible, libre, égal et gratuit, sans préjuger de son utilisation ultérieure ; garantir l'autonomie de l'usager, lui faire partager le respect du document, favoriser l'autoformation ; promouvoir auprès de l'usager une conception de la bibliothèque ouverte, tolérante, conviviale.* »

L'accueil passe également par les horaires qui doivent correspondre à un principe de régularité, de lisibilité qui facilitera leur mémorisation par les usagers ; par des espaces aménagés qui feront que tous les publics s'y retrouvent, cela peut être par la multiplication des petites unités comme des salles de lecture, salle de travail en groupe ou individuel, salle de formation, espace modulable. Cela favorise la diversité des publics sans conflits d'usage.

Question 179 : Quels sont les objectifs de la commission pédagogie et documentation de l'ADBU ?

La commission pédagogie et documentation de l'Association des directeurs des bibliothèques universitaires (ADBU) vise à établir, développer et articuler la coopération et les échanges entre les structures pédagogiques et documentaires au sein des établissements de l'enseignement supérieur et de la recherche. Dans ce but, elle veut renforcer leurs relations en suscitant l'intérêt des services documentaires pour les projets pédagogiques portés par les établissements, en positionnant les bibliothèques comme un cadre à compétences transversales et en facilitant l'appropriation des enjeux des pratiques, des évolutions en matière de pédagogie par les formateurs au sein des bibliothèques des établissements d'enseignement supérieur. Les premières journées annuelles du réseau des formateurs de l'enseignement supérieur ont eu lieu en 2018.

En 2016, le ministère de l'Enseignement supérieur a entrepris un travail sur le thème de la collaboration entre les équipes pédagogiques et les services de documentation. Dans le contexte de la transformation pédagogique de l'enseignement supérieur, la manière dont les parcours de formation font appel à la bibliothèque et la façon dont les enseignants interagissent avec les personnels de documentation deviennent un levier potentiel d'évolution des pratiques. Les enjeux du lien pédagogie-documentation vont bien au-delà de l'introduction de nouvelles pédagogies dans les formations documentaires. Il s'agit, pour les enseignants et les personnels de documentation, de travailler à la définition d'objectifs communs sur ce que l'université peut apporter aux étudiants en matière de formation et d'apprentissage. Parmi ces objectifs : l'utilisation des espaces avec notamment la création de nouvelles structures de type learning center, l'acquisition des compétences transversales dites « informationnelles », la mise à disposition des ressources avec notamment la possibilité offerte par le numérique d'élargir avec équité l'accès aux ressources pédagogiques.

Question 180 : Quelles sont les recommandations de cette commission en matière de formation ?

Les recommandations de ce groupe de travail sont les suivantes :

- développer, au niveau de l'établissement, une vision stratégique de l'articulation entre la politique de formation et les autres dimensions de la politique de l'établissement, notamment la politique documentaire. Un levier que les établissements peuvent activer pour faire évoluer leurs pratiques d'enseignement et d'apprentissage consiste à décloisonner l'action des services dits « d'appui » tels que les services universitaires de pédagogie (ou assimilés), les services TICE (technologie de l'information et de la communication pour l'enseignement) et les services de documentation. Cela met en jeu la stratégie de formation de l'établissement ;

• donner corps aux équipes pédagogiques en s'appuyant sur des projets et y faire participer les personnels de documentation. L'équipe pédagogique est une notion qui prend forme quand elle se met au service d'un projet. C'est donc en faisant apparaître des projets (projets de formation, projets pédagogiques) au niveau de l'établissement ou de ses composantes que les équipes pédagogiques prendront corps. Les projets, en faisant appel à des approches disciplinaires et interdisciplinaires intégrant le numérique et la documentation, rassembleront dans une même équipe des enseignants et d'autres professionnels comme les personnels des bibliothèques ou des ingénieurs pédagogiques. De plus, attribuer à ces projets un budget donnerait en outre aux équipes pédagogiques une stabilité comparable à celle des équipes plurimétiers de recherche. L'objectif final est de généraliser une approche « programme » ;

• renforcer la représentation des services de documentation dans les instances de l'établissement et les regroupements d'établissements. Les établissements ayant gagné en autonomie, il devient important qu'en interne les services d'appui puissent participer aux organes décisionnels : conseils centraux, structures de pilotage, instances pédagogiques. Le directeur des services de documentation pourrait avoir une représentativité de droit aux conseils centraux ;

• former et accompagner les personnels enseignants et de documentation pour développer une culture commune sur les questions de pédagogie. Leur collaboration sera favorisée en créant au niveau de l'établissement des actions de formation partagées sur la pédagogie universitaire, incitant ainsi au développement d'une culture commune. Elles auraient vocation à s'inscrire dans le plan de formation de l'établissement. Il s'agit d'ouvrir les actions liées à la pédagogie universitaire à l'ensemble des acteurs concernés par la formation des étudiants. Par ailleurs, il conviendrait de mettre en place de nouvelles actions de formation ou d'accompagnement sur des thèmes impliquant l'articulation pédagogie-documentation (les apprentissages documentaires, les learning centers, les ressources accessibles, etc.), ainsi que de mettre en place à l'échelle des établissements ou des groupes d'établissements, en s'appuyant sur les compétences des bibliothécaires, une veille collégiale, diffusée à tous les personnels, sur l'innovation pédagogique ;

• prendre en compte les acquis d'apprentissage des étudiants dans les parcours de formation, notamment la compétence informationnelle. La capacité à savoir identifier son besoin d'information, à savoir se repérer dans les multiples couloirs de l'information, à savoir trouver le bon document, le bon article, et à savoir réinvestir ces sources dans les apprentissages et produire de l'information à partir de ces sources : cette compétence informationnelle fait partie des apprentissages nécessaires et utiles aux étudiants pour leur réussite universitaire, leur insertion sociale et professionnelle. Les personnels des bibliothèques, en délivrant des séances de formation documentaire et en étant présents auprès des étudiants dans la bibliothèque, sont aujourd'hui au premier rang des acteurs qui contribuent au développement de la compétence informationnelle. Cette dernière intervient à tous les moments de la formation, elle doit apparaître dans les maquettes et donner lieu à une validation, sans pour autant constituer une discipline à part. Ceci implique une collaboration, notamment entre enseignants et personnels de documentation, pour construire des scénarios d'apprentissage en tenant compte des référentiels existants ;

• mettre à la disposition des étudiants un ensemble étendu et varié de ressources pédagogiques numériques. Pour coordonner les prescriptions des enseignants vis-à-vis de leurs étudiants et les acquisitions de la bibliothèque, la collaboration au sein des établissements entre les personnels d'enseignement et les personnels de documentation doit être renforcée, car c'est ensemble qu'ils sont à même de définir, en fonction des parcours disciplinaires, quelles ressources sont à mettre à la disposition des étudiants et comment. Ils veilleront, ensemble donc, à ce que soient accessibles à tous les étudiants des documents pédagogiques numériques d'origines et de types variés : ceux issus des portails et des sites de ressources électroniques, ceux produits en interne par les enseignants de l'établissement, ceux que fournissent les éditeurs et qu'acquiert la bibliothèque. Ils créeront, à partir des compétences des bibliothécaires pour le signalement et à partir des connaissances des enseignants pour la pertinence des contenus, des liens entre les ressources numériques du service documentaire et les plates-formes pédagogiques ou les environnements numériques de travail. Ils valoriseront ainsi ces ressources auprès de toute la communauté de l'enseignement supérieur. De plus, la gestion des documents pédagogiques dématérialisés implique les infrastructures numériques des établissements et elle génère des coûts d'acquisition pour les ressources éditoriales : elle doit donc être incluse dans les schémas directeurs du numérique, au niveau national et au niveau des établissements ;

• sensibiliser les établissements au fait que la transformation pédagogique a pour corollaire la transformation des espaces. Les espaces, notamment celui de la bibliothèque, ne peuvent échapper à une transformation. Dans les projets de rénovation et de construction, il est important de faciliter la cohabitation de tous les usages qui facilitent l'apprentissage : associer espaces chauds/espaces froids, lieux connectés/déconnectés, consulter sur place/en ligne, apprendre en autonomie/guidé, apprentissage seul/en groupe/en classe/avec l'enseignant, etc. C'est sur cette base que les bibliothécaires peuvent définir, en lien avec les expérimentations conduites par les enseignants, des espaces de travail et d'enseignement souples dans les bibliothèques : classes mobiles, cloisons modulables, salles de cours à disposition modulable, mobilier connecté, etc. De plus pour les établissements qui veulent s'engager dans des initiatives de type learning center de définir explicitement en amont les objectifs de formation de leur projet, au travers d'échanges entre enseignants et personnels du SCD quand la bibliothèque ou la documentation sont impliquées.

Question 181 : Quelles sont les collaborations à mettre en place entre les services documentaires et les services pédagogiques des établissements de l'enseignement supérieur ?

Une instance pédagogique intermédiaire au niveau institutionnel doit être mise en place, un échange entre les autres services d'appui tels que les services universitaires de pédagogie ou les TICE doit s'instaurer. Les espaces, qu'ils soient physiques (la bibliothèque), virtuels (les portails et les plates-formes) ou hybrides, représentent un lieu de croisement important entre la pédagogie et la documentation. De nombreux projets sont en cours de développement, comme les learning centers. Un espace de médiation doit s'ouvrir entre les enseignants-chercheurs et les personnels des services documentaires tant au niveau des ressources, mais aussi au niveau des acquisitions, de l'indexation, de l'hébergement, de l'utilisation des nouvelles ressources numériques telles que les MOOCS (Massive Open Online Course). Les ressources documentaires ne sont pas les mêmes si elles sont présentées par un enseignant ou par un bibliothécaire. Les compétences informationnelles doivent être inscrites comme une plus-value pour l'université.
L'ADBU a rédigé en juin 2021 un référentiel des compétences informationnelles, outil destiné tant aux professionnels des bibliothèques qu'aux communautés universitaires intéressées par la formation aux compétences informationnelles. Le référentiel est disponible gratuitement à l'adresse suivante : https://referentiel.adbu.fr/referentiel

3| SYSTÈMES D'INFORMATION ET PORTAILS DOCUMENTAIRES

■ QUESTIONS 182 À 183

Question 182 : Qu'est-ce qu'un système d'information documentaire ?

Question 183 : Qu'est-ce qu'un portail documentaire ?

RÉPONSES 182 À 183

Question 182 : Qu'est-ce qu'un système d'information documentaire ?

Un système d'information est « *l'ensemble de ressources (personnel, logiciels, processus, données, matériels, équipements informatiques et de télécommunication...) permettant la collecte, le stockage, la structuration, la modélisation, la gestion, la manipulation, l'analyse, le transport, l'échange et la diffusion des informations (textes, images, sons, vidéo...) au sein d'une organisation. Parmi les ressources informatiques figurent en particulier les fichiers de données, bases de données et système de gestion de bases de données (SGBD), [...]*[2] ».

Un système d'information documentaire (SID) est un dispositif informatique d'accès à la documentation, aux ressources pédagogiques et à l'information, qui est accessible sur place ou à distance grâce à une interface unique permettant aux usagers l'interrogation de bases de données et de différentes ressources ainsi qu'un accès à une offre de services. Le SID comprend le système intégré de gestion de bibliothèque (SIGB), le système de gestion électronique de documents (GED), des outils de travail collaboratifs et des outils de recherche. Le SIGB est le logiciel professionnel qui offre différents modules : prêt/retour, gestion des périodiques, acquisitions, catalogage, statistiques, etc. Horizon, Dynix sont des SIGB. Il a une interface web publique, l'OPAC (Online Public Access Catalog) qui permet aux usagers de consulter aisément le catalogue. La GED gère peu les métadonnées et elles sont sous-utilisées.

Les modules d'un SIGB et ses liens

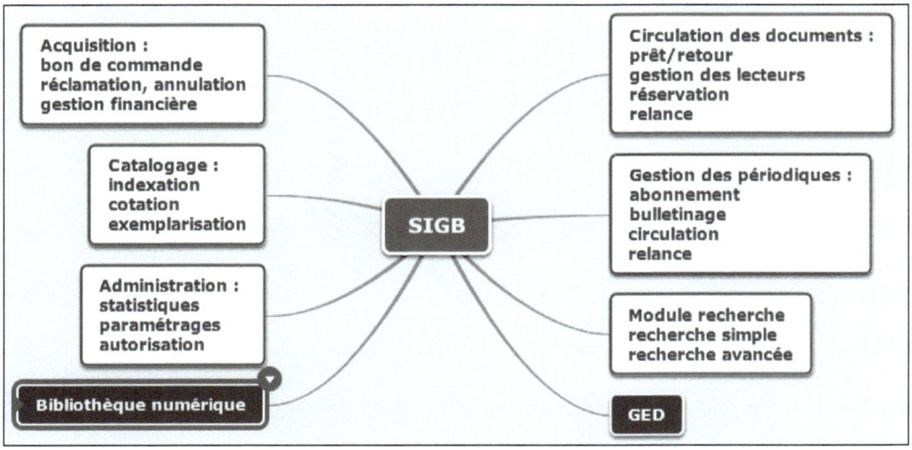

2. Sylvie Servigne, « Systèmes informatiques. Conception, architecture et urbanisation des systèmes d'information », *Encyclopædia universalis* : www.universalis-edu.com/encyclopedie/systemes-informatiques-conception-architecture-et-urbanisation-des-systemes-d-information (consulté le 30/10/2021).

Un projet d'un système de gestion de bibliothèque mutualisé (SGBm) est initié par l'Abes en 2012. Il comprendra les fonctions classiques des SIGB, un résolveur de liens, un outil de découverte, l'accès à une base de connaissance et un ERMS. Un ERMS (Electronic Resource Management System), est un système qui permet une gestion entre les revues et les bases de données numériques. Ce SGBm a vocation à être déployé au niveau des bibliothèques de l'enseignement supérieur et de la recherche.

Question 183 : Qu'est-ce qu'un portail documentaire ?

Un portail documentaire est un site qui donne accès à un ensemble de ressources documentaires, de services et de contenus qui peuvent être thématiques. Un portail documentaire ne se limite pas à l'accès au catalogue d'une bibliothèque. Il peut contenir une bibliothèque numérique. Le portail documentaire doit répondre idéalement à toutes les attentes des usagers. Il doit être pédagogique, ergonomique, esthétique à la charte graphique de l'université ou de la tutelle et dynamique.

4| MÉTHODE ET OUTILS DE LA RECHERCHE DOCUMENTAIRE

QUESTIONS 184 À 187

Question 184 : Quelles sont les sept étapes de la stratégie de recherche ?
Question 185 : Comment les contours du travail de recherche doivent-ils être définis ?
Question 186 : Quelles sont les sources d'information ?
Question 187 : Quels sont les principaux critères d'évaluation d'un document ?

RÉPONSES 184 À 187

Question 184 : Quelles sont les sept étapes de la stratégie de recherche ?

Comme les définit le didacticiel Infosphère[3] de l'Université de Montréal, les sept étapes de la stratégie de recherche sont : la décomposition du sujet en concepts, l'enrichissement du vocabulaire, la compréhension des liens logiques entre les mots-clés, l'identification de l'outil de recherche le plus adapté à consulter, la formulation d'une première requête de recherche, l'analyse des résultats et enfin l'optimisation au besoin des résultats par des filtres. Les requêtes se feront dans un premier temps sur les dictionnaires et encyclopédies, les ouvrages généraux, les bases de données de dépouillement de revues dites générales (Généralis, Europresse, etc.). Dans un second temps, les ouvrages spécialisés, les bases de données thématiques (Francis, Pubmed, etc.) seront consultés. Pour une recherche d'actualités, la recherche débutera par la presse générale (*Le Monde*, *Les Échos*, *Courrier international*, etc.) et sera poursuivie par la presse spécialisée (*Nature*, *Agora*, *Clio*, etc.).

Afin de délimiter le domaine théorique, l'espace géographique ainsi que les disciplines concernées, il faut savoir répondre aux questions suivantes, les QQQOCP : « quoi (quel est le sujet, le thème principal), quand (de quand date le document), qui (quelles sont les personnes impliquées, les états, le groupe social, etc.), où (quel est le contexte), comment (quels sont les angles à prendre en compte) et pourquoi (quels sont les enjeux) ».

Question 185 : Comment les contours du travail de recherche doivent-ils être définis ?

Les contours du travail de recherche sont à cibler selon ce que sera le travail de recherche une fois abouti. Une fois cernée, la recherche pourra se faire de manière plus efficace et plus ciblée.

3. www.infosphere.uqam.ca (consulté le 04/11/2022).

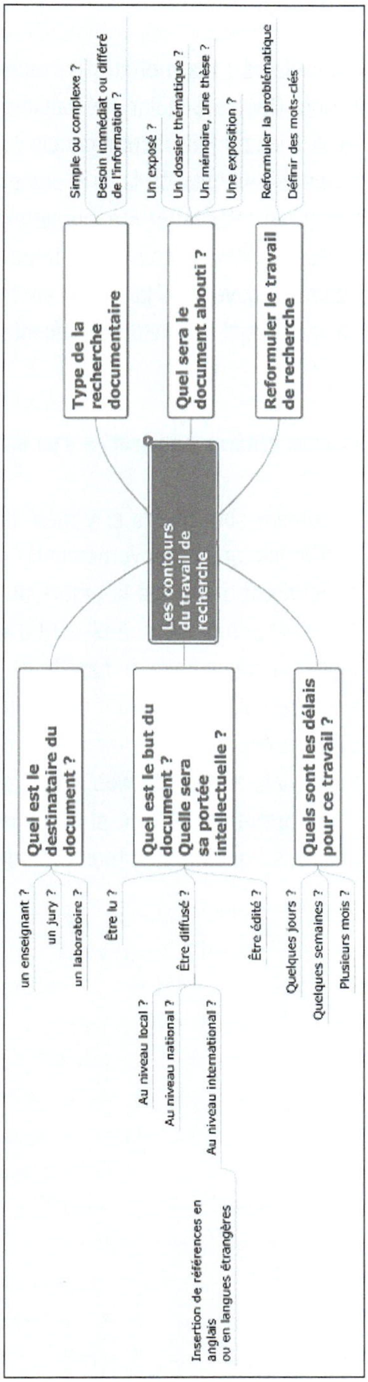
Les contours du travail de recherche
Type de la recherche documentaire
Simple ou complexe ?
Besoin immédiat ou différé de l'information ?
Quel sera le document abouti ?
Un exposé ?
Un dossier thématique ?
Un mémoire, une thèse ?
Une exposition ?
Reformuler le travail de recherche
Reformuler la problématique
Définir des mots-clés
Quel est le destinataire du document ?
un enseignant ?
un jury ?
un laboratoire ?
Quel est le but du document ? Quelle sera sa portée intellectuelle ?
Être lu ?
Être diffusé ?
Au niveau local ?
Au niveau national ?
Au niveau international ?
Insertion de références en anglais ou en langues étrangères
Être édité ?
Quels sont les délais pour ce travail ?
Quelques jours ?
Quelques semaines ?
Plusieurs mois ?

Question 186 : Quelles sont les sources d'information ?

Les sources d'information sont multiples : les moteurs de recherche (Dogpile mutualisant la recherche sur Google, Yahoo et Bing, Google Scholar spécialisé dans la recherche universitaire, MedHunt dans l'information médicale), les portails institutionnels comme service-public.fr, Éduscol, etc., les répertoires de sites tel que les signets de la BnF par exemple, les bases de données numériques (Pubmed, Chemical abstract, Pascal et Francis, etc.), les bibliothèques numériques (Gallica, Europeana, Cyberlibris, Google livres, etc.), les catalogues collectifs de bibliothèques (Sudoc, CCFr, Worldcat, etc.), les archives ouvertes (Hal, ArXiv, etc.) et les centres de documentation et archives (École supérieure du travail social, centre de documentation sur l'urbanisme, Catalogue des archives, etc.).

Question 187 : Quels sont les principaux critères d'évaluation d'un document ?

Les critères d'évaluation d'un document sont divers et variés. Sur le web, les extensions URL serviront à évaluer la source. En effet les .gouv (gouvernement), .org (site à but non lucratif), .ac (site académique) ou les .com indiqueront quelle est la nature du site et de l'information qui s'y trouve. Les informations sur l'auteur sont primordiales. A-t-il écrit d'autres articles ? Si oui, sur quels thèmes ? L'éditeur apporte un critère supplémentaire de fiabilité de l'information. Chaque discipline a des éditeurs différents, s'ils sont spécialisés, ils seront donc plus fiables. De même, la date de parution ou la date de mise à jour d'un document est importante pour pouvoir situer l'information dans le temps. Si l'information est trouvée sur un site web, il faut se poser la question : quel est le but du site, est-il commercial ou informationnel ? Le style dans lequel le document est écrit transmettra des informations quant à sa qualité. Les tournures de phrases sont-elles correctes, l'orthographe est-elle respectée ?

Le phénomène des fake news est très présent sur le web. Pour les reconnaître, l'IFLA a créé une infographie avec les principales questions à se poser pour pouvoir les identifier.

Source : IFLA

5| SERVICE D'APPUI À LA RECHERCHE

■ QUESTIONS 188 À 189

Question 188 : Pourquoi un service d'appui à la recherche au sein des bibliothèques ?

Question 189 : Quelles plus-values apporte-t-il aux usagers ?

RÉPONSES 188 À 189

Question 188 : Pourquoi un service d'appui à la recherche au sein des bibliothèques ?

Les services d'appui à la recherche au sein des bibliothèques universitaires font écho au dispositif d'appui à la recherche soit sous forme de gouvernance, de direction ou de service au sein des universités. Ces gouvernances, directions ou services visent à accompagner la mise en œuvre de la politique de recherche d'une université en développant les services d'appui aux personnels de la recherche, aux unités de recherche, en se dotant par exemple d'un système de suivi efficace de la production scientifique des laboratoires par un recensement régulier des publications et des réalisations scientifiques ou en offrant un support professionnel pour élaborer les dossiers en réponse aux appels d'offres de l'Agence nationale de la recherche (ANR), européens et internationaux.

Question 189 : Quelles plus-values apporte-t-il aux usagers ?

Il s'agit d'accompagner les chercheurs, enseignants-chercheurs et doctorants pour une transition vers l'open access dans la publication, la diffusion et la valorisation des résultats de leurs recherches, de les former, les guider pour une indexation de qualité de leurs recherches sur la plate-forme institutionnelle d'archives ouvertes de leur université, mais aussi d'accompagner les doctorants sur le dépôt électronique de leur thèse en coopération avec les écoles doctorales et leur fournir la documentation nécessaire à leur recherche *via* le service du prêt entre bibliothèques (PEB) ainsi que de leur proposer des formations sur l'intégrité scientifique et les données de la recherche, les droits d'auteur, par exemple.

L'IGÉSR a rédigé en 2021 un rapport intitulé « La place des bibliothèques universitaires dans le développement de la science ouverte[4] ». Il souligne que « *les bibliothèques de l'enseignement supérieur soutiennent de longue date l'accès ouvert aux publications et aux données de la recherche. La mise en œuvre du Plan national pour la science ouverte conduit toutefois à s'interroger sur le rôle que les bibliothèques jouent et devraient jouer dans un système de production de la recherche profondément modifié par les techniques numériques. Inversement, l'intégration de la science ouverte aux services proposés par les bibliothèques aux chercheurs produit des effets sur celles-ci qui touchent la politique et le budget documentaires, mais aussi l'organisation interne des bibliothèques, la répartition des effectifs par fonction et plus largement leur positionnement dans l'institution académique.* »

4. https://www.enseignementsup-recherche.gouv.fr/sites/default/files/imported_files/documents/IGESR-Rapport-2021-022-Place-bibliotheques-universitaires-developpement-science-ouverte_1393554.pdf (consulté le 04/11/2022).

6| PARTENAIRES, ANIMATIONS ET ACTIONS CULTURELS

■ QUESTIONS 190 À 193

Question 190 : Qu'est-ce qu'un programme d'action culturelle ?

Question 191 : Quels sont les types d'animations culturelles qui sont rencontrés en bibliothèque ?

Question 192 : Comment mettre en place une politique d'action culturelle ?

Question 193 : Quels sont les partenaires, les animations et les services qui peuvent être associés aux douze missions des bibliothèques publiques définies par l'UNESCO ?

RÉPONSES 190 À 193

Question 190 : Qu'est-ce qu'un programme d'action culturelle ?

Les animations culturelles ont pour but de faire découvrir la bibliothèque à de nouveaux publics et aussi de fidéliser les usagers ; de valoriser les collections parfois méconnues et services proposés par la bibliothèque ; de donner une nouvelle image de la bibliothèque qui est un lieu d'action culturelle vivant et ouvert ; de créer du lien social : une animation est toujours un moment privilégié de rencontres et d'échanges qui permet de tisser et de renforcer le lien social au sein des communes ou d'une communauté universitaire ; de motiver et souder l'équipe ; de se positionner par rapport à l'institution : l'animation culturelle valorise l'image de la bibliothèque auprès des élus, de la direction.

L'ensemble des animations prévues au sein d'un établissement doit faire l'objet d'un programme d'action culturelle qui est travaillé un ou deux ans en amont. Les animations s'inscrivent dans une véritable stratégie avec un cadre et des objectifs définis. Des animations peuvent s'inscrire dans la durée. Ces animations peuvent prendre différentes formes. Ce programme doit refléter les missions de l'établissement et la politique culturelle de la collectivité ou de la tutelle. La création de cycles est un facteur de fidélisation et d'identité. Il est nécessaire de communiquer auprès du public ce programme. Ce dernier peut faire l'objet d'un tirage papier, d'une mise en ligne, etc.

L'établissement veillera à établir les modalités et procédures pour chaque action culturelle de la conception au bilan en y notifiant le budget, les besoins en matériel technique, le calendrier, la communication qui pourra se faire sous forme de cartons d'invitation, d'affiches, de catalogues ou de brochures, les relations avec la presse, si nécessaire, les espaces consacrés, ainsi que lorsqu'un partenaire intervient, la formalisation du contrat en ayant préalablement demandé un devis et l'établissement d'attestation d'assurance listant les œuvres exposées.

Les usages en bibliothèque liés à la programmation culturelle des bibliothèques occupent la quatrième position des pratiques en bibliothèques après celles liées au livre et à la presse.

Question 191 : Quels sont les types d'animations culturelles qui sont rencontrés en bibliothèque ?

L'animation la plus connue est « l'heure du conte », c'est une activité régulière proposée dans les bibliothèques, elle s'adresse au jeune public. Des dérivés existent : des festivals du conte, des nuits du conte, etc.

Le dynamisme des bibliothèques se vérifie particulièrement chez les publics jeunes, les taux de fréquentation étant structurellement plus bas après 25 ans. Cela peut se traduire côté bibliothèques par des actions ciblées en direction de ces publics : 92 % des bibliothèques municipales mettent ainsi en œuvre des partenariats avec des écoles primaires, une proportion qui est proche des 100 % pour les collectivités de plus de 5 000 habitants (chiffres 2016, ministère de la Culture). L'accueil des classes est également pratiqué quasiment partout, y compris dans les petites communes.

La liste des animations culturelles est longue : expositions, conférences, débats, lectures, ateliers d'écriture, de loisirs créatifs, de création d'œuvres collectives, de conversation, des cafés tricot, des rendez-vous avec un écrivain public, etc. Certaines animations peuvent donner naissance à une production de dossiers pédagogiques liés à chaque exposition.

Certaines animations comme les clubs de lecture se réaliseront régulièrement alors que d'autres comme un concours de lecture se dérouleront sur un temps limité. Les animations sont souvent hybrides : la projection d'un film ou une exposition peuvent faire l'objet d'un débat, de rencontres avec le réalisateur, les artistes, des spécialistes dans un certain domaine, etc. Des fêtes annuelles ainsi que des commémorations peuvent aider à la mise en place d'animation telle que la Fête du livre, la Fête de la science, la Fête de la musique, le Printemps des poètes, la Nuit des bibliothèques, armistices, la Toussaint, la Saint-Nicolas, etc. L'animation se développe de façon participative, constructive avec les usagers. L'animation culturelle devient en tant qu'activité la médiation culturelle. Plus d'une bibliothèque sur deux desservant entre 5 000 et 19 999 habitants et 85 % des bibliothèques au-delà de ce seuil de population développent par ailleurs des actions en direction des publics (chiffres 2016, ministère de la Culture).

Question 192 : Comment mettre en place une politique d'action culturelle ?

Pour mettre en place une politique d'action culturelle, il faut que l'établissement ait une connaissance du contexte local et de l'environnement socioculturel sur lequel il est situé. Il faut cibler le public à servir, les actions à proposer, les partenaires existants ou potentiels et s'il y a des événements existants sur lesquels l'établissement peut se rattacher.

Les publics à servir seront définis par l'environnement géographique, économique, social et culturel, ainsi que par les types d'usagers inscrits ou non à la bibliothèque, leurs habitudes d'emprunts et leurs usages des services.

Le service ou la mission culture d'une bibliothèque universitaire sera en relation étroite avec le service culturel de l'université, du fait de ses connaissances de l'environnement culturel territorial, de ses compétences et de son réseau dont il pourra faire bénéficier la bibliothèque. Les actions culturelles mises en place sont inscrites dans le projet d'établissement de l'université et sont réalisées en lien avec cet environnement institutionnel et local (recherche, formation, public, vie étudiante).

Des animations peuvent se réaliser hors les murs afin de faire découvrir la bibliothèque aux non-fréquentants qui le sont pour des raisons socioculturelles ou psychiques : la peur d'entrer dans un lieu culturel, illettrisme, etc.

Une politique d'action culturelle peut se faire faire aussi avec des partenariats : d'autres médiathèques, des bibliothèques de réseau, la bibliothèque départementale, les écoles, les INSPÉ, les centres de loisirs, les CCAS, les centres sociaux, le conseil départemental, la DRAC, le conseil régional, la FILL, les CNFPT, le CNL, etc.

L'Atlas Culture des territoires[5], dont la version bêta est parue en 2021 est un site web pensé comme une ressource de référencement des données publiques de la culture en France : lieux et offres, dépenses publiques, politiques publiques, entreprises et emploi. Ce site est construit autour d'une carte interactive et de fiches portraits de région. Pour cela, un certain nombre d'indicateurs issus d'enquêtes nationales sont proposés : la part des professionnels de la culture (ceux, parmi les actifs, qui exercent à titre principal un métier culturel), la part des actifs des secteurs culturels (ceux, parmi les actifs, qui travaillent dans un secteur culturel, sans que leur métier soit nécessairement culturel), la part des entreprises culturelles des secteurs marchands ; le montant des dépenses culturelles dans toute collectivité territoriale de plus de 3 500 habitants et son effort culturel (euro par habitant) ; et, enfin, un panorama de l'offre culturelle incarnée par les lieux et les équipements culturels (théâtres, musées, bibliothèques, conservatoires, Jardins remarquables, maisons des Illustres, lieux inscrits au patrimoine mondial de l'UNESCO, etc.). Tous ces indicateurs peuvent être croisés avec des données socio-économiques disponibles pour la France entière (avec quelques exceptions pour certaines données, limitées à la France métropolitaine), comme la part des jeunes dans la population, le niveau de vie médian, la richesse régionale mesurée par le produit intérieur brut, etc.
Cet atlas interactif peut orienter les décisions quant à la politique culturelle locale, départementale ou être un outil d'aide à la décision.

5. https://atlasculture.fr/ (consulté le 14/12/2022).

Question 193 : Quels sont les partenaires, les animations et les services qui peuvent être associés aux douze missions des bibliothèques publiques définies par l'UNESCO ?

Les douze propositions de l'UNESCO sur les services d'une bibliothèque et les propositions associées relatives au partenariat sont les suivantes :

- « créer et renforcer l'habitude de la lecture chez l'enfant » : cette action peut se faire en travaillant avec les assistantes maternelles avec une intervention qui se fera plutôt en classe et non à la bibliothèque, la scolarisation de cette dernière sera ainsi évitée ;
- « faciliter l'étude individuelle » : le partenariat se fera par l'intermédiaire des documentalistes des lycées ;
- « favoriser l'épanouissement créatif de la personnalité » : les maisons des jeunes et de la culture (MJC) ou les centres de loisirs par le biais de la mise en place d'ateliers, par exemple des ateliers d'informatique, de photographie pourront donner naissance à une coopération constructive ;
- « stimuler l'imagination et la créativité des enfants et des jeunes » : les visites organisées avec des classes, les rencontres avec des artistes, favoriseront le partenariat avec la bibliothèque ;
- « contribuer à faire connaître le patrimoine culturel, apprécier les arts, le progrès scientifique et l'innovation » : des conférences par cycle peuvent être mises en place, par exemple sur l'histoire de l'art, les grandes questions économiques, philosophiques, etc. ;
- « donner accès aux expressions culturelles de tous les arts du spectacle » par des rencontres avec des compagnies théâtrales ;
- « encourager le dialogue interculturel et favoriser la diversité culturelle » par un travail systématique avec les minorités culturelles locales ;
- « soutenir la tradition orale » avec les heures du conte, les spectacles ;
- « assurer l'accès de la population à toutes informations communautaires » par un abonnement aux revues en langues étrangères surtout pour les minorités locales et le repérage, le signalement des sites Internet des pays d'émigration ;
- « fournir des services d'informations appropriées aux entreprises, associations et groupes d'intérêts locaux » avec la création d'un espace documentaire spécifique en relation avec la direction des affaires économiques de la ville ;
- « faciliter l'acquisition des compétences dans le domaine de l'information et de l'informatique » par l'ouverture d'ateliers d'initiation ;
- « soutenir les activités et les programmes d'alphabétisation destinés à tous les groupes d'âge, y participer, et au besoin prendre des initiatives dans ce domaine ». L'accueil dans les locaux d'associations qui font de l'alphabétisation avec la mise à disposition du secteur jeunesse pour associer alphabétisation et petite enfance.

SÉCURITÉ DES PUBLICS ET DES LOCAUX

PARTIE IX

1 | LES ERP

QUESTIONS 194 À 195

Question 194 : Qu'est-ce qu'un ERP ?
Question 195 : Quels sont les différents types d'ERP ?

■ RÉPONSES 194 À 195

Question 194 : Qu'est-ce qu'un ERP ?

Un ERP est un établissement recevant du public. Les réglementations en vigueur portent sur la prévention incendie et l'accessibilité du public. Il existe différents types d'ERP. Une bibliothèque est de type S. Elle se situe en premier groupe de la première à la quatrième catégorie ou en deuxième groupe de cinquième catégorie.

La lettre S correspond à l'activité de l'établissement : bibliothèques, centres de documentation. La catégorie est déterminée en fonction de la capacité d'accueil des établissements.

Question 195 : Quels sont les différents types d'ERP ?

Les catégories des ERP

Catégorie	Capacité d'accueil des établissements
1	Au-dessus de 1 500 personnes (public et personnel)
2	De 701 à 1 500 personnes (public et personnel)
3	De 301 à 700 personnes (public et personnel)
4	300 personnes et en dessous, à l'exception des établissements de 5e catégorie (public et personnel)
5	Établissements accueillant un nombre de personnes inférieur au seuil dépendant du type d'établissement (public)

Pour l'application des règles de sécurité, les ERP sont classés en deux groupes : le premier comprend les quatre premières catégories et le second la cinquième. À l'intérieur du type S, des locaux sont à des niveaux de risque différents : l'atelier de réparation est à un niveau important, les magasins sont d'un niveau moyen pour ceux de moins de 300 m^{2} et les salles en libre accès sont d'un faible niveau de risque.

La réglementation vise à éviter la naissance et la propagation du feu par des mesures de prévention et à organiser la lutte contre l'incendie par des mesures préventives. Avant l'ouverture ou la réouverture après une fermeture d'au moins dix mois de l'établissement au public, la vérification et le contrôle du respect de la réglementation se font par soit le maire, le représentant de l'État dans le département ou la commission de sécurité. Cette dernière est une instance qui possède les compétences particulières en matière de sécurité et elles ont pour mission d'éclairer les autorités administratives chargées de vérifier que les règles de sécurité sont correctement appliquées dans les ERP. Composées de techniciens, d'experts et d'officiers sapeurs-pompiers titulaires du « brevet de prévention », ces commissions instruisent les dossiers d'aménagement des ERP et se déplacent sur le terrain, pour s'assurer que les mesures édictées par le « code de la construction et de l'habitation » et le « règlement de sécurité » sont respectées.

2| LA SÉCURITÉ

■ QUESTIONS 196 À 198

Question 196 : Quelles qualités et quels aménagements un bâtiment doit-il avoir en matière de sécurité ?

Question 197 : Quelles sont les principales consignes de sécurité à l'attention des usagers et des personnels ?

Question 198 : Quels sont les numéros d'urgence à connaître ?

RÉPONSES 196 À 198

Question 196 : Quelles qualités et quels aménagements un bâtiment doit-il avoir en matière de sécurité ?

Le bâtiment doit être stable face au feu ; son mobilier est identifié par classe allant de M0, incombustible, à M4, facilement combustible ; des portes coupe-feu doivent être présentes ; les installations et appareils électriques doivent être vérifiés par des organismes agréés et la réglementation sur l'interdiction de fumer respectée. L'établissement doit être doté de détecteurs de fumée, de systèmes d'alarme et de sécurité incendie, d'éclairage de secours, de moyens d'alerte, de systèmes de lutte contre l'incendie et d'accessibilité aux secours. Les allées de circulation répondent à des règles de circulation et leur envergure doit être supérieure à 140 centimètres. Un ascenseur est obligatoire dès que l'établissement est doté d'un étage. Le nombre des issues ordinaires et de secours doit être adapté à la surface et à la disposition des locaux. De plus elles ne doivent pas être encombrées, l'ouverture des portes doit être vers l'extérieur et munies d'une barre anti-panique. Le plan d'évacuation, les numéros de secours et le nom des personnes chargées de conduire les opérations d'évacuation doivent être obligatoirement affichés aux endroits stratégiques de l'établissement.

Au niveau de l'accessibilité des bâtiments pour les personnes en situation de handicap, des places de parking doivent être réservées à hauteur d'une place pour cinquante places de parking, les trottoirs doivent être abaissés, et des pentes inférieures à 5 %. Pour les handicapés visuels, une signalétique contrastée et une bande de guidage podotactiles seront mis en place. La hauteur des tables et de la banque de prêt et celle de renseignement documentaire seront à une hauteur adaptée.

Question 197 : Quelles sont les principales consignes de sécurité à l'attention des usagers et des personnels ?

Les consignes de sécurité sont propres à chaque établissement, des formations sont dispensées à l'ensemble du personnel par le référent sécurité dudit établissement ou de la collectivité.

Si l'alarme incendie se déclenche, les portes et fenêtres doivent être fermées afin d'éviter les appels d'air, les équipements informatiques éteints si possible, les ascenseurs ne doivent pas être utilisés et les usagers évacués selon le plan d'évacuation établi au préalable. Le public se dirigera vers un point de rassemblement défini au préalable. Une attention particulière sera accordée aux usagers en situation de handicap. Des exercices d'évacuation sont régulièrement réalisés.

S'il s'agit d'un accident entraînant une blessure, une chute, un malaise, le 15 doit être prévenu ainsi que le PC sécurité de l'établissement. L'appel à un secouriste du travail doit se faire.

S'il s'agit d'un incident type agression ou vol, le 17 doit être prévenu, ainsi que le PC sécurité de l'établissement.

Question 198 : Quels sont les numéros d'urgence à connaître ?

Les numéros d'urgence à connaître sont les suivants :

Les numéros d'urgence

Source : gouvernement.fr

Le déploiement du 116 117 est réalisé dans certains départements (la Corse, les Pays de la Loire et la Normandie). C'est un numéro d'appel unique et gratuit qui est mis en place de manière expérimentale. Ce numéro doit permettre un conseil médical, une orientation vers un médecin généraliste ou une maison médicale de garde, l'organisation d'une visite à domicile en cas d'incapacité de la personne à se déplacer, le 15 restant réservé aux urgences graves. L'expérimentation du 116 117 sera généralisée à toute la France, en application du décret n° 2016-1012 du 22 juillet 2016. Ce numéro gratuit est valable les soirs à partir de 20 heures, le week-end à partir du samedi midi et les jours fériés uniquement (en journée durant la semaine, le numéro n'est pas accessible).

3| LES EXTINCTEURS

QUESTIONS 199 À 200

Question 199 : Quelles sont les différentes classes d'extincteurs ?

Question 200 : Quels sont les trois types d'extincteurs les plus courants ?

RÉPONSES 199 À 200

Question 199 : Quelles sont les différentes classes d'extincteurs ?

Les différentes classes d'extincteurs sont liées aux cinq types de feux.

Les classes de feux

<table>
<tr><th>Classes</th><th>Classe A</th><th>Classe B</th><th>Classe C</th><th>Classe D</th><th>Classe F</th></tr>
<tr><td>Dénomination</td><td>Feux secs, formant des braises (matériaux solides)</td><td>Feux gras (liquides/ solides liquéfiables)</td><td>Feux gazeux (gaz)</td><td>Feux de métaux</td><td>Feux de graisses ou d'huiles (végétales ou animales)</td></tr>
<tr><td>Combustible</td><td>Bois, papier, tissu, plastique, déchets, câbles électriques, etc.</td><td>Hydrocarbures, alcool, solvants, peintures, etc.</td><td>Propane, butane, méthane, naturel ou manufacturé, etc.</td><td>Limaille de fer, phosphore, poudre d'aluminium, etc.</td><td>En lien avec un auxiliaire de cuisson (cocotte-minute, friteuse, etc.)</td></tr>
<tr><td rowspan="2">Agent extincteur</td><td>Eau pulvérisée
Mousse
Gaz</td><td>Dioxyde de carbone
Mousse
Poudre
Gaz</td><td>Poudres</td><td rowspan="2">Poudres
Utilisation réservée aux spécialistes (besoin de matériel adapté)</td><td rowspan="2">Poudre</td></tr>
<tr><td colspan="3">Poudres polyvalentes</td></tr>
<tr><td>Manœuvres et risques</td><td>Agit par refroidissement</td><td>Agit si la surface n'est pas trop grande</td><td>Fermer la vanne d'alimentation
Attention, risque d'explosion en cas de soufflage de la flamme</td><td>Eau interdite = danger d'explosion</td><td>Refermer l'auxiliaire de cuisson avec son couvercle ou une couverture anti-feu ou serpillière humide
Attention : l'huile réagit violemment au contact de l'eau</td></tr>
</table>

Question 200 : Quels sont les trois types d'extincteurs les plus courants ?

Les trois types d'extincteurs les plus courants sont les suivants :

- l'extincteur à eau (classes A et B) qui est utilisé pour les papiers, bois et tissus essentiellement ;
- l'extincteur à poudre (classes A, B et C) pour tous les types de feux ;
- l'extincteur au dioxyde de carbone (CO_2) (classe B) pour les feux de types hydrocarbures et les feux électriques.

Une formation au maniement des extincteurs est dispensée par les pompiers au sein des établissements publics. L'attaque du feu avec un extincteur doit, si possible, se dérouler ainsi :

1. approcher le feu en se protégeant du rayonnement avec l'agent extincteur ;
2. viser la base des flammes ;
3. attaquer le feu accroupi afin d'être sur le même plan que le feu ;
4. balayer lentement afin d'atteindre toute la surface enflammée ;
5. attaquer le feu en limite de portée de l'agent extincteur, puis s'approcher progressivement.

ANNEXES

1| LOI RELATIVE AUX BIBLIOTHÈQUES ET AU DÉVELOPPEMENT DE LA LECTURE PUBLIQUE

Loi n° 2021-1717 du 21 décembre 2021 :
https://www.legifrance.gouv.fr/jorf/id/JORFTEXT000044537514

Chapitre Ier : Définir les bibliothèques et leurs principes fondamentaux (Articles 1 à 8)

Article 1

Au début du titre Ier du livre III du code du patrimoine, il est ajouté un article L. 310-1 A ainsi rédigé :
« Les bibliothèques des collectivités territoriales ou de leurs groupements ont pour missions de garantir l'égal accès de tous à la culture, à l'information, à l'éducation, à la recherche, aux savoirs et aux loisirs ainsi que de favoriser le développement de la lecture. À ce titre, elles :
« 1° Constituent, conservent et communiquent des collections de documents et d'objets, définies à l'article L. 310-3, sous forme physique ou numérique ;
« 2° Conçoivent et mettent en œuvre des services, des activités et des outils associés à leurs missions ou à leurs collections. Elles en facilitent l'accès aux personnes en situation de handicap. Elles contribuent à la réduction de l'illettrisme et de l'illectronisme. Par leur action de médiation, elles garantissent la participation et la diversification des publics et l'exercice de leurs droits culturels ;
« 3° Participent à la diffusion et à la promotion du patrimoine linguistique ;
« 4° Coopèrent avec les organismes culturels, éducatifs et sociaux et les établissements pénitentiaires.
« Les bibliothèques transmettent également aux générations futures le patrimoine qu'elles conservent. À ce titre, elles contribuent aux progrès de la connaissance et de la recherche ainsi qu'à leur diffusion.
« Ces missions s'exercent dans le respect des principes de pluralisme des courants d'idées et d'opinions, d'égalité d'accès au service public et de mutabilité et de neutralité du service public. »

Article 2

« L'accès aux bibliothèques municipales et intercommunales est libre. »

Article 3

« L'accès aux bibliothèques municipales et intercommunales et la consultation sur place de leurs collections sont gratuits. »

Article 4

« Les collections des bibliothèques des collectivités territoriales ou de leurs groupements sont constituées de livres et des autres documents et objets nécessaires à l'accomplissement de leurs missions, tels que des documents sonores et audiovisuels. »

Article 5

« Les collections des bibliothèques des collectivités territoriales ou de leurs groupements sont pluralistes et diversifiées. Elles représentent, chacune à son niveau ou dans sa spécialité, la multiplicité des connaissances, des courants d'idées et d'opinions et des productions éditoriales. Elles doivent être exemptes de toutes formes de censure idéologique, politique ou religieuse ou de pressions commerciales. Elles sont rendues accessibles à tout public, sur place ou à distance. »

Article 6

« Les collections des bibliothèques des collectivités territoriales ou de leurs groupements qui relèvent du domaine privé mobilier de la personne publique propriétaire sont régulièrement renouvelées et actualisées. »

Article 7

« Les bibliothèques des collectivités territoriales ou de leurs groupements élaborent les orientations générales de leur politique documentaire, qu'elles présentent devant l'organe délibérant de la collectivité territoriale ou du groupement et qu'elles actualisent régulièrement. Elles présentent également leurs partenariats avec les organismes culturels, éducatifs et sociaux, les établissements pénitentiaires et les établissements d'accueil de la petite enfance. La présentation peut être suivie d'un vote de l'organe délibérant. »

Article 8

« Les agents travaillant dans les bibliothèques des collectivités territoriales ou de leurs groupements présentent des qualifications professionnelles nécessaires à l'exercice des missions définies à l'article L. 310-1 A. »

Chapitre II : Soutenir le développement de la lecture publique (Articles 9 à 13)

Article 9

« Les départements ne peuvent ni les supprimer, ni cesser de les entretenir ou de les faire fonctionner. »

Article 10

« Les bibliothèques départementales ont pour missions, à l'échelle du département :

« 1° De renforcer la couverture territoriale en bibliothèques, afin d'offrir un égal accès de tous à la culture, à l'information, à l'éducation, à la recherche, aux savoirs et aux loisirs ;

« 2° De favoriser la mise en réseau des bibliothèques des collectivités territoriales ou de leurs groupements ;

« 3° De proposer des collections et des services aux bibliothèques des collectivités territoriales ou de leurs groupements et, le cas échéant, directement au public ;

« 4° De contribuer à la formation des agents et des collaborateurs occasionnels des bibliothèques des collectivités territoriales ou de leurs groupements ;

« 5° D'élaborer un schéma de développement de la lecture publique, approuvé par l'assemblée départementale. »

Article 11

L'article L. 1614-10 du code général des collectivités territoriales est ainsi modifié :

1° À la seconde phrase du premier alinéa, les mots : « établissements publics de coopération intercommunale » sont remplacés par les mots : « groupements de collectivités territoriales » ;

2° Au début du deuxième alinéa, le mot : « Toutefois, » est supprimé.

Article 12

« Lorsqu'un établissement public de coopération intercommunale décide que la lecture publique est d'intérêt intercommunal, il élabore et met en place un schéma de développement de la lecture publique. »

II. - Le I entre en vigueur le 1er janvier 2023

Article 13

« Les documents appartenant aux bibliothèques de l'État, de ses établissements publics, des collectivités territoriales et de leurs groupements ne relevant pas de l'article L. 2112-1 et dont ces bibliothèques n'ont plus l'usage peuvent être cédés à titre gratuit à des fondations, à des associations relevant de la loi du 1er juillet 1901 relative au contrat d'association mentionnées au a) du 1 de l'article 238 bis du code général des impôts et dont les ressources sont affectées à des œuvres d'assistance ou à des organisations mentionnées au II de l'article 1er de la loi n° 2014-856 du 31 juillet 2014 relative à l'économie sociale et solidaire. Par dérogation aux articles L. 3212-2 et L. 3212-3 du présent code, ces documents peuvent être cédés à titre onéreux par ces fondations, associations et organisations. »

2| CHARTE DES BIBLIOTHÈQUES

Adoptée par le Conseil supérieur des bibliothèques le 7 novembre 1991

Article 1

Pour exercer les droits à la formation permanente, à l'information et à la culture reconnus par la Constitution[1], tout citoyen doit pouvoir, tout au long de sa vie, accéder librement aux livres et aux autres sources documentaires.

Article 2

La présente charte a pour objet de définir les conditions d'exercice de ces droits, les missions des bibliothèques qui dépendent de collectivités publiques[2], et les obligations respectives de ces collectivités dans le respect de la législation et de la réglementation en vigueur[3] et des dispositions particulières relatives à la préservation du patrimoine.

TITRE I : Missions et accessibilité des bibliothèques

Article 3

La bibliothèque est un service public nécessaire à l'exercice de la démocratie. Elle doit assurer l'égalité d'accès à la lecture et aux sources documentaires pour permettre l'indépendance intellectuelle de chaque individu et contribuer au progrès de la société.

1. Constitution du 4 octobre 1958, préambule reprenant celui de la Constitution du 27 octobre 1946 : « La nation garantit l'égal accès de l'enfant et de l'adulte à l'instruction, à la formation professionnelle et à la culture. L'organisation de l'enseignement public gratuit et laïque à tous les degrés est un devoir de l'État. »

2. Par collectivité publique, nous entendons non seulement l'État, les collectivités locales et les établissements publics, mais toute personne morale de droit public et les personnes morales de droit privé contrôlées par des personnes morales de droit public.

3. Notamment celles concernant la propriété littéraire et artistique (lois du 11 mars 1957 et du 3 juillet 1985), les archives (loi du 3 janvier 1979) et les publications destinées à la jeunesse (loi du 16 juillet 1949), ainsi que, pour les bibliothèques publiques, le décret sur leur contrôle technique de l'État du 9 novembre 1988.

Article 4

Les bibliothèques qui dépendent des collectivités publiques sont ouvertes à tous. Aucun citoyen ne doit en être exclu du fait de sa situation personnelle[4]. En conséquence, elles doivent rendre leurs collections accessibles par tous les moyens appropriés, notamment par des locaux d'accès facile, des horaires d'ouverture adaptés aux besoins du public, des équipements de desserte de proximité et le recours aux techniques de communication à distance.

Article 5

L'accès du public à l'information, à la formation et à la culture est d'abord assuré dans le cadre du réseau des bibliothèques de lecture publique. Les bibliothèques scolaires sont ouvertes aux élèves et à ceux qui concourent à leur formation. Elles peuvent également être ouvertes à d'autres utilisateurs dans le cadre des conventions prévues par la loi[5]. Les bibliothèques universitaires et spécialisées sont ouvertes aux usagers et aux personnels des établissements dont elles dépendent. Elles sont également ouvertes à d'autres utilisateurs dans des conditions précisées par les autorités responsables. D'une manière générale, toute bibliothèque doit s'inscrire dans un ensemble organisé dont l'objectif est de fonctionner en réseau. En conséquence, toute demande doit pouvoir être satisfaite. Les bibliothèques ont un rôle de formation des usagers aux méthodes de recherche des documents ainsi qu'à l'utilisation des réseaux documentaires.

Article 6

La consultation sur place des catalogues et des collections doit être gratuite pour l'usager. Les autres services proposés par la bibliothèque peuvent être tarifés au moindre prix, notamment ceux qui sont rendus à distance, ceux qui donnent lieu à la délivrance d'un document dont l'usager devient propriétaire[6], ou à une recherche documentaire individualisée approfondie[7]. Il est souhaitable que le

4. Notamment les personnes empêchées ou éloignées ; par personnes empêchées, nous entendons les personnes malades ou hospitalisées, les militaires, les détenus ; par personnes éloignées, nous entendons celles qui habitent des petites communes rurales ou à l'étranger. Cf. la législation en la matière, notamment la loi du 30 juin 1975 précisée par le décret du 1er février 1978 et la circulaire du ministère des Affaires sociales du 29 janvier 1979 sur les mesures destinées à rendre accessibles aux personnes handicapées les installations ouvertes au public.

5. Décret du 8 août 1985 sur les activités éducatives, sportives et culturelles complémentaires organisées par les communes, départements ou régions, dans les établissements d'enseignement public pendant les heures d'ouverture. Circulaire du 22 mars 1985 relative aux modalités de mise à disposition, prévue par l'article 19 de la loi nc 83-8 du 7 janvier 1983 relative à la répartition de compétences entre les communes, les départements, les régions et l'État.

6. Ceci vise entre autres les listages résultant des recherches menées sur les bases de données et les reproductions de documents sur tous supports emportés par l'usager.

7. Par « recherche documentaire individualisée approfondie », on entend une recherche menée par le personnel de la bibliothèque à la demande exclusive d'un usager ou d'un groupe d'usagers, et qui excède les informations nécessaires à la consultation des collections.

prêt à domicile soit aussi gratuit ou qu'il fasse l'objet des exonérations les plus larges en faveur des enfants et des adolescents, des publics empêchés ou défavorisés.

Article 7

Les collections des bibliothèques des collectivités publiques doivent être représentatives, chacune à son niveau ou dans sa spécialité, de l'ensemble des connaissances, des courants d'opinion et des productions éditoriales. Elles doivent répondre aux intérêts de tous les membres de la collectivité à desservir et de tous les courants d'opinion, dans le respect de la Constitution et des lois. Elles doivent être régulièrement renouvelées et actualisées. Les collections des bibliothèques universitaires et spécialisées doivent également répondre aux besoins d'enseignement et de recherche des établissements en cohérence avec les fonds existants et avec ceux des bibliothèques appartenant au même ensemble ou à la même spécialité. D'une manière générale, chaque bibliothèque doit élaborer et publier la politique de développement de ses collections et de ses services en concertation avec les bibliothèques proches ou apparentées.

Article 8

Toute bibliothèque d'une collectivité publique est responsable des fonds et documents patrimoniaux dont elle a la propriété ou l'usage. Les collections patrimoniales sont formées des collections nationales constituées par dépôt légal et des documents anciens[8], rares ou précieux[9]. Elles sont soumises à des règles particulières de désaffectation ou d'échange[10]. Leurs conditions de conservation satisfont aux règles techniques en usage et sont soumises au contrôle technique de l'État[11]. Les collections patrimoniales doivent être traitées et mises en valeur[12] par les collectivités publiques qui en ont la propriété ou l'usage. Les responsabilités patrimoniales des bibliothèques

8. Par document, on entend non seulement les unités bibliographiques, mais des collections dont la valeur globale peut être sans rapport avec celle de chacun des éléments qui la composent. Il faut entendre aussi le document dans sa particularité dont la valeur peut être sans rapport avec celle des autres exemplaires connus.

9. Par « document ancien », on entend tout document de plus de cent ans. Par « document rare », on entend tout document qui ne se trouve dans aucune autre bibliothèque proche ou apparentée ou, pour une bibliothèque spécialisée, tout document qui entre dans sa spécialité. Le caractère précieux d'un document doit être, indépendamment de sa rareté, apprécié en fonction de sa valeur vénale, culturelle ou scientifique, en particulier pour les documents d'intérêt local ou ceux qui entrent dans la spécialité d'une bibliothèque spécialisée.

10. Ces règles s'ajoutent aux procédures des Domaines. Elles satisfont pour les bibliothèques municipales en particulier aux dispositions du code des communes (R. 341-1 à 341-5) livre II, titre IV, modifié par le décret 88-1037 du 9 novembre 1988.

11. Par « condition de conservation », on entend toute mesure de surveillance, de protection, de reproduction et de communication propre à préserver l'intégrité du document.

12. Par « traitées et mises en valeur », on entend non seulement les mesures de préservation mentionnées à l'article précédent, mais le signalement spécifique dans les catalogues collectifs, la description et l'étude scientifique, la présentation au public et la communication, si besoin est sous forme d'un substitut. S'il s'agit de documents qui ne sont pas tombés dans le domaine public, leur reproduction doit se faire dans le respect de la loi sur la propriété littéraire et artistique.

des collectivités publiques doivent être assurées dans le cadre de coopérations, notamment par la constitution de catalogues collectifs, la gestion d'équipements collectifs, le développement d'une politique de conservation, de reproduction et de plans de sauvegarde concertés.

TITRE II : Rôle de l'État

Article 9

L'État définit la politique nationale des bibliothèques dans chacun des secteurs concernés. À cet effet il peut développer des programmes d'intérêt national. L'État doit prendre les mesures propres à corriger les inégalités dans l'accès à la lecture et à la documentation et veiller à l'équilibre des ressources documentaires sur l'ensemble du territoire.

Article 10

L'État a des responsabilités particulières en ce qui concerne les fonds patrimoniaux des bibliothèques. Il doit exercer son contrôle et intervenir lorsque l'intégrité des documents est menacée. Il doit donner les conseils nécessaires et émettre toute recommandation utile à leur préservation et à leur mise en valeur, notamment en tenant le registre des documents techniques appropriés. Il organise le dépôt légal. Il est responsable du recensement et de l'inventaire général du patrimoine national et de sa diffusion. Il doit favoriser les actions de concertation et de coopération dans le domaine patrimonial.

Article 11

L'État assure le contrôle technique des bibliothèques dépendant des collectivités publiques.

Article 12

L'État assure la mise en place et la cohésion de services collectifs nationaux entre les bibliothèques[13].

13. Notamment en matière de : catalogues collectifs nationaux, circulation et échange de notices bibliographiques, listes d'autorités nationales, normes scientifiques et techniques, circulation et échange de documents, plans concertés d'évaluation et de développement de collections.

Article 13

L'État doit assurer le fonctionnement de la bibliothèque nationale chargée de collecter, de cataloguer, de conserver, de mettre à la disposition du public et d'exploiter les documents soumis au dépôt légal dont elle a la responsabilité[14]. Cette bibliothèque nationale constitue des collections de référence de la production étrangère et de la production relative à la France ou de langue française. Elle conserve les publications officielles étrangères acquises en application des accords d'échanges internationaux de publications officielles. Elle conduit des programmes de recherche nationaux. Elle est responsable de l'établissement et de l'accessibilité de la bibliographie nationale. Elle participe à la définition de la politique des services collectifs nationaux, à l'établissement des règles de normalisation bibliographique et à leur mise en œuvre. Elle participe aux programmes internationaux de coopération avec les autres bibliothèques nationales et les organismes internationaux de contrôle bibliographique.

Article 14

L'État recueille toutes les données propres à l'évaluation quantitative et qualitative de l'activité des bibliothèques dépendant des collectivités publiques et en assure l'exploitation sur le plan national et international. À ce titre, il tient à jour la carte documentaire de la France.

Article 15

L'État rassemble et complète les études techniques utiles au bon fonctionnement des bibliothèques et à leur coopération. Il initie les programmes de recherche fondamentale nécessaires. Il en fait bénéficier l'ensemble des collectivités qui peuvent demander des avis sur leurs projets et solliciter des expertises. À cette fin, l'État, en accord avec les organismes compétents, assure le fonctionnement de services administratifs et techniques ou de bibliothèques pilotes.

Article 16

L'État peut assurer le fonctionnement partiel ou total de bibliothèques chargées de constituer des collections d'intérêt particulier ou de remplir des services d'intérêt national.

14. Décret n° 83-226 du 22 mars 1983 relatif à l'organisation et au régime financier de la Bibliothèque nationale.

Article 17

L'État prend toutes les initiatives propres à favoriser la coopération entre les bibliothèques et lui fournit des cadres réglementaires. L'État coordonne et encourage les programmes de coopération internationale des bibliothèques françaises et la connexion des réseaux français aux réseaux internationaux.

Article 18 : bibliothèques françaises à l'étranger

L'État entretient à l'étranger un réseau de bibliothèques qui contribuent à la présence et au rayonnement de la culture française. Ainsi, tout établissement culturel français à l'étranger doit entretenir ou constituer un service de bibliothèque destiné non seulement à la communauté des Français résidant à l'étranger, mais aussi au public du pays concerné.

Article 19 : bibliothèques des administrations

Les administrations de l'État doivent donner accès à l'information qu'elles produisent, dans les conditions déterminées par la Commission d'accès aux documents administratifs, notamment par le moyen de bibliothèques ouvertes au public ou inscrites dans un réseau accessible au public.

Article 20 : bibliothèques et centres de documentation et d'information des lycées et collèges

Les établissements scolaires du second degré sont dotés de centres de documentation et d'information gérés et animés par un personnel qualifié nommé par l'État.

Article 21

L'État assure le fonctionnement indépendant d'un Conseil supérieur des bibliothèques qui a pour mission de formuler des avis et des propositions sur tout ce qui touche à la coordination des bibliothèques et des centres de documentation et aux conditions de leur développement.

TITRE III : Responsabilité et compétences des collectivités

Article 22

Toute collectivité publique doit assurer l'accès des citoyens à la formation, l'information et la culture en favorisant le fonctionnement d'un service de lecture publique.

Article 23

Une bibliothèque dépendant d'une collectivité publique nécessite la conjonction de trois conditions :

- la constitution d'une collection régulièrement renouvelée de documents accessibles au public ;
- la nomination d'un personnel qualifié, soit recruté conformément aux statuts de la fonction publique, soit dans le cas de recours à un personnel volontaire non rétribué, formé et encadré par ce personnel ;
- l'aménagement et l'entretien de locaux publics ou ayant l'agrément des pouvoirs publics.

Article 24 : rôle des communes

Toute commune doit assurer le développement, la conservation et l'accès au public des collections dont elle est propriétaire ou dont elle a l'usage. Les communes de plus de dix mille habitants doivent le faire dans le cadre des services d'une bibliothèque municipale ou intercommunale. Les communes de moins de dix mille habitants peuvent avoir recours, pour assurer leur mission, aux services du département et à des services intercommunaux dans les cadres réglementaires et législatifs prévus à cet effet[15]. Les bibliothèques municipales ou intercommunales doivent constituer et entretenir, en concertation avec les archives et les musées, un fonds d'intérêt local. Les bibliothèques municipales ou intercommunales doivent contribuer sur leur territoire au développement de la lecture et à l'action culturelle qui lui est liée, en concertation avec les autres organismes et partenaires communaux. La commune veille à l'accès des enfants au livre notamment par le moyen de bibliothèques d'écoles, de bibliothèques centres documentaires et en organisant les relations entre la bibliothèque municipale ou intercommunale et les écoles.

Article 25 : rôle des départements

Le département doit assurer le développement et la conservation des collections dont il est propriétaire ou dont il a l'usage et leur accès au public dans le cadre d'un service départemental de la lecture publique et par la desserte des communes de moins de dix mille habitants. Le service départemental favorise la création et le développement de bibliothèques municipales ou intercommunales, notamment par des actions de formation, de conseil et d'assistance technique. Le service départemental doit organiser la coopération entre les bibliothèques qu'il dessert notamment en matière de formation continue, de sauvegarde et de mise en valeur du patrimoine, de réseau documentaire et d'action culturelle. Le service départemental doit, dans le cadre de ses missions de solidarité sociale, veiller à ce que soient assurés la desserte et le développement de la lecture des

15. Loi 82-213 du 2 mars 1982 relative aux droits et libertés des communes, des départements et des régions, art. 23 : le département apporte aux communes qui le demandent son soutien à l'exercice de leur compétence.

publics placés dans des conditions particulières dans les établissements situés sur son territoire. Le service départemental doit contribuer sur le territoire départemental au développement de la lecture et à l'action culturelle par des actions spécifiques en concertation avec les autres organismes du département. Le département participe à la constitution et au renouvellement des collections documentaires des bibliothèques et des centres de documentation et d'information des collèges, notamment dans le cadre de la subvention de fonctionnement qu'il leur alloue. Cette subvention s'ajoute aux dépenses pédagogiques prises en charge par l'État[16].

Article 26 : rôle des régions

La région favorise la constitution, le développement, la conservation, l'accessibilité et la mise en valeur de fonds documentaires ou patrimoniaux d'intérêt régional[17]. Elle contribue aux actions d'intérêt régional menées par les bibliothèques de la région. Elle peut élaborer les outils collectifs permettant aux bibliothèques de la région d'assurer ces missions. La région participe à la constitution et au renouvellement des collections documentaires des bibliothèques et des centres de documentation et d'information des lycées, notamment dans le cadre de la subvention de fonctionnement qu'elle leur alloue. Cette subvention s'ajoute aux dépenses pédagogiques prises en charge par l'État.

Article 27 : rôle des universités[18]

Afin d'assurer les missions qui leur ont été reconnues en matière de formation initiale et continue, de recherche scientifique et technique, de diffusion de la culture et de l'information scientifique et technique ainsi que de coopération internationale, chaque université crée un service commun de la documentation ou bibliothèque universitaire[19]. Les bibliothèques assurent la conservation et l'enrichissement des collections qui leur sont confiées. L'université assure aux services communs de la documentation[20] les moyens suffisants pour accomplir leur mission, en personnel, locaux et crédits, que ceux-ci proviennent de l'État, des collectivités territoriales ou des moyens qu'elle leur affecte elle-même. Elle favorise l'association ou l'intégration des bibliothèques et centres de

16. Cette subvention est prévue par le décret du 25 février 1985. Elle s'ajoute aussi au financement par l'État de projets spécifiques notamment dans le cadre des projets d'action éducative.

17. Loi du 2 mars 1982, art. 59 : le conseil régional a compétence pour promouvoir le développement économique, social, sanitaire, culturel et scientifique de la région et l'aménagement de son territoire pour assurer la préservation de son identité, dans le respect de l'intégrité, de l'autonomie et des attributions des départements et des communes.

18. Loi 84-52 du 26 janvier 1984 sur l'enseignement supérieur, art. 4.

19. Ces services peuvent être communs à plusieurs universités : services interétablissements de coopération documentaire ou bibliothèques interuniversitaires.

20. Cf. note 19.

documentation de l'université au service commun de la documentation. Elle favorise la mise en place d'actions de coopération entre les bibliothèques universitaires et les autres organismes documentaires de la région.

Extrait du « Rapport du président pour l'année 1991 » publié par l'Association du Conseil supérieur des bibliothèques avec le concours des ministères de l'Éducation nationale, de la Culture et de la Recherche

3| CHARTE POUR LE DÉVELOPPEMENT DE LA LECTURE EN ENTREPRISE

ABF, 1992

Mise à jour le 28 novembre 2016

Tous les chiffres l'attestent, la lecture est actuellement en crise. 25 % des Français ne lisent aucun livre, et 32 % lisent moins de neuf livres par an. L'illettrisme touche un nombre important de la population adulte. Or, le livre, aujourd'hui comme hier, est moyen d'accès au savoir.
Pour beaucoup de salariés, le recul de la lecture barre l'accès à toute insertion, ainsi qu'à la formation professionnelle exigée aujourd'hui plus qu'hier.
Le livre, à côté d'autres moyens technologiques, reste un outil indispensable à la communication de la pensée, à la réflexion, à l'esprit critique. Ainsi tout recul de la lecture représente une perte de capacité des citoyens à exercer pleinement leur rôle, à dire leur mot sur les affaires de la société.
En plaçant le livre au cœur des activités culturelles proposées aux salariés, en faisant de la bibliothèque le véritable centre culturel de l'entreprise, les CE et organismes équivalents jouent un rôle important pour favoriser l'accès de tous à la lecture et pour soutenir la création littéraire.
Les BCE (bibliothèques de comités d'entreprise et organismes équivalents) grâce à leur ancrage dans le monde du travail, sont des pôles de résistance au recul de la lecture. Leur fréquentation importante montre que ce recul n'est pas une fatalité. Parallèlement, l'évolution des entreprises - plus de 50 % des salariés travaillent dans des entreprises de moins de 50 salariés - conduit à développer la coopération inter-CE, pour favoriser l'accès à la lecture du plus grand nombre. Ainsi l'on peut dire que les BCE et les inter-CE sont des partenaires à part entière du réseau de lecture publique et jouent un rôle irremplaçable et complémentaire dans ce réseau, bien que de droit privé.
Les organisations signataires appellent les élus d'entreprise à poursuivre et intensifier leurs actions pour la promotion de la culture et en particulier de la lecture.
Pour ce faire, les élus développeront des politiques culturelles, dégageront les moyens nécessaires en budget, locaux et personnel qualifié.

Souhaits et recommandations

Les élus de CE et organismes équivalents, représentants élus des salariés ont la responsabilité de définir et de mettre en œuvre une politique culturelle et d'assurer la gestion de ces activités au bénéfice des salariés et de leur famille, parmi lesquelles la bibliothèque (ou plutôt médiathèque) : ils doivent veiller à lui allouer un budget constant et suffisant pour l'entretien (conservation), le renouvellement du fonds et l'animation de la bibliothèque.

En tant qu'employeur des personnels de CE, dont les bibliothécaires, ils doivent veiller à la formation de ce personnel, garantie d'un meilleur service, et doivent accorder une totale autonomie (confiance) à ce personnel, garant de la pluralité des fonds (déontologie du métier) dans le cadre d'une politique culturelle claire et d'orientation précise. Il en va de même dans le cas où ce sont des « bénévoles » qui gèrent la bibliothèque.

L'employeur : la direction de l'entreprise doit allouer au CE une subvention lui permettant de remplir ses responsabilités en matière d'activités sociales et culturelles (le rapport Pingaud-Barraud recommandait en 1981, 3 % de la masse salariale et 10 % de cette somme pour les médiathèques). La direction doit permettre le libre fonctionnement de ces activités : locaux vastes et adaptés au sein de l'entreprise sur un lieu de passage, et le libre accès pour les personnalités invitées par le CE.

Les bibliothécaires ne pouvant remplir pleinement leur mission que dans le long terme, et la périodicité du renouvellement des CE se situant tous les deux ans, se posent alors les problèmes de la définition du champ des compétences et des responsabilités de chacun, et de la garantie de confiance et d'emploi de ceux-ci afin qu'ils puissent exercer leur fonction en dehors de toute pression et de toute censure.
À défaut d'un statut particulier, il nous semble important de rappeler ce qu'est le métier de bibliothécaire : il exerce une compétence fonctionnelle. Cette compétence recouvre « la constitution, l'organisation, l'enrichissement et l'exploitation des collections », c'est-à-dire l'ensemble des décisions concernant l'activité régulière d'une bibliothèque.
Le bibliothécaire est chargé du travail de gestion, assure le suivi de son budget, fait l'évaluation régulière de son action et met en œuvre toute action et met en œuvre toute action de promotion et d'animation. Il exerce sa fonction dans le cadre de la politique définie par les élus du CE. Sa qualification doit être reconnue et payée au niveau des emplois Maîtrise ou Cadre.

Les pouvoirs publics : les ministères et les collectivités territoriales ont la responsabilité première du réseau de lecture publique. Tout en étant de droit privé, les BCE et les inter-CE participent de ce réseau. Il appartient donc aux Pouvoirs publics, en concertation avec les différents partenaires concernés, d'apporter une aide aux actions menées par les BCE par le biais d'actions de sensibilisation, de formation des personnels, de coopération, et d'attribution de subventions.

Partenariat : le tissu des entreprises du secteur privé n'est composé que de 1 800 établissements ou entreprises de plus de 500 salariés. Il est donc bien évident que le nombre et la qualité des BCE ne concernent qu'une partie de la population salariée. Il nous faut réfléchir et impulser des actions qui doivent également concerner les salariés des PME/PMI.

En conséquence, il apparaît nécessaire de mettre en œuvre des actions qui permettraient aux salariés des PME/PMI d'accéder aux mêmes services que ceux des grandes entreprises.
C'est pourquoi il est particulièrement important de développer la coopération BCE/réseau de lecture publique et les accords inter-CE ou même de créer des associations inter-CE.
Ce partenariat permettrait également la préservation du patrimoine des BCE qui ressort de la compétence des bibliothécaires, et qui est parfois menacé même dans les grandes entreprises du fait des mutations économiques et technologiques.

Pour l'ABF : Mme Danset, présidente
Pour la CFDT : M. Masson, secrétaire national
Pour la CFTC : M. Voisin, secrétaire national adjoint
Pour la CGC : Mme Coute, secrétaire nationale à l'enseignement, formation et culture
Pour la CGT : M. Lamoot, secrétaire confédéral
Pour FO : M. Jayer et M. Caillat, secrétaires confédéraux

4 | MANIFESTE DE L'IFLA/UNESCO SUR LA BIBLIOTHÈQUE PUBLIQUE

La première version de ce manifeste a été publiée en 1994.
Il a été mis à jour en juillet 2022. C'est cette version qui est présentée ici.

La liberté, la prospérité et le progrès de la société et l'épanouissement de l'individu sont des valeurs humaines fondamentales. Ces valeurs ne pourront être concrétisées que si les citoyens sont bien informés et s'ils sont en mesure d'exercer leurs droits démocratiques et de jouer un rôle actif dans la société. La participation constructive et le développement de la démocratie supposent une éducation satisfaisante ainsi qu'un accès libre et illimité à la connaissance, à la pensée, à la culture et à l'information.

La bibliothèque publique, porte d'accès de proximité à la connaissance, offre les conditions de base nécessaires à l'apprentissage tout au long de la vie, à la prise de décision autonome et au développement culturel de l'individu et des groupes sociaux. Elle est nécessaire à la vitalité de sociétés de la connaissance, car elle permet l'accès à la création et le partage de connaissances de tous types, y compris scientifiques et locales, et ce sans barrières commerciales, technologiques ou juridiques.

Dans chaque nation, mais particulièrement dans le monde en développement, les bibliothèques contribuent à garantir que les droits à l'éducation, la participation à la société de la connaissance et à la vie culturelle de la communauté soient accessibles au plus grand nombre.

Ce manifeste proclame la conviction de l'UNESCO que la bibliothèque publique est une force vive pour l'éducation, la culture, l'inclusion et l'information et un agent essentiel du développement durable, de l'épanouissement individuel, de la paix et du bien-être spirituel de tous les individus.
L'UNESCO encourage donc les gouvernements nationaux et locaux à soutenir et à s'engager activement dans le développement des bibliothèques publiques.

La bibliothèque publique

La bibliothèque publique est un centre d'information de proximité, elle met à disposition de ses usagers toutes sortes de savoirs et d'informations. C'est une composante essentielle des sociétés de la connaissance, qui s'adapte en permanence aux nouveaux moyens de communication pour remplir ses missions : fournir un accès universel à l'information et en favoriser l'appropriation par tous. Elle offre au public un espace accessible pour la production de connaissances, le partage et l'échange d'informations et de culture, et la promotion de l'engagement citoyen.

Les bibliothèques sont des créateurs de communautés, qui s'adressent de manière proactive à de nouveaux publics et sont à leur écoute afin de concevoir des services qui répondent vraiment à leurs besoins et contribuent à améliorer leur qualité de vie. Le public fait confiance à sa bibliothèque et, en retour, la bibliothèque publique a l'ambition de tenir sa communauté informée et sensibilisée de manière proactive.

Les services de la bibliothèque publique sont fournis sur la base de l'égalité d'accès pour tous, indépendamment de l'âge, de l'origine ethnique, du sexe, de la religion, de la nationalité, de la langue, du statut social et de toute autre caractéristique. Des services et des documents spécifiques doivent être fournis aux utilisateurs qui ne peuvent pas, pour quelque raison que ce soit, utiliser les services et les documents habituels. Il s'agit par exemple des minorités linguistiques, des personnes handicapées, des personnes ayant de faibles compétences numériques ou informatiques, des personnes peu alphabétisées ou des personnes hospitalisées ou emprisonnées.

Tous les groupes d'âge doivent trouver une offre adaptée à leurs besoins. Les collections et les services doivent inclure tous les types de médias appropriés et les technologies modernes ainsi que les ressources traditionnelles. La qualité, la pertinence par rapport aux besoins et aux conditions locales et la prise en compte de la langue et de la diversité culturelle de la communauté sont des critères fondamentaux. L'offre doit refléter les tendances actuelles et l'évolution de la société, ainsi que la mémoire des activités et de l'imagination humaines.

Les collections et les services ne doivent être soumis à aucune forme de censure idéologique, politique ou religieuse, ni à aucune pression commerciale.

Missions de la bibliothèque publique

Les missions-clés suivantes, qui ont trait à l'information, à l'alphabétisation, à l'éducation, à l'inclusion, à la participation citoyenne et à la culture, doivent être au cœur des services des bibliothèques publiques. Grâce à ces missions-clés, les bibliothèques publiques contribuent aux objectifs de développement durable et à la construction de sociétés plus équitables, humaines et durables :

- fournir l'accès à un large éventail d'informations et d'idées, libres de toute censure, soutenir l'éducation formelle et informelle à tous niveaux ainsi que l'apprentissage tout au long de la vie, en permettant la poursuite continue, volontaire et autonome de l'acquisition de connaissances pour les personnes à tous les âges de la vie ;
- offrir des possibilités de développement créatif personnel, stimuler l'imagination, la créativité, la curiosité et l'empathie ;

- créer et renforcer les habitudes de lecture chez les enfants, de la naissance à l'âge adulte ;
- initier, soutenir et participer à des activités et des programmes d'alphabétisation pour développer les compétences en lecture et en écriture, faciliter le développement de l'éducation aux médias et à l'information et des compétences numériques pour tous les individus, à tous les âges, dans une logique de construction d'une société informée et démocratique ;
- offrir à leurs publics des services sur place et à distance grâce aux technologies numériques permettant chaque fois que possible l'accès aux informations, aux collections et aux programmes ;
- garantir l'accès de tous à tous types d'informations relatives aux différentes populations et aux possibilités d'organisations sociales, en assumant son rôle d'acteur de la cohésion sociale ;
- fournir à leurs publics l'accès aux connaissances scientifiques, telles que les résultats de la recherche et les informations sur la santé, qui peuvent impacter la vie de leurs usagers, ainsi que favoriser la participation au progrès scientifique ;
- fournir des services d'information adéquats aux entreprises, associations et groupes locaux organisés autour d'un centre d'intérêt ;
- préserver et permettre l'accès aux données, aux connaissances et au patrimoine locaux et autochtones (y compris à la tradition orale), en fournissant un environnement dans lequel la population peut jouer un rôle actif dans l'identification des documents et objets à collecter, à préserver et à partager, conformément aux souhaits des personnes concernées ;
- encourager le dialogue interculturel et favoriser la diversité culturelle ;
- promouvoir la préservation des expressions et du patrimoine culturels et un accès pertinent à ces contenus, le contact avec les arts, le libre accès aux connaissances scientifiques, la recherche et les innovations, telles qu'elles s'expriment dans les médias traditionnels, sous forme numérisée ou nativement numérique.

Financement, législation et réseaux

L'accès au bâtiment et aux services de la bibliothèque publique doit en principe être gratuit. La bibliothèque publique relève de la responsabilité des autorités locales et nationales. Elle doit être soutenue par une législation spécifique et actualisée, alignée sur les traités et accords internationaux. Elle doit être financée par les pouvoirs publics nationaux et locaux. Elle doit être une composante essentielle de toute stratégie de long terme relative à la culture, la fourniture d'informations, l'alphabétisation et l'éducation.

À l'ère du numérique, la législation sur les droits d'auteur et la propriété intellectuelle doit garantir aux bibliothèques publiques la même capacité à acquérir et à donner accès aux contenus numériques qu'aux ressources physiques.

Pour assurer la coordination et la coopération des bibliothèques à l'échelle nationale, la législation et les plans stratégiques doivent également définir et promouvoir un réseau national de bibliothèques fondé sur un socle commun de normes de services.

Le réseau de bibliothèques publiques doit se construire avec les bibliothèques nationales, locales, de recherche et spécialisées, ainsi que les bibliothèques des écoles, collèges et universités.

Fonctionnement et gestion

Une politique claire doit être formalisée, définissant les objectifs, les priorités et les services en fonction des besoins de la population du territoire. Connaître le territoire et faire participer la population est important dans ce processus et la population doit être partie prenante des décisions.

La bibliothèque publique doit avoir une organisation efficace et respecter les normes professionnelles.

Les services doivent être accessibles physiquement ou numériquement à tous. Cela implique des bâtiments de bibliothèque bien situés et bien équipés, de bonnes conditions de lecture et d'étude, ainsi que des technologies adaptées, et des heures d'ouverture suffisantes convenant aux utilisateurs. Cela implique également des services hors les murs pour ceux qui ne peuvent pas se rendre à la bibliothèque.
Les services de la bibliothèque doivent être adaptés aux différents besoins des populations dans les zones rurales et urbaines, ainsi qu'aux besoins des groupes marginalisés, des usagers avec des besoins spécifiques, des utilisateurs multilingues et des populations autochtones.

Le bibliothécaire est un médiateur actif entre les usagers et les ressources, tant numériques que traditionnelles. Des ressources humaines et matérielles suffisantes, ainsi que la formation professionnelle et continue du bibliothécaire, afin de relever les défis actuels et futurs, sont indispensables pour garantir une offre de services pertinente. Les dirigeants politiques doivent consulter les professionnels des bibliothèques afin de définir le niveau et la qualité des ressources requis.

Des programmes de sensibilisation et de formation des usagers doivent être mis en place pour les aider à profiter de toutes les ressources.

La recherche doit se concentrer sur l'évaluation de l'impact des bibliothèques et la collecte de données, afin de démontrer aux décideurs politiques les bénéfices sociaux des bibliothèques. Les données statistiques doivent être collectées sur le long terme, car les apports des bibliothèques au sein de la société se manifestent souvent sur les générations suivantes.

Partenariats

L'établissement de partenariats est essentiel pour que les bibliothèques puissent atteindre un public plus large et plus diversifié. Une coopération avec les partenaires pertinents - tels que les groupes d'usagers, les écoles, les organisations non gouvernementales, les associations de bibliothèques, les entreprises et autres professionnels au niveau local, régional, national et international - doit être mise en place.

Mise en œuvre du manifeste

Les décideurs politiques au niveau local et national et la communauté des bibliothécaires dans son ensemble, partout dans le monde, sont invités à mettre en œuvre les principes exprimés dans ce Manifeste.

18 juillet 2022

5| DÉCLARATION DE GLASGOW SUR LES BIBLIOTHÈQUES, LES SERVICES D'INFORMATION ET LA LIBERTÉ INTELLECTUELLE

IFLA, 2002

Pour son 75e anniversaire, à Glasgow, la Fédération internationale d'associations de bibliothèques et d'établissements (IFLA) déclare que :

• l'IFLA proclame le droit fondamental de chacun à avoir accès à l'information et à pouvoir la diffuser sans restriction aucune ;

• l'IFLA, forte de son implantation internationale, soutient la défense et la promotion de la liberté intellectuelle suivant ainsi la Déclaration universelle des droits de l'homme des Nations unies. Cette liberté intellectuelle embrasse les connaissances humaines, les opinions, la pensée créatrice et l'activité intellectuelle dans toute leur richesse ;

• l'IFLA affirme que partout dans le monde, le respect de la liberté intellectuelle est pour les bibliothèques et les professions de l'information un devoir absolu, explicite dans les codes déontologiques, effectif dans la pratique.

L'IFLA affirme que :

• les bibliothèques et les services d'information doivent sans tenir compte des frontières et grâce à la diversité des médias rendre accessibles l'information, les opinions et les créations. Ces ouvertures sur le monde du savoir, de la connaissance, de la pensée et de la culture sont les garants des choix librement effectués, du développement culturel, de la recherche et de la formation continue offerts à la fois aux individus et aux collectivités ;

• les bibliothèques et les services d'information contribuent au développement et au maintien de la liberté intellectuelle tout en préservant les valeurs démocratiques et les droits civils universels. Leur vocation est donc d'offrir, sans restriction aucune, à leurs usagers l'accès à toutes les ressources et à tous les services nécessaires, et de lutter contre toute forme de censure ;

• les bibliothèques et les services d'information s'appliqueront à acquérir, conserver et diffuser les documents les plus variés reflétant le pluralisme de la société. Les choix en matière d'achat et de diffusion seront effectués selon des critères professionnels et non selon des considérations politiques, morales ou religieuses ;

• les bibliothèques et les services d'information feront en sorte que les collections, les équipements et les services soient accessibles à l'ensemble de leurs utilisateurs. Aucune discrimination ne sera faite sous aucun prétexte, qu'il s'agisse de race, d'origine nationale ou ethnique, de genre ou de préférence sexuelle, d'âge, de handicap, de religion ou d'opinion ;

• les bibliothèques et des services d'information garantiront à chaque usager confidentialité et respect de la vie privée qu'il s'agisse de l'information demandée ou obtenue ou bien des documents consultés, empruntés, acquis ou transmis.

L'IFLA appelle donc les bibliothèques et les services d'information et leur personnel à soutenir et promouvoir les principes de la liberté intellectuelle et à offrir un accès sans restriction à l'information.

Cette Déclaration a été préparée par IFLA/FAIFE. Approuvé par le conseil de direction d'IFLA le 27 mars 2002, La Haye, des Pays-Bas.

Proclamé par le Conseil d'IFLA le 19 août 2002, Glasgow, l'Écosse.

Note de l'auteure

Il est intéressant également de prendre connaissance du manifeste de l'IFLA/UNESCO pour une bibliothèque multiculturelle et sa mise en œuvre (2009, 39 p.), accessible à l'adresse suivante : https://pro.bpi.fr/content/uploads/sites/3/2021/10/es-communautes-multiculturelles-directives-pour-les-bib.pdf.

Un kit de mise en œuvre traduit en français a été élaboré et peut également se télécharger gratuitement sur le site de la BPI : https://pro.bpi.fr/vers-des-bibliotheques-multiculturelles/

6 | CODE DE DÉONTOLOGIE DES BIBLIOTHÉCAIRES

ABF, 2003

Mise à jour le 16 novembre 2020

En novembre 2003, la question de la déontologie du métier est au cœur des préoccupations du bureau national de l'ABF. C'est dire l'importance du code ici présenté : il vient enfin compléter pour la France, un ensemble qui, au niveau international, vise à définir en quelque sorte les droits et devoirs des bibliothécaires dans le monde.

Le code de déontologie du bibliothécaire concerne tous les types de bibliothèques, publiques ou privées recevant du public. Il s'adresse à tous métiers des bibliothèques, quels que soient les spécificités, les statuts ou la place dans la hiérarchie. Il est destiné à inspirer les bibliothécaires dans leur action quotidienne aussi bien que dans leur action générale. Il établit les devoirs du bibliothécaire en particulier dans le respect absolu de l'usager dont découle toute démarche et affirme son exigence de reconnaissance de sa responsabilité professionnelle en particulier vis-à-vis des élus. Il a l'ambition d'être un texte fédérateur pour notre communauté professionnelle.

Code de déontologie du bibliothécaire adopté lors du Conseil national de l'association des bibliothécaires français le 23 mars 2003 et mis à jour le 16 novembre 2020.

Le personnel des bibliothèques est chargé par sa collectivité publique ou privée de répondre aux besoins de la communauté en matière de culture, d'information, de formation, de recherche, et de loisirs, de création, de recueil et conservation du patrimoine. Il met en place des ressources, collections et services, en assure la mise en valeur et en facilite l'usage pour toute la population concernée.
Conscient des responsabilités qui sont les siennes et appliquant les lois et règlements en vigueur, il s'engage à respecter vis-à-vis des publics, des ressources, collections et services les principes qui suivent. Ces principes doivent aussi être respectés dans ses rapports avec sa collectivité ou institution et sa profession.

Ce code de déontologie complète :
- la charte de l'UNESCO sur les bibliothèques publiques ;
- le code d'éthique de l'IFLA pour les bibliothécaires et les autres professionnel.les de l'information ;
- la charte Bib'Lib' de l'ABF.

Il prend en compte les droits culturels énoncés par la Convention sur la protection et la promotion de la diversité des expressions culturelles du 20 octobre 2005.
Il se distingue des chartes propres à chaque collectivité ou établissement. Son objectif est d'être un guide que la profession se donne publiquement à elle-même.
Ce texte est destiné aux personnels des bibliothèques relevant d'un service public, quelle que soit leur nature juridique, et peut servir d'inspiration pour les autres.

1. Les publics

Le personnel des bibliothèques est d'abord au service des publics de la bibliothèque. L'accès à l'information et à la culture étant un droit fondamental, il s'engage dans ses fonctions à :

- accueillir et respecter tous les publics ;
- offrir à chacun une égalité de traitement ;
- garantir la confidentialité des usages et des données personnelles ;
- répondre à chaque demande, ou, à défaut, la réorienter ;
- assurer les conditions de la liberté intellectuelle par la liberté de lecture ;
- assurer le libre accès des publics à l'ensemble des ressources sans laisser ses propres opinions interférer dans le respect des lois en vigueur ;
- permettre un accès à l'information respectant la plus grande ouverture possible, libre, égale et sans préjuger de son utilisation ultérieure par l'usager ;
- préconiser la gratuité de l'inscription en tant que mutualisation des ressources culturelles et éducatives ;
- favoriser la construction de soi et le développement de l'esprit critique ;
- garantir l'autonomie des publics, favoriser l'autoformation ;
- promouvoir auprès des publics une conception de la bibliothèque ouverte, tolérante, conviviale et laïque.

2. Les ressources, collections et services

Le personnel des bibliothèques veille à ce que la pluralité des ressources favorise l'autonomie de chacun en recherchant l'objectivité et l'impartialité et en respectant la diversité des opinions.

Dans ce sens, il s'engage dans ses fonctions à :

- ne pratiquer aucune censure, garantir le pluralisme et l'encyclopédisme intellectuel des collections ;

• mettre à disposition du public l'ensemble des ressources et méthodes nécessaires à la construction d'une pensée complexe et autonome : compréhension éclairée des débats publics, de l'actualité, des grandes questions historiques, philosophiques, scientifiques et sociétales ;
• mettre à disposition des publics des ressources de la création artistique sous toutes ses formes (texte, image, son) ;
• favoriser les activités de loisirs utilisant ces ressources ;
• multiplier les outils permettant la recherche de la fiabilité et de la véracité des informations ;
• ne pratiquer aucune censure, garantir le pluralisme, l'esprit encyclopédique et l'actualité des ressources, collections et services ;
• appliquer les dispositions législatives et réglementaires concernant les collections, ainsi que les décisions de la justice, sans se substituer à celle-ci, notamment celles qui interdisent la promotion de toute discrimination et de toute violence ;
• organiser l'accès aux sources d'information pour les rendre disponibles, y compris à distance par le biais de réseaux physiques ou dématérialisés ;
• faire connaître et mettre en valeur les collections, les ressources, les services dans le respect de la neutralité du service public ;
• faciliter la libre circulation de l'information et l'accès ouvert au savoir ;
• inciter au respect des documents, ressources, équipements et service, condition du respect des publics et personnels ;
• traiter les dons de documents selon les critères exposés ci-dessus.

3. La collectivité ou institution

• Les bibliothèques inscrivent leur activité dans le cadre des politiques publiques, en particulier de celles de la collectivité ou institution à laquelle elles appartiennent ou du réseau dont elles relèvent.
• Le personnel de la bibliothèque contribue à la définition de la politique culturelle, scientifique, éducative et sociale de la collectivité.
• Des documents de formalisation de la politique publique de la bibliothèque, par exemple un projet de service, un programme culturel, scientifique, éducatif et social ou une charte documentaire facilitent la mise en œuvre. Ils sont rendus publics.
• Ces documents de formalisation s'inspirent de ce code de déontologie, des différentes chartes et textes de références et des lois en vigueur.
• Le personnel de bibliothèques applique la politique de sa collectivité tant que celle-ci ne va pas à l'encontre des lois, et règlements en vigueur, tout en défendant les missions pérennes et spécifiques de l'établissement, ainsi que des valeurs définies dans ce code.
• Le personnel de la bibliothèque rend compte à sa collectivité, en les évaluant, des services et des activités de l'établissement.

• Le personnel de la bibliothèque veille à ne pas céder aux groupes de pression politiques, religieux, idéologiques, syndicaux, sociaux qui essaieraient d'influer sur les politiques documentaires et de service par imposition forcée, interdiction ou intimidation, directement ou par le biais de la collectivité.

4. La profession

Les personnels des bibliothèques forment un ensemble professionnel solidaire. Au sein de cet ensemble, chaque personne trouve conseil et appui, apporte ses connaissances et son expérience et :

• contribue à la reconnaissance de l'utilité publique de la profession ;
• exerce son métier sans laisser interférer ses intérêts ou ses opinions personnelles ;
• développe son savoir professionnel, se forme et forme afin de maintenir un haut degré de compétence ;
• s'implique dans la vie de la profession, par exemple en étant membre d'associations professionnelles ;
• publie et transmet, fait avancer la réflexion autour du métier ;
• respecte le droit d'auteur et agit pour son équilibre ;
• s'efforce de répondre aux besoins et demandes de l'ensemble des populations à desservir ;
• encourage la coopération, la mutualisation d'outils, l'appartenance à un réseau de coopération et de partage des savoirs ;
• recherche l'amélioration des services par l'innovation ;
• défend activement le recrutement et la promotion de personnel qualifié ;
• fait valoir auprès de sa collectivité les nécessités de formation professionnelles initiale et continue, comme stagiaire ou comme formateur, et plus particulièrement celles liées à sa participation aux journées et voyages d'étude, et aux instances statutaires des associations professionnelles. Cette participation est considérée comme temps de travail ;
• inscrit son établissement ou réseau de bibliothèques dans la vie de la cité.

7| LE MANIFESTE INTERNET IFLA

Version 2014

1. Les bibliothèques et les services d'information et l'Internet

1.1. Les bibliothèques et les services d'information constituent des vibrantes interfaces qui établissent le lien entre les gens et les ressources d'information locales et mondiales. Ils donnent accès à des idées et des œuvres créatives et font que la richesse de l'expression humaine et la diversité culturelle soient accessibles à tout le monde.

1.2. L'Internet permet aux individus et aux communautés à travers le monde, qu'ils soient dans les villages les plus petits et les plus éloignées ou dans les grandes villes, d'avoir une plus grande égalité d'accès à l'information pour assurer le développement personnel, l'éducation, l'enrichissement culturel, l'activité économique, l'accès au gouvernement et autres services, et la participation éclairée dans une société démocratique comme citoyen actif. Dans le même temps, l'Internet crée des opportunités pour tous de partager leurs propres idées, leurs intérêts et culture avec le monde.

1.3. Les bibliothèques et services d'information devraient être les passerelles essentielles à l'Internet, ses ressources et services. Leur rôle est d'agir comme des points d'accès qui offrent commodité, orientations et soutien, tout en aidant à surmonter les obstacles créés par les différences dans les ressources, la technologie et les compétences.

2. La liberté d'accès à l'information et la liberté d'expression sont essentielles à l'égalité, la compréhension et la paix mondiale. Par conséquent IFLA affirme que :

2.1. La liberté d'accès à l'information et la liberté d'expression, indépendamment du format et des frontières, est une responsabilité fondamentale de la bibliothèque et de la profession de l'information.

2.2. La fourniture d'un accès libre à l'Internet par les bibliothèques et services d'information constitue un élément essentiel du droit à la liberté d'accès à l'information et à la liberté d'expression, et aide les communautés et les individus à atteindre la liberté, la prospérité et le développement.

2.3. L'accès à l'Internet et toutes ses ressources doit être compatible avec la Déclaration universelle des droits de l'homme des Nations unies, particulièrement l'article 19 : « *chacun a droit à la liberté d'opinion et à l'expression de celle-ci ; ce droit suppose la liberté d'avoir une opinion sans subir d'ingérence d'aucune sorte et de pouvoir chercher, recevoir et communiquer des informations et des opinions par n'importe quel média et indépendamment des frontières.* »

2.4. Les obstacles à la circulation de l'information doivent être levés, en particulier ceux qui empêchent les individus de prendre avantages des occasions qui permettront d'améliorer leur qualité de vie et peuvent entraîner des inégalités et la pauvreté. Un Internet ouvert est essentiel, et l'accès à l'information et la liberté d'expression ne doit être soumis à aucune forme de censure idéologique, politique ou religieuse, ni à des obstacles économiques ou technologiques.

3. Le rôle et les responsabilités des bibliothèques et services d'information

3.1. Les bibliothèques et les services d'information ont un rôle vital en assurant la liberté d'accès à l'information et la liberté d'expression, et ont la responsabilité de :

- servir tous les membres de leurs communautés, sans considération d'âge, de race, de nationalité, de religion, de culture, d'affiliation politique, de handicaps physiques ou mentaux, de genre ou d'orientation sexuelle, ou tout autre statut ;
- fournir un accès à l'Internet dans un environnement approprié pour tous les utilisateurs ;
- aider les utilisateurs, y compris les enfants et les jeunes, s'assurer qu'ils ont les compétences de maîtrise de l'information et des médias dont ils ont besoin pour utiliser librement leurs ressources d'information choisies, en toute confiance et en toute indépendance ;
- soutenir le droit des utilisateurs de rechercher et de partager de l'information ;
- s'efforcer d'assurer la confidentialité de leurs utilisateurs, et que les ressources et les services qu'ils utilisent restent confidentiels ;
- faciliter et promouvoir la créativité intellectuelle, culturelle et économique par l'accès à l'Internet, ses ressources et services.

3.2. À l'instar des services de base, l'accès à Internet et aux technologies connexes dans les bibliothèques et services d'information doit être gratuit.

4. Mise en œuvre du Manifeste

4.1. L'IFLA encourage tous les gouvernements à soutenir la libre circulation de l'Internet des informations accessibles et la liberté d'expression, de garantir l'ouverture et la transparence en s'opposant aux tentatives de censure ou d'interdiction d'accès, et de s'assurer que la surveillance et la collecte de données sont manifestement légales, nécessaires et proportionnées.

4.2. L'IFLA invite à travers les bibliothèques et services d'information à travailler avec les États, les gouvernements, les institutions religieuses ou de la société civile, pour élaborer des politiques et des plans stratégiques qui prennent en charge et mettent en œuvre les principes exprimés dans ce manifeste à travers le développement de l'accès public à Internet dans les bibliothèques et services d'information à travers le monde, et surtout dans les pays en développement.

8 | CHARTE DU DROIT FONDAMENTAL DES CITOYENS À ACCÉDER À L'INFORMATION ET AUX SAVOIRS PAR LES BIBLIOTHÈQUES

ABF, Bib'Lib, bibliothèque pour l'accès libre à l'information et aux savoirs
Juillet 2018, mise à jour le 12 octobre 2018

La charte du droit fondamental des citoyens à accéder à l'information et aux savoirs par les bibliothèques a pour principal objectif d'affirmer le rôle essentiel et stratégique des bibliothèques dans les dispositifs des politiques publiques favorisant l'exercice des droits fondamentaux du citoyen à s'informer, apprendre, partager et inventer ses usages. Il s'agit aussi d'encourager et de valoriser auprès des publics, des professionnels et des tutelles ces lieux publics d'accès à la culture, à la formation et leurs actions en faveur du partage des savoirs et savoir-faire.

1. Le droit d'accéder librement et sans discrimination à toutes les cultures et à une information plurielle

Les bibliothèques sont des institutions publiques qui garantissent aux citoyens un libre accès aux savoirs et à l'information sur place ou à distance. Elles déploient leurs activités dans le cadre de politiques publiques qui, pour être démocratiquement débattues, doivent être rendues publiques.

Les bibliothèques servent l'ensemble de la population sans considération d'âge, d'apparence physique, d'ethnie, de nation, de race, de religion, d'état de santé, d'identité ou d'orientation sexuelle, de situation de grossesse ou de situation de famille, de handicap, de patronyme, de sexe, d'activité syndicale, de caractéristique génétique, de mœurs, d'opinion politique, d'origine, de niveau scolaire ou de diplômes.

Les collections, ressources et contenus disponibles dans ou par les bibliothèques reflètent la pluralité et la diversité de la société et doivent être exempts de toutes formes de censure idéologique, politique, religieuse ou de pressions commerciales. La neutralité de l'internet est une condition de l'exercice de ce droit.

Les bibliothèques, dans leur organisation et dans leur règlement intérieur, ainsi que par leur coopération ou leur mise en réseau, sont l'expression de cette ouverture à tous les publics et à toutes les formes de savoirs et d'expressions culturelles. Elles ne sauraient par principe en privilégier ou en exclure.

2. Le droit à un accompagnement attentif et compétent, respectueux des attentes des citoyens

Dans un monde saturé d'informations, les bibliothèques contribuent par leur médiation et leur accompagnement à promouvoir des œuvres, à mettre les contenus en perspectives, à évaluer les ressources et à fournir les clés de compréhension.

Le bibliothécaire, par ses qualifications et sa déontologie, est un intermédiaire de confiance entre les citoyens, leurs usages et les ressources disponibles.

La formation professionnelle et continue du bibliothécaire est indispensable pour assurer cet accompagnement et la diffusion d'une culture des communs et des droits d'usages élargis. Cette qualification de la fonction (occupée par des salariés, mais aussi parfois par des bénévoles) s'enrichit de la diversité des origines et des parcours des bibliothécaires ou du soutien d'autres métiers et profils au sein de l'institution, conformément aux valeurs de cette charte.

3. Le droit des personnes handicapées à l'égalité d'accès aux savoirs et à l'information

Les difficultés d'accès aux savoirs et à l'information sont un des obstacles rencontrés par les personnes handicapées pour participer pleinement et efficacement à tous les aspects de la société. Les bibliothèques doivent respecter les normes et les obligations d'accessibilité et mettre en place des services, des collections, des équipements et des installations qui répondent aux besoins d'information.

4. Le droit d'expérimenter et de se former tout au long de la vie

Les bibliothèques soutiennent les formations et les ateliers participatifs susceptibles de contribuer à l'accroissement des compétences des habitants en dehors des espaces formels d'apprentissage, dans une logique de renouvellement de l'éducation populaire à l'heure du numérique.
Le cas échéant, les bibliothèques participent à l'émergence de dispositifs d'enseignement collaboratifs ouverts et à distance.

5. Le droit d'être en capacité de participer à l'innovation sociale et aux débats citoyens

Les bibliothèques sont un espace public ouvert à l'expérimentation et à l'échange collaboratif des savoirs de tous types sur un territoire. Elles encouragent donc :

- la mise en réseau des actions susceptibles de faire fructifier l'innovation sociale et le débat citoyen ;

• l'émergence de nouvelles pratiques d'apprentissages permettant aux habitants d'être plus actifs et impliqués dans la vie de leur territoire ;
• la diffusion et la réutilisation de ses innovations en les documentant sous un format libre.

6. Le droit d'accéder à un Internet public ouvert et fiable

Afin de garantir aux citoyens l'exercice de leurs droits fondamentaux à l'information, à la formation et à la culture, les bibliothèques leur donnent accès gratuitement à un internet sécurisé, fiable et continu, dans les meilleures conditions techniques possibles.

Les bibliothèques ne doivent pas mettre en place de restrictions ou de contraintes à l'accès Internet autres que ce que prévoit la loi, que ce soit en termes d'identification des usagers, de restrictions de la bande passante ou de filtrage des contenus. S'il existe des contraintes techniques, le citoyen doit en être explicitement informé afin qu'il puisse le cas échéant les contester auprès de l'autorité.

Lors de leur consultation d'Internet à la bibliothèque, les citoyens doivent avoir la garantie que leur droit à la vie privée est respecté et qu'aucune donnée personnelle les concernant n'est collectée, ni transmise à des tiers en dehors des cas explicitement prévus par la loi.

7. Le droit d'accéder, de réutiliser, de créer et de diffuser des communs du savoir

Nous parlons de communs de la connaissance dès lors qu'il existe une activité collective pour créer, maintenir et offrir en partage des savoirs. Les bibliothèques soutiennent et facilitent leur diffusion et leur production :
• en donnant un accès et une possibilité de réutilisation libre et gratuite du domaine public numérisé, en vertu de la réglementation en vigueur ou du versement volontaire de l'auteur à ce domaine public ;
• en valorisant l'accès libre aux travaux de recherche et aux œuvres culturelles financées par des fonds publics lorsqu'ils sont disponibles en version numérique ;
• en valorisant auprès de leurs usagers les œuvres placées sous licence libre ou de libre diffusion par leurs auteurs, sans discrimination par rapport à l'offre commerciale de contenus ;
• en plaçant leur propre production originale de contenus sous une licence libre ;
• en encourageant une politique active d'ouverture de leurs données publiques sous une licence ouverte compatible avec les principes de données ouvertes et comportant une clause de partage à l'identique ;
• en facilitant en leur sein l'expérimentation de production contributive de savoirs de tous types.

8. Le droit d'accéder à des ressources, y compris numériques, respectant la diversité des usages et favorisant l'appropriation de l'information et du savoir

Les bibliothèques doivent veiller à ce que leur offre de ressources, y compris numériques, ne s'oppose pas, par mesures contractuelles ou techniques, à la diversité des usages reconnus des médias traditionnels. À savoir l'exercice effectif :

- du droit de copie privée ;
- des usages relevant de l'exception pédagogique et de recherche ;
- des usages relevant de l'annotation et du partage de citation ;
- du choix de lire, écouter et visionner, quels que soient son environnement matériel et logiciel, ses modalités et lieux d'usages culturels.

9| DÉCLARATION DE FLORENCE (2017)

« La culture comme instrument de dialogue entre les peuples »

Nous, ministres de la Culture et autorités culturelles participant au G7, à l'occasion de notre première réunion, tenue à Florence les 30 et 31 mars 2017, reconnaissant à la fois le rôle spécifique de la culture comme instrument de dialogue entre les peuples et l'importance d'une action conjointe et coordonnée pour renforcer la protection du patrimoine culturel, nous déclarons ce qui suit :
Conscients de l'importance d'une action internationale concertée dans le domaine de la protection du patrimoine culturel et, dans ce contexte, se félicitant de l'adoption récente par le Conseil de sécurité des Nations unies de la résolution 2347 (2017) ;

Nous prenons note de la Déclaration de Milan adoptée le 31 juillet 2015, à l'occasion de la réunion des ministres de la Culture des pays participant à l'Expo 2015, et de la Déclaration d'Abu Dhabi, faite lors de la Conférence pour la protection du patrimoine culturel en péril, les 2-3 décembre 2016 ;

Nous réaffirmons notre conviction que le patrimoine culturel, sous toutes ses formes, matériel et immatériel, mobile et immobile, est un lien extraordinaire entre le passé, le présent et l'avenir de l'humanité :

a) contribuer à préserver l'identité et la mémoire des peuples et favoriser le dialogue et les échanges interculturels entre toutes les nations, en favorisant la tolérance, la compréhension mutuelle, la reconnaissance et le respect de la diversité ;

b) c'est un instrument important pour la croissance et le développement durable de la société, notamment en termes de prospérité économique ;

c) elle est à la fois le moteur et l'objet des technologies les plus avancées et l'un des principaux domaines dans lesquels il convient de mesurer le potentiel et les possibilités offerts par l'ère numérique ;

Nous sommes profondément préoccupés par les risques croissants - découlant non seulement des attaques terroristes, des conflits armés et des catastrophes naturelles, mais aussi du pillage et d'autres crimes commis à l'échelle mondiale - pour le patrimoine culturel et les institutions et biens qui en sont l'expression, comme les musées, monuments, sites archéologiques, archives et bibliothèques ;

Nous exprimons également notre profonde préoccupation face à la destruction de sites culturels, car ces actions effacent un patrimoine irremplaçable, suppriment l'identité des communautés et suppriment toute trace de diversité passée et de pluralisme religieux ;

Nous affirmons la nécessité de promouvoir la mise en œuvre effective des instruments de droit international existants pour la protection du patrimoine culturel mondial ; nous appelons en outre les États à agir à la fois pour accroître leur action en faveur de la protection et de la conservation du patrimoine culturel, y compris le patrimoine des minorités religieuses et ethniques, et pour identifier et partager les meilleures pratiques afin de combattre toutes les formes d'activités illégales dans ce domaine, y compris les pratiques relatives à la protection du patrimoine en péril dans les zones de conflit ;

Nous affirmons également qu'une coopération internationale efficace facilite des solutions communes pour assurer la protection et la promotion du patrimoine culturel et de la diversité culturelle ;

Nous appelons les Nations unies, en particulier l'UNESCO et les autres organisations internationales compétentes, à renforcer, dans le cadre de leurs mandats respectifs, leurs activités de protection du patrimoine culturel et à poursuivre ces activités de manière coordonnée, notamment par des initiatives prises au sein des Nations unies, en ayant connaissance de la résolution 2347 (2017) du Conseil de sécurité susmentionnée, qui peut comprendre, le cas échéant et au cas par cas, avec l'autorisation du Conseil de sécurité, une composante consacrée à la protection du patrimoine culturel dans les opérations de sécurité et de maintien de la paix ;

Nous exprimons notre ferme soutien au rôle de l'UNESCO dans la promotion de la protection et de la conservation du patrimoine culturel, sachant que la coopération et le dialogue sont essentiels à tout effort de lutte contre l'extrémisme violent et la radicalisation conduisant à la violence ; à cet égard, nous saluons les actions déjà entreprises, telles que la campagne « Unite4Heritage », et prenons note de la Stratégie pour renforcer l'action de l'UNESCO en matière de protection de la culture et de promotion du pluralisme culturel dans le contexte des conflits armés et la définition d'un Plan d'action pour rendre celui-ci opérationnel ;

Nous affirmons le rôle de premier plan de l'UNESCO dans la coordination des engagements internationaux dans le cadre de son mandat de protection du patrimoine culturel, en étroite coopération avec les États membres et les organisations internationales compétentes ;

Nous appelons tous les États à prendre des mesures énergiques et efficaces pour lutter contre le pillage et le trafic de biens culturels à partir de leur lieu d'origine, en particulier dans les pays en conflit ou en conflit interne, pour identifier et interdire le commerce de biens volés qui ont été illicitement transportés au-delà des frontières et, le cas échéant, pour renforcer le contrôle des ports francs et des zones de libre-échange ; nous affirmons également que des formes plus intensives de coopération entre les autorités policières et judiciaires et une action plus ferme de leur part sont essentielles à la poursuite de nos efforts pour protéger et sauvegarder le patrimoine culturel mondial ;

Nous exhortons tous les États à accorder la priorité à la protection et à la jouissance du patrimoine culturel, notamment par des campagnes de sensibilisation et d'éducation, afin de préserver la mémoire du passé pour les générations futures, de promouvoir le développement de la culture et de favoriser le dialogue interculturel et la paix entre nations ;

Nous nous félicitons que 2018 ait été proclamée Année européenne du patrimoine culturel, avec les possibilités qu'elle offrira pour la protection et la mise en valeur du patrimoine mondial, ce qui constitue un exemple positif d'initiative à l'appui des principes énoncés dans cette Déclaration ;

Nous soulignons le rôle des relations culturelles dans la promotion de la tolérance à l'égard de la diversité culturelle et religieuse et de la compréhension mutuelle entre les peuples, et nous encourageons tous les pays à donner des occasions d'échanges interculturels dans un esprit de réciprocité et d'intérêt mutuel, y compris lors de grandes manifestations internationales, telles que les expositions universelles ou les Jeux olympiques et paralympiques ;

Nous demandons instamment aux prochaines présidences du G7 d'organiser d'autres réunions des ministres de la Culture pour suivre l'évolution de nos engagements.

Florence, le 30 mars 2017

10| DÉCLARATION DE MEXICO SUR LES POLITIQUES CULTURELLES (1982)

UNESCO, Déclaration de Mexico sur les politiques culturelles, Conférence mondiale sur les politiques culturelles

Mexico City, 26 juillet - 6 août 1982

Le monde a subi ces dernières années de profondes transformations. Les progrès de la science et de la technique ont modifié la place de l'homme dans le monde et la nature de ses relations sociales. L'éducation et la culture, dont la signification et la portée se sont considérablement élargies, sont essentielles pour un authentique développement de l'individu et de la société.

De nos jours, bien que les possibilités de dialogue se soient accrues, la communauté des nations doit également faire face à de sérieuses difficultés économiques, l'inégalité entre les pays va croissant, de multiples conflits et de graves tensions menacent la paix et la sécurité.

Aussi est-il aujourd'hui plus urgent que jamais de resserrer la collaboration entre les nations, de garantir le respect du droit d'autrui et d'assurer l'exercice des libertés fondamentales de l'homme et des peuples et de leur droit à l'autodétermination. Plus que jamais, il est urgent d'élever dans l'esprit de chaque individu les « défenses de la paix » qui, comme l'affirme l'Acte constitutif de l'UNESCO, peuvent l'être notamment par l'éducation, la science et la culture.

Avec la tenue à Mexico de la Conférence mondiale sur les politiques culturelles, la communauté internationale a décidé de contribuer effectivement au rapprochement des peuples et à une meilleure compréhension entre les hommes.

C'est pourquoi, en exprimant l'espoir d'une convergence ultime des objectifs culturels et spirituels de l'humanité, la conférence convient :

- que, dans son sens le plus large, la culture peut aujourd'hui être considérée comme l'ensemble des traits distinctifs, spirituels et matériels, intellectuels et affectifs, qui caractérisent une société ou un groupe social. Elle englobe, outre les arts et les lettres, les modes de vie, les droits fondamentaux de l'être humain, les systèmes de valeurs, les traditions et les croyances,
- et que la culture donne à l'homme la capacité de réflexion sur lui-même. C'est elle qui fait de nous des êtres spécifiquement humains, rationnels, critiques et éthiquement engagés. C'est par elle que nous discernons des valeurs et effectuons des choix. C'est par elle que l'homme s'exprime, prend conscience de lui-même, se reconnaît comme un projet inachevé, remet en question ses propres réalisations, recherche inlassablement de nouvelles significations et crée des œuvres qui le transcendent.

En conséquence, la conférence affirme solennellement les principes suivants, qui doivent régir les politiques culturelles :

Identité culturelle

1. Toute culture représente un ensemble de valeurs unique et irremplaçable puisque c'est par ses traditions et ses formes d'expression que chaque peuple peut manifester de la façon la plus accomplie sa présence dans le monde.
2. L'affirmation de l'identité culturelle contribue donc à la libération des peuples. Inversement, toute forme de domination nie ou compromet cette identité.
3. L'identité culturelle est une richesse stimulante qui accroît les possibilités d'épanouissement de l'espèce humaine en incitant chaque peuple, chaque groupe à se nourrir de son passé, à accueillir les apports extérieurs compatibles avec ses caractéristiques propres et à continuer ainsi le processus de sa propre création.
4. Toutes les cultures font partie du patrimoine commun de l'humanité. L'identité culturelle d'un peuple se renouvelle et s'enrichit au contact des traditions et des valeurs des autres peuples. La culture est dialogue, échange d'idées et d'expériences, appréciation d'autres valeurs et traditions ; dans l'isolement, elle s'épuise et meurt.
5. L'universel ne peut être posé abstraitement par aucune culture particulière ; il émerge de l'expérience de tous les peuples du monde affirmant chacun son identité. Identité culturelle et diversité culturelle sont indissociables.
6. Loin d'entraver la communion dans les valeurs universelles qui unissent les peuples, les particularités culturelles la favorisent. La reconnaissance du fait que des identités culturelles multiples se côtoient là où coexistent des traditions différentes constitue donc l'essence même du pluralisme culturel.
7. La communauté internationale considère de son devoir de veiller à préserver et à défendre l'identité culturelle de chaque peuple.
8. Tout cela appelle des politiques culturelles de nature à protéger, encourager et enrichir l'identité et le patrimoine culturel de chaque peuple, et à instaurer le respect et l'estime les plus absolus pour les minorités culturelles et les autres cultures du monde. L'humanité s'appauvrit lorsque la culture d'un groupe déterminé est méconnue ou détruite.
9. Il faut reconnaître l'égalité en dignité de toutes les cultures et le droit de chaque peuple et de chaque communauté culturelle d'affirmer, de préserver et de voir respecter son identité culturelle.

Dimension culturelle du développement

10. La culture constitue une dimension fondamentale du processus de développement et contribue à renforcer l'indépendance, la souveraineté et l'identité des nations. La croissance a souvent été conçue en termes quantitatifs, sans que soit prise en compte sa nécessaire dimension qualitative, c'est-à-dire la satisfaction des aspirations spirituelles et culturelles de l'être humain. Le développement authentique a pour but le bien-être et la satisfaction constante de tous et de chacun.

11. Il est indispensable d'humaniser le développement, qui doit avoir pour finalité ultime la personne considérée dans sa dignité individuelle et sa responsabilité sociale. Le développement suppose que chaque individu et chaque peuple aient la possibilité de s'informer, d'apprendre et de communiquer son expérience.
12. Pour donner à tous les hommes l'occasion de se forger un meilleur destin, il convient d'adapter en permanence le rythme du développement.
13. Un nombre toujours croissant de femmes et d'hommes souhaitent un monde meilleur. Ils recherchent non pas seulement la satisfaction des besoins essentiels mais aussi l'épanouissement de l'être humain, son bien-être, et sa coexistence dans la solidarité avec tous les peuples. Leur objectif n'est pas la production, le gain ou la consommation en soi, c'est leur pleine réalisation individuelle et collective, et la préservation de la nature.
14. L'homme est à l'origine du développement ; il en est aussi la fin.
15. Toute politique culturelle doit retrouver le sens profond et humain du développement. Des modèles nouveaux s'imposent. Et c'est dans le domaine de la culture et de l'éducation qu'il nous faudra les trouver.
16. Un développement équilibré ne peut être assuré que par l'intégration des données culturelles dans les stratégies qui visent à le réaliser ; par conséquent, ces stratégies devraient toujours prendre en compte le contexte historique, social et culturel de chaque société.

Culture et démocratie

17. L'article 27 de la Déclaration universelle des droits de l'homme stipule : « *Toute personne a le droit de prendre part librement à la vie culturelle de la communauté, de jouir des arts et de participer au progrès scientifique et aux bienfaits qui en résultent.* » Les États doivent prendre toutes les mesures nécessaires pour atteindre cet objectif.
18. La culture émane de la communauté tout entière et c'est à elle qu'elle doit retourner : ni sa production, ni ses bienfaits ne sauraient être l'apanage d'élites. La démocratie culturelle repose sur la participation la plus large de l'individu et de la société au processus de création de biens culturels et aux décisions qui concernent la vie culturelle, de même qu'à la diffusion et à la jouissance de la culture.
19. Il s'agit, surtout, d'ouvrir de nouvelles voies à la démocratie en assurant l'égalité des chances dans les domaines de l'éducation et de la culture.
20. Il faut décentraliser géographiquement et administrativement la vie culturelle, en veillant à ce que les institutions responsables soient mieux informées des préférences, des choix et des besoins de la société dans le domaine de la culture. Il est donc essentiel de multiplier les occasions de dialogue entre la population et les organismes culturels.
21. La démocratisation de la culture exige, tout d'abord, la décentralisation de l'accès aux loisirs et aux arts. Une politique culturelle démocratique apportera à toutes les communautés et à toute la population la possibilité de jouir des chefs-d'œuvre artistiques.

22. Afin de garantir la participation de tous les individus à la vie culturelle, il faut éliminer les inégalités qui découlent notamment de l'origine et de la position sociale, de l'éducation, de la nationalité, de l'âge, de la langue, du sexe, des convictions religieuses, de la santé ou de l'appartenance à des groupes ethniques minoritaires ou marginaux.

Patrimoine culturel

23. Le patrimoine culturel d'un peuple s'étend aux œuvres de ses artistes, de ses architectes, de ses musiciens, de ses écrivains, de ses savants, aussi bien qu'aux créations anonymes, surgies de l'âme populaire, et à l'ensemble des valeurs qui donnent un sens à la vie. Il comprend les œuvres matérielles et non matérielles qui expriment la créativité de ce peuple : langue, rites, croyances, lieux et monuments historiques, littérature, œuvres d'art, archives et bibliothèques.
24. Tout peuple a le droit et le devoir de défendre et de préserver son patrimoine culturel, puisque les sociétés trouvent leur identité dans les valeurs qui sont pour elles une source d'inspiration créatrice.
25. Le patrimoine culturel a été souvent endommagé ou détruit par négligence ainsi que par les processus d'urbanisation, d'industrialisation et de pénétration technologique. Mais plus inacceptables encore sont les atteintes portées au patrimoine culturel par le colonialisme, les conflits armés, l'occupation étrangère et les valeurs imposées de l'extérieur. Toutes ces actions contribuent à rompre les liens unissant les peuples à leur passé et à effacer celui-ci de leur mémoire. Ce sont la préservation et l'appréciation de leur patrimoine culturel qui permettent donc aux peuples de défendre leur souveraineté et leur indépendance et, par là même, d'affirmer et de promouvoir leur identité culturelle.
26. La restitution à leurs pays d'origine des œuvres qui leur ont été retirées de façon illicite est un principe fondamental des relations culturelles entre les peuples. À cet égard, les instruments, accords et résolutions internationaux existants pourraient être renforcés pour en accroître l'efficacité.

Création artistique et intellectuelle et éducation artistique

27. L'épanouissement de la culture est indissociable tout autant de l'indépendance des peuples que de la liberté des individus. La liberté d'opinion et d'expression est indispensable à l'activité créatrice de l'artiste et de l'intellectuel.
28. Il est indispensable de créer des conditions sociales et culturelles propres à faciliter, stimuler et garantir la création artistique et intellectuelle, sans aucune discrimination de caractère politique, idéologique, économique et social.
29. Le développement et la promotion de l'éducation artistique supposent non seulement l'élaboration de programmes spécifiques propres à éveiller la sensibilité artistique et à aider les groupes ou institutions de création et de diffusion, mais aussi la promotion d'activités de nature à sensibiliser l'opinion publique à l'importance sociale de l'art et de la création intellectuelle.

Rapports de la culture avec l'éducation, la science et la communication

30. Le développement global de la société exige des politiques complémentaires dans les domaines de la culture, de l'éducation, de la science et de la communication, afin d'établir un équilibre harmonieux entre le progrès technique et l'élévation intellectuelle et morale de l'humanité.

31. L'éducation est par excellence un moyen de transmission des valeurs culturelles nationales et universelles et doit permettre d'assimiler les connaissances scientifiques et techniques sans porter atteinte aux capacités et aux valeurs des peuples.

32. Il faut aujourd'hui une éducation globale et novatrice, visant non seulement à informer et à transmettre, mais aussi à former et à renouveler ; une éducation qui permette aux élèves de prendre conscience des réalités de leur temps et de leur milieu, qui favorise l'épanouissement de la personnalité, qui enseigne l'autodiscipline, le respect d'autrui, la solidarité sociale et internationale, qui prépare à l'organisation et à la productivité, à la production de biens et de services vraiment nécessaires ; qui incite au renouvellement et stimule la créativité.

33. Il importe de revaloriser les langues nationales comme véhicules du savoir.

34. L'alphabétisation est une condition indispensable du développement culturel des peuples.

35. L'enseignement des sciences et de la technologie doit avant tout être conçu comme un processus culturel de développement de l'esprit critique, et être incorporé aux systèmes éducatifs en fonction des exigences du développement des peuples.

36. La circulation libre et la diffusion plus large et mieux équilibrée de l'information, des idées et des connaissances, qui constituent quelques-uns des principes d'un nouvel ordre mondial de l'information et de la communication, impliquent le droit de toutes les nations non seulement de recevoir mais aussi de transmettre des messages culturels, éducatifs, scientifiques et technologiques.

37. Les moyens de communication modernes doivent faciliter l'information objective sur les tendances culturelles qui peuvent être observées dans les différents pays, sans pour autant porter préjudice à la liberté créatrice et à l'identité culturelle des nations.

38. Les progrès technologiques de ces dernières années ont entraîné l'essor des industries culturelles. Quelle que soit leur organisation, celles-ci jouent un rôle important dans la diffusion des biens culturels. Dans leurs activités internationales, cependant, elles méconnaissent souvent les valeurs traditionnelles de la société, et suscitent des espoirs et des aspirations qui ne correspondent pas aux besoins réels de son développement. D'autre part, l'absence, surtout dans les pays en développement, d'industries culturelles nationales peut entraîner dépendance culturelle et aliénation.

39. Il est donc indispensable d'appuyer l'implantation d'industries culturelles, grâce à des programmes d'aide bilatérale ou multilatérale, dans les pays où elles font défaut, en veillant dans tous les cas à ce que la production et la diffusion des biens culturels répondent aux exigences du développement global de chaque société.

40. Les moyens de communication modernes jouent aujourd'hui un rôle fondamental en matière d'éducation et de diffusion culturelle. La société doit donc s'efforcer d'utiliser les techniques

nouvelles de production et de communication de façon à les mettre au service d'un authentique développement individuel et collectif et à favoriser l'indépendance des nations en préservant leur souveraineté et en consolidant la paix dans le monde.

Planification, administration et financement des activités culturelles

41. La culture est le fondement nécessaire de tout développement authentique. La société doit déployer des efforts importants en vue de planifier, d'administrer et de financer les activités culturelles.

Il convient, à cet effet, de prendre en considération les besoins et les problèmes de chaque société tout en veillant à assurer la liberté nécessaire à la création culturelle tant dans son contenu que dans son orientation.

42. Pour que le développement culturel dans les États membres soit effectif, il faut accroître les budgets qui y sont consacrés et utiliser des fonds de sources diverses dans la mesure du possible. Il faut également intensifier la formation de personnel pour les tâches de planification et d'administration culturelles.

Coopération culturelle internationale

43. Il est essentiel pour l'activité créatrice de l'homme et l'épanouissement complet de l'individu et de la société d'assurer la plus large diffusion des idées et des connaissances sur la base de l'échange et de la rencontre entre cultures.

44. Une coopération et une compréhension sous-régionales, régionales, interrégionales et internationales plus vastes en matière culturelle sont des conditions préalables à la création d'un climat de respect, de confiance, de dialogue et de paix entre les nations. Pour instaurer pleinement ce climat, il faut réduire et éliminer les tensions et les conflits actuels, arrêter la course aux armements et réaliser le désarmement.

45. La conférence réaffirme solennellement la valeur et l'applicabilité de la Déclaration des principes de la coopération culturelle internationale, adoptée à sa quatorzième session, par la Conférence générale de l'Organisation des Nations unies pour l'éducation, la science et la culture.

46. La coopération culturelle internationale doit reposer sur le respect de l'identité culturelle, de la dignité et de la valeur de chaque culture, de l'indépendance, de la souveraineté nationale et de la non-intervention.

Par conséquent, les rapports de coopération entre les nations doivent éviter toute forme de subordination ou de substitution d'une culture à une autre. Il est en outre indispensable de rééquilibrer les échanges et la coopération culturels pour que les cultures les moins connues, en particulier celles de quelques pays en développement, fassent l'objet d'une plus large diffusion dans tous les pays.

47. Les échanges dans les domaines de la culture, de la science et de l'éducation doivent consolider la paix, respecter les droits de l'homme, et contribuer à l'élimination du colonialisme,

du néocolonialisme, du racisme, de l'apartheid et de toute forme d'agression, de domination ou d'intervention. La coopération culturelle doit également favoriser l'instauration d'un climat international propice au désarmement, afin que les ressources humaines et les sommes énormes qui sont affectées à l'armement puissent être consacrées à des objectifs constructifs tels que des programmes de développement culturel, scientifique et technologique.

48. Il est nécessaire de diversifier et de promouvoir la coopération culturelle internationale dans un cadre interdisciplinaire et en prenant spécialement en compte la formation de personnel qualifié en matière de services culturels.

49. Il convient de stimuler, en particulier, la coopération entre pays en développement, de manière que la connaissance d'autres cultures et d'autres expériences de développement enrichisse la vie de leurs peuples.

50. La conférence réaffirme que le facteur éducatif et culturel est un élément essentiel des efforts déployés pour instaurer un nouvel ordre économique international.

UNESCO

51. Dans un monde bouleversé par des conflits qui mettent en danger les valeurs culturelles des civilisations, les États membres et le Secrétariat de l'Organisation des Nations unies pour l'éducation, la science et la culture doivent multiplier leurs efforts destinés à préserver ces valeurs et approfondir leur action en faveur du développement de l'humanité. Une paix durable doit être établie pour assurer l'existence même de la culture humaine.

52. Dans cette situation, les objectifs de l'UNESCO, tels qu'ils sont définis dans son Acte constitutif, acquièrent une importante capitale.

53. La Conférence mondiale sur les politiques culturelles lance un appel à l'UNESCO pour qu'elle poursuive et renforce son action de rapprochement culturel entre les peuples et les nations, et continue à accomplir la noble tâche de contribuer à ce que les hommes, au-delà de leurs diversités, réalisent le vieux rêve de fraternité universelle.

54. La communauté internationale rassemblée à cette conférence fait sienne la devise de Benito Juarez : « *Entre les individus comme entre les nations, le respect du droit de l'autre est la paix.* »

GLOSSAIRE

A

Abes	Agence bibliographique de l'enseignement supérieur
ABD	Association des bibliothécaires départementaux
ABF	Association des bibliothécaires de France
ACTB	Association des conservateurs territoriaux des bibliothèques
Adav	Atelier de diffusion audiovisuelle
ADBGV	Association des directrices et directeurs des bibliothèques municipales et groupements intercommunaux des villes de France
ADBS	Association des professionnels de l'information et de la documentation
ADBU	Association des directeurs et personnels de direction des bibliothèques universitaires et de la documentation
AENES	Administration de l'Éducation nationale et de l'enseignement supérieur
AERES	Agence d'évaluation de la recherche et de l'enseignement supérieur
AFNIL	Agence francophone pour la numérotation internationale du livre
AFNOR	Association française de normalisation
ANR	Agence nationale de la recherche
ANRT	Association nationale recherche technologie
APC	Article Processing Charges
Artothèque	Lieu de prêt d'œuvre d'art

B

Bas de casse	Lettres minuscules d'imprimerie
Basane	Peau de mouton utilisée à toutes les époques pour des reliures courantes
BCD	Bibliothèque centre documentaire
BCE	Bibliothèque de comité d'entreprise
BCP	Bibliothèque centrale de prêt
BD	Bibliothèque départementale
BD2L	Collège Bibliothèque, documentation, livre et lecture publique de l'IGÉSR
BDP	Bibliothèque départementale de prêt
BHLM	Bibliothèque hors les murs
Bibas	Bibliothécaire assistant spécialisé
Bibliographie	Recensement intellectuel de documents
Bibliothèque associée	Bibliothèque participant à la politique documentaire d'un SCD dont les moyens budgétaires et le personnel restent indépendants

Bibliothèque intégrée	Bibliothèque dont l'ensemble des moyens : budget, personnel et documentation dépendent du SCD
BM	Bibliothèque municipale
BMC	Bibliothèque municipale classée
BMVR	Bibliothèque municipale à vocation régionale
BnF	Bibliothèque nationale de France
BNU	Bibliothèque nationale et universitaire de Strasbourg
Bookcrossing	Dépôt d'un livre dans un lieu inhabituel pour qu'une personne le trouve, le lise et le remette en circulation
BPI	Bibliothèque publique d'information
Bradel	Reliure légère dans laquelle le bloc des cahiers cousus est emboîté dans une couverture cartonnée à l'aide d'une mousseline collée, elle se reconnaît par une rainure longitudinale qui sépare le dos des plats du livre
Brevet	Titre de propriété industrielle
Brochage	Opération consistant à coudre entre elles les feuilles d'un livre
Brochure	Document entre cinq et quarante-huit pages
BSI	Bibliothèque des sciences et de l'industrie
BSN	Bibliothèque scientifique numérique
BTS	Brevet de technicien supérieur
BU	Bibliothèque universitaire
Bulac	Bibliothèque universitaire des langues et civilisations
Bulletinage	Enregistrement de chaque exemplaire des numéros de périodiques dans un fichier où sont mentionnés son titre, sa périodicité et la date du début de l'abonnement.
BUT	Bachelor universitaire de technologie, remplace le DUT, diplôme universitaire de technologie

C

CA	Conseil d'administration
Cadist	Centres d'acquisition et de diffusion de l'information scientifique et technique, disparus au profit des CollEx
Cadre d'emplois (FPT)	Ensemble de personnels territoriaux, gérés localement, soumis aux mêmes statuts particuliers à caractère national, les titulaires d'un grade sont amenés à occuper un ensemble d'emplois donnés
Cahier (reliure)	Réunion des feuilles pliées qui sont piquées ensemble pour les coudre
Calame	Morceau de roseau qui servait à écrire sur des tablettes d'argiles ou sur de la peau de bête

Calames Catalogue en ligne des manuscrits et archives de l'enseignement supérieur
CAP Commission administrative paritaire
Carel (réseau) Coopération pour l'accès aux ressources numériques en bibliothèque
Carrel Espace individuel de lecture
Catalogage Transcription des éléments nécessaires à l'identification d'un document, éléments qui comprennent la description bibliographique et la description matérielle
Catégorie Niveau de recrutement et niveau hiérarchique de fonctionnaires
CCFr Catalogue collectif de France
CD Compact disc
CD-Rom Compact Disc Read Only Memory
CDD Classification décimale Dewey
CDEFI Conférence des directeurs d'écoles françaises d'ingénieurs
CDG Centre de gestion
CDI Centre de documentation et d'information
CDU Classification décimale universelle
CEFDG Commission d'évaluation des formations et diplômes de gestion
CFC Centre français d'exploitation du droit de copie
CFU Comité français Unimarc de l'IFLA qui gère le format d'échange Unimarc en proposant les évolutions du format, traduit et met à jour le manuel Unimarc. Il recommande également et gère les zones nationales.
CFVU Commission de la formation et de la vie universitaire
CGM Catalogue général des manuscrits
Chagrin Peau de chèvre utilisée surtout pour les demi-reliures depuis le XIXe siècle
Charnière (reliure) Articulation du plat et du dos du livre
CHSCT Comité d'hygiène et de sécurité et de conditions de travail
CIBDI Cité internationale de la bande dessinée et de l'image
CINES Centre informatique national de l'enseignement supérieur
Circulation Désigne une allée, soumise aux règles de sécurité, dans une bibliothèque permettant le passage de personnes et/ou de chariots
Cire 213 Cire incolore contenant des fongicides pour les reliures en cuir
Classe Chaque corps ou cadre d'emplois est divisé en grade ou en classe
Classification Langage documentaire fondé sur la représentation structurée d'un ou plusieurs domaines de la connaissance en classes et dans lequel les notions et leurs relations sont représentées par des indices d'une notation
CNAM Conservatoire des arts et métiers
CNC Centre national du cinéma et de l'image animée

CNCIM	Cellule nationale de coordination de l'indexation-matière
CNCSTI	Conseil national de la culture scientifique, technique et industrielle
Cneser	Conseil national de l'enseignement supérieur et de la recherche
CNFPT	Centre national de la fonction publique territoriale
CNIL	Commission nationale de l'informatique et des libertés
CNL	Centre national du livre
CNLJ	Centre national de la littérature pour la jeunesse
Cnous	Centre national des œuvres universitaires et scolaires
CNRS	Centre national de la recherche scientifique
CNU	Conseil national des Universités
Codex	Ensemble de cahiers composés de peaux ou de feuillets pliés en deux et attachés par un fil cousu le long de la pliure
Coiffe (reliure)	Désigne la partie haute du dos d'un ouvrage
Coin (reliure)	Désigne le morceau de cuir qui vient renforcer l'angle d'une reliure
Collation	Vérification de l'état matériel d'un document et ensemble d'éléments matériels décrivant un document : nombre de volumes, pagination, illustration, format
Collationnement (reliure)	Vérification du bon ordre des cahiers dans un volume avant toute opération de reliure
CollEx-Persée	Infrastructure de recherche, remplace le réseau Cadist en mettant les services aux chercheurs au cœur des projets de collections. CollEx pour collections d'excellence pour la recherche, organisée de manière distribuée entre de grandes bibliothèques de recherche et une plate-forme nationale, Persée.
Colophon	Mention finale d'un livre, qui restitue les éléments d'identification de son imprimeur (nom, date et lieu d'impression), correspond à l'achevé d'imprimé
Comète (reliure)	Sorte de tranche-fil mécanique, généralement utilisé pour les cartonnages, les reliures à la Bradel ou les reliures en toile
Comue	Communauté d'universités et établissements
Copyright	Recouvre le droit à l'auteur de diffuser son œuvre et d'en tirer bénéfice (droit anglo-saxon)
Corps d'emploi (FPE)	Ensemble de personnels soumis aux mêmes statuts particuliers et ayant vocation aux mêmes grades
Corpus	Ensemble de documents relatifs à une discipline
Couperin	Consortium unifié des établissements universitaires et de recherche pour l'accès aux publications numériques, consortium universitaire de périodiques numériques

CPI	Code de la propriété intellectuelle
CPU	Conférence des présidents d'université
CRDP	Centre régional de documentation pédagogique
CRFCB	Centres régionaux de formation aux carrières des bibliothèques
Crous	Centre régional des œuvres universitaires et scolaires
Crowdfunding	Financement participatif
CSB	Conseil supérieur des bibliothèques
CSR	Conseil stratégique de recherche
CT	Comité technique
CTLes	Centre technique du livre de l'enseignement supérieur
CTP	Comité technique paritaire
Cul-de-lampe	Motif décoratif placé à la fin d'un chapitre ou d'un livre
CURI	Conseil universitaire des relations internationales

D

Daisy (format)	Format de livre audio permettant la lecture pour les personnes handicapées
DART Europe	Portail européen des thèses
Dation	Disposition permettant à des particuliers de faire un don de livres ou d'objets d'art faisant partie d'un héritage, à des collections publiques en paiement des droits de succession. L'État est libre d'accepter ou de refuser la dation
DCG	Diplôme de comptabilité et gestion
DEC	Diplôme d'expertise comptable
Décentralisation	Action de donner aux collectivités locales le pouvoir de gérer de façon autonome les missions et les services qui relèvent de leurs compétences. Il s'agit d'un transfert de compétences du pouvoir exécutif. Les décisions de la collectivité concernée sont exécutables de plein droit. L'État ne peut qu'exercer un contrôle *a posteriori*
Déconcentration	Transfert de pouvoir de décision des autorités centrales de l'État à ses représentants locaux en dehors des collectivités locales
Demi-reliure	Couverture du dos en cuir ou en toile d'un livre ne recouvrant qu'une partie des plats
Dépositaire	Terme employé par les BDP pour désigner les personnes à qui elles confient un dépôt de documents destinés au prêt local
Dépôt légal	Règle instituée par l'ordonnance de Montpellier (1537). Elle permet la collecte, la conservation et la consultation de documents de toute nature, afin de constituer une collection de référence

Dépouillement	Énumération et catalogage des titres des différents tomes d'un ouvrage, d'un recueil ou d'une publication en série ainsi que des articles d'un périodique
Désherbage	Élimination ou relégation d'un document
Dewey	Système de classification
DGDMIC	Direction générale des médias et des industries culturelles
DGESCO	Direction générale de l'enseignement scolaire
DGESIP	Direction générale de l'enseignement supérieur et de l'insertion professionnelle
DGRI	Direction générale de la recherche et de l'innovation
DGS	Direction générale des services
Document précieux	Document dont la valeur vénale, historique ou culturelle reste exceptionnelle
Document rare	Document unique ou existant en très petit nombre d'exemplaires, soit du fait d'un tirage limité, soit par la suite de la disparition des autres exemplaires
DOI	Digital Object Identifier
Donation	Contrat par lequel une personne se défait irrévocablement et sans contrepartie d'un bien en faveur de quelqu'un d'autre
DRAC	Direction régionale des affaires culturelles
DRM	Digital Rights Management. Procédé qui bride ou interdit la copie numérique d'un ouvrage sans autorisation de l'éditeur et qui protège l'intégralité de l'œuvre
Droit de préemption	Possibilité pour une administration d'acheter des objets à une vente publique au prix de la dernière enchère
DSCG	Diplôme supérieur de comptabilité et gestion
DUT	Diplôme universitaire de technologie, est remplacé par le BUT, le Bachelor universitaire de technologie
DVD	Digital Versatile Disc

E

E-pub	Format de lecture de livre numérique
Eau-forte	Estampe obtenue à partir d'une planche de métal gravée à l'aide d'un acide
Eblida	European Bureau of Library Information and Documentation Associations = Bureau européen des associations de bibliothèques, de l'information et de la documentation
Échelon	Détermine la rémunération principale du fonctionnaire. À chaque échelon correspond un indice brut (dit indice de carrière) auquel correspond un indice majoré (dit indice de rémunération) auquel correspond un traitement indiciaire (ou traitement de base)

ECTS	European Credits Transfer System = Système européen de transfert et d'accumulation de crédits
Édition princeps	Première édition des auteurs anciens, souvent un incunable
EDP	Collège Expertise disciplinaire et pédagogique de l'IGÉSR
Enluminure	Lettre ou dessin exécuté finement à la main qui décore ou illustre un texte sur les manuscrits
ENSSIB	École nationale supérieure des sciences de l'information et des bibliothèques
EPCA	Établissement public à caractère administratif
EPCI	Établissement public de coopération intercommunale
EPIC	Établissement public à caractère industriel et commercial
EPSC	Établissement public à caractère scientifique, culturel
EPSCP	Établissement public à caractère scientifique, culturel et professionnel
EPST	Établissement public à caractère scientifique et technologique
ERP	Établissement recevant du public
ESR	Enseignement supérieur et de la recherche
ESRI	Collège Enseignement supérieur et de la recherche et innovation de l'IGÉSR
ESGBU	Enquête statistique générale des bibliothèques universitaires
ESPE	École supérieure du professorat et de l'éducation
Estampage	Caractères gravés en creux sur une pierre. Ils ne sont pas encrés et apparaissent en impression blanche sur un fond noir
Estampe	Œuvre d'art obtenue par impression d'une plaque gravée de métal ou de bois, la distinguant ainsi du dessin, du manuscrit ou de la peinture. Différentes techniques de production d'images : gravure xylographique (bois gravé en relief), gravure en taille douce (sur métal), gravure par acide (dite à l'eau-forte) et lithographie (sur pierre avec une encre grasse)
Estampille	Cachet de l'établissement apposé sur un document attestant de son appartenance à celui-ci
Établissement public	Institution administrative à caractère autonome, dotée d'une personnalité propre et d'un patrimoine distinct, chargé d'assurer un service public ou un ensemble de services publics. Ces établissements peuvent ester en justice et sont dotés de l'autonomie financière
ETPE	Collège Établissements, territoires et politiques éducatives de l'IGÉSR
Europeana	Bibliothèque numérique européenne
Ex-libris	Inscription indiquant à qui appartient le livre, étiquette imprimée se collant sur le livre
Explicit	Se trouve à la fin d'un texte (manuscrit ou livre imprimé). Marque la fin de l'ouvrage et rend grâce à Dieu, quelquefois mentionne la date et les circonstances de la rédaction du texte ou de sa copie

F

Fac-similé	Reproduction d'un texte ou d'une image identique à l'original
Fantôme	Papier ou fiche matérialisant l'absence d'un document, d'un livre sorti d'un rayonnage en bibliothèque
Feuillet	Chaque feuille d'une publication comprenant un recto et un verso, soit deux pages
FILL	Fédération interrégionale du livre et de la lecture
FNPR	Fichier national des proposisitons Rameau
Foliotation	À partir du XIIIe siècle, consistait à indiquer dans le manuscrit, généralement en chiffres romains et dans le coin supérieur droit de la page, le numéro de chaque recto de feuillet. Pratique disparaissant au XVIIe siècle
Fonds ancien	Toute collection de documents manuscrits ou imprimés édités avant 1811, date de la création de la Bibliothèque nationale de France, ainsi que les livres rares, originaux, d'une forme ou d'un format inhabituel, recouverts d'une reliure exceptionnelle, tirés à peu d'exemplaires, ainsi que des documents précieux par leur valeur vénale ou historique ou ayant appartenu à des gens célèbres
Fonds patrimonial	Documents ou ensemble de documents rares et précieux, anciens ou contemporains, auxquels est attachée une décision de conservation définitive
Format (informatique)	Structure de données
Formats (livre)	Un format de livre se reconnaît par le nombre de feuillets par cahier : - In-plano : feuille en son entier, format adapté aux cartes et plans - In-folio : la feuille est pliée une fois, une feuille fait deux feuillets et quatre pages - In-quarto : la feuille est pliée deux fois = quatre feuillets = huit pages - In-octavo : la feuille est pliée quatre fois = huit feuillets = seize pages - In-douze : la feuille est pliée six fois = douze feuillets = vingt-quatre pages - In-seize : la feuille est pliée huit fois = seize feuillets = trente-deux pages
Formats (rangement)	Référence à la hauteur de l'ouvrage : - Grand folio : au-dessus de 50 centimètres - In-folio : de 32 à 45 centimètres - In-quarto (in 4°) : de 25 à 31 centimètres - In-octavo (in 8°) : de 18 à 24 centimètres - In-seize (in 16°) : inférieur à 16 centimètres
Foxing	Taches plus ou moins jaunes, rousses ou brunes se rencontrant sur le papier, au milieu d'un texte, en marge ou sur les planches illustrées. Nommées également rousseurs ou piqûres

FP	Fonction publique
FPE	Fonction publique d'État
FPH	Fonction publique hospitalière
FPT	Fonction publique territoriale
FRBR	Functional Requirements for Bibliographic Records. Fonctionnalités requises des notices bibliographiques
Frontispice	Illustration hors texte figurant au début d'un volume, en regard de la page de titre

G

Gallica	Bibliothèque numérique de la Bibliothèque nationale de France
GEA	Gestion des entreprises et des administrations
GED	Gestion électronique des documents
GIP	Groupement d'intérêt public
Gouttière (reliure)	Tranche opposée au dos, plus ou moins concave selon les styles
GPEC	Gestion prévisionnelle de l'emploi et des compétences
Grade	Titre juridique qui confère à son titulaire vocation à occuper un certain nombre d'emplois. Le grade est distinct de l'emploi qui est un poste de travail appartenant à l'administration. Le grade appartient au fonctionnaire et lui donne vocation à occuper un emploi
Grecquage	Entailles dans le dos du livre pour permettre à la colle de mieux pénétrer
Grecque (reliure)	Entaille pratiquée sur le dos des livres avec une scie à grecquer pour loger ficelles et chaînettes

H

HAL	Hyperarticles en ligne, archive ouverte pluridisciplinaire de l'enseignement supérieur français
HCERES	Haut Conseil de l'évaluation de la recherche et de l'enseignement supérieur
Héliogravure	Principe d'impression dont les caractères sont dessinés en creux sur la forme imprimante, après avoir encré la forme, elle est essuyée avec une raclette en laissant uniquement l'encre dans les creux
Hygrométrie	Partie de la météorologie qui a pour objet de déterminer le taux d'humidité dans l'atmosphère. Taux d'hygrométrie idéal pour le papier : 55 %
Hygroscopiques	Se dit de matériaux d'origine organique (papier, carton, parchemin, cuir) qui absorbent l'humidité de l'air dans leurs fibres

I

IABD	Interassociation archives, bibliothèques, documentation
Idéogrammes	Une des premières formes d'écriture, évolution des pictogrammes, représente le son
IdRef	Identifiants et référentiels pour l'enseignement supérieur et de la recherche, application qui permet d'interroger les autorités des bases Calames, Sudoc, Star, Step et Thèses.fr, d'enrichir et/ou de corriger des notices autorités
IFLA	International Federation of Library Associations = Fédération internationale des associations et institutions de bibliothèques
IFPI	International Federation of the Phonographic Industry = Fédération internationale de l'industrie phonographique
IGB	Inspection générale des bibliothèques
IGÉSR	Inspection générale de l'éducation, du sport et de la recherche
Imprimatur	Permission de publier un ouvrage accordée par une autorité et qui se trouve généralement au verso de la page de titre
INA	Institut national de l'audiovisuel
Incipit	Brève formule où sont rappelés le titre de l'ouvrage et parfois le nom de l'auteur au recto du premier feuillet où démarre le texte sur les incunables sur lesquels la page de titre n'existait pas
Incunable	Livres imprimés avant le 1er janvier 1501 et/ou édition datant des premières années de l'imprimerie entre 1450 et 1500. Les incunables sont les premiers livres imprimés dans les premières imprimeries des villes, d'où la fourchette entre 1500 et environ 1515
Indexation	Traduction par des descripteurs ou mots-clés du contenu d'un document. C'est une description intellectuelle du document
Indice	Symbole issu d'une classification numérique ou alpha, traduisant le contenu d'un document
INET	Institut national des études territoriales
INHA	Institut national de l'histoire de l'art
INIST	Institut de l'information scientifique et technique
INPI	Institut national de la propriété industrielle
INSEE	Institut national de la statistique et des études économiques
INSPÉ	Institut national supérieur du professorat et de l'éducation
Intailles (médaille)	Pierres gravées en creux
Ioupi	Méthode de désherbage avec les critères suivants : I = document incorrect, contenant une fausse information, O = contenu ordinaire, médiocre, U = document usé, abîmé, P = document contenant une information périmée, I = document qui ne correspond plus au fonds, inadéquat

ISBD	International Standard Bibliographic Description = Description bibliographique internationale normalisée
ISBN	International Standard Book Number = Numéro international normalisé du livre
ISDS	International Serials Data System = Centre international attribuant l'ISSN
ISMN	International Standard Music Number = Numéro international normalisé de la musique
ISO	International Standard Organisation, définit les règles de catalogage, ISBD et ISBDM pour les monographies
ISSN	International Standard Serial Number = Numéro international normalisé des publications en série
IST	Information scientifique et technique
ISTEX	Information scientifique et technique d'excellence
ITRF	Ingénieurs et techniciens de recherche et de formation
IUT	Institut universitaire de technologie

J

JSVA	Collège Jeunesse, sports et vie associative de l'IGÉSR

K

KVK	Karlsruher Virtueller Katalog

L

LAS	Licence accès santé
LC	Classification de la Library of Congress, bibliothèque du Congrès (Washington)
Legs	Don par testament au bénéfice d'une personne physique ou morale
Lettre d'attente	Petite lettre imprimée à l'emplacement d'une future lettrine enluminée
Lettrines	Initiales de début de texte finement ornée (enluminure)
Liber	Ligue des bibliothèques européennes de recherche
Linotypie	Composition d'un texte typographique par une machine disposant d'un clavier et qui permet de couler un alliage en fusion dans un moule pour produire une ligne entière appelée ligne-bloc ou matrice de caractères
Lithographie	Estampe exécutée à l'encre ou au crayon sur une pierre calcaire

Littérature grise	Rapports, actes de conférences, colloques, brevets, normes, circulaires, documents internes d'une entreprise, d'une administration, etc.
Livrel	Livre numérique
LMD	Licence Master Doctorat
LRU	Loi relative aux libertés et responsabilités des universités dite loi Pécresse (2007)
LSF	Langue des signes française
Ludothèque	Équipement culturel mettant à la disposition de ses usagers des jouets, des jeux de société et des espaces de jeu
Lux	Unité de mesure de l'éclairement lumineux
Lyophilisation (reliure)	Déshydratation d'un produit par congélation rapide suivie d'une sublimation de la glace (passage direct de la glace à la vapeur d'eau), procédé utilisé pour les documents d'une bibliothèque touchée par un dégât des eaux ou en cas d'inondation

M

Malle à Hortense	Animation composée de jeux multiples basés sur l'écriture pour la jeunesse
Manuscrit	Œuvre originale écrite de la main de l'auteur ou dactylographiée
MAP	Modernisation de l'action publique
Marc (format)	Machine-Readable Cataloging = catalogage lisible par machine
Maroquin (reliure)	Peau de chèvre tannée, assez épaisse, à gros grains et réservée aux reliures de luxe
MCC	Ministère de la Culture et de la Communication
MEEF	Métiers de l'enseignement, de l'éducation et de la formation
Mélanges	Titres de certains recueils, de courts écrits sur divers sujets/Désigne un ouvrage composé d'articles réunis et dédiés à une personnalité
Mention de responsabilité	Mention relative aux personnes et aux collectivités et organisations liées à la création du contenu intellectuel ou artistique d'une publication
MESRI	Ministère de l'Enseignement supérieur, de la Recherche et de l'Innovation
MMOP	Médecine, maïeutique, odontologie, pharmacie
Monographie	Ouvrage formant un tout-en-un ou plusieurs volumes
MOOC	Massive Open Online Course = formation en ligne ouverte à tous
Mors (reliure)	Léger creux situé à la charnière entre le dos et le plat d'une reliure

N

NLM	Classification de la National Library of Medecine
Norme	Référentiel publié par un établissement agréé

O

OA	Open access
OCLC	Online Computer Library Center = coopérative mondiale de bibliothèques fournissant des services partagés et de recherche
OEMI (catalogage)	Œuvre, expression, manifestation, item
Offset	Technique d'impression par photographie, en milieu humide, d'une plaque d'impression sur laquelle des zones hydrophobes attirent l'encre tandis que d'autres zones hydrophiles la repoussent
OMPI	Organisation mondiale de la propriété intellectuelle
OPAC	Online Public Access Catalog = catalogue informatisé accessible en ligne
OpenAIRE	Open Access Infrastructure for Research in Europe = archive ouverte européenne
OpenDOAR	Archive ouverte de l'Université de Nottingham (Royaume-Uni)
Orbi	Archive ouverte de l'Université de Liège (Belgique)
OST	Observatoire des sciences et techniques
Ours (périodiques)	Encadré, en colonne étroite, contenant tous les éléments d'adresse et de nom : éditeur, imprimeur, publicitaire, différents auteurs, adresse abonnement, ISSN

P

Pacte	Parcours d'accès aux carrières de la fonction publique territoriale, hospitalière et d'État
Page de garde (reliure)	Ensemble de pages situées entre la couverture et le texte du volume
Palimpseste	Manuscrit ancien dont le texte a été gratté afin de permettre le réemploi du support, en peau en général
Palme	Répertoire des manuscrits littéraires français du XXe siècle
Papyrus	Pâte végétale employée en Égypte au IIIe siècle avant J.-C., fibre de roseau découpé, séché et tissé. Support généralisé de l'écriture de l'Antiquité
Parchemin	Mode de tannage de la peau (peau raclée, lavée à la chaux et polie), souvent de la peau de mouton

Parties liminaires Page de titre, verso de la page titre et toutes les pages précédant le titre
PASS Parcours spécifique santé
PCP Plan de conservation partagée
PCPP Plan de conservation partagée des périodiques
PDC Plan de développement des collections
PEB Prêt entre bibliothèques
Pecia Au Moyen Âge, exemplaire de référence loué par un libraire aux copistes par cahiers séparés permettant de multiplier le nombre de copies
Périodique Support dont les critères sont : caractère légal du titre, caractère d'œuvre collective de chaque fascicule, dont la durée de publication est non limitée et la périodicité déterminée à l'avance. Les fascicules forment une suite numérique et chronologique.
Périodique mort Périodique qui a cessé d'être édité ou dont la bibliothèque a décidé de suspendre l'abonnement
Phonogramme Tout support reproduisant exclusivement des séquences de son quels qu'en soient le genre et le format
Photogravure Procédé d'impression d'illustrations, dans lequel un négatif est projeté sur une plaque qui est ensuite gravée par un acide
Pictogrammes Font partie des premières écritures, représentent des objets concrets à l'aide d'un dessin
Pièce de titre (reliure) Morceau de peau, parée très finement, collé sur le dos d'une reliure en cuir où l'on peut lire le titre du livre
Plagure Technique consistant à nettoyer les pages intérieures des volumes empoussiérés, gommage des feuillets sales, ré-encollage des feuillets détachés
PLOS Public Library of Science
PNB Prêt numérique en bibliothèque
Pôles associés Établissements sous convention avec la BnF qui développent leur collection dans un domaine complémentaire des fonds de la BnF. Ils traitent intellectuellement et matériellement les documents qu'ils ont acquis et qui sont signalés dans le CCFr
Pontuseaux Fils verticaux du papier artisanal fait à base de pâte de cellulose, fils apparents
PPCR Parcours professionnel, carrières et rémunérations
PPN Pica Production Number, numéro unique attribué à une notice dans le Sudoc
Publication en série Périodiques ou collection de monographie
PUC Permanent Unimarc Committee. Comité permanent de l'IFLA qui gère le format d'échange Unimarc

Q

QQQOCP	Quoi Quand Qui Où Comment Pourquoi, méthode permettant de cerner un sujet
Queue (reliure)	Base du livre

R

Rachel	Catalogue collectif du Réseau européen des bibliothèques judaica et hebraica, sept bibliothèques spécialisées dans le domaine de la culture juive
RAEP	Reconnaissance des acquis de l'expérience professionnelle
Rameau	Répertoire d'autorité-matière encyclopédique et alphabétique unifié
RDA (catalogage)	Ressource : description et accès
RDF	Ressource Description Framework
Récolement	Inventaire du fonds d'une bibliothèque
Régie	Facilite le paiement des menues dépenses ou le recouvrement de certaines recettes
Reme	Répertoire des métiers de l'enseignement supérieur, de la recherche et de l'innovation
Reprint	Reproduction fidèle d'un texte d'une ancienne édition sans changement de composition
RFID	Radio Frequency Identification ou radio-identification, méthode permettant de mémoriser et de récupérer des données à distance en utilisant des puces électroniques insérées sur les documents
RGPP	Révision générale des politiques publiques
Rifseep	Régime indemnitaire tenant compte des fonctions, des sujétions, de l'expertise et de l'engagement professionnel
Rime	Répertoire interministériel des métiers de l'État
Rome	Répertoire opérationnel des métiers et emplois
Rondage	Opération matérielle qui consiste à apposer sur le dos du livre l'étiquette portant la cote

S

SACD	Société des auteurs et des compositeurs dramatiques
Sacem	Société des auteurs, compositeurs et éditeurs de musique
Savon Brecknell	Savon servant au nettoyage du cuir (reliure) à l'aide d'une éponge végétale propre

SCD	Service commun de la documentation
Sérigraphie	Technique d'imprimerie qui utilise des pochoirs interposés entre l'encre et le support
Serpente	Feuille de papier très mince et lisse insérée entre les pages d'un livre pour protéger les enluminures ou les gravures d'un possible report pigmentaire
SGBD	Système de gestion de base de données
SGBm	Système de gestion de bibliothèque mutualisé
SICD	Service interétablissements de coopération documentaire
SID	Système d'information documentaire
SIGB	Système intégré de gestion de bibliothèques
Signature (reliure)	Lettre ou chiffre placé au premier feuillet de chaque cahier pour faciliter le travail du relieur au moment de l'assemblage des cahiers
SNE	Syndicat national de l'édition
SNEP	Syndicat national de l'édition phonographique
Sofia	Société française des intérêts des auteurs de l'écrit, dans le domaine exclusif du livre
SRL	Structures régionales pour le livre
Star	Plate-forme nationale de dépôt des thèses électroniques de l'enseignement supérieur et de la recherche
Statut	Acte législatif ou réglementaire s'appliquant à une catégorie ou à l'ensemble de catégories du personnel qui fixe les droits et obligations des intéressés
Statut particulier	Fonctionnaires d'un corps ou d'un cadre d'emplois soumis à un même ensemble de règles
Step	Plate-forme de signalement des thèses en préparation
Stéréotypie	Système d'impression d'un texte en imprimerie (fin XVIIIe siècle), cliché de composition de chaque page permettant la réimpression sans avoir à utiliser et à mobiliser les fontes
Sudoc	Système universitaire de documentation, catalogue collectif des BU françaises
SUIO	Service universitaire d'information et d'orientation
Suites	Ouvrages paraissant en plusieurs tomes ou fascicules, sous un titre commun. La publication est limitée dans le temps. Si même la date d'achèvement est inconnue, l'achèvement de l'ouvrage est certain
SUMPPS	Service universitaire ou interuniversitaire de médecine préventive et de promotion de la santé

T

Taille-douce	Planche gravée en creux destinée à imprimer une image
TEL	Serveur thèses-en-ligne
Thermohygrographe	Instrument mesurant simultanément la température et l'humidité relative de l'air ambiant et les enregistre sous forme de graphe
Thermohygromètre	Instrument mesurant simultanément la température (généralement en degrés Celsius) et l'humidité relative (en % du seuil de saturation). La mesure se fait au moyen de sondes
Thésaurus	Indexation, structure hiérarchique qui permet de relier les notions entre elles du plus général au plus particulier
Thèse	Document présentant une recherche scientifique et ses résultats, réalisé dans un établissement d'enseignement supérieur habilité, soumis à soutenance publique devant un jury pour l'obtention du grade de docteur
TICE	Technologie de l'information et de la communication pour l'enseignement
Titre uniforme	Façon unique de désigner une œuvre pouvant paraître sous plusieurs titres
Translittération	Transcription d'un système d'écriture dans un autre
Troncature	Procédé permettant d'omettre une partie d'un terme dans la formulation d'une recherche documentaire informatisée
Typographie	Principe d'impression au moyen de caractère de métal en relief

U

UFR	Unité de formation et de recherche
UNESCO	Organisation des Nations unies pour l'éducation, la science et la culture
Unicas (PPN)	Se dit d'un exemplaire signalé dans le Sudoc et possédé par un seul établissement
Unimarc	Universal Machine Readable Cataloging = format bibliographique d'échange pour le traitement de l'information
URFIST	Unités régionales de formation à l'information scientifique et technique

V

VAE	Validation des acquis de l'expérience
Vedette	Ancien mot servant à l'accès de la description bibliographique, vedette-auteur, vedette-matière. Avec la réforme Rameau, le terme vedette est remplacé par l'expression « point d'accès »

Vélin	Peau de veau mort-né, travaillé pour donner un parchemin très blanc. Peau la plus luxueuse utilisée pour les manuscrits de luxe en raison de son grain très fin et de sa blancheur
Vergures	Fils horizontaux du papier artisanal fabriqué à base de cellulose
Vidéogramme	Support intégrant sons et images, excepté le cinéma, lisible au moyen d'un appareil de lecture
VOD	Vidéo à la demande
Volumen	Rouleau de peau (parchemin) sur lequel les Romains écrivaient avec un calame/Rouleau de feuilles végétales (papyrus) collées les unes aux autres qui se dévide sur deux axes perpendiculaires
Vrillette	Insecte particulièrement néfaste pour le livre, car il creuse des galeries dans les livres et les reliures

W

W3C	World Wide Web Consortium
Wei'To	Procédé de désacidification de masse, nommé ainsi en l'honneur du dieu asiatique du papier
Worldcat	Catalogue collectif mondial donnant accès aux collections et aux services de plus de 10 000 bibliothèques à travers le monde

X

Xylographie	Procédé d'impression par une plaque de bois qui est gravée en évidant autour des caractères

BIBLIOGRAPHIE

ACCART, Jean-Philippe, VAISSAIRE-AGARD, Clotilde, *Les 500 mots métiers. Bibliothèques, archives, documentation, musées*, traduits en anglais et allemand, Bois-Guillaume, Klog, 2016, 190 p.

ACCART, Jean-Philippe, *Personnaliser la bibliothèque. Construire une stratégie de marque et augmenter sa réputation*, Villeurbanne, Presses de l'ENSSIB, 2018, 187 p.

ALONZO, Valérie, RENARD, Pierre-Yves, *Évaluer la bibliothèque*, Paris, Cercle de la librairie, 2012, 186 p.

ANCELIN, Justine, *Médiatiser la science en bibliothèque*, Villeurbanne, Presses de l'ENSSIB, 2016, 183 p. (« La boîte à outils », 35).

ASSOCIATION DES BIBLIOTHÉCAIRES FRANÇAIS, *Le Métier de bibliothécaire*, Paris, Cercle de la librairie, 2019, 558 p.

ATKINS, Robert, *Petit lexique de l'art moderne*, 1848-1945, trad. Jeanne Bouniort, New York/Paris, Abbeville Press, 1996.

AUBINAIS, Marie, *Les Bibliothèques de rue. « Quand est-ce que vous ouvrez dehors ? »*, Montrouge, Bayard, 2010, 166 p. (« En mouvement »).

BENKIMOUN-CANONNE, Martine, MAUBÉ, Pierre, *Magasinier principal des bibliothèques de 2e classe*, Levallois-Perret, Studyrama, 2016, 277 p.

BERTRAND, Anne-Marie, ALIX, Yves, *Les Bibliothèques*, Paris, La Découverte, 2015, 126 p.

BRETIN, Marie-Line, *Les Grands Textes de la philosophie pour les nuls*, Paris, First, 2015.

BRUNET, Jérôme, *Magasinier principal des bibliothèques (2e classe)*, Paris, Vuibert, 2010, 271 p.

BUYDENS, Mireille, *La Propriété intellectuelle. Évolution historique et philosophique*, Bruxelles, Bruylant, 2012.

CALENGE, Bertrand, *Les Politiques d'acquisition. Constituer une collection dans une bibliothèque*, Paris, Cercle de la librairie, 1994, 408 p.

CARBONE, Pierre, *Les Bibliothèques*, Paris, Presses universitaires de France, 2017, 127 p.

CENTRE INTERDÉPARTEMENTAL DE GESTION DE LA PETITE COURONNE DE LA RÉGION D'ÎLE-DE-FRANCE, *Assistant de conservation, assistant de conservation principal de 2e classe du patrimoine et des bibliothèques 2023 : concours spécialités I, musée, bibliothèque : concours, catégorie B* , La Documentation française, 2022.

CÉVIN, Évelyne, *Conte en bibliothèque*, Paris, Cercle de la librairie, 2005, 16 p.

COULON, Muriel, NGUYEN, Odile, TOUSSAINT, Claire, *Activités et compétences des personnels de catégories C et B en bibliothèque universitaire : enquêtes, analyses, perspectives*, Média Rhône-Alpes, Université Grenoble Alpes, 2022, 87 p.

COIGNET, Béatrice, DUJOL, Lionel, *Mémento du bibliothécaire. Guide pratique*, Paris, ABF, 2014.

COTTE, Dominique, *Émergences et transformations des formes médiatiques*, Paris, Lavoisier, 2011, 272 p. (« Communication, médiation et construits sociaux »).

DAUDIN, Lucie, *Accueillir des publics migrants et immigrés. Interculturalité en bibliothèque*, Villeurbanne, Presses de l'ENSSIB, 2017, 179 p.

DEFRESNE, Florence, KROP, Jérôme, « La massification scolaire sous la Ve République : une mise en perspective des statistiques de l'Éducation nationale (1958-2014) », *Éducation et formations*, n° 91, septembre 2016, p. 5-20.

DERIEUX, Emmanuel, *Droit des médias. Droit français, européen et international*, Paris, LGDJ, 2018.

DESRICHARD, Yves, JEANNENEY, Jean-Noël, *Cinquante ans de numérique en bibliothèque*, Paris, Cercle de la librairie, 2017, 132 p.

DESRICHARD, Yves, *Administration et bibliothèques*, Paris, Cercle de la librairie, 2014, 576 p.

DUMOULIN, Michel, *L'Europe aux concours*, Paris, La Documentation française, 2019, 222 p.

FAURE, Bertrand, *Droit des collectivités territoriales*, Paris, Dalloz, 2021 (« Précis »).

FÉRAUD, Gabriel, SCHIETECATTE, Valérie, LIÈVRE, Pierre *et al.*, *Concours assistant territorial, assistant principal de conservation du patrimoine et des bibliothèques*, Paris, Dunod, 2022.

FONTAINE-MARTINELLI, Françoise, MAUMET, Luc, *Accessibilité universelle et inclusion en bibliothèque*, Paris, ABF, 2017, 197 p. (« Médiathèmes », 19).

FUZEAU, Pierre, REMIZE, Michel, *L'Innovation en bibliothèque*, Paris, Serda édition-IDP, 2018, 96 p.

GAUDET, Françoise, LIEBER, Claudine, *Désherber en bibliothèque. Manuel pratique de révision des collections*, Paris, Cercle de la librairie, 2013, 160 p.

HÉRITIER-BLANC, Anne-Laure, AUBIGNY, Valérie d', FRUCHARD, Hélène, *Une bibliothèque idéale. Que lire de 0 à 16 ans ? Guide à l'usage des familles, des écoles et des bibliothèques*, Paris, Critérion, 2018, 285 p.

JACQUET, Amandine, COUTAU, Xavier, *Concevoir une bibliothèque rurale*, Paris, Association des bibliothécaires de France , 2018, 242 p.

JACQUET, Amandine, *Bibliothèques troisième lieu*, Paris, ABF, 2017, 198 p. (« Médiathèmes », 14).

KŒNIG, Marie-Hélène, *Accompagner les transformations du travail en bibliothèque*, Paris, Cercle de la librairie, 2018, 271 p.

LE QUÉAU, Pierre, ZERBIB, Olivier, *Comment apprécier les effets de l'action des bibliothèques publiques ?* Rapport d'étude, Mission d'accompagnement de la Direction générale des médias et des industries culturelles, Service du livre et de la lecture, Ministère de la Culture, 2019, 114 p.

LEROY LADURIE, Emmanuel, *De la BN à la BnF : chronique de la Grande Bibliothèque (1987-1991) : entretiens*, L'Harmattan, 2018, 274 p.

LOMBARDO, Philippe, WOLFF, Loup, « Cinquante ans de pratiques culturelles en France », ministère de la Culture, coll. Culture études, 2020, 96 p.

MANZANO, Frédéric, *RGPD simple et pratique*, Paris, Gereso, 2022, 201 p.

MARCEROU-RAMEL, Nathalie, *Les Métiers des bibliothèques*, Paris, Cercle de la librairie, 2017, 208 p.

MARTIN, Henri-Jean, « Bibliothèques », *Encyclopædia universalis* [en ligne : www.universalis-edu.com/encyclopedie/bibliotheques].

MAURY, Yolande, KOVACS, Susan, CONDETTE-CASTELAIN, Sylvie, *Bibliothèque en mouvement. Innover, fonder, pratiquer de nouveaux espaces*, Villeneuve-d'Ascq, Presses universitaires du Septentrion, 2018, 286 p.

MINISTÈRE DE LA FONCTION PUBLIQUE, *Guide de l'encadrante et de l'encadrant : cadres de la fonction publique*, Direction générale de l'administration et de la fonction publique, 2017, 144 p.

MIRIBEL, Marielle de, EVANO, Brigitte, GRELET, Christophe *et al.*, *Diriger une bibliothèque. Un nouveau leadership*, Paris, Cercle de la librairie, 2016, 441 p.

MIRIBEL, Marielle de, *Veiller au confort des lecteurs. Du bon usage des cinq sens en bibliothèque*, Paris, Cercle de la librairie, 2015, 335 p.

MOLLIER, Jean-Yves, *Une autre histoire de l'édition française*, Paris, La Fabrique, 2015, 429 p.

NETZER, Michel, *Les Sciences en bibliothèque*, Paris, Cercle de la librairie, 2017, 303 p.

ODDOS, Jean-Paul, BRANDT, Astrid-Christiane, *La Conservation. Principes et réalités*, Paris, Cercle de la librairie, 1995, 405 p. (« Bibliothèques »).

PAPY, Fabrice, JAKUBOWICZ, Cyril, *Bibliothèque numérique et innovation*, Londres, ISTE, 2018, 140 p.

PATEZ, Alain, *Le QCM des bibliothèques. 300 questions pour réussir les concours*, Bois-Guillaume, Klog, 2017.

PATEZ, Alain, *Préparer le concours d'adjoint territorial du patrimoine principal de 2e classe. Externe, interne et 3e concours : épreuves écrites et orales, catégorie C*, Bois-Guillaume, Klog, 2020.

PATEZ, Alain, *Préparer le concours de magasinier principal des bibliothèques de 2e classe, externe et interne. Épreuves écrites et orales, catégorie C*, Bois-Guillaume, Klog, 2020.

PAUGAM, Serge, GIORGETTI, Camila, *Des pauvres à la bibliothèque. Enquête au Centre-Pompidou*, Paris, Presses universitaires de France, 2013, 185 p. (« Le lien social »).

PÉRALES, Christophe, *Conduire le changement en bibliothèque. Vers des organisations apprenantes*, Villeurbanne, Presses de l'ENSSIB, 2015.

PETIT, Michèle, *Éloge de la lecture. La construction de soi*, Paris, Belin, 2016.

PETIT, Michèle, *L'Art de lire ou Comment résister à l'adversité*, Paris, Belin, 2016.

PIERRET, Gilles, *Musique en bibliothèque*, Paris, Cercle de la librairie, 2012, 357 p.

PONTIER, Jean-Marie, *La Décentralisation française. Évolutions et perspectives*, Issy-les-Moulineaux, LGDJ/Lextenso éditions, 2016, 182 p. (« Systèmes »).

QUILLIEN, Philippe-Jean, *Tout savoir sur les collectivités territoriales*, Paris, Ellipses, 2023.

RANNOU, Maël, *Bande dessinée en bibliothèque*, Paris, Cercle de la librairie, 2023.

RATHLE, Jean-Philippe, *Les associations culturelles : états des lieux et typologies*, Ministère de la Culture, Département des études, de la prospective et des statistiques, 2019, 22 p.

ROSE, José, *Scènes de vie en bibliothèque. Voyage en Alcazarie*, Paris, L'Harmattan, 2017.

ROUSSELET, Dominique, GUILLAUMOT, Julie, PALESSE, Marianne, *Du cinéma en bibliothèque*, Paris, ABF, 2017, 208 p. (« Images en bibliothèques »).

ROUX, André, *La décentralisation. Droit des collectivités territoriales*, Issy-les-Moulineaux, LGDJ/Lextenso, 2016.

SABY, Mathieu, *Les Bibliothèques universitaires et leur public extérieur. Pratiques et enjeux*, mémoire d'étude/diplôme de conservateur, Université de Lyon/ENSSIB, 2015, 149 p.

SCHIETECATTE, Valérie, *Bibliothécaire assistant spécialisé de classe normale : concours externe, concours interne, catégorie B : tout-en-un*, Levallois-Perret, Studyrama, 2022, 555 p.

SIDRE, Colin, *Faire vivre l'action culturelle et artistique en bibliothèque. Du tout-petit au jeune adulte*, Villeurbanne, Presses de l'ENSSIB, 2018, 172 p.

SOUAL, Laurent, *Le Livre numérique en bibliothèque. État des lieux et perspectives*, Paris, Cercle de la librairie, 2015, 119 p.

SOULAS, Christine, *(Ré)aménager une bibliothèque*, Villeurbanne, Presses de l'ENSSIB, 2017, 187 p.

SOUMET, Hélène, *Le Petit Larousse des grands philosophes. Platon, Aristote, Descartes, Spinoza, Kant, Hegel, Nietzsche, Sartre, Foucault... Pour découvrir l'esprit et les concepts-clés des plus grands philosophes*, Paris, Larousse, 2013.

TESNIÈRE, Valérie, BARUCH, Marc-Olivier, YVERT, Benoît, *Histoire en bibliothèque*, Paris, Cercle de la librairie, 2009, 254 p.

THIESSE, Anne-Marie, *La Fabrique de l'écrivain national. Entre littérature et politique*, Paris, Gallimard, 2019, 440 p.

TOUSSAINT, Claire, *Cataloguer aujourd'hui : identifier les œuvres, les expressions, les personnes selon RDA-FR*, Paris, Cercle de la Librairie, 2018, 200 p.

VAISSAIRE, Clotilde, QUAIRE, Françoise, PATEZ, Alain, *Préparer le concours de bibliothécaire externe. État et territorial : épreuves écrites et orales, catégorie A*, Bois-Guillaume, Klog, 2015.

VAISSAIRE, Clotilde, QUAIRE, Françoise, PATEZ, Alain, *Préparer le concours de conservateur des bibliothèques : État et territorial, épreuves écrites et orales, catégorie A*, Bois-Guillaume, Klog, 2022, 248 p.

VERPEAUX, Michel, *Les Collectivités territoriales*, Paris, Dalloz, 2022 (« Connaissance du droit »).

VERPEAUX, Michel, RIMBAULT, Christine, WASERMAN, Franck, *Les Collectivités territoriales et la décentralisation*, Paris, France, La Documentation française, 2021, 207 p.

VIAL, Stéphane, CATOIR-BRISSON, Marie-Julie, *Design et innovation dans la chaîne du livre. Écrire, éditer, lire à l'ère numérique*, Paris, Presses universitaires de France, 2017, 257 p.

ZARKA, Jean-Claude, *L'Essentiel des institutions de l'Union européenne*, Gualino, 2022.

ZUBER, Henri, SARMANT, Thierry, FONCK, Bertrand *et al.*, *Guide des archives et de la bibliothèque du Service historique de la défense*, Vincennes, Château de Vincennes/Service historique de la Défense, 2017, 758 p.

Les bibliothèques dans les mutations territoriales : entre évolutions et inventions, Cercle de la Librairie, 2019.

Cataloguer aujourd'hui : identifier les œuvres, les expressions, les personnes selon RDA-FR, Paris, Cercle de la Librairie, 2018.

Dictionnaire de philosophie, Armand Colin, 2018.

Faire vivre l'action culturelle et artistique en bibliothèque : du tout petit au jeune adulte, Paris, Presses de l'ENSSIB, La boîte à outils, 2019.

Revues

Arabesques

Archimag

Bibliothèque(s) - ABF

Bulletin des bibliothèques de France

Culture chiffres - ministère de la Culture

Culture Études - ministère de la Culture

Gazette des communes

I2D : information, données et documents - ADBS

InterCDI

Livres-hebdo

Revue de la BnF

Sitothèque

https://publication.enseignementsup-recherche.gouv.fr/FR/

https://www.agorabib.fr/

34/38, rue Camille-Pelletan - 92309 Levallois-Perret cedex
Imprimerie Evoluprint - 31150 Bruguières
Imprimé en France - 2e trimestre 2023

Service éditorial : Thomas Beddok, Benjamin Dias Pereira,
Deborah Lopez, Eva Nouzille, Myriam Pasek
Conception graphique : Catherine Aubin

Dépôt légal à parution
ISBN 978-2-7590-5211-0